本书获湘潭大学和湖南省法学研究基地优秀学术著作出版资助

特致谢意！

变革社会中的宪政秩序

BIANGE SHEHUI ZHONG DE XIANZHENG ZHIXU

张义清 著

人民出版社

序

发端于西方被人们称之为宪政的这种东西，在不同的史境、语境、民情和国情之下人们对它理解的不同以及由之而造就的文化上的差异无疑是巨大的。一如宪政秩序的概念，学界就存在政治秩序说、法律秩序说、宪法秩序说、宪政法律秩序说、国际宪政秩序说……莫衷一是。此外，人们关于宪政秩序的价值目标、存在样态、制度模式以及实现路径等一些重要方面的认识也不尽一致。针对这一问题，张义清通过自己几年来的艰苦努力，在完成博士论文的基础上经过修改完善而形成了著作《变革社会中的宪政秩序》。作者在全面地掌握国内外的相关研究状况，尤其是在广泛地收集、整理和认真比较近年来国内外发生的相关案例、事例的基础上，从体系化的马克思主义宪政观和方法论出发，认真区分宪政秩序的目标与手段、价值与事实、理想与现实等不同层面的问题，从“现象”出发围绕“问题”展开研究，对宪政秩序本身进行理性思辨，并提出了自己独到的见解。相关的论述无疑是对传统研究的深化、创新和系统化。

《变革社会中的宪政秩序》一书提出：在宪政共识日益得以形成的今天，世界性宪政浪潮席卷而来的就是当下这场剧烈的社会震荡和局部失稳。亨廷顿“现代化导致不稳定”的结论比较合理地诠释了这一现象，但他据以维系政治秩序的“现代性”逻辑却存在着权威与自由的悖论。福山是一个虚无的“终结”论者，其自由民主观在民主与人权、自由与平等的现实困境面前自显其解释力的单薄。宪政秩序是“人为的”，也是“为人的”。其预设的前提就是：人类由人治向法治而演进，法治文明自身也经历了一个不断进化的实践过程。“实践的”法治主义内含着“谦抑的”道德品质，外显为“多元和宽容的”、“现实而不保守的”、“动态稳定的”秩序理性。宪政秩序的生长离不开特定的法律机制、政治生态和相应的社会条件，唯有在特定的历史场景、语境和国情下方能获得其根基。构建中国的宪政秩序，必须建立和健全政府决策权、执行权与监督权的相互制约和相互协调的运行机制，必须强化司法手段在解决我国现阶段社会矛盾和纠纷中的核心作用，还必须不断地完善宪政法律机制。应该通过宪政秩序来协调未来的海峡两岸关系，应该科学地对待地方的民主试验，应该合理地应对社会公众的非制度性宪法诉求，等等。中国的宪政之路，必须立足国情，不断地总结经验，在实践中探索，在稳定中渐进。这些理论认识和学术观点在我看来都有一定的参考价值和启发意义。

宪政之学是一门建国和治国的学问。宪政问题研究要关注国家问题，当然也要关注与之密切相连的社会问题，更要研究二者之间的关系。在中国宪政领域，如果说在很长时期我们的研究视野有国家而无社会，强调的是国家本位，而不是社会本位，强调的是权力本位，而不是权利本位。那么，20世纪90年代以来，宪政问题研究的路标则有所转向，学者把国家与社会的分析框架引入相关问题的研究上来，其研究重心就开始由国家转向了社会，人们更多地关注基层，关注生活，关注民众的制度需求，并试图从某些地方试验中挖掘到更多的制度理性来。而此时，人们又时常陷入了另外一个极端，那就是又有意无意地遮蔽了国家这一端，即只看到了社会而没有看到国家，相关研究有被碎片化了的迹象。碎片化的研究纵然可以解构我们过去文本上的一些制度，但它究竟无法建构起一个综合了诸多因素在内的宪政知识体系。就此而言，《变革社会中的宪政秩序》一书坚持统一而不是“断裂地”理解国家与社会之间的关系，其分析框架符合辩证唯物主义和历史唯物主义精神，无疑也是对传统宪政问题理论研究范式的超越。

宪政既是政治学的基本范畴，也是宪法学的核心概念。然而，宪政问题研究无论是在中国的政治学研究领域还是在宪法学研究领域，长期以来都是比较困难的事情。由于受“左”的思潮影响，人们讳言宪政，更少谈实行宪政，学界的研究也相对不多。正如本书言及的：传统的宪政理论研究既没有合理地建构好宪政秩序的价值目标和实践系统，也没有对其实现所依赖的各种现实因素和具体条件进行区分并给予应有的关注，使得人们对宪政秩序的功能和作用的判断标准常常失之偏颇，具有明显的“学科帝国主义”倾向和“理想主义”色彩，以至于它对现阶段的很多社会现象缺乏足够的解释力，在实践中也难以有效地发挥其应有的指导作用。本人也认为，中国宪政研究和实践要取得实质性的进步，亟需学者们在解放思想的基础上推动宪政理论体系的全面更新，从而在该领域形成更多的共识，而共识的形成亟需各相关学科之间在更深的层面和更大的范围进行对话和交流。

华中师范大学宪政与法治专业是我校在政治学一级学位点下面自行增列的一个二级学科。本专业主要招收兼具法学和政治学知识背景的学生，以培养从事宪政与法治研究为业的专门人才为己任。因此，我们鼓励本专业博士研究生选择属于该交叉学科领域内的理论和实践问题展开研究。张义清是本专业招收的第一届博士研究生中的一位。他围绕宪政与法治问题完成的这篇博士学位论文，源自于他自己对该问题长期以来的密切关注，源自于他在宪法学教学和研究方面的前期积累，更源自于他在博士研究生阶段的潜心学习和刻苦钻研。在2009年6月举行的博士论文答辩会上，该文获得了评审组专家的充分肯定并以全优通过。作为导师，心里自然是十分欣慰的。

可以说，宏大叙事和哲学思辨是本书的特色。当然，作者在研究和行文过程中也没有忽略在细微之处进行深挖。而且，作者在很多方面都结合他自己的课题做了深入细致的实证调研工作，尽管很多实证材料在书中还可以进一步体现出来。总之，本书对于相关理论模型的建构、实践规律的探索、现实关怀的挖掘、生态条件的论证以及与之相关的中国问题的剖析，更多地在于寻求隐藏在种种社会现象背后的价值规律，从而形成其关于认识系统内不同层面问题的理性认识，以此完成对研究对象之确定性、正当性、合理性、有效性、可行性的证明，如此形成了一个逻辑周延的理论体系。显然，本书更倾向于从理论和逻辑的维度出发对问题进行探讨。我希望张义清能够继续发挥这方面的特长，并期待他能够不懈探索，将来在该领域推出更多的优秀研究成果来。

是为序。

唐　鸣

2011年深秋于武昌桂子山

目 录

contents

第三篇　现实关怀

第四篇　生态条件

第五篇 中国问题

第一篇　研究导向

第一章　研究概要与理论导向

当代西方哲学大师罗尔斯在完成对社会正义命题进行系统阐释的基础上，又在其《政治自由主义》一书中将其“公平正义”的学说发展成为一种适应社会基本结构的现代政治正义观念。其所阐述的“政治自由主义”实质上就是“通过立宪政体确定的一种政治正义”。[1] 可见，罗氏的社会正义观本质上寄托着人类对于最美好的政治理想——宪政的现实期许。就其实现的条件和途径而言，罗尔斯则深刻地指出：“任何社会都不可能达到完全的正义，正义只可能不断地‘被接近’”。[2] 人类正是为了不断地“接近”正义，才有了秩序诉求，于是也才有了高级形态的社会秩序——宪政秩序诉求。站在理性主义的立场上看，“理论的逻辑行程无一不是以现实社会的变化为最终依归”，[3] 宪政秩序也不例外。正是在这个意义上观察，宪政秩序的衍生、存在和发展显然是与人类社会不断变革的现实历程相伴并随的。

一、研究的背景和意义

（一）研究背景

近年来，与变革社会中的宪政秩序相关的问题研究不断升温。以近五年中国法学会宪法学研究会召开的全国年会为例，2007 年的年会主题为“社

[1] 【美】约翰 · 罗尔斯:《政治自由主义》，万俊人译，上海学林出版社 1999 年版，第 26 页。

[2] 【美】约翰 · 罗尔斯:《政治自由主义》，万俊人译，上海学林出版社 1999 年版，第 355 页。

[3] 李泽厚:《中国古代思想史论》，天津社会科学院出版社 1995 年版，第 238 页。

会转型时期的宪法课题”；2008年的年会主题为“改革开放三十年与中国宪法：回顾与展望”；2009年的年会主题为“共和国六十年：公民基本权利保障的变迁”；2010年的年会主题为“宪法与法律体系”；2011年的年会主题则为“中国社会变迁与宪法”。这些会议研讨的主题无疑都与现阶段中国宪政实践中的秩序构建有关。在其他学术共同体组织的各种研讨会上，“宪政秩序”也是人们颇为关注的问题。2006年4月9日至11日，来自世界各地的近50名宪法学专家齐聚南非开普敦，在那里召开了以“过渡期后的宪政”为主题的圆桌会议。“会议以20世纪90年代初期在全世界范围内发生的宪政运动为题，重点讨论了从非民主、专制的体制向民主和宪政的体制过渡中所存在的问题以及在过渡期后应当重点关注的宪政问题。”[1]2010年12月6日—10日，第八届世界宪法大会在墨西哥城召开。此次大会的主题为“论宪法原则”（Constitutions and Principles）。其中涉及“分治的社会与宪法原则”、“新式民主制度下旧的专制宪法”、“多元主义与土著人权利”、“受审查的权力分立原则”、“区域一体化的宪政意义”等分组会议主题。2011年4月28日至29日，国际宪法学协会在土耳其伊斯坦布尔马尔马拉大学举行了圆桌会议，其主题是“宪法的更新——宪法法律秩序持续性框架中的宪法性权力”。2011年10月24日至29日，国际宪法学协会2011年圆桌会议在中国西安和澳门等地先后召开，其主题则是“社会保障权的宪法保护”。可见，“变革社会中的宪政秩序问题研究”当下已逐渐走到了学术研究的前台。

20世纪下半叶以来，战争、恐怖主义的阴霾笼罩着国际社会。在一些国家内部也发生了诸如选举危机、军事政变以及重大社会骚乱等事件，直接导致其政治动荡和社会失稳。尤其是最近两年来，泰国、埃及、利比亚等国发生的政治乱局更是吸引了全世界人们的眼球。早在20世纪60年代，西方政治学巨匠塞缪尔·亨廷顿在其代表作《变化社会中的政治秩序》一书中就敏锐地断言过：“现代化与动乱二者可以联系起来”，[2]诠释了导致“过渡型”国家在社会变动中产生政治不稳定的原因，并创立了一整套关于政治

---

[1]　参见莫纪宏：《过渡期后的宪政——2006国际宪法学协会圆桌会议综述》，张庆福主编：《宪政论丛》（第5卷），法律出版社2006年版，第755—760页。

[2]　【美】塞缪尔·P.亨廷顿：《变化社会中的政治秩序》，王冠华等译，生活·读书·新知三联书店1989年版，第41页。

稳定的经典界说和判断标准。我国著名法学家李龙教授在为《宪政危机研究》一书所作的序言中也指出："大多数国家都经历了一个漫长而复杂的过程，都发生过或正面临着各种宪政危机或困境，可以说，真正成熟的宪政实践仍然只是少数国家的现实，而宪政危机倒是世界宪政史上一种极为普遍的现象"。[1] 历史的车轮滚滚向前，以至于21世纪现代政治文明高度发展的今天，人们的宪政观念、制度以及相应的各种生态条件都发生了日新月异的变化。秩序与稳定无疑是当下各国的现实诉求。宪政秩序问题无疑是现阶段各国亟待深入研究与合理应对的重大课题。

中国自19世纪末开始效法西方立宪，从清末预备立宪算起，迄今已逾百年。中国改革开放30多年来，与经济快速发展相伴并随的是：法治进程不断推进，政治文明得以发展，人权保障得到了切实的加强。这一切都表征着我们在向着正义的宪政目标不断地迈进。但就目前中国的现实情况而言，由于受到多种因素的制约，我国的宪政建设尚处于一个"过渡期"。在我国现阶段还存在着权力失范、监督不力、党政关系不顺、政策性修宪的随意性、宪法的非司法化与边缘化、宪政法律机制不畅……这些现象，与当下我们所面临的公众宪政信仰的匮乏、社会政治生态的"非秩序化"、人们在政治运行过程中的各种利欲冲突和权力扩张加剧，相互映照而生长！正如季卫东教授所指出的："中国到目前为止仍然还是一个有宪法而无宪政的国家。"[2] 在今天由现实的种种社会关系所构筑的时空域和思想家园中，宪政秩序为何物？这种东西能够支撑人类的理性向前走多远？我们这一代人何以推动人类的宪政文明向前进？这些无疑是吾辈学人亟待探讨的重要问题。

作为一名法学理论研究工作者，笔者多年来颇感困惑并一直纠结的就是这么一个问题：缘何我们的宪法和法律对现阶段的很多社会现象缺少解释力或者说解释力不够？到底应当如何解决这一问题？可以说，学界目前为止尚缺乏相应的对策性研究。"我行我素"和"自说自话"的"学科帝国主义"倾向仍然是现阶段各个领域理论研究的普遍导向。比如，宪法学界就一直在极力地推崇以"规范"而非以"问题"为中心的"学科意识"，由此而

---

[1] 李伯超：《宪政危机研究》，法律出版社2006年版，序。

[2] 季卫东：《宪政新论——全球化时代的法与社会变迁》，北京大学出版社2002年版，第4页。

萌生了以“规范宪法学”[1]的建构为路标的研究导向（不妨将其称之为“理想主义路线”）。笔者并不否认“适度返回规范”之技术路线有助于“接近”宪政秩序的正义目标，并有助于宪政价值论的构建。然而，在当下这样的一个变革社会，人们究竟应当如何面对宪政秩序生长的复杂性难题？究竟应当如何建构宪政秩序的理论模型？究竟应当如何为宪政秩序的生长提供具有实用性价值的理论解决方案？“带着镣铐跳舞”的“规范中心主义”何以“解除镣铐”？正是在宪政秩序生长等这些复杂性的难题上，法治理想主义路线的局限性充分地显露了出来。[2]正因为如此，作者的管见就是，任何一种理论模型的设计和实践路径的选择无疑都应该围绕“问题”以及“问题的解决”而展开。

那么，谓之宪政秩序的这种东西到底是什么？我们究竟应该如何定义宪政秩序？宪政秩序的目标导向是什么？宪政秩序形成的生态条件到底有哪些？宪政秩序的生成规律是怎样的？基于此，本书以“变革社会中的宪政秩序”为题，旨在从现实的“问题”出发来探寻宪政秩序生成的机理。笔者拟通过总结各国宪政实践中长期以来所形成的一些有益的经验和教训，并结合当下各国在社会变革中凸显出的新特点和新问题，来探索宪政秩序生成的基本规律，以此为未来中国宪政秩序的构建和实践路径的选择提供可资借鉴的理论和实践依据。

（二）研究意义

近代以来，西方人还围绕着完善立法、强化司法、行政尤其在宪法监督等方面积极地开展实践，推动着西方的宪政进程不断前行。比如，马歇尔创立的司法审查判例、凯尔森创立的宪法监督的“奥地利模式”，等等。这些在西方宪政史上具有里程碑的意义。我们看到：在那些早期推行宪制的国家，即使其政治法律传统迥异，宪政发展模式也呈现着不同的特点。但是，

[1]　林来梵教授在我国最早提出建构规范宪法学的主张。林教授认为，“由于规范宪法学确定了自己知性活动的轴心，所以毕竟有别于那种‘大大咧咧’、‘莽莽撞撞’的学问，它成熟到可以‘带着镣铐跳舞’的程度，而这种‘镣铐’不是别的何物，正是宪法规范本身”（参见林来梵：《从宪法规范到规范宪法》，法律出版社2001年版，第26页）。

[2]　参见蒋立山：《法治理想主义与法治现实主义——读〈法治进程中的“民间治理”〉有感》，《法制与社会发展》2007年第6期。

这些国家大都在总体上保持了政局的恒稳并维系了较为有序的宪政格局。尤其是第二次世界大战以来，《世界人权公约》等国际人权公约的问世，标志着各国宪政共识的进一步达成，加快了各国推进宪政改革的步伐。自此，世界上再没有发生过类似二战那样的人权灾难。即使在那些在不稳定道路上蹒跚前行的发展中国家，因为宪政理念和相关制度的积极作用，它们也大都保持了动态有序的政治发展趋势。质言之，宪政就是人类政治文明发展的一种必然趋势和高级样态，也是人类最高理性的体现，已成为当下各国政治体制改革的首要目标。宪政秩序无疑是人类通过法治手段维系政治秩序所演绎的一种最为理想的社会目标和发展状态。因此，认真研究宪政秩序，有助于我们掌握宪政规律，也有助于我们不断地“接近”社会正义的价值目标。

宪政不等同于宪政秩序，正如宪法不等同于宪政一样，它们之间的关联性内在地既存于逻辑与经验之中。我们看到，目前仍然在形式上保留着浓厚封建传统的世界宪政母国——英国，无宪典却有规范；它有君主，也有民主；它有封建传统，也有宪政共识；它有政党，有纷争，也有秩序。这一切使得它在历经300多年的宪政历程中做到了以不变应万变，以此保持着其恒稳的宪政秩序态势。与之相映照的现象却是，许多后发的现代国家，业已建构了相对较为完备和完善的宪法制度，却难以维系基于秩序的宪政稳定。随着经济全球化、政治生活国际化趋势的加剧，西方那些宪政“先发国家”也在竭力地推广其“自由民主”的宪政模式并试图将其植入异域的土壤，却又没有看到因“水土不服”所导致的种种弊症。近年来俄罗斯在其民主化政治改革过程中所凸显的宪政危机就是明证。

中国的情况较为特殊，正如高全喜教授所看到的：“我们确实没有获得像英国那样从市民社会的经济秩序中自发地生长出一个宪政国家的幸运，当然也不同于美国联邦党人所面对的那种非常时期。相比较而言，我们所处的这个时代倒更像德国的魏玛时期。”[1]高全喜教授这段话道出了现阶段中国社会在转型过程中所存在的发展性问题。就宪政建设的阶段性特征而言，我国当下无疑正处于一个类似于德国早年那样的“过渡阶段”。事实的情况却是：

[1] 高全喜：《“宪法政治”理论的时代课题——关于中国现代法治主义理论的另一个视角》，《政法论坛》2005年第2期。

“很少有人从理论上研究中国现时代所处的与德国19、20世纪之交‘德国问题’相类似的‘中国问题’，并把它转换为百年中国社会变革的‘宪法政治’问题。”[1]可见，深入研究变革社会中的宪政秩序是当下各国，尤其是中国面临的一个亟待研究的现实而紧迫的课题。

由于历史和政治方面的原因，宪政问题研究在我国很长一段时间以来都是颇为困难的事情。新中国成立初期，由于受“左”的指导思想的影响，曾经有不少法学家因为主张实行宪政而受到错误的批判。因此，在过去，人们讳言宪政，更少谈实行宪政，造成该领域问题研究的保守与滞后。时值今日，“我国法学界关于‘法治’的言说不绝如缕……但是，上述中国的法治主义理论言说大多囿于一个形式法学的视角，局限于英美法治理论的低水平复制，与中国现时代政治社会的内在本质多有隔膜。”[2]“英美国家的经验并非具有彻底的普遍性……并不是任何一个现代民族国家的发展道路都是可以照搬英美经验的。”[3]该言说洞见了我国目前法学领域关涉宪政问题研究的根本性的缺陷所在，无疑是对我国学界目前所盛行的“法治理想主义”研究范式的理性批判。那么，到底应该如何构建宪政秩序呢？目前，从宪政秩序原理上来认真地探讨该问题已是应时之需了。

二、国内外研究现状述评

（一）学说综述

目前，宪政秩序概念的学说大都是由“宪政”这一概念衍生出来的。缘于宪政概念所具有的复杂性，宪政秩序的学说也呈现出多样性特征，如政治秩序说、法律秩序说、宪法秩序说、社会秩序说等等。部分学者以“政治秩序”来界定宪政秩序。美国华盛顿大学教授丹·莱夫就认为：“宪政（秩

[1] 高全喜：《“宪法政治”理论的时代课题——关于中国现代法治主义理论的另一个视角》，《政法论坛》2005年第2期。

[2] 高全喜：《“宪法政治”理论的时代课题——关于中国现代法治主义理论的另一个视角》，《政法论坛》2005年第2期。

[3] 高全喜：《“宪法政治”理论的时代课题——关于中国现代法治主义理论的另一个视角》，《政法论坛》2005年第2期。

序）意指法律化的政治秩序，即限制和钳制政治权力的公共规则和制度。”[1] 我国学界也有人明确提出：“宪政秩序必然是一种以民主政治为核心的、以法治为基础的、以建立有限政府和保障公民权利为最终目的的政治秩序”。[2] 英国法学家沃克在《牛津法律大词典》中界定道：“法律秩序和社会、政治、经济、宗教和其他的秩序并存……这个术语被一些法学家在不同意义上用作制度或法律体系，甚至是法律的同义词”。[3] 可见，在沃克的概念体系中，宪政秩序实际上包含在法律秩序之中；也有人以“宪法秩序”来替代宪政秩序概念。我国香港大学法律系教授雅施·盖伊就认为：“政府和立法机关的权力由宪法界定和限制，宪法享有基本的地位以及拥有通过不同形式的司法审查实施这些限制的权威。”[4] 我国大陆学者范进学教授也认为：“宪法秩序实际上就是宪政秩序，法律秩序则是从属于宪政秩序的次秩序”；[5] 此外，还有学者以狭义的“社会秩序”来界定宪政秩序。如有人论及的：“宪政秩序是一种社会秩序，它是基于人们对一定社会规律的认识，通过制宪对该社会所需要的‘一致性、连续性和确定性’进行确认……将宪法上的（应然）秩序所变成的实际社会秩序”[6]。

与上述界定的路径相关，还有学者提出了“宪政法律秩序”的概念。比如，肖北庚教授撰写的著作就名为《宪政法律秩序论》。肖教授依据1949年《德意志联邦共和国基本法》第2条第1款的规定[7]中的“宪法秩序”一词推演出了“宪政法律秩序”概念。肖教授在该书中界定道：“宪政法律秩序是人类政治实践演进到一定条件下产生的、集中反映政治力量对比关系的、以体现民主和保障人权为己任的宪法与其他法律、社会因素互动中产生

---

[1] 参见张文显、信春鹰：《民主+宪政=理想的政制》，《比较法研究》1990年第1期。

[2] 洪岩：《宪政秩序的概念解析》，《辽宁警专学报》2008年第1期。

[3] 【英】戴维·M. 沃克主编：《牛津法律大词典》，北京社会与科技发展研究所组织翻译，光明日报出版社1988年版，第539页。

[4] 雅施·盖伊：《第三世界的国家理论和宪政制度问题》，张文彬译，许崇德主编：《宪法与民主政治》，中国检察出版社1994年版，第286页。

[5] 范进学：《宪政秩序论》，《山东大学法律评论》2003年，第159页。

[6] 黄楠、李俊霖：《浅谈宪政秩序》，《天府新论》2005年第6期。

[7] 1949年《德意志联邦共和国基本法》第2条第1款规定：“人人有自由发展个性权，但不得损害他人的权利和触犯宪法秩序或道德规范”（参见【日】木下太郎编：《九过宪法选介》，康树华译，群众出版社1981年版，第135页）。

的宪法主体间与宪法直接有关的社会关系的现实状况。”[1]实际上，如果我们通读该书后就可以发现，肖教授并没有直接表述宪政秩序是什么，也没有具体阐释宪政秩序、宪法秩序、政治秩序以及法律秩序等概念之间的关联性。他是从法律秩序出发来解析宪政秩序的，认为宪政秩序不仅仅包括法律秩序，还包括宪法秩序、政治秩序，以及社会秩序，等等。毋庸否认，肖教授从法律技术的角度对宪政秩序进行制度建构的思路具有重要的方法论意义。但从认知的规律和逻辑的角度考察，这种试图以单一的属概念特征来阐释本概念内涵的技术路线其科学性本身就是值得怀疑的。因为，当宪政秩序概念内涵本身并不明晰的情况下撇开宪政政治秩序这一相关的属概念去描述宪政法律秩序的特征的论证模式，是否割裂了政治与法律之间的逻辑链条？是否有将政治法律关系简单化的倾向？而且，将宪政与法律秩序这两个概念嫁接起来创造出宪政法律秩序这样的一个复合概念的研究范式，是否会导致诸如宪法与法、法与法律等概念边界的模糊化？法律与法治的概念在内容上是否进行了区分？诸如此类的问题似乎在肖教授所建构的宪政法律秩序的理论体系中难以获得合理的解证。

此外，随着现代国际法的勃兴，《联合国宪章》、《欧盟宪法条约》等国际公约和国际条约中也使用了“宪章”、“宪法”等“涉宪”的语汇，一股“国际宪政秩序说”的潮流由此向人们奔涌而至。德国著名学者彼德斯曼解读：“国际法语境中的‘宪法’一词有两层涵义：其一是指具有立法权或行政权的国际组织所制定的多边条约；其二是指国际组织或一般国际法中长期稳定适用的基本规则，国际法主体与国际法律责任的基本规则，等等。”[2]以此为据，西方理论界目前形成了关于“国际宪政秩序”和“国内宪政秩序”的“一元论”和“二元论”两种学说。美国学者路易斯·亨金就认为：“《联合国宪章》将人权与和平及安全挂钩，承认并确定，一国与其公民间的关系是一个国际关注的问题，而并不仅仅是一国域内之事。”[3]此即国际宪政秩序

---

[1] 肖北庚：《宪政法律秩序论》，中国人民公安大学出版社 2002 年版，第 12 页。

[2] See Errnst-ulrich Petersmann. Constitutional Functionand Constitutional Problem of International Economic Law. University Press Fribourg Suitzerland, 1991, p.218.

[3] 【美】路易斯·亨金：《国际法：政治与价值》，张乃根、马忠法、罗国强等译，中国政法大学出版社 2005 年版，第 270—284 页。

的“一元论”主张，它无疑是一种“超主权”的社会秩序形态的假设。与之相对应，二元论者则主张：超主权意义上的“国际宪政秩序”虽与主权意义上的宪政秩序有所不同，但也是客观存在的，而且两者之间具有同等重要的价值意义。现阶段，我国学界也存在着从国际法意义上强调建构“国际宪政秩序”的倾向。如有人提出的：“国际社会虽不存在真正意义上的世界政府或国际宪法，但并不意味着国际社会不存在着保护国家权利与个人权利的宪政价值理念，也并不意味着不存在某种以特别国际法规范为基础的宪政秩序。”[1]当然，更多的学者则对主权国家层面的“宪政秩序”和“去国家”或“非国家”的“国际宪政秩序”进行了区分。如学者论及的：“国际体系在规则选择与进化过程中产生了某些具有宪法性质的规范，这些宪法性规范决定和支配了国际体系的结构和根本属性，并建构着整个国际宪政秩序的基础。而宪政主权原则是这些宪法性规范的最集中表述。”[2]诸如此类的问题，唯有在明晰了宪政秩序这一概念本身的内涵和外延之后方能对其进行证实或证伪。

关于宪政秩序的存在样态，学界也不乏一定的研究，形成了诸多学说，如宪政秩序的“价值目标说”、“制度形态说”、“关系状态说”、“行为状态说”等等。“价值目标说”一般将宪政秩序视为一种“应然”的价值目标而进行阐述。其主要旨趣在于突出宪政秩序的“可建构性”，认为它不仅仅是一种实然的制度、关系和行为状态，而且是一项价值目标。如我国学者何勤华教授的“法律秩序论”、就明显地蕴涵了这一理念，一如他所述：“法治系统工程的实际存在状态和法律运行所要达到的目标”。[3]还有，“法律秩序能够被看作是法的实现的终点”[4]等类似的表述也具有“价值目标说”的意蕴；“制度形态说”则源自“秩序始于规范”这一理论，它注重从宪政制度形态去理解宪政秩序的存在样态；“关系状态说”也是目前较为普遍的一种学说，该学说侧重于从“社会关系”层面概括宪政秩序的样态。如1985年的《新

---

[1] 聂洪涛：《非政府间国际组织的宪政维度思考》，《西安交通大学学报》（社会科学版）2008年第2期。

[2] 陈辉庭：《国际宪政的基本原理》，《中共福建省委党校学报》2006年第10期。

[3] 何勤华：《法律秩序的历史考察以及模式选择》，《中南政法学院学报》1993年第3期。

[4] 参见【苏】N. C. 雅维茨：《法的一般理论——哲学和社会问题》，朱景文译，辽宁人民出版社1986年版，第203页。

编法学词典》对于法律秩序的界定：“通过法律和制度建立起来的社会中人们相互关系的有条理的状态，即法律所保护的社会秩序”。[1] 此外，“法律秩序是法的实践方面，即在社会关系中执行和实现了的法”；[2]“法律秩序是社会关系的这样一种状态，它是法律规范和法制实际实现的结果”，“法律秩序是在社会关系中实现了法制”[3] 等等，无疑都是宪政秩序“关系状态”的言说；还有，“行为状态说”则基于社会关系被调整而塑就的行为状态来描述宪政秩序。如范进学教授基于其“宪法秩序论”而言及的：“所谓宪法秩序就是宪法规范具体化为宪法关系主体的行为规则而产生的整个社会秩序的连续性、稳定性和持久性的样态。”[4] 谢晖教授则基于其“法律秩序论”进行了相关的解读：“法律秩序，就是法律在调整社会关系时在人们间产生的动态化、条理化、规范化、模式化和权威化的社会生活方式。”[5] 其中的“社会生活方式”无疑就具有宪政主体“行为状态”的意涵。与此同时，也有少部分学者从各种秩序形态相结合的层面对宪政秩序（法律秩序）的存在样态进行描述，朱福惠教授在表述宪政概念中就可以端见这一倾向，如他所说：“宪政是近代法律制度超越传统法律制度的结果，从外在表现形式来看，宪政通过宪法规范政治行为并判断政治行为，同时，还依据宪法的规定设立国家机构，确立国家制度和社会制度的基本框架。从内在的规定性来看，宪政是在特定的文化背景下通过制定并实施宪法来体现民主政治的价值，所以，从动态的角度来认识，宪政既是一种立宪政体，同时还是具有宪政精神的法律秩序。”[6] 再如张恒山“法律秩序论”中也表述道：“法律秩序是指人们普遍地依据法律规则、原则、制度去进行社会活动从而体现着的一种社会状态”。[7] 但是，在各种纷繁复杂的学说界定中，始终没有形成统一的认识，也没有人就它们之间的关联性进行具体的研究和分析。

---

[1] 乔伟主编：《新编法学词典》，山东人民出版社 1985 年版，第 641 页。

[2] 【苏】T. M. 尚巴：《法律秩序与民主》，《法学译丛》1987 年第 4 期。

[3] 【苏】雅维茨：《法的一般理论——哲学和社会问题》，朱景文译，辽宁人民出版社 1986 年版，第 203—204 页。

[4] 范进学：《宪政秩序论》，《山东大学法律评论》2003 年版，第 158—159 页。

[5] 谢晖：《法学范畴的矛盾辨思》，山东人民出版社 1999 年版，第 359 页。

[6] 朱福惠：《论宪政秩序》，《中国法学》2000 年第 3 期。

[7] 孙国华主编：《马克思主义法理学研究》，群众出版社 1996 年版，第 343 页。

关于宪政秩序存在理据的探讨更是由来已久。在西方，早期的人们通常从自然法的秩序理性来释读宪政秩序。其后，西方宪政理论一直在理性主义与非理性主义、神学主义与反神学主义、自然主义与反自然主义，以及科学主义与反科学主义的争辩中徘徊。在早期自然法论者眼里，社会、国家以及政府并不是从来就有的，而是在一种自然状态中发展起来的。在人类还没有国家或社会之前，人们生活在一种“自然有序”的状态之中，享受着种种天赋的“自然权利”。那时候，不存在任何人为的法律，人们之间完全是平等自由的。这种“自然有序”的状态不是来自上天的启示，也不是统治者人为创设的，而是由人的不变的本性所必不可免地产生的一些和平共处的永恒准则的集合，故自然秩序是为理性所规制的和谐状态。其中，天赋人权与社会契约论是西方近代以来最有影响力的主流宪政学说。比如，社会契约论来就是说明国家或社会的起源并用这种政治契约关系来阐释宪政秩序何以形成的理据。

作者通过深入考察西方近代以来的理论学说和思想流变发现，宪政秩序相关的前期研究至少存在以下三个方面认识上的分歧。

首先，社会与国家的关系认识上的分歧。传统社会并无确定意义上的国家和社会概念的区分，市民社会与政治国家作为一个“混合体”而存在，二者并没有被明确地区分开来。近代以来，随着欧洲商品经济的发展，尤其伴随西方社会历经半个世纪的文艺复兴、宗教改革、启蒙运动，一个以“契约自由”为基础属于“私人自治领域”——市民社会才开始从政治国家中才分离出来。也正因为社会与国家的分立，才催生了近代的宪政理念。但是，对应于社会的“国家”一词，最早是指称以君主制为特征的“绝对国家”。比如，霍布斯论及的“利维坦”，指的就是绝对意义上的君主国。洛克则不同意霍布斯的国家与社会观，主张自然状态中的人们“进入社会以组成一个民族、一个国家”。[1] 可见，霍布斯与洛克在国家与社会分离的必要性认识是一致的，但他们的国家观却是截然对立的，霍布斯要为绝对国家辩护，洛克则力图否定绝对国家论而主张相对国家论。其后，黑格尔则从概念上系统地阐释现代意义的市民社会的含义。黑格尔在《法哲学原理》一书中将市民社

[1]【英】洛克:《政府论》(下篇)，叶启芳等译，商务印书馆 1995 年版，第 54 页。

会定义为："由私人生活领域及其外部保障构成的整体。"[1]尽管如此，黑格尔界定的市民社会概念仍然没有完全完全超出国家意志的范畴。如他所述："它是介于家庭和政治国家之间的特殊性伦理范畴。它由三方面构成：需要的体系，司法，警察和同业工会。"[2]对此，马克思在《黑格尔法哲学批判》一文中尖锐地批判道："政治国家没有家庭的天然基础和市民社会的人为基础就不可能存在。它们是国家的（必要条件）。"[3]其后，恩格斯也明确地指出："决不是国家制约和决定市民社会，而是市民社会制约和决定国家"。[4]然而，马克思、恩格斯的经典文献中并没有出现类似"国家是社会属性和阶级属性的统一体"的明确表述。因而，对于国家与社会的统一性的认识，我们只有对马克思和恩格斯的国家理论体系进行整体把握的基础上才能加以证实。相关认识必须在一个特定的语境和史境中才能获得确定性的证明。然而，即使是在同一个历史截面上，人们对于国家与社会的概念及其关系的认识还是存在着较大的分歧，由此影响了现阶段人们对宪政秩序的理性分析。

其次，主权与人权的关系认识上的分歧。在绝对主义国家论者看来，主权既是国家合法性的唯一的基础，也是国家合法性的唯一的目标；在相对国家论者那儿，主权显然只是国家合法性的基础，人权则是国家合法性的目标。这在霍布斯和洛克的理论争议中即可窥见其端倪；正是基于上述认识上的分歧，人权与主权的"二元统一论"、"二元对立论"等不同的理论也随之兴起。现阶段，西方国家的主流学者则普遍认为，人权没有国界，它并不属于各国内部管辖的事务，而是全人类的共同权利，不干涉内政原则不适用于人权问题。在他们看来，对于违反人权的国家，国际社会完全可以采取必要的制裁手段来解决其侵犯人权的事端。发展中国家的学者们则反驳道，西方国家习惯于把人权凌驾于主权之上，实际上是打着人权的幌子，为干涉别国内政寻找借口。他们认为，尊重国家主权和不干涉内政是当今国际社会公认的国际法原则，人权问题虽具有一定的国际性，但该问题在本质上却属于主权国家的内部事务。他们反对西方那些霸权国家在人权问题上实行双重标

---

[1] 何增科：《市民社会概念的历史演变》，《中国社会科学》1994 年第 5 期。

[2] 【德】黑格尔：《法哲学原理》，范扬等译，商务印书馆 1961 年版，第 203 页。

[3] 《马克思恩格斯全集》第 1 卷，人民出版社 1956 年版，第 252 页。

[4] 《马克思恩格斯全集》第 21 卷，人民出版社 1965 年版，第 247 页。

准，他们坚决反对那些大国利用人权问题干涉别国内政。现阶段，随着民族国家主权的不断巩固，尤其是随着现代国际法的勃兴，人们也开始对于主权国家应当如何行使主权和解决其自身"合法性"（即如何保障人权）的问题上进行了新的思考。然而，由于人们对于主权的本质和权能的认识各不相同，该问题尚亟待澄清。

再次，宪法与政治的关系认识上的分歧。在法现象学上，宪法属于法律的一种。事实上，政治与法律的边界尤为复杂。就政治这一概念而言，由于受到语义和语境上的差异的局限，人们往往只能描述性地定义它。卡尔·施密特则以独特的类比逻辑诠释政治："凡在公共空间中展现的一切，从定义来说都是政治的，即使它不是行动的直接产物。那些在此领域之外，比如野蛮人的王国的丰功伟绩，纵然让人难忘，有其巨大的价值，但严格说来，终究不是政治的。"[1]因此，她提出"所谓政治，或曰在城邦中生活，乃是意指一切皆通过言语和游说而不是武力和暴力来决定。暴力、统治等概念都是'前政治'的概念"。[2]迈克尔·哈伯斯坦则基于政治与自由的价值上的联系阐述了"政治必定关涉意义问题"，[3]显然，这种道德式的结论是符合其价值标准的。然而，谁也没能给政治下一个逻辑周延的定义。从本体论来说，政治是人为的，也是为人的。基于人的属性是多元的和不确定的，以人作为参照系的政治在逻辑上必然也是多元的和不确定的。其结果就只能导致人之政治或政治之人等类似的定义反复。因此，在人们对于政治概念的多元化的定义上，既有占主流的关系说、现象说，也有活动说、政策和策略说及权威说，凡此等等。[4]这些分歧对人们认识政治现象和宪法现象的关系造成了很大的影响。

此外，人们还就宪政秩序的价值体系、实践路径、生态条件等方面的问题作了一定的研究，也形成了一定的研究成果。

---

[1] Hannaharendt, between pastand future: eight exercises inpolitical thought, New York: the viking press, 1968, p.155.

[2] Hannaharendt, the human condition, chicago and london: the university of Chicago press, 1998. p.26.

[3] Michael halberstam, totalitarianism and them odern conceptof politics, new have nandlondon: yale university press,1999, p.137.

[4] 参见张义清:《政治宪法与宪法政治考辨》,《学术探索》2005 年第 6 期。

（二）学说评析

不同的国家，以及在一个国家不同的历史阶段，人们对“宪政”理解上存在的差异而形成了关于宪政秩序概念内涵的不同界定；人们基于“秩序”的不同类型认识从而形成了关于宪政秩序类型的不同划分；人们也对宪政秩序的存在样态作了各自不同的分析和判别；此外，人们还在不同历史时期就宪政秩序的理据形成了价值导向迥异的观点和思想，等等。这些学说为我们研究宪政秩序提供了丰富的理论源泉和实践依据。但是，我们也看到：迄今为止，人们关于宪政秩序并没有形成一个通识性的概念，宪政秩序的类型划分及其之间的关系并不清晰，人们关于宪政秩序的存在样态也散见于不同的学说之中而并不一致，人们就宪政秩序理论依据的争论更是没有终结，始终难以形成一个公信的理论平台。此外，人们对宪政秩序的理论模型、现实关怀、生态条件等相关联的问题也没有进行具体的区分，从而并没有形成一个相对完整的宪政秩序的理论体系和实践模式。

就上述分歧而言，导致人们认识上的偏颇和研究方法上的极端化倾向，笔者认为其所导入的认识论误区主要表现为以下几个方面：

第一，混淆目标与手段之间的应然位序。宪政秩序到底是什么？它是一项目标还是一种手段？目标与手段之间存在什么关系？人们在不同的分析路径之下显然会得出截然不同的结论。一如学者所说：“我们现在所拥有的社会治理体系以及政治和社会生活，都是在国家与社会分化和分立的基础上展开的。”[1]“近代社会的历史在一切方面都表现出分化的特征。”[2]笔者认为：一方面，在现代语境中，市民社会与政治国家是相对分化的，否则便没有市民社会与政治国家的概念区分；另一方面，社会与国家也是互动的。自从国家与社会的相对分化成为事实以来，它们就一直相互规定，相互依赖，互为条件，共同发展。市民社会与政治国家这两个概念在理论上是相关联的。作为分析的概念，所谓没有无国家的社会，也没有无社会的国家；因此，在市民社会和政治国家这一分析框架之下，宪政秩序既具有社会属性，

---

[1] 张康之、张乾友：《对“市民社会”和“公民国家”的历史考察》，《中国社会科学》2008年第3期。

[2] 张康之、张乾友：《对“市民社会”和“公民国家”的历史考察》，《中国社会科学》2008年第3期。

也具有国家属性。两者之间无疑是一种目标与手段的关系。从价值目标形态来看，宪政秩序显然是现代国家所不懈追求的一种理想的社会秩序，是“人为的”，也是“为人的”；而从实践手段的角度来看，在现代社会，宪政秩序的实现无疑又必须依赖于主权国家的切实保障方能得以实现。二者并不是一种断裂的关系，混淆其手段和目标的关系，人们就极易步入宪政秩序认识的误区。

现阶段，人们混淆宪政秩序目标与手段之间关系的倾向表现在很多方面。首先，以宪政秩序这一目标代替其手段的非理性化的倾向。现阶段西方的那些强势国家所推行的“去国家化”、“非国家化”的霸权主义逻辑就是明证。其主要表现就是他们在漠视宪政秩序赖以生长的条件之特殊性的前提下试图一体地推行其所认同的宪政秩序目标，以至于出现类似被福山等西方学者认为是“历史的终结”的西方“自由民主模式”。受这一倾向的误导，我国学界也出现了一些盲目的“西化”倾向，主要表现为各种“移植论”的兴起。诸学说脱离中国现实的史情、国情和民情观察社会和思考宪政问题。该理论主张显然有悖于宪政秩序生长的机理；其次，以宪政秩序手段代替目标的倾向则主要表现为“反全球化”、“主权绝对主义”、“狭隘的民族主义”等方面，这些倾向同样具有极端化的倾向；再次，将宪政秩序手段与目标对立起来的倾向主要表现为，孤立地理解宪政秩序的目标、制度、关系、行为等存在样态，人为地割裂它们之间的关系，因此导致人们在宪政秩序研究理论上的分歧和现实中的困境。

第二，忽视价值与事实之间的永恒张力。质言之，现实秩序是人类行动的理性设计的结果。与此同时，人们的现实行动总是在理性或理想化的设计指导下而进行的，现实秩序与理想秩序之间的张力却是客观的，宪政秩序也不例外。事实上，人们在实践中由于常常忽视宪政秩序事实状态与价值目标之间的张力，故常常陷入“宪政秩序虚无论”和“宪政秩序万能论”等极端化的境地。前者表现为以事实代替价值，进而否认价值存在的意义。比如，人们常常以“人类的不平等”这一事实质疑“法律面前，人人平等”之宪法规定的必要性。殊不知，平等永远是相对的，而不平等才是绝对的，宪法所规定的平等权正是反映了价值与事实之间的张力；后者则表现为以价值代替事实，从而忽视价值与功能及其作用之间的关联性和区别。质言之，宪政秩序是宪政价值的积极功能的正常表现。但无论如何，宪政秩序也并非万能的，它必然要受制于自身功能的发挥，同时还必须依赖一定的条件方能得以实现，因而它不是万能的。就此两种非理性化的倾向相比较而言，现阶段人们就宪政秩序研究过程中后一种倾向表现得尤为明显。以宪法与政治的关系认识为例，“宪法泛政治化”现象无疑就是一种忽视了宪法价值特征的非理性化的倾向，它妨碍了宪法积极功能的正常发挥，也不利于政治发展和政治稳定，在使人们难以对宪法问题作出客观判断的同时，还常常导致政治冷漠情绪的滋长。在宪法实践中，“泛政治化”的思维倾向总是自觉和不自觉地左右着一个国家的宪政实践以及人们对于宪法问题的判断和思考，进而有碍于一个国家的宪政进程，也降低了宪法的权威和公信力。也由于“宪法泛政治化”的思维倾向，自然而然也就使得人们对于宪法自身的认识产生了诸多价值上的误区和实践中的障碍，从而在逻辑和事实上动摇了宪政秩序赖以存在的法律基础。[1]

无论如何，价值与事实是宪政秩序的两种状态，其间的张力是永恒的，抛弃其中的任何一端，离开特定的条件所进行的事实判断和价值分析，其结论往往是有局限性的。也正因为如此，传统的理论研究既没有合理地建构好宪政秩序的价值目标和实践系统，也没有对其实现所依赖的各种现实因素和具体条件进行区分并给予应有的关注，使得人们对宪政秩序的功能和作用的判断标准常常失之偏颇，以至于它对于现阶段的很多社会现象缺乏足够的解释力，在实践也难以有效地发挥其应有的指导作用。

第三，法治的“浪漫主义”或“保守主义”倾向。毋庸置疑，法治是宪政秩序的保障，宪政秩序研究必然关涉法治问题。就法治问题的研究方法而言，传统的技术路线无外乎两种：理想主义和现实主义。法治的“理想主义”具有明显的规范导向功能，它有助于确立一个理性化的宪政秩序的目标，以此形成一种宪政秩序意义上的价值与事实之间的张力。但是，其思维的特点就是一种“由理论到现实”的“单一线性”模式，有强调“激进式”社会变革的倾向。也正是基于这一点，如果抛弃对于法治现实条件的必要考察，“理想主义”极易导入“浪漫主义”的窠臼而不能自拔。事实上，这一

---

[1] 参见张义清：《宪法泛政治化的逻辑归谬与历史反思》，《当代法学》2006年第6期。

理论倾向既缺少对于社会现象的足够的解释力，也难以产生对于社会实践的推动力；法治的“现实主义”则与之相反，其认识论基础就是强调事物变化进程中的偶然性和非确定性，倾向于研究事物的现实进程及其制约因素，直面问题的复杂性，进而探讨社会变革的一般规律和特殊情况。关于法治状态的生成路径，“现实主义”者们所关注的就是主权国家存在的意义、宪政秩序的现实样态，等等。因此，他们多少有为现实辩护的色彩，隐含着存在即合理的思想倾向。也正是基于这些特点，如果缺少明确的理论导向和理性化的宪政秩序价值目标的指引，现实主义也有沦为“保守主义”之可能。

法治的目标与条件无论如何都存在于一种对立统一的关系之中。如果人为地不加区分地割裂二者之间的关系，势必就会滑入法治的“浪漫主义”或“保守主义”的窠臼。这在中西方迄今为止的宪政秩序研究中多有表现。在现如今的学术界，就两种倾向相比较而言，以法治的“浪漫主义”为盛。比如，人们论及集权之弊症，于是就主张分权；人们论及传统君主制的缺陷，于是就简单化地认为“西化的”自由民主制能解决一切问题。然而，当生活在现实社会的人们发现仅靠分权并不能有效地防止分裂，单一的民主制亦不必然地将一个国家导入宪政秩序轨道的时候，人们又不得不对于他们自己所构建的种种理论模型备感怀疑，以至于陷入了深深的理论困境而不能自拔。殊不知，宪政秩序的实现必须依赖一系列的政治生态、法律机制和社会条件。在中国现阶段，这种倾向突出地表现在一些宪政理论研究者们不加分析的“移植论”之中，其所隐含的技术方法就是简单化的比较，其主要的手段就是进行各种“宪法规范”的建构，从而忽视了中国的史情、国情和民情等社会条件，也抛弃了宪政秩序赖以生长的各种现实的政治生态条件的建设。在笔者看来，那些自喻为“带着镣铐跳舞”之“规范主义”的宪法学研究方法论，[1] 无疑就是法治“浪漫主义”最为真实的写照。这对于掌握宪政规律以及结合中国国情寻找宪政对策甚至包括了解宪法自身的成长规律显然都是于事无补的。当然，在当下这样一个大变革和转型的社会，适度的“局部试错性”的变革结合之道也是宪政秩序生成的重要途径。因此，就宪政秩序的建构路径而言，我们也必须防止落入上述“浪漫主义”研究倾向的反面——

---

[1] 参见林来梵:《从宪法规范到规范宪法》，法律出版社 2001 年版，第 26、54 页。

盲无目标的“保守主义”的境地。因为，一味地因循守旧和强调无为而治的“保守主义”主张显然也是与宪政精神相背离的。在当下各国进行的民主化改革中，亦出现了种种关于国家的学说，比如权威主义国家、新权威主义国家，甚至有人主张实行王道国家，等等。因此，在“回归国家”[1]的风向中，我们需要追问的是：我们要回归什么样的“国家”？对国家的回归是一种分析路径，还是一种回归传统的政治法律实践？正如“浪漫主义”所导入的“宪政秩序万能论”的倾向一样，“保守主义”也可能导入“宪政秩序虚无论”。“在现代社会里，这种矫枉过正的例子是很多的。”[2]在这个意义上说，防止“保守主义”的抬头无疑也是当今宪政秩序研究的重要使命之一。

正因为如此，中国学者不可避免地存在着宪政秩序认识上的“路径依赖”。[3]那些“移植论”坚持者们一方面试图构建一个“西化”的宪政理想国，另一方面对西方宪政主义的认识又不够，其工具主义的倾向和“为了方法而方法”的研究导向，导致了研究内容上的“自说自话”和方法论上的“学科帝国主义”倾向。为此，合理地确定宪政秩序的研究对象、分析框架和技术路线无疑就是我们研究宪政秩序问题的基础性工作。

三、研究对象和理论框架

（一）研究对象

本书涉及的“变革社会”是一个历时性的概念。以宪政这一历史现象赖以产生的社会基础及其阶段性特征为依据，“变革社会”特指人类从传统社会中“宪政虚无”向理想的“宪政”目标不断迈进的这样一个处于“过渡阶段”的社会形态。

按照马克思主义的观点，在未来的共产主义社会，“国家的消亡也就是民主的消亡。”[4]因此，“宪政国家”并不是社会发展的终极形态，宪政秩序

---

[1] 徐勇：《“回归国家”与现代国家的建构》，《东南学术》2006年第4期。

[2] 李步云：《宪法比较研究》，法律出版社1998年版，第122—130页。

[3] See Auther, Brian. CompetingTechnologies, Increasing Returns, And Lock-inby Historical Events. Economic Journal, 1999,（3）.

[4] 《列宁选集》第3卷，人民出版社1995年版，第241—242页。

也将服从于彻底的“自由人的秩序”。故从时间的维度来看，宪政秩序并不是人类社会发展的一种终极的秩序样态。它只不过是人类社会发展到一定阶段而不断呈现出来的一种高级的理性秩序；从空间维度上看，正处于“现代化”进程中的中国和西方社会，涉及不同国家和不同阶段的社会形态。概而言之，宪政秩序就是一种彰显现代民主政治的善意功能和人权保障之现实的人性关怀、以“实践的”法治主义精神而构建起来的一种正义的社会秩序。它既是一种理想化的社会价值目标，也是现实的社会生活中不断呈现出来一种和谐的状态。

宪政秩序具体可以类型化为“目标形态”、“制度形态”、“组织结构形态”、“关系形态”以及“主体的行为形态”等多种迥异的秩序样态。

首先，作为一种“目标形态”的宪政秩序，无疑就是未来社会形态下政治法律秩序发展的高级形式，存在于特定的价值范畴之中，它表征着一种以自由、安全、平等、效率为价值元素并在特定的时空内不断凸显的一种应然状态；它也是一个社会历史的范畴，指的就是某一社会群体在其演化的特定时空内的一种稳定性状态和整体性特征；宪政之于社会发展水平，正如上层建筑与经济基础。当然，“意识的任务不能仅仅归结为反映，它必须对未来的世界作出预测”。[1] 就宪政秩序而言，它作为一种社会秩序的“目标”，呈现为一种“必然”的趋势，也意味着它是可以预测或预见的。

其次，制度形态的宪政秩序，就是宪政秩序目标得以实现的社会基础和社会规范的载体。本书认为，对于制度的评判的标准至少包括正当性、合理性、有效性、可行性、现实性等五个方面。制度的正当性就是指它在何种意义上能够成立以及决定秩序的目标在何种情况下得以根本实现的问题。它应当是支撑现代宪政价值体系的基石；制度的合理性就是指它的科学性、公正性、适应性等价值特征。合理性关注实质正义原则的实现，注重价值的存在方式及可持续性特征，制度的适应性则是合理性的重要价值体现。制度的可行性主要是指它在现实中可以得到实现的程度；制度的有效性则主要体现为其“合目的性”或“可接受程度”；制度的现实性，即制度的功利性。缘于

[1] 【英】乔治·莱尔因：《重构历史唯物主义》，姜兴宏等译，中国社会科学出版社 1991 年版，第 82 页。

现实的世界是一个充满利益冲突的世界，基于利益诉求的永恒性，故宪政制度本质上是一种利益分配的制度，其功能在于维护统治阶级的根本利益，保证占统治地位的利益分配方式得到最大化的实现。

再次，组织结构和关系形态的宪政秩序彰显宪政制度的社会功能。社会结构是社会秩序产生的现实基础，也是社会秩序的一种事实状态。就宪政秩序而言，它无疑是以社会经济结构为现实基础的。同时，宪政秩序相对独立于社会经济结构，其显著特征就是宪政制度的形式化。在宏观上，现代宪政秩序使得社会结构的内部要素间表现为一种法权关系，这种法权关系“是一种反映着经济关系的意志关系。这种法权关系或意志关系的内容是由这种经济关系本身决定的”。[1] 在微观上，社会结构的生成性规则维持着依照个体间的相互联系特性组合成的社会系统。当个体这种行为模式在时间上保持延续并由此导致例行化而使交往行动具有可预见性时，就产生了主体的行为规则。正是在这个意义上说，人可以在一定条件下通过特定的方式来改变社会结构和法律秩序，使得个体存在的状态实现由必然向自由的转化过程。

此外，宪政秩序的构建还在于通过充分地调动宪政主体的积极性、创造性，规范宪政主体的行为，以形成良好的行宪、护宪和守宪秩序。宪政秩序目标作为“人之为人”的一种永恒的价值追求，始终规制着人的行为。一方面，宪政主体的行为要受主体意识的支配。宪政意识就是人们对宪政精神与基本内容的理解、认同与情感反应，常常主导着宪政主体的行为抉择。从这个意义上说，人们宪政共识的形成对于宪政秩序的形成至关重要，也是宪政国家得以形成的基本标志和条件。另一方面，宪政主体的行为要受社会利益的主导。同时也要接受宪政制度的评价。作为主体行为状态的宪政秩序，其可测评的特性主要体现为宪政实施的行为评价。其实证标准就是特定国家既有的宪政制度，其核心就是一个国家的根本大法——宪法。

（二）理论框架

总的来说，本书注重统一而不是“断裂地”理解社会与国家的关系，以此确立了相应的理论分析框架。一方面，社会参与建构国家的“合法性”而

[1] 《马克思恩格斯文集》第5卷，人民出版社2009年版，第103页。

型塑了一个以“权利平等”为核心内容的“公民社会秩序”。另一方面，现代国家在建构自身合法性的过程中也型塑了一个以“契约自由”为基础的“市民社会秩序”。前者表现为国家的“积极”责任，后者则表现为国家的“消极”责任；关于主权和人权的关系，本书坚持相对主义的主权国家观，把主权的秩序视为变革社会中的元秩序，由此衍生出来的国际宪政秩序属于宪政秩序的次秩序。同时，本书视人权保障为宪政秩序的根本性目标，突出宪政秩序现实的“人性”关怀。因此，有效地保障人权是现代国家宪政秩序得以形成、维系和发展的重要手段。与此同时，人权保障唯有在主权国家的宪政秩序中方能获得最安全、最可靠、最有效和最具理性的实现方式。如此，主权原点与人权目标对立统一于宪政秩序之中。本书认为，宪法本身就是一种地道的政治衍生物，它伴随着政治斗争而生长，同时又作为一种特殊的政治运动形态而存续和发展，现代宪法彰显强烈的“政治谦抑性”。然而，宪法无论如何也不应该成为权力的附属物和政治的副产品。宪法的政治谦抑性的表现并不等于就是宪法的泛政治化。宪法的泛政治化必然会受到来自事实层面的自我否定，而宪法政治秩序和政治宪法秩序必然会受到来自价值层面的自我肯定。因此，宪政秩序亦不等于要抛弃政治中的一切非宪法性因素。正如政治的功能具有多元性一样，宪法的功能也是具有多元性的。如此，宪法现象与政治现象在宪政秩序的框架中获得了合理的解释。

本书的分析框架显然是建立在当今世界的“多样性”、“多变性”和“可预测性”的现实基础之上的。社会发展是必然性与偶然性交相作用的结果，而社会规律性本身却具有确定性和必然性。因此，“乱而有序”往往成为社会发展的一种常态。在这个意义上说，宪政秩序作为一种趋势规律，人的社会活动的总的走向总是呈现为上升的势头。因为人作为有意识和有理想的存在物，总是追求着超越现实的更好的“应该”的生活。不可否认，当今世界和中国都处于一个“多元化”的“宪政过渡期”，受世界的“多样性”、“多变性”等客观现实条件的制约，宪政秩序的发展必然也要呈现出一种“螺旋式”上升的趋势；本书的分析框架也是建立在社会主体的“实践性”的现实基础之上的。因为，社会实践是推动社会发展的基本动力。社会实践构筑了宪政秩序的价值与事实之间的内在张力。一方面，由于主体在社会实践中表现出的强烈的主观性和道德诉求，故主体的价值导向就会自觉不自觉地适应这种道德实践的要求。另一方面，社会实践又不单纯是道德取舍的产物，它还容纳了习惯性的道德和历史文化传统以及相关的社会特征，对社会实践的正当性、合理性的研究不仅要依靠道德评价体系，还需要行为特征价值体系的帮助。因此，道德中性和价值中立是维系宪政秩序的应然内涵。正是在这个意义上，宪政秩序具有明显的建构主义的导向；本书的分析框架还是建立在社会发展的“永恒性”和社会历史的“阶段性”的基础之上的。质言之，人类的发展史，实际上就是一部不断努力地探索着社会未来的历史。一方面，社会的发展是“永恒的”。时代要求我们“将公众的注意力集中到长远目标，而不是眼前的那些计划和要求，让人们从许多可供选择的未来中选择一个更合适的未来”。[1]另一方面，社会发展无疑也是“分阶段”而展开和实现的。处在“宪政过渡期”的现实社会，正如区别于“前宪政时代”的传统社会，也要区别于未来“无宪政时代”的共产主义社会。唯有如此，才能科学地理解社会发展的趋势规律，也可以与那种线性的、初始条件与绝对应然状态等机械决定论划清界限。

本书的理论依据是建立在完整地理解马克思主义关于国家与社会关系的理论体系的基础上的。第一，社会决定国家，还是国家决定社会，这是唯物史观与唯心史观在国家问题上的根本分歧。对此，马克思和恩格斯在其早期著作（1844年以前）中存在大量的表述，其内容均涉及作为经济基础的市民社会对于作为上层建筑的国家所具有决定作用（前文已述及，此不赘述）。回到当时的历史场景中来看，马克思和恩格斯将市民社会视为一种生长于资本主义社会的“经济组织形态”，完全是出于批判黑格尔等资本主义国家辩护者的理论需要。而在1844年后，马克思则明显地开始将市民社会这一概念的经济意义进一步归结为“社会的生产关系、交往关系”。如他在《德意志意识形态》中阐述的：“在过去一切历史阶段上受生产力制约同时又制约生产力的交往形式，这个市民社会是全部历史的真正发源地和舞台”。[2]作为对黑格尔政治哲学批判的继续和深化，这恰恰说明正是由于伴随着资产阶级革命胜利而建立起来的资本主义生产关系才真正使“市民社会”与“政

[1] 【美】阿尔温·托夫勒：《未来的震荡》，任小明译，四川人民出版社1985年版，第539—540页。

[2] 《马克思恩格斯选集》第1卷，人民出版社1995年版，第87页。

治国家”相对分离的特性凸显并被人们所发觉。正如马克思所言:“真正的市民社会只是随同资产阶级发展起来的”。[1] 可见，宪政秩序是随着市民社会的生长，市民社会与政治国家的二分而开始凸显的一种社会状态。第二，关于政治国家的论述，马克思、恩格斯十分注重国家阶级本质的揭示。一如恩格斯在 1884 年写的《家庭、私有制和国家的起源》中指出的那样:“国家是文明社会的概括，它在一切典型的时期毫无例外地都是统治阶级的国家，并且在一切场合在本质上都是镇压被压迫被剥削阶级的机器”。[2] 其中还阐述道:“国家的本质特征，是和人民大众分离的公共权力。”[3] 可见，突出国家的阶级性和凸显国家政权的特征是马克思和恩格斯关于国家本质论述的一大特点。无疑，马克思、恩格斯特别注重国家阶级本质阐述与他们深刻地揭示资本主义国家的历史局限性的用意是一脉相承的。正因为如此，他们在论述国家的阶级本质的同时并没有将国家的另一重要的职能——社会公共事务的职能以及由此导入的国家的社会性特征进行明确的阐述和具体的说明。第三，我们必须注意到，马克思深入地阐述了国家所具有的阶级性特征的同时，实际上并没有忽视其社会性特征的界定。这需要从整体上来对马克思的理论体系进行解读才能发现。比如，马克思所论及的:“在政治国家真正形成的地方，人不仅在思想中，在意识中，而且在现实中，在生活中，都过着双重的生活——天国的生活和尘世的生活。”[4] 马克思言及的“天国的生活”，正如他所界定的，就是一种是“政治共同体中的生活”,[5] 而在这个共同体无疑就是指代了一种理想的国家形态，其中，“人把自己作为社会存在物”。[6] 这一表述无疑就隐含了国家的社会性特征。还比如，马克思在《法兰西内战》中就指出过:“面对无产阶级，各民族政府乃是一体”[7],“欧洲各国政府在巴黎面前显示了阶级统治的国际性”[8]，等等。这无疑可以视为马克思论述

[1] 《马克思恩格斯选集》第 1 卷，人民出版社 1995 年版，第 130 页。
[2] 《马克思恩格斯选集》第 4 卷，人民出版社 1995 年版，第 176 页。
[3] 《马克思恩格斯选集》第 4 卷，人民出版社 1995 年版，第 116 页。
[4] 《马克思恩格斯文集》第 1 卷，人民出版社 2009 年版，第 30 页。
[5] 《马克思恩格斯文集》第 1 卷，人民出版社 2009 年版，第 30 页。
[6] 《马克思恩格斯文集》第 1 卷，人民出版社 2009 年版，第 30 页。
[7] 《马克思恩格斯文集》第 3 卷，人民出版社 2009 年版，第 179 页。
[8] 《马克思恩格斯文集》第 3 卷，人民出版社 2009 年版，第 180 页。

的无产阶级专政的国家所具有的社会性特征。此外，马克思和恩格斯在《共产党宣言》的结束语中也表述道："全世界无产者，联合起来！"[1] 其中也隐含着社会性特征与无产阶级的阶级本质具有一致性，彰显国家与社会的互动性特征。第四，在马克思主义看来，只有在共产主义社会，"人们第一次成为自然界的自觉的和真正的主人……只有从这时起，人们才完全自觉地自己创造自己的历史"。[2] 而马克思描述的未来的共产主义社会中"自由人的联合"显然也是他所论及的"市民社会"，而"自由人的联合"的社会秩序无疑也无非是一项总体性的社会发展目标。因此，就宪政秩序的存在而言，它必然要受制于国家以及由现实条件所制约的一切社会因素。

总之，历史是一种合目的性活动，是一个不断由低级向高级的运动过程，历史的演进具有方向性和规律性，它根源于社会内部所固有的矛盾。正因为如此，宪政秩序显然是在现实的社会条件下不断发展的一种"接近式"的"现代正义"。市民社会和政治国家、主权与人权、宪法现象与政治现象虽然具有可分性，但并不意味着它们不具有兼容性和相互规定性，更不意味着它们必然长期对立和对抗。既然存在政府的失灵，同样也就存在着市场的失灵。因此，宪政秩序的理论和实践只有在它们既对立又统一的分析框架中方能获得有效的证实或证伪。

[1] 《马克思恩格斯文集》第 3 卷，人民出版社 2009 年版，第 15 页。

[2] 《马克思恩格斯文集》第 9 卷，人民出版社 2009 年版，第 300 页。

第二章　宪政秩序的现实诉求

现阶段，现代化与其他各项改革浓缩在同一个时空域中展开，从而构成了波及世界各国的一场波澜壮阔和史无前例的社会变革。“各个国家普遍地借助宪法、法律的名义实施统治，虽然各个国家宪政法律制度的供给和运行方式各不相同，但他们也要无一例外地通过宪法手段严格地控制各种利益表达和政治参与如政党活动、利益集团的活动、社会运动，以现代化和经济发展为主要目标的意识形态或政权形态”。[1] 诸现象无疑构成了当下这个时代宪政运动鲜明的特点。

一、世界性宪政潮流

20 世纪下半叶以来，世界经济在生产力和生产关系两方面都发生了某种质的变化。随着经济全球化、政治社会生活国际化的趋势日渐显露，表现在宪政领域，就是各国为了应对这一变化所采取的各项宪政改革措施在世界范围内呈现出前所未有的新趋向和新特点：

（一）民主化浪潮奔涌不息

20 世纪 80 年代以来，世界掀起了一股民主化的浪潮。正如亨廷顿在《第三波——20 世纪后期民主化潮》一书中描述的那样，“民主化的运动是

[1] 陈尧：《新权威主义政权的民主转型》，上海人民出版社 2006 年版，第 29—30 页。

一项全球性的运动。”[1] 在发展速度上，“‘第三波’民主化浪潮的确创造了‘奇迹’：民主化在波兰用了十年，在匈牙利用了十个月，在东德用了十周，在捷克斯洛伐克用了十天，而在罗马尼亚则只用了十小时。”[2] 堪称20世纪之“绝唱”的“第三波”民主化浪潮在21世纪同样得到了生动的演绎。

2008年3月24日，喜马拉雅山麓的小国不丹举行了该国历史上的首次国民大会选举，超过20万选民参加了当天的投票。选举结束后，不丹这个国家有着百年历史的世袭君主制政体正式改变为君主立宪和议会民主制相结合的民主制政体。按照不丹新颁布的宪法规定，王权的行使将受到严格的限制和约束，议会可以对国王提出弹劾和罢免。[3] 无独有偶，两个月之后，与不丹毗邻的尼泊尔也发生了宪政民主运动。同年5月28日，尼泊尔在其首都加德满都召开了制宪会议。“尼泊尔制宪会议28日以560票对4票的表决结果决定废除君主制，制宪会议随即于当日宣布，尼泊尔将成为联邦民主共和国，通过的共和宣言说，尼将成为一个‘独立、民主、不容分裂的主权共和国’。”[4] 按照制宪会议的规定，尼泊尔设立了一个虚职总统的职务取代了国王这一传统的政治角色。至此，尼泊尔的末代国王贾南德拉被迫迁出王宫，成了一位普通的社会公民。拥有239年历史的尼泊尔沙阿王朝亦至此宣告终结……尼泊尔遂从君主制政体演变为共和制政体。

客观地看，君主政治从其诞生的那一天开始，就表现为人类文明史进程中一种常态的政治现象。它也是绝大多数民族国家业已经历过的政治模式。今天，特定民族的延续和发展仍然给君主制的存在和发展创造了一定的空间，君主制目前也在一定范围内以一定的形式而存在。尽管如此，人们对“有权威而无自由”的传统君主政治“合法性”的质疑之声不绝如缕并一浪高过一浪。新一轮的民主化浪潮更是给传统君主制造成了前所未有的巨大冲击。从传统走向现代几乎是所有国家和所有民族向前发展的历史必然和终极选择。

---

[1] 【美】塞缪尔·亨廷顿:《第三波——20世纪后期民主化潮》，刘军宁译，上海三联书店1998年版，第25页。

[2] Timothy Garton Ash, New York Review of Books, 1990.1.18, p.42. 转引自【美】塞缪尔·亨廷顿:《第三波——20世纪后期民主化潮》，刘军宁译，上海三联书店1998年版，第118、136页。

[3] 谢来:《新老国王引导不丹走向民主》，《南方人物周刊》2008年第11期。

[4] 周戎:《尼泊尔的共和之路任重道远》，《光明日报》2008年6月1日。

（二）法治日益成为共识

现阶段，随着人们的制度意识和法律观念的提升，法治理念日益普及并且成为人们的一种共识。在人类文明的历史长河中，如果说，法治文明是人类理性作用于实践的必然产物的话，人类宪政共识的形成则在某种程度上说就取决于人们成熟的法治理念是否得以彰显及其实现的程度。以美国为例。在该国影响甚为久远的2000年总统大选案中，当时的总统候选人布什与戈尔的选票竞争最后集中在佛罗里达州……由于当时两人获得的选票十分接近而发生了纠纷……就在其总统“难产”的时候，该国联邦最高法院破天荒地介入总统大选事务并作出了终局判决，从而打破了政治僵局。[1] 即使当时的民主党人戈尔心里有一百个不服气，但法律的判决也使得他不得不服从。正如后来有人评价道：“这场大选是一场‘未竟的选举’，不仅因为这一大选本身的重要性，更因为这场大选给美国的‘政治、制度甚至是宪法本身的启示’”,[2] 那无非就是：“美国宪法的制定者们设计和提供了一个合理的运行机制：人们以契约形式来确定人民与政府的权利与义务关系，这个契约就是以宪法为中心的法律体系。”[3]

美国著名作家汤姆斯·弗里德曼撰文在为戈尔鸣不平和指责美国联邦最高法院裁决不公的同时，也极力地颂扬美国建立在司法权威基础上的宪政法治实践。一如他所鼓吹的：“（美国成功的）秘密在于长盛不衰的法治及其背后的制度，正是这些让每一个人可以充分发展而不论是谁在掌权……我们所继承的良好的法律与制度体系。”[4] 应该承认，作为世界成文宪法的先驱，美国宪法是美国人贡献给世界制度文明的重大成果。美国在其后200多年的时间里一跃而成为世界上独一无二的超级大国，到底是什么促使了美国这么快速地发展？其中的原因可能有很多，但我们不得不承认由美国宪法确立的现代法治原则及相关的制度体系对美国崛起所产生的重要作用。[5] 在笔者

---

[1]　参见丁胜：《“驴”“象”世纪大战——2000年美国大选初析》，《世界知识》2000年第6期。

[2]　Jack N. Rakove Alex Keyssar, Henry Brady, The Unfinished Election of 2000, Basic Books,2001, Front Matter.

[3]　王志：《美国宪法及其作用》，《中国社会导刊》2007年第6期。

[4]　【美】托马斯·L. 弗雷德曼：《外交事务：荣誉勋章》，第3页，《纽约时代周刊》2000年12月15日。

[5]　参见王志：《美国宪法及其作用》，《中国社会导刊》2007年第6期。

看来，美国宪政秩序的维系，除了依赖该国宪法自身专业化发展所导入的制度秩序得以维系之外，还得益于蕴涵其中的法治理念和宪政共识的逐渐形成。当下各国宪政发展的趋势昭示：正义的秩序除了表现为作为各国治国施政之根本法宪法的地位得以确认和巩固、宪法制度在各国宪政实际运行中所发挥的作用越来越大之外，以法治为核心的宪政运动按照各国自身的特点不断地得以演进和发展，无疑成为当下宪政改革的永恒诉求和不竭动力。正是法治的内在动力推动着各国的宪政改革运动按照其自身的特点朝着秩序化的方向不断地向前迈进。

（三）人权不再只是梦想

第二次世界大战以来，继《联合国宪章》对人权的国际保护作出明确规定之后，1948 年 12 月 10 日，联合国大会通过的《世界人权宣言》则进一步系统地阐明了人权的应然内涵。1966 年，联合国大会又通过了两个著名的世界人权公约:《经济、社会、文化权利国际公约》和《公民权利与政治权利国际公约》及其《任择议定书》(简称“两个国际人权公约”)。这“两个国际人权公约”与之前的《世界人权宣言》在内容以及法律效力方面均存在一定的差异。如果说,《世界人权宣言》体现了发达国家与发展中国家之间在人权保护方面最大限度地减少差异并体现了人权对话的共识的话，那么,《经济、社会和文化权利国际公约》则主要体现的是发展中国家的人权诉求，而《公民权利与政治权利国际公约》及其《任择议定书》则主要反映的是西方国家人权保护的利益诉求；从法律效力上来看,《世界人权宣言》只不过是联合国发表的一份原则性的声明，对各个成员国并没有任何实际上的法律约束力。与其所不同的是，“两个国际人权公约”则作为多边性法律文件而存在，它们明确规定了缔约国所应该承担的在保障和促进人权方面所应该具有的法律上的义务和责任，具有确定性的法律拘束力；“两个国际人权公约”还规定了缔约国报告制度、国家间指控制度，以及个人申诉制度等国际人权保护的一整套的法律实现机制，并设立了专门的监督缔约国履行公约义务情况的专门机构——人权事务委员会。因此，“两个国际人权公约”使得人权的国际保护具有法律上的普遍适用性和明确的管辖权依据，标志着国际人权法律体系的基本框架初步形成。其后，联合国大会又通过了进一步强调人权具有普遍性的《维也纳宣言和行动纲领》，使得国际人权保护的规范依据进一步完善，标准也变得更加明确和具体化。可以预见，未来的国际人权保护的特殊性将逐步缩小，而人权的普适性必将逐步扩大。

不仅如此，人权的内涵不断地得以拓展，其制度化水平也得到了实质性的提升。正如人们形象地描述道："人权不再仅仅是抽象的理论和遥远的梦想。它已经成为国内法和国际法上诸多有形的东西：机构、人员、规则、资金、解释、起诉、辩论、审判、判决、执行、制裁。虽然地缘政治、国际利益甚至个人利益，在个别场合进行博弈时，不可能毫不偏离纯粹的正义理想，但是一个权威性的机构、形式化的程序，以及规则的运用技术，对于促进人权事业来说，显然比抽象理论要实在得多。"[1]可见，经历了战后几十年来人权事业的纵深发展，人权保障已经成为各国推行宪政的核心目标。

（四）宪政之路远尤未尽

20 世纪 90 年代，有学者指出，西方自由民主制度已经克服了世袭皇权的专制传统、权威主义和法西斯主义等意识形态，也许形成了"人类意识形态发展的终点"与"人类最后一种统治形态"，因而构成了"历史的终结"。[2] 从现实情况来看，这并不是一个确定的事实。

以俄罗斯的情况为例。苏联在 1991 年"8·19 事件"发生以后宣告解体，其宪法和法律立即被停止实施。其后，俄罗斯迅速转到西方式的政治经济运行和发展轨道上。叶利钦当选为俄罗斯第一任总统，标志着该国正式进入了总统制的政治运作模式。在俄罗斯这种全新的政治运作模式实行之初，由于总统与议会之间的职权划分尚不甚明确，当时俄罗斯的政治体制处处都能看见以往苏联苏维埃政权的影子，主要表现为：该国议会具有相对超脱的地位，总统的许多权力在很多情况下都得受制于议会的授权。在这种状况下，时任总统的叶利钦为了扩展自己手中的权力，便提出了修宪的建议，试图将俄罗斯打造成为具有完全西方色彩的总统制国家。但是，叶利钦这一政治主张的提出遭到了当时众多议会成员的坚决反对，由此导致了俄罗斯两大

---

[1] 滕彪：《人权：从理念到制度》，《时代教育》2008 年第 3 期。

[2] 参见【美】弗朗西斯·福山：《历史的终结及最后之人》，黄胜强等译，中国社会科学出版社 2003 年版，代序第 1—3 页。

权力机关的公开对抗，以至于演变为该国的“十月流血事件”。其后，获胜的叶利钦总统为了进一步巩固自己的地位，他还采取了一系列削弱议会权力和提升总统地位的改革措施。1993 年，该国经过全民公决通过了其新宪法，其中将总统的权力扩展到了极致。按照俄罗斯宪法的规定，总统有权“决定国家内外政策的基本方向”，有权“发布命令和指示”，全国“都必须执行”。除此以外，该国的总统除了掌握着联邦几乎所有中央机构的重要人事大权外，还拥有对于议会强有力的否决权以及包括解散国家杜马的权力，等等。与之相对应，议会对总统的制约权却变得十分有限。普京执政后，在总体上延续了叶利钦的扩展总统职权的宪政政策。俄罗斯又在其宪法的总体框架下进行了许多涉及联邦体制、上院组成等一系列的政治体制改革。总之，集权总统制改革的思路始终是俄罗斯政治体制改革的主流导向并延续至今。对此，学界存在着各种不同的评价。如有人就认为:“俄罗斯自上而下的宪政改革似乎一夜之间就建立了一整套的宪政制度，但是现行的总统制是缺乏合法性基础的。虽然宪法明确规定了三权分立，但三权之间的斗争还很狭隘，总统与议会的斗争更多地体现了小集团与个人利益之争，国家与社会的整体利益在斗争之中还未得到关注。”[1]

俄罗斯的情况是这样，中东和非洲的情况亦具有类似的特征。埃及这几年历经的宪政民主化改革也证实了这一点。早在 2005 年，迫于国内反政府力量的逐渐扩大及美国的民主化压力，当时的埃及总统穆巴拉克就启动了以宪政为核心的政治改革。

2005 年 2 月 26 日，他主动向人民议会提议要求修改宪法第七十六条，指示议会废除总统选举“唯一候选人”的选举制度，允许有多党多名候选人通过直接选举产生总统……“直选、秘密、多个候选人”这是关系到整个埃及政治制度重大调整的改革举措……但是，由于长期积累的诸多问题未能在短时期得到根本解决，穆巴拉克最终没有在埃及建立起民主化制度，其政权在 2011 年初被大规模群众性抗议所推翻。在未来的过渡时期，军方能否顺利还政于民，穆斯林兄弟会能否乘势而上，埃及政局的走向充满了不确

[1]　杨昌宇:《当代俄罗斯强权总统制的合法性及其危机》,《求是学刊》2007 年第 6 期。

定性。[1]

俄罗斯的宪政之路也好，埃及的修宪措施也罢，其结局无疑都昭示：各国迄今为止所推行的宪政改革及由此建立的政治体制模式，其背后所蕴涵的宪政内涵和现实的宪政秩序的构建却远非简单的制度追赶所能实现的。事实证明，现阶段各国的宪政之路还很漫长。

二、动荡与危机

如前所述，新一轮宪政运动已经汇成一股汹涌澎湃的世界性潮流，波及了几乎每一个国家。随着传统的威权政治统治和军事政权的合性基础逐渐地被摧毁，各国宪政的性质、结构、制度及其运行等诸多方面和诸多层面发生着剧变。各国现实的宪政实践昭示，旧的秩序已经被打破、新的秩序尚未最后形成。各种因素相互交织、相互影响和相互渗透，随之而来的便是各国剧烈的社会动荡和政治危机。

（一）各种因素相互交织，各国面临复杂多变的外部环境，造成政局的不稳定

20世纪下半叶开始的经济全球化和社会政治生活国际化的浪潮，把世界经济政治的发展推向到一个崭新的阶段，全球性的经济自由开始成为各国政府制定相应政策和措施的首要目标。相伴并随的则是，一股强大的反全球化浪潮也向我们奔涌而至。我们看到，各国在顺应全球经济自由化大趋势的现象背后，普遍化的贫富差距不断拉大也成为世界各国人们不得不面对的社会现实。因此，对应于经济自由，人们对于经济平等的诉求也由此变得异常强烈。“从世界政治格局的变化情况来看，随着东欧剧变、苏联解体，‘雅尔塔体制’的瓦解……世界格局呈现‘单极加多极’的趋向”。[2] 与这一趋向相伴并随的是，霸权主义与反霸权主义呈两种对立的倾向在现阶段的国际社

[1] 参见王泰:《2011，埃及的政治继承与民主之变——从宪政改革到政治革命》,《国际政治研究》2011年第1期。

[2] Samue lP. Huntington,“The Lonely Superpower”, Foreign Affairs, March/April 1999. p.4.

会中也不断地得以演绎。比如，冷战之后，索马里、巴尔干以及中东地区相继发生的地区冲突和局部战争造成了甚为严重的人道主义灾难。

20 世纪 90 年代，海湾战争、美英对伊拉克的战争、以美国为首的北约对南斯拉夫联盟所进行的狂轰滥炸……尤其是美国在“9·11”恐怖事件发生以后，将反恐目标直指阿富汗塔利班政权。它在联合国的授权之下，立即启动了对阿富汗的反恐战争，并采用武力摧毁了阿富汗的国家政权。其后，美、英两国又出兵伊拉克，也很快地将伊拉克萨达姆政权推翻并处死了萨达姆。对于这场战争，很多学者从人权保障的角度批评道：“美国发动的伊拉克战争粗暴地践踏了国际人权法的基本原则，给国际社会的人权保护带来了极其消极、恶劣的影响……美军虐待伊拉克战俘事件进一步暴露了这场战争践踏人权的丑恶本质。”[1]

其后，伊拉克在美国的霸权思维主导之下推进其宪制重建计划。2009 年，美国总统奥巴马宣布 2011 年底从伊拉克撤出全部美军，并于 2010 年 8 月 31 日提前落实了将美军战斗部队全部撤出伊拉克的计划。然而，从目前的情况来看，“伊拉克的安全、政治形势并未如美国之愿平稳过渡……一系列恐怖爆炸袭击事件表明血光之灾仍未结束。对于美国而言，伊拉克依然是一个充满忧患的烂摊子。”[2]种种迹象表明，伊拉克目前的形势依然极其严峻，其宪政之路尚遥遥无期。

2011 年伊始，中东地区则出现了迄今为止最为混乱的政治动荡局面。“2011 年 3 月 19 日，恰逢伊拉克战争开战 8 周年，美、英、法等国再次联手，对利比亚发动代号为‘奥德赛黎明’的空袭。利比亚战争由此拉开序幕。同前几场战争一样，这场战争依然是由西方军事大国发起的影响地区安全和稳定的局部战争，依然是一场针对主权国家的非对称战争。”[3]“利比亚人民将在相当长的一个时期内，失去和平与安宁。”[4]可见，各国的宪政运动正面临着前所未有的源自外部环境的巨大挑战，诸多因素皆造成很多国家政局的不稳定。

[1] 郑毅：《从伊拉克战争看人权的国际保护》，《法制与社会》2006 年第 10 期。

[2] 张璐、肖健：《回顾伊拉克战争　看美国人的“使命”感》，《经济研究导刊》2011 年第 3 期。

[3] 林东、康永升：《利比亚战争分析》，《晚报文萃》2011 年第 13 期。

[4] 参见刘星华：《剖析利比亚战争的缘由及走向》，《铁军》2011 年第 5 期。

（二）各种社会力量卷入变革的洪流当中，加剧了宪政运动的多变性

事实上，各国导入宪政改革过程的力量分布是不均衡的。以不丹为例，其宪制改革的主要原动力就是国王这一政治精英。多年来，不丹的几代国王都在逐渐地放弃手中的君权，循序渐进地还政于民。[1] 从不丹社会变革的整个过程来看，该国的宪政运动自始至终都是在平和的政治环境中展开和实现的。而与不丹的情况完全不同的是，尼泊尔的宪政转型则是在一场激烈的政治斗争中演绎而完成的。一方面，尼泊尔的君主在该国的宪政变革中始终推行其强化王权和加强军权的政治措施，甚至试图通过亲政来组建由他领导的新一届政府；另一方面，该国内部各党派的政治势力毫不妥协地开展反对专制王权的斗争，各党派之间在如何构建宪政体制问题上也不乏分歧。此外，国际社会的积极干预也是影响该国宪政目标得以最后实现的重要因素。以至于其国内各党派对抗专制王权协议的最后达成，才结束了其持续数月的政治僵局。[2]

泰国近几年的政局尤其引人关注。泰国自从 2006 年发生军事政变，在其后 2007 年这一年之内，素拉育临时政府曾先后两次改组内阁，其政局动荡不断。2007 年 8 月，该国新宪法获得通过。同年 12 月，泰国大选举行，人民力量党在选举中获胜。2008 年初，人民力量党与其他政党联合组建新一届政府。但是，泰国的政局并没有因此获得稳定的秩序，其混乱的局面延续至今。比如，2009 年 4 月，拟在泰国举行的东亚领导人峰会也因国内的社会政治动荡而被取消。[3] 可见，其恶劣影响已经由国内波及国际社会。事实上，与政局动荡相伴并随的就是，泰国的经济发展也受到了重创。比如，“泰国经济继续缓慢增长，全年（2007 年）经济增长率仅为 4.8%”。[4] 泰国的局势并未因此而发生转机。相反，其后甚至有愈演愈烈的趋势：

2010 年 2 月，泰国法院判决没收他信家族的 14 亿美元的资产后，红衫

[1] 谢来：《新老国王引导不丹走向民主》，《南方人物周刊》2008 年第 11 期。

[2] 参见文雅：《尼泊尔的共和之路》，《百科知识》2008 年第 8 期。

[3] 《现场：泰国反政府示威者在东盟峰会会场外集会》，新华网 2009 年 4 月 11 日；《红衫军“围城”泰国总理阿披实宣布进入紧急状态》，中国新闻网（北京）2009 年 4 月 11 日。

[4] 参见陈红升：《泰国：2007 年回顾与 2008 年展望》，《东南亚纵横》2008 年第 5 期。

军再次发起向阿披实政府“摊牌”的大规模示威——组织十几万人在曼谷举行了长达数月的抗议示威，并占领曼谷繁华的商业区和金融街，给国家和商家造成巨大经济损失。5月14日，政府命令军方动用武力驱散示威民众，造成80多人死亡，近2000人受伤，酿成泰国18年来最严重的流血冲突事件。“红衫军”民众为泄愤，四处纵火，曼谷多处建筑被焚烧，经济损失严重。[1]

泰国的军事政变有其特殊的政治历史缘由。泰国政局与其军事力量的存在和控制状况直接相关。泰国军队虽然独立于该国的政治体系之外，却又实实在在地被少数人用以控制和操纵政局。同时，社会民众也是泰国参与变革的强大势力。泰国1997年宪法就明确规定：2万人以上的民众签名可以提起对总理的弹劾程序，10万人以上的民众签名可以提出修宪动议。而泰国2007年新制定的宪法文本甚至还将“提起弹劾动议”的民众人数底线进一步由2万人降至1万人，进一步增强了公众对政府行为的控制和约束。精英主义和民粹主义交替作用常常构成该国局势恶性发展的态势。与这些相互映照而生长的社会弊症还有，“泰国发生在光天化日之下的一幕幕贿选、争斗甚至是暴力的阴暗面，滋生并培育了与民主对立的负面意识，成为威权政治生存和发展的沃土”。[2] 这些现象表明：各国在经济发展过程中贫富和地区差距的问题不容忽视，发展经济不能以牺牲社会的公平和正义为代价。同时也说明，已被唤醒的底层民众的政治诉求，是精英阶层必须面对的问题而非是否选择的问题。[3] 泰国现象昭示，处于变革时代的现代各国，当其内部政治精英、不均衡的政治权势、军队、各党派，以及各种社会力量都被卷入这场变革的洪流中，使得当下发生的这场世界性宪政运动在各国呈现出前所未有的复杂性和多变性。

2010年12月17日，突尼斯南部地区一名叫卖水果的小贩因抗议城管“粗暴执法”而自焚。[4] 在接下去的20多天时间里，突尼斯掀起了声势浩大

---

[1] 马燕冰：《泰国政治乱局的根源及其发展趋势》，《和平与发展》2010年第4期。

[2] 任一雄：《泰国的选举及其民主化进程》，《解放军外国语学院学报》2002年第1期。

[3] Danny Unger: A path truth in Thailand, Asia Times Online, Southeast Asia, June 2, 2010.

[4] 参见赵旭、雷闪：《透视利比亚乱局“外溢效应”》，《中国石化报》2011年4月8日第5版。

的民众抗议浪潮，全国多地发生大规模的社会骚乱，由此揭开了中东地区政局剧烈动荡的序幕。2011 年 1 月 15 日，本 · 阿里结束了对突尼斯 23 年的统治，宣布解散政府后仓皇出逃，流亡沙特。1 月 25 日，数十万埃及民众走上首都开罗以及亚历山大、苏伊士等城市的街头举行抗议游行，要求总统穆巴拉克下台。2 月 11 日，执政长达 30 年，曾经叱咤风云的穆巴拉克宣布辞去总统职务，把权力交给武装部队最高委员会。抗议热潮还在阿尔及利亚、巴林、也门、约旦、利比亚等国蔓延开来。利比亚当局以维护国家统一、反对外部干涉为旗帜，动用武力镇压抗议民众。[1] 叙利亚在爆发了大规模反政府游行抗议活动以后，叙利亚政府遂于 2011 年 4 月 19 日通过 3 项法案，分别废除实施 48 年之久的紧急状态法、撤销最高国家安全法院并对组织和平游行进行了规定。[2]

不断蔓延的社会骚乱和政局动荡严重制约了中东北非地区经济体的增长前景……突尼斯 2011 年经济预计增长 1.3%，远低于 2010 年的 3.7%。[3] 利比亚动荡则导致全球石油供给减少 1%。[4] 中东乱局如此，英国伦敦最近发生的波及全国的社会骚乱同样引起了世人的瞩目：

2011 年 8 月 4 日在伦敦北部的托特纳姆，一名 29 岁的黑人男性平民马克 · 达根被伦敦警察厅的警务人员枪杀。之后民众上街抗议警察暴行。至 8 月 9 日，骚乱已扩散至伯明翰、利物浦、利兹、布里斯托等英格兰地区的大城市。英国政府在相关动乱地区部署了大量镇暴警察以图稳定局势，并抓捕了大批疑犯。此次骚乱是英国自 1995 年布里克斯顿骚乱以来英国发生的最严重的社会动乱事件，也是英国自 1940 年以来纳粹德国实施伦敦大轰炸后该地发生的波及人数最多且最紧张的事件。[5]

---

[1] 参见吴思科：《中东局势剧变震动世界》，《中国民族报》2011 年 3 月 4 日。

[2] 参见《叙利亚政府通过法案废除紧急状态法》，新华网大马士革 2011 年 4 月 19 日电。

[3] 黄培昭、张梦旭：《中东动荡局势殃及经济民生》，《人民日报》2011 年 4 月 19 日。

[4] 参见赵旭、雷闪：《透视利比亚乱局“外溢效应”》，《中国石化报》2011 年 4 月 8 日。

[5] 参见王丽颖编译：《伦敦之乱》，《国际金融报》2011 年 8 月 10 日。

正如突尼斯一个失业青年商贩自焚进而演化为令数个国家政府垮台的中东变局一样，伦敦黑人青年被警察在追捕中射杀也同样引起了震动全英国的社会骚乱事件。撇开这些社会骚乱事件发生的具体情形和个中原因权且不作进一步的分析，我们不难发现的就是：各国内部因社会转型而积聚起来的各种社会结构性矛盾所造成的社会关系紧张无疑是引发上述社会骚乱事件的共同原因。在当下这样一个变革社会，急剧的社会变革直接导致了民众利益诉求的空前高涨，而当公众参与的社会制度供给缺失和利益表达和实现机制受阻的时候，处于高度紧张状态的社会关系体无疑就会以激烈对抗的方式来释放对社会和政府的"不满意"情绪。政治精英、不均衡的政治权势、军队、党派，以及各种社会力量卷入变革的洪流当中，更是加剧了宪政运动的多变性，造成了各国的政治动荡，相伴并随的就是各国的社会混乱和经济衰退。

（三）宪政运行中的制度性缺陷和功能性障碍造成的政治失稳和局部震荡

法国是欧洲大陆制定成文宪法最早的国家。自从戴高乐时代开始，法国的宪政结构系统中就存在着一个权力相当集中的总统。法国第五共和国宪法第5条就明确规定："共和国总统监督遵守宪法。他通过自己的仲裁，保证公共权力机构的正常运行和国家的延续。它是国家独立、领土完整和遵守条约的保证人。"该宪法第64条还规定，共和国总统是司法机关独立的保障者。近年来，法国的政局也不平静。在法国2002年的总统大选中，主要竞争对手是现任总统希拉克、总理若斯潘和右翼政党国民阵线主席勒庞。引人注目的是，"素以'法国人优先'为信条口号的法国极右政党领导人勒庞在法国大选第一轮投票中出其不意地胜出，一时成为欧洲媒体的头条新闻。有人称这是'法国政坛的一场大地震'，也有人说是'欧洲的9·11事件'，还有人将勒庞的胜出喻为'欧洲民主泳池中丢进的一块砖头'，甚至还有人挖苦说：'除非是法国人疯了，否则很难想象像法国这样一个在民主、人权问题上好为人师的国家，为何也会产生如此的混乱和荒唐'。"[1]就该案而言，勒庞最终虽以失败而告终，但仍然有不少人据此认为："勒庞现象"使得欧洲传统的民主政治凸显出新的危机，如何防止该现象的蔓延和发展无疑将是

[1] 参见郭隆隆：《欧洲民主政治的危机》，《国际展望》2002年第10期。

今后欧洲政治家们所面临的一项艰巨的任务。[1]

韩国几年前也发生了一起影响甚大的总统弹劾案。卢武铉在 2003 年 2 月 25 日就任韩国总统以后，因为受其亲信收取非法政治资金的丑行所牵连……在韩国检察机关的调查结果基本明确后，2004 年 3 月 9 日，大国家党等即向该国国会提交了弹劾总统的动议案。同年 3 月 12 日，韩国国会以三分之二以上的绝对多数票通过了弹劾总统卢武铉动议案……卢武铉被中止总统权力，总理即代行其职责……其后，韩国宪法法院则在 2004 年 5 月 14 日对卢武铉总统弹劾案介入审判并作出判决，将国会总统弹劾案驳回，该案才宣告终结。[2] 从该弹劾案的最终处理结果来看，该国宪法法院的判决似乎最终平息了政治纠纷，也使得卢武铉恢复了总统权力，从而消解了该国的政治危机。但是，从该案发生的整个过程来看，其间却充满了变数和悬念，可谓一波三折，给韩国政局造成了不小的震荡。

> 卢武铉总统在反对党提出介入案件调查动议后曾经对于该项特检法行使了否决权，要求国会重新审议……其后，韩国国会仍然以三分之二的绝对多数票再次通过了由大国家党等 3 个在野党提交的特别检察法……2004 年 3 月 8 日，韩国检察机关公布了对非法政治资金的中期调查结果，卢武铉阵营涉嫌收受了 113 亿韩元，超过了大国家党收受 823 亿韩元的 10%……在其后韩国国会通过了弹劾总统卢武铉动议案和卢武铉被中止总统权力以后，根据韩国宪法规定，国会的弹劾动议案要在韩国宪法法院裁决后才能正式生效，裁决的时限为 180 天……直到韩国宪法法院判决作出后，卢武铉才得以恢复行使总统权力。[3]

类似的情形在 2000 年的美国总统大选案中也体现得尤为明显。其中，民主党与共和党主要的争执在于人工计票是否合法和有效。而对此，美国联邦及其佛罗里达州都没有相关明确的法律规定。人工计票是否合法有效实际上并不是一个简单的技术问题，其中涉及了民主规则应当如何设定以及宪政

[1] 参见郭隆隆:《欧洲民主政治的危机》,《国际展望》2002 年第 10 期。

[2] 参见陈新:《宪法与政治——韩国总统弹劾案的启示》,《湖北警官学院学报》2006 年第 2 期。

[3] 参见陈新:《宪法与政治——韩国总统弹劾案的启示》,《湖北警官学院学报》2006 年第 2 期。

价值目标应当作何选择的问题。就此而言，我们实际上还可以预见，随着现代科技革命日新月异的发展，社会条件瞬息万变，新的问题必将进一步凸显，这无疑还会给未来各国推行宪政在价值和制度上提出各种新的挑战。

三、稳定与秩序：实践中的宪政课题

在当下这样一个重要的变革社会，危机和政治动荡的发生造成各国的政治状况处于一种高度的紧张状态。正如美国学者欧文·杨描述的那样："正常的政治流程突然被打断，持续时间短，发生暴力的可能性上升并对国际政治中某些系统（或关系样式）的稳定产生重大影响。"[1]保持政局的稳定和秩序无疑是现阶段世界各国尤其是发展中国家面临的现实课题。

（一）亨廷顿的政治秩序理论及其困境

亨廷顿的政治秩序理论主要体现在其宏著《变化社会中的政治秩序》一书当中。亨氏通过对 20 世纪 50、60 年代的发展中国家的现实情况进行深入考察后得出结论：发展中国家之所以动荡不安，不是由于它们贫穷落后，而是由于它们力图实现现代化，现代化是导致这些国家政治不稳定的根源。按此逻辑，高度传统的社会状态和高度现代化的社会状态一样，都是十分安定和有序的。而那种处在现代化过程中的社会状态才恰恰最容易发生动乱。他于是提出一个命题："过渡型国家和现代国家的显著差别，令人信服地证明了现代性意味着稳定而现代化则意味着动乱这一论点。"[2]而且，"不仅社会和经济现代化产生政治动乱，而且动乱的程度还与现代化的速度有关。"[3]关于政治秩序与改革或革命的关系，亨氏提出："革命是现代化的一个方面，它不是在任何类型的社会中或在历史上的任何阶段都可以发生的……它不可能发生在社会和经济发达水平很低的高度传统化的社会里。它也不会发生在

---

[1] Oran R. Young, The Politics of Force, Bargaining during Superpower Crisis, Princeton: University Press: 1968, p.15.

[2] 【美】塞缪尔·P. 亨廷顿：《变化社会中的政治秩序》，王冠华等译，生活·读书·新知三联书店 1989 年版，第 41 页。

[3] 【美】塞缪尔·P. 亨廷顿：《变化社会中的政治秩序》，王冠华等译，生活·读书·新知三联书店 1989 年版，第 42 页。

高度现代化的社会里。”[1]关于发展中国家如何根除国内政治的动荡和衰败，获得真正的政治发展，亨廷顿则一再强调：“首要的问题不是自由，而是建立一个合法的公共秩序。人当然可以有秩序而无自由，但不能有自由而无秩序。”[2]可见，亨廷顿早期的政治学理论是将秩序与自由对立起来并突出了秩序在维系发展中国家政治稳定的重要性，具有鲜明的威权主义倾向。在他看来，“必须先存在权威，而后才谈得上限制权威”[3]，而政治权威和政治秩序的建立则需要通过政治制度化来实现。因此，他极力主张第三世界在政治发展实践中首要目标就是建立一个强大的政府，以保证获得政治秩序和维系稳定。其后，亨廷顿也对他自己的这一较为极端化的政治发展观有所修正。主要体现在他 1981 年出版的《美国政治：不和谐的承诺》一书中所表达的具有宪政主义意味的政治观，这被亨廷顿称之为“美国信念”。具体而言，亨廷顿在该书中所认同的“美国信念”，就是美国人所普遍认同的民主价值观，彰显其浓厚的“美国中心主义”情结。但无论如何，亨廷顿已经开始重视民主，并开始意识到了宪政秩序的重要理论价值和现实意义。然而，究竟何谓宪政秩序？以及如何实现宪政秩序？亨廷顿始终没有发表自己的意见和看法。

可以理解，亨廷顿始终将政治秩序作为他政治发展理论的一种终极关怀，并且，他一直试图在发展中国家的政治发展实践中寻找秩序与民主的平衡。亨廷顿所处的那个时代，苏联集团在和西方集团的争霸中暂时性地处于上风。当时的社会现实使得亨氏处于一个较为悲观的政治心境之中，这也决定了当时的他对于西方自由民主及其生长的条件略显保守的看法。其后，随着时代的变迁和社会情势的急剧变化，亨氏也对自己之前所持的观点进行了一定程度的修正。正如他后来所认识到的，英美等早期的西方发达国家所走过的道路乃是后起的民族国家实现振兴的目标和参照系。此情此景，亨氏的观点几乎又走向了另外一个极端。他在论述发展中国家所面临的困境时，却

---

[1] 【美】塞缪尔 · P. 亨廷顿：《变化社会中的政治秩序》，王冠华等译，生活 · 读书 · 新知三联书店 1989 年版，第 242 页。

[2] 【美】塞缪尔 · P. 亨廷顿：《变化社会中的政治秩序》，王冠华等译，生活 · 读书 · 新知三联书店 1989 年版，第 7 页。

[3] 【美】塞缪尔 · P. 亨廷顿：《变化社会中的政治秩序》，王冠华等译，生活 · 读书 · 新知三联书店 1989 年版，第 7 页。

有意无意地回避导致这些国家政治动荡的国际背景和外在因素，对于西方霸权主义的国际干预因素始终三缄其口，也缺乏分析西方社会在制度层面存在的种种问题。在方法论上，亨廷顿对发展中国家及其推进政治发展的行为给予完全抽象的理解。他注意到了权威与稳定的关系，也意识到了发展中国家统治者维系政治稳定的实际功效，而没有考虑到因统治者的肆意妄为可能导致践踏自由并引发政治动荡的因素。他主张秩序优先于自由并可以从逻辑和经验立场上加以证明的结论更是令人不能信服。笔者认为，亨廷顿在阐述政治秩序构建的过程中最根本的一点就是忽视了宪政与法治因素对于政治秩序所起的积极作用。在他笔下的政治秩序既没有宪政秩序的实质性的内容特征，也缺少宪政秩序的形式要件，故难以获得令人公信的理论平台。

（二）福山自由民主制度——历史终结论的现实矛盾

与亨廷顿同时代的另一位西方政治学巨匠福山也发表过与政治秩序相关的言说。1989 年夏季，福山在美国《国家利益》杂志上发表了题为《历史的终结》一文，他随后又在 1992 年出版了题为《历史的终结和最后的人》的著作中系统地阐述了其政治秩序理论。福山笼统地借用黑格尔和马克思关于人类社会的发展是有“历史的终结阶段”的结论而提出：人类社会的发展史就是一部“以自由民主制度为方向的人类普遍史”。作为“人类意识形态发展的终点”和“人类最后一种统治形式”，自由民主制构成了历史的终结。[1] 然后，他还进一步解释道：历史的终结并不意味着历史的停滞，不再有任何重大的历史事件发生了，而是指“构成历史的最基本的原则和制度可能不再进步了，原因在于所有真正的重大问题都已经得到了解决”。[2]

福山自由民主观——“历史终结”论显然是十分荒谬的。法国学者德里达就站在现实主义的立场上对福山历史终结论进行了尖锐的批判：

那种福音声称，地球和人类历史上的所有人类将永远也不会受暴力、不

[1] 参见【美】弗朗西斯 · 福山：《历史的终结及最后的人》，黄胜强等译，中国社会科学出版社 2003 年版，代序第 2—3 页。

[2] 【美】弗朗西斯 · 福山：《历史的终结及最后的人》，黄胜强等译，中国社会科学出版社 2003 年版，代序第 3 页。

平等、排斥、饥饿以及由此而来的经济压迫的影响。不是在历史终结的狂欢中欢呼自由民主制和资本主义市场的来临，不是庆祝“意识形态的终结”和宏大的解放话语的终结，而是让我们永远也不要无视这一明显的、肉眼可见的事实的存在，它已经构成了不可胜数的特殊的苦难现场：任何一点儿的进步都不允许我们无视在地球上有如此之多的男人、女人和孩子在受奴役、挨饿和被灭绝，在绝对数字上，这是从前从未有过的。[1]

事实如此，中东战争、科索沃危机以及“9·11”恐怖事件等人间灾难已经不止一次地表明：当下世界秩序正面临着前所未有的挑战与危机。人类社会的种种现实情况昭示，我们没有任何理由对现实和未来抱过于乐观的态度，那样只会低估灾难的发生而导入对现实的误解和盲从。自由民主制度只不过是人类社会历史发展的阶段性产物，人类社会将在扬弃它的基础上向着更高的社会目标迈进，福山所谓自由民主制度是人类历史的终结的论点是完全不能成立的，其“终结论”显然是一种极端化的关于政治秩序的言说。

（三）价值重塑和秩序重建：变革社会维系稳定的宪政课题

纵观各国的改革进程，政治稳定无疑受到人们广泛地关注。在第三世界国家进行现代化建设的过程中，由于经济发展带来的经济结构、政治体制和社会文化体系的变迁，既定社会中的政治稳定态势受到剧烈的冲击，许多第三世界国家由于历史原因而有着推进现代化、促进经济发展的迫切愿望，而并不重视政治稳定这一价值目标，其结果往往是现代化给这些国家带来一时的繁荣，但同时也使得这些国家为政权更迭、社会动荡和种族冲突等危机所困扰，导致其经济发展因后劲乏力而日趋减缓，甚至停滞、倒退。究其原因，正如学者所看到的：“持续的政治秩序是稳定，而当一种政治秩序再不能持续下去的时候，便导致政治失稳。政治发展则意味着从一种政治秩序向另一种政治秩序的转变，秩序的转变过程中所带来的政治不稳定是必然的，只是不稳定的程度与幅度是不同的。”[2] 因此，“要维系政治稳定就要建构一

[1] 【法】雅克·德里达：《马克思的幽灵》，何一译，中国人民大学出版社 1999 年版，第 120—121 页。

[2] 王龙国、夏国锋：《政治发展与政治秩序建构》，《中共南昌市委党校学报》2007 年第 2 期。

种能够长久持续的政治秩序。建构持续而和谐的政治秩序才是各国政治发展的终极价值目标和理想追求。”[1]

权威无疑是维系秩序的重要保障。亨廷顿政治秩序理论的重大贡献之一就在于他看到了现代化中国家政治秩序的脆弱性，于是把政治稳定看成与经济发展一样的社会基本目标，以唤起人们对政治秩序的诉求。然而，福山“历史终结论”无疑具有不可克服的缺陷。但是，其后来有关国家能力建设的某些观点却是可圈可点的。比如他认为外来力量作用的发挥必须着眼于对受援国家制度需求的激发，必须着眼于对受援国家制度自我供给能力的培养等。[2] 我们看到，二战以后，当传统权威主义被抛弃，新的权威主义又沉渣泛起。所谓新权威主义，“就是指一种政治权力集中于少数寡头集团，借助代议制形式以及其他国家工具严格控制各种利益表达和政治参与，如政党活动、利益集团的活动、社会运动，以现代化和经济发展为主要目标的意识形态或政权形态”。[3] 如果说传统权威主义是建立在民众未被社会动员起来的基础上，新的权威主义则建立于社会民众已经被动员进入现代政治生活——即平民政治的构建中。它呈现出较为强烈的现代化取向。在这种情势之下，人们常常借助宪法、法律的名义实施统治，在政治生活中存在形式上的代议机构或利益表达机构，等等。正因为如此，一些学者仍然把新权威主义看成是应对经济危机和引导发展中国家推进市场化改革导向的一种“民主的转型”。[4]

事实上，权威的过剩势必阻碍经济的发展和社会的进步。比如，有的国家为了维系政治稳定而建立起保守僵化和高度集权的政治体制，这固然可以在特定阶段保持其政局的稳定，却有碍于经济的发展，也不利于社会的进步。我们可以看见，在全球化浪潮一浪高过一浪之后，新权威主义不可避免地受到了冲击。事实上，学界开始就民主化的条件和原因进行区分，也开始就精英战略与民主化的关系，民主化是否应该放弃等甚为敏感的问题展开了

---

[1]　王龙国、夏国锋:《政治发展与政治秩序建构》,《中共南昌市委党校学报》2007 年第 2 期。

[2]　参见弗朗西斯 · 福山:《国家构建——21 世纪的国家治理与世界秩序》，中国社会科学出版社 2007 年版，第 115—116 页。

[3]　参见陈尧:《新权威主义政权的民主转型》，上海人民出版社 2006 年版，第 29—30 页。

[4]　参见【美】斯迪芬 · 海哥德、罗伯特 · R. 考夫曼:《民主化转型的政治经济分析》，张大军译，社会科学文献出版社 2008 年版，第 1—25 页。

激烈的讨论。其中，也凸显了某种将权威与民主对立起来的倾向。当苏联解体之后，俄罗斯很快转入西方式的自由民主轨道。然而，它最终确立的却仍然是一个“准威权主义”的政治模式。如果说，叶利钦在俄罗斯开创了一个威权主义政治时代的话，那么，其后的普京则是在很大程度上延续了叶利钦强化总统制的政策并在很多方面都有所推进，较之于叶利钦来说是有过之而无不及。正如普京所宣扬的：“对于俄罗斯人来说，一个强大的国家不是什么异己的怪物，不是要与之作斗争的东西，恰恰相反，它是秩序的源头和保障，是任何变革的倡导者和主要推动力。”[1]有鉴于此，俄罗斯当下的民主模式被人们形象地称之为“可控民主”。实际上，俄罗斯所塑造的民主制更多的是一种形式意义上的民主制，绝非实质意义上的民主制。可见，权威主义大潮在今天并没有，事实上也不可能彻底地消退。

尽管现代化与政治稳定之间似乎是一个存在着二元相悖的斯芬克斯之谜，但经验表明，完善的法治手段而形成的现代民主机制无疑是破解上述斯芬克斯之谜的有效手段。早期资本主义国家曾经创造性地建构了“三权分立”的国家权力结构，其重要的政治旨趣其实就在于：“三种权力是并列的、制衡的，没有哪一种国家权力能够高高在上，形成了‘三点式’平面，很像三角形的结构平放着一样。这种‘面式’的权力结构，比集权形式的点式结构具有更大的稳定性，既能防止集权形式点式结构压制民主的弊病，使民主能在一定范围内存在和有生命力，又不失三角形的稳定性，使这种分权结构比较稳定。”[2]姑且撇开早期人们将这种自然科学上的原理适用到政治权力的分工上来的做法是否科学、合理和有效的问题不论，政治稳定的确是古往今来的政治理论家和实践者们在探讨政治权力配置和运行时首先关注的对象之一。

宪政精神构筑动态的稳定，同时也有利于恒久秩序的维系。在那些早期推行宪制的国家，即使其政治法律传统迥异，宪政发展模式也呈现着不同的特点。但是，这些国家大都在总体上保持了政局的恒稳并维系了较为有序的宪政格局。英国几百年来政治稳定的态势首先得益于其内生型的自由经济秩

---

[1] 参见【俄】普京：《千年之交的俄罗斯》，《普京文集》，中国社会科学出版社2002年版，第69页。

[2] 陆德山：《中央国家权力结构研究》，陈晓枫主编：《宪法学研究文集》，武汉大学出版社1996年版，第151页。

序，除此以外，还与其源远流长的法治主义理念，以及由此而塑造的宪政制度秩序不无关系。美国则通过颁布成文宪法典开辟了建构宪政秩序的先例，其维系稳定的功效也已经为其 200 多年来以不变应万变的宪政实践所证实。世界的多变性和多样性告诉我们，在这样的一个大变革和大转型的时代，权威是一个强有力的国家所必需的锐利武器，自由也是一个健康有序的社会所不可或缺的必备良药。二者统一于宪政秩序的诉求和实践之中。

当然，任何一项改革都必然性地表现为打破旧体系和建立新体系，宪政改革当然也不例外。首先，宪政稳定绝不意味着绝对静止的僵化状态，它是一种动态的稳定。从发展的观点看，宪政稳定意味着既定的政治系统能够在其各种相关的调节机制下协调有序地运行和演变。因此，宪政秩序的实现有可能导致现代国家在一定阶段发生一定范围内的政治波动，也会造成人们在一定范围内和一定程度上的心理波动。因此，宪政秩序的实现依赖于人们对宪政的认知能力和认知水平的提升。没有成熟的和自觉的公民宪政意识，宪政秩序将难以形成；其次，宪政秩序固然体现为一种权利和权力的有序运行过程，然而，宪政体制内部结构中的平权型政治关系使得权力角色行为常常呈现出异质性的特点，如果任其随意作用，就会走向极端，不但达不到维护宪政秩序的目的，反而会由于违背宪政原则而限制和破坏人的自由；再次，制约宪政秩序实现的外在因素具有复杂性和多变性，尤其是某些外在的偶然性因素所具有的不可控性，直接影响着各国宪政秩序实现的进程和速度。从世界范围来看，虽然宪政运动已有几百年的历史了，但现在世界上仍有许多国家徒有宪法其表而没有宪政的实质，宪政秩序无从生根。比如，伊拉克和阿富汗移植了西方的宪政模式之后目前所面临的重重困境，以及苏联解体后俄罗斯转入西方式的民主制轨道后并没有获得理想的宪政秩序；此外，作为宪政秩序的制度基础，宪法自身的局限性也是显而易见的，如立法规范原则性过强，伸缩度较大。这往往导致宪法规范存在着不确定性，导致执法者的随意性也比较大，并容易导致其逃避责任；从各国的宪法文本规定来看，由于法律规范过于粗糙和抽象，常常留有诸多执法上的空白，易于形成执法者的独断专行，常常导致宪法被架空；此外，相对于其他部门法的立法规范而言，各国宪法的规范设计普遍偏重于行为模式，宪法制裁在很多情况下需要依靠本国的普通法律去落实，这无疑导致了各国宪法规范立法中特色性的宪政制裁相对较少，其政治色彩却较为浓厚。这也在某重程度上降低了宪法的规范性和权威性；除此以外，各国宪法规范中制度性的确认和规定相对比较多，而实施性的规范却相对比较少，这也常常导致各国宪法的监督保障无规可循，宪法往往流于形式；还有，从各国宪法规制的对象和内容来看，很多国家在宪法和法律中对执政党的行为缺乏必要的规范。在很多情况下，执政党的行为都是凭借其组织内的规章和习惯进行操作，由于这些规范缺少必要的刚性，也没有宪法和法律的拘束力，容易导致其宪法和法律责任的空洞。因此，“一旦执政党滥用宪政组织和参与权力，则必然导致宪政失控”，[1] 等等。从这个意义上看，动荡与危机当然是当下这场宪政改革不可避免的，也是各国推进宪政运动必须付出的代价。

“宪政危机是宪政体制内部矛盾运动的结果。公民权利与国家权力之间以及不同国家权力部门之间的矛盾和冲突，如果得不到及时有效的化解，都可能对现有宪政体制构成重大威胁，从而演变成宪政危机。”[2] 正是基于各国在宪政改革的起点、动力以及相关外在条件方面存在着差异，故动荡和危机在各个国家表现形式各不相同。比如，在某些封建专制主义文化传统沉积较深或者政治斗争相对较为激烈的国家，倘若统治者们纯粹地将宪政制度视为阶级斗争的工具或实施政治统治的手段，漠视宪法的民主价值和人权关怀，出现种种“反民主”、“反人道主义”倾向，就极易动摇人们的宪法信仰，进而导致宪政危机。反之，如果一个国家的立宪目标和价值定位脱离实际，完全不符合国情、民情和史情，也会产生种种逆反效应，导致宪政的“无序”或“失序”。总之，宪政危机造成的原因较为复杂，必须具体问题具体分析，唯有找出根源方能有效地应对。倘若是制度化思路和实践技术方面的原因造成的问题，我们则完全可以逐步地加以改进和完善制度，以达到最后消解相关问题和矛盾的目的。可见，受世界的“多样性”、“多变性”等现实的社会条件的制约，宪政秩序的发展必然也要呈现出一种“螺旋式”上升的演进趋势。

[1] 徐秀义、韩大元:《现代宪法学基本原理》，中国人民公安大学出版社 2001 年版，第 218 页。

[2] 李伯超:《宪政危机研究》，法律出版社 2006 年版，序。

第二篇　理论模型

第三章　宪政秩序的理论预设

理论预设，即对构成特定理论体系的本原、要件、存在样态等预先的假设。美国社会学家马格丽特·波洛玛在论述社会学理论时就断言过："虽然谁也没有正式地宣布过，但众所周知，任何社会学理论都依赖一些关于人和社会性质的假设（assumptions）。正是这些假设，形成了各式各样的理论观点得以建立其上的基础"。[1] 本书所界定的宪政秩序，指的就是彰显现代民主政治的善意功能和人权保障之现实的人性关怀、以"实践的"法治主义精神构建起来的一种正义的社会秩序。

一、宪政秩序的"始基"：秩序命题的提出

"始基"意即事物存在的初始依据。探讨宪政秩序，断然离不开对其理性发端的"始基"、社会条件和相关的价值目标系统进行研究。无论是从逻辑学、语义学抑或发生学的角度来审视，秩序之于宪政秩序，都是"种"与"属"的关系。秩序[2] 的意涵无疑是十分独特而丰富的，与秩序相关的各种属概念的类别也尤为繁杂。探讨作为意义世界的宪政秩序即不得不从"秩序是什么""秩序的样态如何""它是怎样形成的"等诸如此类的元命题入手。

---

[1] 【美】玛格丽特·波洛玛：《当代社会学理论》，孙立平译，华夏出版社1989年版，第1页。

[2] "秩序"一词在中国古汉语中是由"秩"和"序"两个字组合而构成。"秩"是"常规"的意思，"序"则通常指"次序"。"秩序"的英文表达为order，也有"次序、常规"的意涵。"秩序"一词在现代汉语中的含义则较为宽泛。按照一般的解释，秩序与混乱、无序相对应，主要指在自然和社会现象及其发展变化中凸显出来的规则性和条理性，从而表现出关系、结构的稳定性、一致性、连续性、反复性和可预测性等性状和特征。

认识秩序的“始基”、“意义”和“样态”对于洞悉宪政秩序的正义理性无疑具有“慎终追远”的价值。

（一）本体论中的秩序范畴

本体，意即存在的终极。人们对于世界本体的把握一般蕴涵在各种不同的哲学思维和理论体系之中。所谓本体论，就是人们用来理解和把握世界现象及事物存在于哲学思维形态中的理论学说和解释原则。在不同流派的哲学家那儿，由于人们各自所处的不同环境及其感受到的不同经验，事实上存在着不同形态的本体论学说体系。概而言之，人类关于本体论的认识主要是沿着时序和逻辑两个方向展开的。从其源流来看，先后历经了“古代的自然——宇宙本体论”、“中世纪的神学本体论”、“近代的理性本体论”、“现代的人学本体论”等。[1] 这一线索生动地反映了人类认识水平不断深化的过程。

“秩序”是人类天然的本性需求。在远古时代，人们常常根据自己的生活经验追问秩序的存在。比如，现实世界究竟是一个怎样的世界？茫茫宇宙到底谁是主宰？此时，秩序也就等同于自然规律。它以种种具有“世界必然性”意涵的哲学范畴而存在。比如，命运、逻各斯等概念的提出。再比如，泰勒斯的“水”、赫拉克利特的“火”、德谟克利特的“原子”等具体范畴的创制。可见，当时的人们主要是依靠感性直观和经验事实来把握秩序之显性特征的。然而，当先哲们将其感性的经验用于追溯宇宙秩序本原的时候，他们也自觉不自觉地陷入了一个无限的空间和永恒的时间何以统一等相悖而不可知的认识困境之中。于是，他们又不得不转而制造了许多纯粹意义上的具体概念来定义秩序范畴。比如，巴门尼德“存在论”的提出，柏拉图“理念论”的阐释，等等。确切地说，直到亚里士多德直陈“本体”这一概念开始，人类才正式开启秩序本体论之抽象思辨的逻辑历程。事实上，早期的人们所建构的种种本体论模式，无一不是在混淆主体和客体的境况之下展开的。换言之，他们无一不是在“为他”和“自在自为”的范畴中为秩序的存在而辩论。他们为后人找到的那个抽象的、外在的秩序存在，与今天我

[1] 参见刘远传：《社会本体论》，武汉大学出版社 1999 年版，第 6—20 页。

们提及的社会秩序概念显然不可同日而语。在中世纪神学的阴影下，上帝成为世界的终极存在，“人被宣布为上帝所安排的秩序的组成部分。作为绝对的和决定一切的本原”。[1] 其表现形式就是，人类被上帝所主宰，哲学受神学所支配，社会被教会所统治，人类几乎完全丧失了自我。宗教神学论描绘的那个来世家园的美好愿景，寄托着人们对于人人平等的彼岸世界先验性的价值追求和精神向往，无疑也具有秩序的意涵。但随着人类自我意识的觉醒，“上帝的子民”迫切地需要从上帝那儿返回到对其本身价值和意义的探讨。在这个意义上说，秩序本体论无非就是论证人自身存在意义和价值的一种工具。

近代以来，市民社会和政治国家相分化的特征开始凸显，人类对秩序的认识水平也开始演进到一个全新的阶段——社会秩序由此而成为一个具有确定性意义的认识论范畴。[2] 而人们关于社会秩序的思辨从本体论到认识论的转向，一开始就是在理性主义和经验主义两种不同的范式中展开的。理性主义者强调：人类只有依靠理性才能获得对社会秩序的普遍、必然的认识；经验主义者则认为：只有人的感觉经验才能获得可靠的认识，他们于是把眼光集中于社会的经验知识领域。事实上，社会秩序的存在只有当各种主体意识到自己与其他主体之间存在着各种复杂的关系时才有可能或可以被认知。因此，就认识社会秩序的方法和手段而言，理性和经验都是不可或缺的。19世纪的康德就明确指出了，唯有将感性经验和理性知识两者结合起来方能获得对世界普遍性的认识。尽管康德并没有解决“秩序是什么”、“秩序何以形成”等关涉秩序本原的理论问题，但康德主张用一种智性的形式去洞悉那些超验的秩序理念，对于深化人们的秩序认识水平无疑具有重要的方法论意义。其后，费希特用“自我创造非我”的主观精神来阐释秩序范畴中主体和客体之间的关系，谢林和黑格尔则试图则用“客观精神”来统一一度处于分离状态的主体和客体。尤其是黑格尔，他极力主张通过“绝对精神”来对待人的理性，并将其实体化和绝对化。坚持“唯物主义经验论”的费尔巴哈则对上述学说进行了猛烈的批判，其理论武器就是彰显“人本主义的唯物主

[1] 【苏】鲍·季·格里戈里扬：《关于人的本质的哲学》，汤侠声等译，生活·读书·新知三联书店 1984 年版，第 52—53 页。

[2] 一般认为，笛卡尔是第一个揭示认识论范畴社会秩序学理意义的人。

义”色彩的“自然理性论”。19 世纪中叶开始，西方关于社会秩序的学说则开始集中体现为科学主义和人文主义两大理论流派的对垒。科学主义或实证主义主要侧重于通过运用一种实证的精神去释读和构建社会秩序。现代自然科学的巨大成就导致了人们对科学的崇拜更加强烈，反映在社会科学领域，就是一些自然科学方面的基本原理开始被人们应用于政治和法律实践。比如，三角形的平衡和稳定原理就被人们应用于建构国家权力的制度秩序；与之相对应，人文主义思潮的坚持者们则更多地把精力和研究的热情倾注于对“人”本身存在问题的关注上。他们主张以人为中心来建构他们的秩序本体论。两种学说相对峙，本体论中的秩序范畴尚有待于进一步阐明。

马克思、恩格斯的经典原著虽然没有对秩序本体论作过任何直接的和专门的阐释[1]，但如果我们认真地通读马克思主义经典著作就不难发现，其中涉及的“人是社会的主体”、“社会生产是为了人的社会生活”、“社会历史规律是人的活动规律”、“社会发展的实践性”、“自然是社会存在的基础”等论断实际上都蕴涵着马克思主义理论体系关于社会秩序本体的深刻认识。按照历史唯物主义的观点，人的活动首先是以“人的依赖关系”为基础的，“起初完全是自然而然地发生”。其后，“以物的依赖性为基础的人的独立性”，最终即表现为“建立在个人全面发展和他们共同的社会生产能力成为他们的社会财富这一基础上的自由个性”。[2] 可见，马克思通过系统地阐述人的物质依赖性的同时也深刻地揭示了社会秩序的本体论基础。其中，物质与意识的关系无疑是支配我们据以认识客观世界的基本规律。正是在这个意义上，作为社会历史前提的人并不是纯粹意义上的自然存在物，也不是无规定的抽象意义上的社会个体或群体，它要受到社会活动、社会关系的规制。人是社会历史发展和社会实践的产物。与此同时，人也通过自己改造自然和改造社会的实践活动把人与自然、人与人、人与社会等范畴历史地不可分割地联系在了一起。因此，社会秩序既是“人为的”，也是“为人的”。

人类的秩序诉求源自于人的自然本性和社会本性。自然秩序和社会秩序

---

[1]　卢卡奇在《关于社会存在的本体论》一书中亦提及：“在马克思那里找不到对本体论问题的专门论述。”（转引自陈学明主编：《二十世纪哲学经典文本：西方马克思主义卷》，复旦大学出版社 1999 年版，第 30 页）

[2]　参见《马克思恩格斯全集》第 46 卷上册，人民出版社 1979 年版，第 104 页。

无疑是人类所处的现实世界中既存的两种不同类型的秩序样态。自然秩序是由各种各样的自然法则所构成的表现为自然界存在物的运动、发展、变化中所呈现出来的各种有规律的稳定状态。从本质上看，自然秩序也是可以被人所认知、所控制的和所利用的。人类必须依赖大自然而生存和生活，人类与大自然进行着各种物质、能量和信息的交换，从而形成一个有序的社会。一方面，自然秩序是一种游离于社会秩序之外的客观存在状态，它不以社会秩序的存在为前提，也不以人们对自然秩序的认识或不认识而转移。社会秩序则是一种人为的秩序，它是指社会存在所表现出来的一种应然的或实然的状态。另一方面，自然秩序和社会秩序也是相互关联的。因为，作为主体的人既具有自然性，也具有社会性。和谐的自然秩序和社会秩序是实现人之为人的最基本的价值目标，二者既相互对立又相互统一。

（二）社会秩序的主体性及其内涵的拓展

人类“自觉”和“自主”的特性，无疑就是今天人们认识论话语体系中的“主体性”。从本质上看，“全部人类历史的第一个前提无疑是有生命的个人的存在”[1]，“人们的社会历史始终只是他们的个体发展的历史”[2]，这无疑是马克思主义对“主体性”的经典诠释。同时，马克思也端见：“正像社会本身生产作为人的人一样，社会也是由人生产的。”[3]正是在这个意义上，人的“主体性”无疑还可以解释为人具有型塑社会秩序的理性自觉和现实需求。就此而言，社会秩序的“主体性”实际上可以转读为人类有意识地去建构社会秩序的“意向性”或“能动性”。我们看到，作为万物之灵的人这一主体无时无刻不生活在一个缤纷异彩的对象化世界里头，而作为“类”的人对于自身所依赖的自然秩序通过“理性认知”的过程逐步地获得了一种基于自觉的“认知理性”。在迄今为止漫长的社会进化过程中，人类早已学会按照自己的自然需求和社会需求去“自主地”认识和改造世界，并把它控制在自己的“自觉意识”之中。人的“主体性”其实也是人在其对象化活动中彰显出来的一种“理性的”自主品格。具体而言，人不仅能够以对象化的世界

[1] 《马克思恩格斯文集》第1卷，人民出版社2009年版，第519页。
[2] 《马克思恩格斯选集》第4卷，人民出版社1995年版，第532页。
[3] 《马克思恩格斯全集》第3卷，人民出版社2002年版，第301页。

作为自己的实践目标，还能够把自身有意识地纳入自己的认识对象和实践对象之中，从而表明人对于其所认识的对象化客体的主导地位。正因为如此，基于人的“主体性”的“理性自觉”的社会实践与其他动物式的对象化活动中非理性化的享用和无意识的直接占有显然有着质的区别。在这个意义上观察，社会秩序的“主体性”也决定了人类在其对象化的社会实践活动中已经不再是简单的动物式的冲动，而是有目的和有意识地去实现对客体的主动改造和重建，并且在对其主体性进行不断反思的过程中使得其内涵真正地得以升华和拓展。因此，人的“主体性”无疑是伴随人的对象化活动的不断优化和深入而获得其确定性的内涵。人不仅要把自己当做人，更要把自己当做主人。人类要时刻把自己当做自然和社会发展的主角来看待并以此选择自己的行为方式，保证其能够真实地支配和决定自己的命运。

与人这一主体相对应，其对象化客体亦具有类似的特征。纵观人类进化史，人的智慧无时无刻不在对自己所面对的各种问题进行挑战。人类从消极地适应外部世界到积极主动地驾驭自己以及自己所认识的对象化客体，都使得其“主体性”内涵获得了实质性的拓展。人类认识和实践活动的每一次历史性飞跃，无一不是以人类“主体性”意识的提升为发展动力并以其“主体性”的内涵得以拓展为显著标志的。人类的认知从对其自身社会利益的漠视，到对自己赖以生存的社会价值的逐步肯定，然后再到一个和谐的自然秩序的自主性建构。这一系列的过程无疑昭示：人类社会秩序的建构过程本身就是一个不断地拓展“主体性”内涵的永恒过程。而且，这一趋势必将随着人类认识世界和改造世界能力的不断增强而日益彰显。今天，当人类面临日益发生的环境恶化、资源枯竭等人类赖以生存的自然秩序遭到巨大破坏的时候，现实世界的每一个人都不难感觉到人类社会所面临的严酷现实。因此，如何切实地确保“人之为人”的自然秩序和社会秩序相洽互适，就成了摆在人类面前亟待研究的现实课题。可以说，在人类社会中支配人的非人力量逐渐消退而人的主体意识被不断高扬的今天，人类要获得充分的秩序正义，就必须不断地对其自身的“主体性”内涵进行反思和重建。唯有如此，作为“类”的人才能够真正地获得关于其本身何以存在的社会价值认识，借此由必然王国迈向自由王国。

（三）社会秩序的实践性

实践的关系就是指以人的社会活动为基础的关系。“人们的存在就是他们的现实生活过程”。[1]可见，人类是在不断实践的过程中创造属于其自己的历史的。实践的本质客观地反映出了人与自然、人与人、人与社会之间的各种能动的关系。从人类构建社会秩序这一生动的社会实践活动来看，“实践性”无疑是社会秩序主体和客体之间的中介，是人类创化构序这一过程中人的社会“主体性”的彰显，人类的实践活动正是社会秩序形成的不竭动力。在这个意义上说，社会秩序既是“为人的”，也是“人为的”。一方面，人是社会实践的主体，“人为的”社会秩序对于各种纷繁复杂的社会关系的规制和整合，正是作为社会个体或群体的人之“实践性”价值的功能外显。另一方面，社会秩序的形成最终得依赖社会主体自身的实践活动。具体而言，人必须处理好个体自身、个体与个体，尤其是个体与社会整体之间的各种关系。事实上，就个体的人而言，正如德国学者弗雷德·弗兰克所说：“在任何情况下，当我们这样理解意识时，一种自我相关就附加到意识身上，它是对意识的意识和认识”。[2]该论断无疑也表明了人的主体意识的形成实际上就是人类认识自我的一个不断实践的过程。

社会秩序之所以备受人们珍视，主要在于其所彰显的实践性。首先，在一个有序化的社会状态之下，不利后果可以被人们所预见、所避免。有利的后果则可以通过人们一定的行为方式去预测和获取。它使得人们获得作为“类”的人在生存意义上的安全感；其次，人们对于自己的意识和行为进行有效的控制，以此保障社会成员在遵循既定社会规则的前提下维系每一个个体行动的自由；再次，社会规则被一体化地普遍适用，表达了人们对平等社会的价值诉求，可以有效地防止个体与个体、个体与群体关系的分化和分裂；此外，秩序也使得人们的行为抉择变得更有效率。总之，社会秩序的存在无论是在内容上还是在形式上都能给人们提供一个基于安全、自由、平等、效率的满足，从而符合人的“主体性”发展的基本价值诉求。现实的社会秩序，无非包括完善的社会制度、确定的社会关系、功能健全的社会组

---

[1]《马克思恩格斯选集》第1卷，人民出版社1995年版，第72页。

[2] 参见【德】曼弗雷德·弗兰克：《个体的不可消逝性》，先刚译，华夏出版社2001年版，第71页。

织、相对恒稳的社会结构，以及反复呈现于人的各种行为的连续性、可控性、可持续性，等等。

从制度实践的层面来看，社会秩序实则体现为人对客观的社会关系的调整。它无疑需要通过制度实践来实现。人作为社会的主体，无时无刻不需要接受社会规则的约束和控制，现实场域中的人无疑都是“制度人”。秩序无疑是高于制度的范畴。制度的缺失，人们就可能会因为其实现利益的目标与手段之间的各种冲突而导致社会的无序和失范。制度化的实践则可以使得主体的意志与利益的逻辑关系在实践中得以合理地演绎，并使之具有比较稳定的可重复性和稳固性，从而使得社会秩序得以维系。当然，由于制度本身也存在着一个正当性、合理性、可行性、有效性等属性证明的问题。因此，制度秩序的形成和发展无疑也是一个长期进化和永恒实践的过程。唯有不断地发挥人的“主体性”意识并作用于社会实践，一个彰显社会正义目标的秩序状态方能得以呈现。

社会秩序的实践样态也备受人们的关注。在哈耶克那里，秩序被划分为“内在秩序”和“外在秩序”两种。“内在秩序是指自生自发的秩序……其形成乃是它们的要素在应对其即时性环境的过程中遵循某些规则所产生的结果……这些行为规则并非人为设计的结果，是经由各‘要素’在选择过程中趋利避害而演化形成的……外部秩序则是指组织的秩序，其基础是人为制定的规则。”[1]哈耶克的上述分析至少表明：社会秩序作为社会成员相互之间一种和谐的状态，它是依靠一系列的社会规则而形成、维系和发展的。此外，亦有人从社会主体在社会秩序生成过程中的作用角度出发，把社会秩序划分为自发的秩序与人为的秩序。[2]按照笔者的理解，前者无疑具有“自然生成的秩序”的内涵，后者则具有“建构性秩序”之义。由人的“实践性”所决定的迥异的社会秩序在社会生活中发挥作用的向度和程度显然也是迥异的。可见，认真地关注秩序的“实践性”，对于我们深入地认识人类孜孜以求的高级形态的社会秩序——宪政秩序的正义理性而言，无疑具有“先在”的意义和价值。

---

[1] 【英】弗里德里希·冯·哈耶克：《法律、立法与自由》，邓正来译，中国大百科全书出版社2000年版，第55—75页。

[2] 参见高峰：《社会秩序类型探析》，《内蒙古社会科学》（汉文版）2008年第4期。

二、宪政秩序的社会基础

宪政秩序生长于特定的社会形态，受制于特定的社会条件，服务于一定的社会发展目标，同时表征着人类对于一种理想化的社会秩序的不懈追求。

（一）宪政与宪政秩序

确切地说，宪政秩序不等同于宪政，正如宪政不等同于宪法一样，它们之间的关联性内在地既存于逻辑与经验之中。宪政秩序缘起于宪政，而宪政一词，在不同的语境之下具有不同的意涵。[1] 其初始的含义就是指以宪法来控制国家公共权力运行的一整套制度设计，以规范统治机构和政权的安排。"宪政是依据保障人权、确立权力分立的宪法而进行统治的政治原理"。[2] 一般说来，宪政至少关涉民主、法治、人权等一系列普适性的价值元素。在这个层面上，"宪政是一个比民主、法治和人权抽象程度更高的概念"[3]，它就是指一种以宪法制度规范为前提，以民主政治为核心，以法治为基石，以赋予、限制和控制国家公共权力运行和切实保障人权为目标的政治运动过程。秩序之于宪政的正义精神昭示："客观地对待现代政治文明，确立宪政目标，加强宪法实施，把宪法规定的东西切实落实下去，是一种积极、稳妥、务实的民主政治发展道路。"[4] 宪政秩序无疑就是宪政价值的内在规定性和外在表现形式的有机统一，它既是一种价值形态，也是一种事实状态。

宪政秩序内蕴于人们对宪政规律的理性认识，表征着社会与国家利益和谐一致的状态。人们通过宪法机制有效地配置社会资源、协调各种利益，从而形成稳定和有序的政治关系。这种关系在一定条件下相互作用而达到一种平衡的状态，进而形成一定的社会秩序，即宪政秩序。因此，它作为人类理

[1]　宪政一词的英文表述为 Constitutionalism，存在多种译法。比如，"立宪主义"、"宪政主义"等。笔者认为，将 Constitutionalism 译为"立宪主义"较之于"宪政主义"而言，可能显得更为妥帖一些。因为，立宪主义并非仅指立宪活动，其价值在于反映和实现宪法精神。而"宪政主义"则显得较为模糊和抽象一些。

[2]　参见【韩】权宁星：《宪法学概论》，法文社 1989 年版，第 5 页。

[3]　周其明：《宪政正当性论略》，《法学》2007 年第 3 期。

[4]　周其明：《宪政正当性论略》，《法学》2007 年第 3 期。

性化的社会秩序样态，无疑具有“一致性、连续性、确定性”[1]等特征。就此而言，宪政秩序不仅能够维持社会的安定，亦同时能够满足社会发展的需求。因为，“安定、和平和秩序是一切政府的目标”。[2]宪政秩序作为人类政治文明和法律精神的最高理性化体现形式，它无疑是一种“内在的”秩序形态，具有“目标形态”的意涵。同时，宪政秩序又只能在一个既定的社会形态、政治环境和法律机制等系统化的生态条件之中生长。人们除了必须通过理性的行为目标来确立人类赖以生存和发展的制度框架之外，还必须通过理性化的制度规范来约束主体的行为模式，以此促成宪政秩序的形成。正是在这个意义上看，宪政秩序就是宪政价值的功能外显，它表现为一系列相互关联的制度秩序、组织秩序、结构秩序、主体行为秩序，等等。其理性化的特征在人们构建宪政秩序的实践活动中不断地得以呈现并被人们所认知。

（二）宪政秩序中的“人”

从认识论的角度来看，宪政秩序显然是“主体性”的体现。“主体性”之于宪政秩序无疑凸显了“人之为人”的价值和意义。如前所述，作为主体，人是主观的，也是客观的。人的主观性之于宪政秩序，主要表现为人们在宪政活动中所表现出来的种种实践能力，它无疑是“人为的”；人的客观性之于宪政秩序，主要彰显了宪政作为人类追求的一种正义的价值目标，它无疑是“为人的”。由此推论，人既是目的，又是工具，宪政既要关注人的目的性，也要关注人的工具性，如此方能形成理性的社会秩序——宪政秩序。近代宪政价值理念和制度形态旗帜鲜明地肯定了人，承认了人的意志的客观性和独立性，并确认了人的意志的平等性。尤为重要的是，它在最大化地弘扬社会个体或群体的意志和利益方面通过一整套制度化的形式——体现了出来。在人类历史上，没有哪一种价值理念和制度形态像宪政这样自觉地来考察人的意志特性和意志发展的规律。宪政秩序作为社会秩序的一种，它排除了人类社会中可能出现的一切“非人的”可能性基础。它从无差别的

---

[1]【美】E. 博登海默:《法理学—法哲学及其方法》，邓正来等译，华夏出版社 1987 年版，第 207 页。

[2]【德】卡尔 · J. 弗里德里希:《超验正义——宪政的宗教之维》，周勇等译，生活 · 读书 · 新知三联书店 1997 年版，第 17 页。

“人”的意志出发，通过意志的弘扬来达到利益的最佳实现状态，最后又回到了无差别的“人”。

人性是一个道德化的概念。对人性的假定无疑构成了宪政秩序理论预设的基础和出发点。汉密尔顿等人在《联邦党人文集》一书中就指出过：“如果人都是天使，就不需要任何政府了。如果是天使统治人，就不需要对政府有任何外来的或内在的控制了。”[1]可见，发端于西方的宪政这种东西，从一开始就被人们视为一种对人的“恶性”如何进行矫正的理论假设，表达了人应该对自身的不完善性予以正确对待和深刻反省。近代以来的宪政实践追求的目标就是以国家根本大法——宪法来约束公共权力拥有者的种种不良人性，使公共权力在政治运行实践中能够真正地做到符合人的善良本性。人是一种社会化的动物，社会性是人之为人的本质属性，而社会实践的发展永远是开放的和无限度的，故人的一切社会性特征必然随着社会实践的发展而不断地向前发展。宪政就是一种建立在人的社会实践性以及与之相关的现实的人性论的基础之上的政治形态，其持久的魅力就在于它正确面对现实世界中的人性冲突，不把权力拥有者视为完美无缺的神灵，同时也不对人提出关涉其人性所不能承受的种种苛求。就此而言，宪政秩序中无处不折射出人性的光芒。

（三）宪政秩序生成的制度逻辑

从秩序形成的机理来看，在一个既定的社会结构当中，每一个成员既是利益的享有者，也是利益的分配者，人人都享有平等分配社会公共资源的权利，而维系这种秩序的基石无疑就是制度。制度的缺失，就会导致暴力和掠夺，进而就会引发社会的无序与失范。确切地说，在政治国家出现之前，社会秩序主要是自发形成的。远古的人们通过原始的道德、宗教观念等基于主体自发形成的各种习惯性力量来维系人类社会初始的秩序状态。自从政治国家出现以后，人们则开始学会借助基于人本身的自觉意识而设定的各种制度和规范来构建社会秩序。在现代国家，人们把通过自觉地制定法律制度作为构建社会秩序的最重要的手段。但是，“自觉的成文立法必须以人们自发形

[1] 【美】汉密尔顿等：《联邦党人文集》，程逢如等译，商务印书馆 1980 年版，第 264 页。

成的社会秩序中的规则体系为规则来源的基础，而不能随心所欲地立法。”[1]宪政秩序作为一种独特的社会公共秩序，其正义的制度逻辑体现在：它充分地肯定了无差别的人在身份和地位关系上的趋同性和同类性，并试图摆脱束缚其自身自由发展的一切制度性障碍。

人类社会由低级向高级阶段发展，人们对于制度秩序的认知水平和实践能力无疑也经历了一个由低到高的进化过程。传统的制度模式毕竟是建立在不平等的专制主义特权基础之上的。宪制的创立，则彻底地摧毁了专制主义特权存在的根基，确立了人人平等地参与分配社会公共资源的权利谱系和制度框架。可以预见，随着人类认识世界和改造世界的能力日渐增强，人类建构制度的能力和制度化的水平亦将得到进一步提升，制度正义的理性品质亦必将得到进一步的显现。作为现代化的产物，宪法制度的发展永远都是一个实践的过程而没有穷期，宪政秩序的构建无疑也是人类社会中一个永恒的主题。故而，发端于资本主义阶段的宪政制度并不意味着历史的终结。当然，正如其他社会制度秩序的本质一样，宪法制度秩序的存在无疑也是现实的和可以预测的。正所谓“秩序在本质上便意味着个人的行动是由成功的预见所指导的，也就是说人们不仅可以有效地运用他们的知识，还能够极有信心地预见到他们能从其他人那里所取得的合作，而宪法和法律正是这种‘预见’的根本依据。”[2]事实如此，作为制度秩序形态的宪政秩序既是理想的，也是现实的。它在既定的生态环境之中生长，同时也是一种人们可以通过许多社会性征得以体现的制度样态。

三、“接近的”正义：宪政秩序的价值系统

正义是人类社会永恒的价值追求，[3]是人类对于自身存在的意义及其生存和发展所依赖的条件、规则和秩序的理性认知。它意味着在一个既定的社

[1] 李步云：《法理学》，经济科学出版社2000年版，第63页。

[2] 参见【英】哈耶克：《自由秩序原理》（上），邓正来译，生活·读书·新知三联书店1997年版，第200页。

[3] 价值是一个哲学概念，是指客观事物的存在及其属性对人的需要的满足，它产生并存在于主体与客体的关系之中，是从主体的角度对客体及其作用的评价。

会形态中，主体的行为、行为规则、制度系统和社会状态在最广的范围内所具有的可接受性和受赞同性，因而具有普遍性。[1] 西方哲学大师罗尔斯在区分社会正义与个人正义的基础上，从制度和法律的视角对正义进行了解读："正义是社会的首要价值。某些法律和制度，不管它们如何有效率和有条理，只要它们不正义，就必须加以改造和废除。"[2] 在罗尔斯那里，社会制度正义的主要问题是"社会的基本结构，是一种合作体系中的主要的社会制度安排……个人正义则是'用于个人及其在特殊环境中行动的原则'"。[3] 宪政秩序之所以不同于一般的法律秩序，在于其更多地关涉到政治正义的实现。在罗尔斯那里，（基于宪政目标的）制度正义无疑就是政治正义的鲜明体现。[4] 依笔者之见，政治正义的旨趣即在于调节人们之间各种社会关系的同时建构一整套完善的社会合作系统，为人们的安全、公平、幸福提供保障，而这些无疑只能在一个正义的组织结构和制度环境之中才能得以实现。其中，每一个社会成员都应享有平等的自由权利，彼此协商，就公共活动的原则、内容和程序达成一致意见，并在主体的具体行动中践履之。正是在这个意义上观察，宪政秩序蕴涵的正义价值，既体现为个体行为秩序的正义价值，也体现为社会行为秩序的正义价值、社会制度秩序的正义价值，等等。[5] 其价值目标和正义精神，无疑就是通过自由、安全、平等、效率等一系列更为具体的价值元素体现出来的。

（一）宪政秩序与自由

自由是人类的天然需要，也是人们据以对意义世界中的存在物进行价值评判的终极标准。人类社会迄今为止的整个发展史实际上就是一部不断地追求自由和获得自由的历史。在马克思主义看来，人的认识能力将随着实践的发展而不断地得以发展。世界在本质上是"可知"的，也是"自由"的。人类社会将由必然王国迈向自由王国。马克思主义经典著作就对人类社会未来

---

[1] 参见李步云:《法理学》，经济科学出版社 2001 年版，第 67 页。

[2] 【美】约翰·罗尔斯:《政治自由主义》，万俊人译，学林出版社 1999 年版，第 7 页。

[3] 【美】约翰·罗尔斯:《政治自由主义》，万俊人译，学林出版社 1999 年版，第 50 页。

[4] 【美】约翰·罗尔斯:《政治自由主义》，万俊人译，学林出版社 1999 年版，第 7 页。

[5] 严格地讲，宪政秩序的价值不同于宪政的价值。

的“自由”图景作了生动的描述：“各个人在自己的联合中并通过种联合获得自己自由”。[1]而自由的主体既包括作为个体的人，也包括作为类的人。自由因而也就包括个体自由和人类自由两个方面。关于个体自由与人类自由的关系，马克思也深刻地指出了：“每个人的自由发展是一切人的自由发展的条件”。[2]可见，自由这一价值元素对于人类社会秩序的形成而言，无疑既是一种理想目标，也是一种实现手段。就此而言，自由理所当然就是人类政治生活中高级形态的秩序——宪政秩序价值的本源和核心。

宪政是“自由”的体现。作为宪政秩序价值目标形态而存在的自由有其特定的内涵。[3]一方面，作为一种“接近的”正义目标，“自由是一种状态，一个生活在人群之中的人，只能希望逐渐接近这种状态，而不能完全达到它”。[4]另一方面，“宪政理想中始终蕴涵着现实主义的美好的社会蓝图，一个有序自由（ordered liberty）的社会制度”。[5]“自由”之于宪政，意味着在实行权利本位的国家，公共权力必须受制于宪法的约束。现代政治主体的一切行为都必须被限定在宪法和法律的规制范围之内。诚如孟德斯鸠所言：“自由是做法律所许可的一切事情的权利”。[6]与此同时，自由的概念也是康德的道德和法律哲学的中心。在康德看来，“伦理的即道德的自由意味着人类意志的自治和自决；就我们能够服从铭刻在我们所有人心上的道德律这点说，我们在道德上是自由的”。[7]可见，蕴涵在康德绝对命令之中的自由道德律，无疑也表达了一种试图通过建构一整套体现普遍规律的社会规则来保障自由之目标得以实现的宪政意图。反之，背离宪法和法律，断无“自由”可言。

---

[1] 参见《马克思恩格斯文集》第1卷，人民出版社2009年版，第571页。

[2] 参见《马克思恩格斯选集》第1卷，人民出版社1995年版，第294页。

[3] 笔者特别强调，作为价值目标的自由，是对社会总体的性状的描述，是指社会整体意义上的自由，属于认识论上的范畴。它不同于作为权利的自由。当然，它们之间也是存在关联性的，表现为概念上的种属关系。

[4] 参见【英】弗雷德里希・奥古斯特・冯・哈耶克：《自由宪章》，杨玉生等译，中国社会科学出版社1999年版，第29页。

[5] 参见刘军宁：《共和、民主、宪政》，上海三联书店1998年版，第121页。

[6] 【法】孟德斯鸠：《论法的精神》（上册），张雁深译，商务印书馆1959年版，第183页。

[7] 【美】E. 博登海默：《法理学—法哲学和方法》，张智仁译，上海人民出版社1992年版，第69页。

（二）宪政秩序与安全

安全从来都是以个体的人的安全为首要的目标指向的。因为，“人的安全乃是至高无上的法律。”[1]宪政秩序对安全的追求意味着现代宪法“通过明示地规定某些自由是权利，并规定这些权利是不可侵犯的，而且保障这些权利被行使时他人相应地产生的义务是必须被履行的，规定人们以契约的方式自由地进行权利、义务交换是不受他人干预并受国家保护的……从而使人们避免任意性的困扰，使人们追求利益、获得利益具有稳定性、可靠性。”[2]同时，宪政秩序的安全还体现为人类社会共同体——主权国家的安全。早在古希腊，柏拉图就以传统意义的国家——城邦的统一和安全为例进行过理性分析并得出结论：“对于一个国家来讲，还有什么比闹分裂化为更为的恶吗？还有什么比讲团结为更多的善吗？”[3]试想，一个主权分裂、内部纷争、缺少独立性的“不安全”国家，个人安全何以获得切实的保障？此外，安全性之于宪政，还表征着人们对于既定的宪政结构所决定的社会组织、关系、主体行为的稳定性、持续性和可预测性的一种理想状态。就此而言，宪法自身的安全和稳定与人的安全同样都是毋庸忽视的。因此，违宪行为不仅破坏了宪法秩序的安全性，更为严重的是它危及了其所保护的客体——人的安全性。

当然，也有人认为，安全与自由在宪政秩序中难以兼容。正所谓“对人的生命、人身、财产的安全性追求，形成对个人自由的首要限制。这种安全是个人行为自由的前提——如果个人的生命、人身、财产随时处于可被侵害状态，每个人随时都要准备为保护自己的生命、人身、财产而与他人搏斗，这就不存在个人的自由”。[4]笔者认为，认识该问题的关键就在于要认真甄别自由、安全等概念适用的确定语境和条件。因为，自由既包括作为个体的人的自由，也包括作为类的人的自由。同样的道理，人的安全除了包括作为社会个体的人的安全之外，也包括作为社会共同体以及作为“类”的人的安

[1]　此语出自霍布斯在《论公民》一书中的表述（转引自【美】E. 博登海默：《法理学—法哲学及其方法》，邓正来译，华夏出版社 1987 年版，第 290 页）。

[2]　参见李步云：《法理学》，经济科学出版社 2001 年版，第 73 页。

[3]　【古希腊】柏拉图：《理想国》，郭斌和等译，商务印书馆 1986 年版，第 197 页。

[4]　参见李步云：《法理学》，经济科学出版社 2001 年版，第 73 页。

全。事实逻辑就是，现代各国宪法文本普遍规定了公民个体之间平等的权利和自由。其预设的前提条件就是，宪法制度本身的安全性得到了有效的维护，无差别的个体的自由和权利保护即可以获得坚实的屏障。可见，宪政秩序对于安全和自由的保障还得通过平等这一价值元素而得以体现。正因为如此，“安全的前提是个人的正当自由得以确定。它本身不是自由，但它使自由具有稳定性、可靠性。”[1]可见，自由与安全完全可以有机地统一于宪政秩序之中。

（三）宪政秩序与平等

平等是人类由来已久的秩序诉求。早在古希腊，古典式的宪政理念中就包含了最为原始的社会平等观。然而，古典的宪政主义却不赞同真正的法律平等。比如，亚里士多德就极力主张维护法律至高无上的权威。然而，他并没有感到有必要为所有的人制定一种法。显然，亚里士多德的法律平等观并非实质意义上的法律平等观。在古罗马时代，由于自然法理念的萌芽和发展，人们开始关注到作为“类”的人所应该享有的一系列无差别的权利和自由，正所谓“一切人都是生而自由的”。[2]可见，古罗马时期的法律平等观被赋予了更多的基于人的关注。如果说，将自由视为一种价值目标的话，平等则成了自由实现的必要条件和必备手段。欧洲文艺复兴时期，平等观开始被赋予了宪政的意涵。平等作为人类孜孜以求的理想目标，无疑也是宪政秩序赖以生长的社会基础。19世纪法国著名的哲学家皮埃尔·勒鲁在其著作《论平等》一书中就表述道：“我们处在两个世界之间：处于一个即将结束的不平等世界和一个正在开始的平等世界之间。”[3]

在宪政视阈中，平等主要体现为社会成员之间涉及主体权利和义务如何分配的特定原则，属于“机会平等”的范畴。而在专制主义条件下，由于人们存在着权利义务的机会上的不平等，故难以获得宪政意义上的形式正义。此外，平等还体现为社会成员之间的一项关于实际物质利益的分配原则，即

[1] 参见李步云：《法理学》，经济科学出版社2001年版，第73页。

[2] 【古罗马】查士丁尼：《法学总论》，张企泰译，商务印书馆1989年版，第7、12页。

[3] 【法】皮埃尔·勒鲁：《论平等》，王允道等译，商务印书馆2005年版，第11页。

每个人的付出与自己的获得相对等。[1] 在一个既定的现实社会中，人们基于实际利益分配的平等诉求常常需要借助于公权力的介入获得实现。故而，政府资源配置手段也常常是多元化的，并要受诸多复杂的社会因素所制约。比如，形式平等与实质平等、方法平等与结果平等、权利平等与义务平等诸如此类的具体原则在人们确定实际利益分配原则时就显得特别重要。在市场经济占主导地位的现代社会，人们还得充分考虑平等与自由、效率等其他价值元素的冲突与协调。总之，随着经济平等概念的楔入，社会经济自由与政府经济责任的关系和边界问题正日渐凸显为突出的宪政问题。因而从某种意义上说，唯有确定平等而又允许存在合理差别的资源配置原则，正义的宪政秩序目标方能得以体现。

（四）宪政秩序与效率

宪政话语体系中的效率，即宪政在运行过程中所呈现的高效益、低成本的状态。[2] 就宪政的实质来看，其正义精神集中地体现为人民主权原则。一般而言，全体人民直接行使主权才是正义最充分的表达方式。[3] 然而，直接民主制一般将耗费巨额的“交易成本”，而且还可能导致制度规则的供给缓慢。可见，效率低下是直接民主制的固有缺陷。从秩序形成的机理来，宪政民主必然要求人们在追求平等价值的同时也要兼顾效率。比如，代议制的产生，无疑就是人们在追求平等与效率之间综合平衡的结果。此外，从宪政的经济功能来考量，效率还蕴涵在一个自由的经济秩序之中。因为，在一个“相对自治”的社会经济领域，人们在不违反“最低宪政秩序”规则的前提之下，何种行为可以获得最大化的利益，这便是人们追逐的“经济自由”，也是宪政主体理性范围内的事情，政府应承担不对经济社会生活强行介入的“消极责任”。因此，在现代市场经济条件下，人们除了需要重视平等这一正义的社会价值之外，还应该根据对效率这一正义价值的认识和追求来确定宪政主体的行为框架，从而维系可持续的社会经济秩序。

---

[1] 参见李步云:《法理学》，经济科学出版社 2001 年版，第 79 页。

[2] 效率原本是一个经济学上的概念，就是指人们以付出较小的成本（时间、精力、金钱、利益等）获取同样或更多的实际利益（效益）的一种理想化的社会（经济）运行状态。

[3] 参见【法】卢梭:《社会契约论》，何兆武译，商务印书馆 1980 年版，第 35、125 页。

当然，就宪政的运行机理而言，实体正义与程序正义具有同等重要的价值。在实践中，人们注重宪政程序的实际运作，往往追求对于违宪行为的有效处理，为此而设计了一整套围绕着对违宪行为予以取缔并加以防止的运行机制，其意旨无非就在于保障程序正义实现。因此，宪政秩序的形成有赖于一整套宪法诉讼机制的建立，而宪法诉讼机制的构建所依赖的制度成本、组织成本，以及实现这种程序机制所必须耗费的时间成本、精力成本、经济成本，显然都是必需的。同时，这种程序设计亦必须兼顾效率的要求。譬如，宪法诉讼规则中关于诉讼时效和审理时限的规定就要求违宪审查机关对每一个案件的具体审理不能因追求正义而无限期地拖延。可见，效率也是宪政秩序价值系统中的重要元素。

四、“实践的”法治主义：宪政秩序的理论依据

宪政是法治的目标，法治是宪政的保障。人类由“人治”向“法治”而演进，法治文明自身也经历了一个不断进化的实践过程。概览人类法治主义的源与流，“实践性”无疑是法治发展的内在品质和不竭动力。“实践的”法治主义内蕴着“谦抑的”道德品质，外显为“多元和宽容的”、“现实而不保守的”、“动态稳定的”秩序理性。

（一）西方法治主义的源与流

法治主义对应的是人治主义。法治主义与人治主义之辩始自古希腊。柏拉图作为一个地道的人治主义坚持者，其“贤人政治”或曰“哲学王”之治就彰显了人治主义的色彩。与之相反，亚里士多德则是法治主义的坚持者。在亚里士多德那里，“法治应当优于一人之治”[1]，而“法治应包含两重含义：已成立的法律获得普遍的服从，而大家所服从的法律又应该本身是制定得良好的法律。”[2]客观地看，这一时期可以称之为“主义”的法治理性无疑具有古典的浪漫色彩。柏拉图虽然也强调法律的理性及其正义的属性，但他却没

[1] 【古希腊】亚里士多德：《政治学》，吴寿彭译，商务印书馆 1965 年版，第 162—163 页。

[2] 【古希腊】亚里士多德：《政治学》，吴寿彭译，商务印书馆 1965 年版，第 167 页。

有将法律的调整对象确定为那个特定社会中所有的人。亚里士多德虽然强调法律的权威，但他没有感到有必要为城邦所有的人制定法律。虽然他承认非公民也是城邦的重要成员，但城邦的法律却只适用于公民，非公民则不在法律的保护之下。可见，古典式不平等理念之上的法治主义与现代宪政意义上的法治主义内涵相去甚远。在古罗马时代，斯多葛学派哲学家们则把自然法从宇宙的法则转移到人类的法则。他们认为："根据自然、根据理性而生活是一种职责，是圣人必须履行的职责；是一种法律，是圣人必须服从以对抗感官上的爱好的法律。"[1]可见，随着自然法观念被直接而较为系统地阐述，人们的法治主义观念也获得了巨大的发展。西塞罗为代表的思想家就认为："理性来自宇宙的大自然，它督促人们正确行为而不枉为，这些理性并非由于形成文字才第一次成为法律，而是理性一存在就成了法律，它是与神的心灵同时出现的。"[2]根据自然法则，"奴役是违反自然法的……一切人都是生而自由的……自由是每个人，除了受到物质力量或法律的阻碍外，可以任意作为的自然能力"。[3]法治主义理性色彩可见一斑。

中世纪，神权法的阴影笼罩着西欧社会，法治主义的言说亦被披上了一层神秘的面纱。奥古斯丁将正义之法律区分为两大类："一种是永恒的法，它是正义的最高标准；一种是世俗的或人类的法，它是永恒的法的共同原则，适应社会之变动不居的要求。"[4]马西利乌斯则强烈地反对教会垄断一切，他主张教权与俗权的分离，他虽不赞成君主绝对专制却高扬了政府至上权威的法治诉求。[5]可见，中世纪的教权主义与世俗专制主义在法治理念上也是截然不同的。在教权主义者们的法治愿景中，也许上帝与君主都是不可或缺的，但无论如何，君主也要受制于法律的约束，此即中世纪的宪政形态。这些法治主义理念无疑具有先验的伦理色彩，但也为后世宪政意义上的法治主义的萌生提供了初始的理据。

---

[1] 【德】文德尔班:《哲学史教程》上卷，罗达仁译，商务印书馆 1997 年版，第 232 页。

[2] 【古罗马】西塞罗:《国家篇　法律篇》，沈叔平等译，商务印书馆 1999 年版，第 187—188 页。

[3] 【古罗马】查士丁尼:《法学总论》，张企泰译，商务印书馆 1989 年版，第 7、12 页。

[4] 【美】列奥 · 斯特劳斯、约瑟夫 · 克罗波西:《政治哲学史》(上)，李天然等译，河北人民出版社 1998 年版，第 197 页。

[5] 黄基泉:《西方宪政思想史略》，山东人民出版社 2004 年版，第 78 页。

从欧洲文艺复兴运动开始，西方社会掀起了一场全面的思想启蒙运动。宪政理念也就是在这一时期开始萌芽的。17 世纪英国经验理性主义宪政思想家哈林顿就旗帜鲜明地表达了“要法治的政府而不要人治的政府”的立场。洛克关于自然法的论断也是这一时期，较具有代表性的学说。就像许多论述自然法的理论家一样，洛克假设在法律产生之前，人类尚处于一种“自然状态”之中。他认为：“在这种状态中，虽然人人都具有处理其人身或财产的无限自由，也没有侵害他人的生命、健康和财产的自由。”[1] 可见，在“解构”中世纪社会政治生活架构赖以支撑的神权法体系过程中，“自然法”及其所衍生的天赋权利论扮演了十分重要的角色。其后，与这种自然理性相契合的主流法治思潮相伴并随的是，英国的柏克则高举起“保守主义”的大旗。持经验主义和怀疑论的哲学大师休谟也在《人性论》一书中对“洛克主义”自然法体系存在的过于浓厚的理性主义进行了尖锐的批判。他们皆试图借助“论证和推论”来消灭“理性”。谈及的理性，柏克所也旗帜鲜明地指出了：它“不过是人类本性中的一部分，而且根本称不上是最伟大的那部分”。[2] 撇开其他因素不论，这一理论倾向至少证实了：自然法权体系的支点——“理性万能论”并不是一个颠扑不灭的神话。因为，随着社会的不断变迁，习惯、传统、历史经验等许多“实践的”要素已经获得了对法治主义在发生学意义上的某种正当性的解释权。

在西方漫长的法治理论历史流变中，理性主义无疑是一种占据上风的思潮，它在很多思想家那儿都得到了充分的表达。孟德斯鸠就认为世间万物皆有其法，而法则是由事物的性质衍生出来的“必然关系”。在他看来，“世界上的一切东西都有一个根本理性存在着。法就是这个根本理性和各种存在物之间的关系，同时也是存在物彼此之间的关系。”[3] 卢梭则从社会契约论出发论证了治国的根本依据是而且只能是法律，主权拥有者只能根据法律行事，一切只能以法治为转移。反之，如果一个国家不是依法而治，那它就不是正当的国家，这样的国家也就没有政治自由和平等可言，其结果也必然会

---

[1] 【英】洛克：《政府论》（下），叶启芳等译，商务印书馆 1964 年版，第 6 页。

[2] 【英】埃德蒙 · 柏克：《自由与传统：柏克政治论文选》，蒋庆等译，商务印书馆 2001 年版，第 212 页。

[3] 【法】孟德斯鸠：《论法的精神》（上册），张雁深译，商务印书馆 1959 年版，第 1 页。

将一个国家导入统治者凭一己之意志为所欲为的专制统治。西耶斯释读了宪法与政府关系的原理。在他看来，“宪法只同政府相联系……政府只有合于宪法，才能行使实际的权力……只有忠实于它必须实施的法律，它才是合法的。”[1]潘恩的至理名言就是：“在专制政府中国王便是法律，同样地，在自由国家中法律便应该成为国王”。[2]在戴雪看来，“法律主治”事实上构成英宪的基本原理，其观察点至少有三：其一，“国法至尊”、“人民受法律治理，惟独受法律治理”；其二，“法律面前人人平等”、“四境之内，凡一切阶级均受命于普通法律，而普通法律，而普通法律复在普通法律执行”；其三，“凡宪章所有规则，在外国中，皆构成宪法条文的各部分”、“英吉利法院及巴力门常用法律性为，以测定元首及公仆所有地位，即以此保障个人权利”。[3]可见，那个时代的思想家们无一不是根据本国特定阶段的情势去论证法治存在的种种理由。显然，这些法治主义倾向在总体上与古典自然法学派在“法治之法”的理路上是一脉相承的。

20世纪以来，现代社会法学派则用社会学的原理和方法来阐释法治主义。奥地利法学家埃利希·尤金就认为：“无论现在和其他任何时候，法律发展的重心不在立法，不在法学，也不在司法判决，而在社会本身。”[4]法国公法学家里昂·狄骥就反对以主观权利作为法的基础，强调法是为社会目的服务的。美国社会学法学的创始人罗斯柯·庞德则提出了法律是一种社会工程的学说。他认为：“工程被看做是一种过程，一种活动，而不被认为是一堆知识或一种固定的建筑工序。”[5]此外，新分析实证主义法学派则更多地强调法律概念的逻辑分析、语言分析和逻辑操作的重要性，主张依靠逻辑推理来确定可适用的法律，以及否认法律和道德的必然联系。一如凯尔森认为的，纯粹法学“旨在从结构上分析实在法，而不是从心理上或经济上解释它的条件或从道德上或政治上对它的目的进行评价”。[6]其后，人们也开始

[1] 【法】西耶斯：《论特权：第三等级是什么？》，冯棠译，商务印书馆1990年版，第60页。

[2] 【英】托马斯·潘恩：《潘恩选集》，马清槐等译，商务印书馆1981年版，第35—36页。

[3] 参见【英】戴雪：《英宪精义》，雷宾南译，中国法制出版社2001年版，第244—245页。

[4] 【奥地利】埃利希·尤金：《法律社会学基本原理》英译本，第23页。

[5] 【美】罗斯科·庞德：《法制史解释》英文版，第152页。

[6] 【美】H. 凯尔森：《法律和国家的一般理论》，A. 韦德勃格译，哈佛大学出版社1949年版，第14页。

对实证主义所标榜的确定性和科学性一度产生了怀疑。大家看到：法律的适用显然不能纯粹运用逻辑推理的方式而将规则或判例简单化地适用于特定案件。如果那样，人们在法律实践中就会遇到越来越多的难以解决的问题。于是，他们又开始了寻求正义理想的回归之路，一度衰落的自然法学说也开始重新进入法学领域。

20 世纪 30 年代，美国经济危机带来的大萧条让人们认识到市场并非万能的，经济运行不能缺少政府的干预。经济学家们亦普遍将视角转向法律，这一需求使法学和经济学紧密地结合起来。如波斯纳认为，经济分析法学从本质上讲就是“将经济理论运用于对法律制度的理解和改善”。[1] 他的理论是建立在人是“自我利益”的最大化实现者这一基础之上的，并以经济效益观贯穿于其法律分析的始终。从 20 世纪 50 年代末开始，西方世界特别是美国发生了黑人反对种族歧视、争取民主权利的运动和妇女解放运动以及青年学生反越战运动等，这给西方社会造成了前所未有的大动荡。罗尔斯和德沃金等人从其所处的社会现实状况出发，极力地捍卫在西方占统治地位的自由主义学说，同时又对其加以适当的修正，在一定程度上反映了当时处于社会弱势地位的人们的某些要求。罗尔斯就指出，“自由是由制度规定的权利和义务，法治则是自由的保障。人们只有认真地贯彻法治原则，对自由的威胁才会减少到最低限度；人们只有在法律规定的范围内行动，他们的自由才不会受到侵犯”[2]。德沃金则认为，法律是“规定权利义务的一些标准，这些权利义务是政府至少在原则上有责任通过法院和警察等为人熟知的制度去确认和实施的”。[3]

这一时期，西方“非理性”甚至是“反理性的”法治主义思潮时有抬头。比如，美国批判主义法学派就从批判美国的法律现实出发，进而对整个西方传统的法学理论和观念进行了深刻的批判。美国哈佛大学法学教授邓肯·肯尼迪就批判了当时流行的自由主义法治思潮对于社会基本矛盾的否认和调和，在他看来，就法律而言，基本矛盾不仅仅是一个方面，而是

---

[1] 【美】理查德·A. 波斯纳:《法律的经济学分析》，蒋兆康译，中国大百科全书出版社 1997 年版，译者序言。

[2] 【美】罗尔斯:《正义论》，哈佛大学出版社 1971 年版，第 355 页。

[3] 【美】R. 德沃金:《认真看待权利》，哈佛大学出版社 1977 年版，第 47 页。

每一个问题的核心，因为几乎每一个法律都要直接涉及集体强制的合法性问题。[1] 肯尼迪认为法律推理是不确定的，而且并不是偶然、个别的现象，而是一种普遍存在。此外，20 世纪 50 年代以来，在美国还出现了一种自称“综合法”的主张。如霍尔、博登海默等就持此主张。其后，行为主义（又称结构功能主义）试图借助一般行为科学的理论和方法来研究法律现象或法律行为。更具体些说，行为科学就是研究人的行为，尤其是研究法官的审判行为的科学。它试图通过这种研究，解释和预测并进而发挥法律的“社会控制”作用，帮助国家当局制定适宜的司法政策，以期造成一种理想化的法律秩序并维护社会的安定状态。从实践角度来看，行为主义在一定程度上为科学地对法律现象进行预测和法律决策作出了重要贡献，扩大了预测和决策所依据的信息的范围，提高了这些信息的准确性，从而使预测和决策进一步科学化。当然，其局限性也是显而易见的。如其过分片面地强调从法文化的表层结构到中层结构这种由表及里的“经验理性”，完全否定由内而外的“建构理性”，这种“纯科学精神”客观上无法揭示法的本质。

20 世纪 60、70 年代，新自由主义代表人物哈耶克高举“自由主义”法治大旗。他认为，自由是指一种状态，在这一状态中，一些人对另一些人所施加的强制，在社会中被减至最小可能之限度，它“预设了个人具有某种确获保障的私人领域，亦预设了他的生活环境中存在有一系列情势是他人所不能干涉的”。[2] 自由意味着个人免受他人的非法强制。当然，“自由主义……不是主张让事态放任自流”，[3] 每个人的自由只能局限于他的私人领域，超越边界就是对他人自由的侵犯，而且还必须承担相应的后果。自由主义要求建立一些特定的标准来划分和保障这样一种私域并确定越界者的责任。在哈耶克看来，这种标准就是法律规则。他说“每个人的存在和活动，若要获致一安全且自由的领域，须确立看不见的界线，然而此一界线的确立又须依凭某种规则，这种规则便是法律”[4]。尽管哈耶克将社会秩序规则区分为自由的

[1] 肯尼迪关于“基本矛盾”概念的阐述在批判主义法学研究运动中一直占据着重要的地位，甚至被人们称之为“整个运动所围绕的中心”。可是，1984 年，肯尼迪却公然宣布放弃这个概念。

[2] 【英】哈耶克:《自由秩序原理》(上)，邓正来译，生活 · 读书 · 新知三联书店 1997 年版，第 6 页。

[3] 【英】哈耶克:《通往奴役之路》，王明毅等译，中国社会科学出版社 1997 年版，第 40 页。

[4] 【英】哈耶克:《通往奴役之路》，王明毅等译，中国社会科学出版社 1997 年版，第 183 页。

法律和立法的法律是基于社会秩序不是生成的就是建构的这样一个事实，但从其对自由价值的推崇来看，哈耶克认为自由的法律优位于立法的法律，这就是哈耶克新自由主义法治观的核心所在。美国当代另一位自由主义者罗伯特・诺锡克则认为，由于人们之间合作愿望与权利冲突的矛盾运动，便逐渐形成了旨在保护个人财产权的守夜人——国家。而且，国家的功能仅仅在于充当守夜人，而不是进行广泛的调节。就这样，诺锡克得出结论：在最小的国家，只要人们的财产收入是正当的原始取得的或者交换取得的，国家就应该予以保护，而不应该为了最少受惠者的利益去进行社会财富的再分配。很显然，诺锡克的“资格正义论”的理论基础，与罗尔斯的正义论存在根本的不同。就非理性主义法治观而言，其坚持者们以西方社会现实为基础，通过对理性的“批判”和“解构”提出了一系列的关于法治的主张。他们大多强调个人自由、强调自由对于个人和社会的价值，并以自由为价值基础论述了法与自由、自由与正义、自由与秩序、自由与权威（权力）等自由之外其他价值的联系，这些观点和论述无疑包含着诸多合理的因素。这是因为追求自由是人类固有的本性，是社会充满活力的基因所在。人类的历史就是不断实现自由的过程。“文化上的每一个进步，都是迈向自由的一步。”[1]但是，当人们把非理性因素奉为至上的理念，将其视为全部价值中最高的价值，进而否定社会对个人的约束、政府对经济生活的调控或规制的时候，它就走上了奴役之路。

西方早期的人们大都是从自然法的秩序理性来释读法治主义的，其后的理论探讨则一直在理性主义与非理性主义、神学主义与反神学主义、自然主义与反自然主义，以及科学主义与反科学主义的争辩中徘徊。在早期自然法论者眼里，社会、国家以及政府并不是从来就有的，而是在一定的自然状态中发展起来的。在人类还没有形成国家或社会之前，人们生活在一种“自然有序”的状态之中，享受着种种天赋的“自然权利”。这种“自然有序”的状态不是上帝天赋的，也不是统治者人为创设的，而是由人的不变的本性所必不可免地产生的一些和平共处的永恒准则的集合，故自然秩序是为理性所规制的和谐状态。其中，天赋人权理论与社会契约论无疑是西方近代以来最

[1]《马克思恩格斯选集》第3卷，人民出版社1995年版，第546页。

有影响力的主流宪政学说。如托马斯·杰斐逊在他起草的《美国独立宣言》中明确地表述道："我们认为不证自明的真理就是：一切人生而平等；造物主赋予了人类若干的不可剥夺的权利，如生命权、自由权以及人们追求幸福的权利。为了保障和实现这些权利，人们相约成立了政府，而政府的权力最终必须得到人民的同意。"[1]可见，早期的天赋人权说、社会契约论等本来就是说明国家或社会的起源并用这种政治契约关系来阐释宪政秩序何以形成的理据。值得注意的是，西方学者们普遍认为，宪政是基督精神的产物。人们通常认为，基督教宣扬的"上帝至善，魔鬼至恶"与西方早期宪政理念不谋而合。人们将该理念演绎到了世俗理想国的建构，就推论出世俗社会人之"非善即恶"先验的宪政人性观。正因为如此，西方近现代以来的主流宪政观无一例外地都可以转读为"限政"观。基督教的罪感文化首先赋予宪政以法治主义精神，而法治始终是宪政的基本内容与价值体现。基督教所彰显的个人主义精神，也必然表现为对人性、人权，包括对国家公权力的戒备心理。正因为如此，保障社会成员的私权利与限制国家公共权力成为宪政秩序的应然状态。可见，根据基督教的文化内涵，宪政主义无疑就是一种"设防"的学说。在此基础上，人们即普遍地将基督教中的"人性二元论"不仅视为宪政秩序的理论基石，也视其为宪政秩序价值目标的归依。以至今天，那些西方强势国家用善恶世界观来看待世界各国的政治格局的时候，同样也把世界各国的宪政秩序区分为"善"、"恶"之两类。正如被西方国家称之为"邪恶轴心"的那些国家，无论其文化传统和社会条件与这些被自喻为"文明国家"的西方世界有多大的差异，他们都要试图去驯服和改造它。"很显然，在这种基督教文化和霸权指导下来对待国际政治问题和政治关系是根本不承认除所谓'善'、'恶'之外的政治文化和政治体制，更没有给所谓多元政治文化和政治体制以任何容身之地。"[2]其极端化的倾向可见一斑。

---

[1] See United States Declaration of Independence, In CONGRESS, July 4, 1776, The unanimous Declaration of the thirteen united States of America.

[2] 参见陈云生：《论司法谦抑及其在美国司法审查制度中的实践》，《上海交通大学学报》（哲学社会科学版）2005年第5期。

（二）谦抑性：法治实践的内在品质

所谓“谦抑”（Humility Deference），即谦和、抑制之意。本书用“谦抑”一词描述法治的特征，笔者认为它至少包含着现实的适应性、发展的趋向性、功能的有限性、存在状态的多元性等含义，而远非现实主义、科学主义等特征所能描述的。追根溯源，“谦抑性”这个概念最早是由日本学者平野龙一先生提出来的。他在其名著《刑法总论》一书中开创性地诠释道：“即使刑法侵害或威胁了他人的生活利益，也不是必须直接动用刑法。可能的话，采用其他社会统制手段才是理想的。可以说，只有在其他社会统制手段不充分，或者其他社会统制手段（如私刑）过于强烈、有代之以刑罚的必要时，才可动用刑法。这叫刑法的补充性或谦抑性。”[1]可见，平野龙一先生是从功能主义的角度对刑法的局限性进行界定的，由此衍生出来的法治理念就是：法律的手段在一定的条件下并非维系社会秩序最优的手段。从辩证法的角度来看，人类社会一切事物的存在都是相对的，有限度的。事物的发展也是永恒的，世界永远处于一个多元化的动态之中。倘若从人性的角度来观察，人既是恶的，也是善的，而且更为重要的是，人的本性是社会性，人性的发展是一个不断实践的过程。法治的“谦抑性”亦可以在人性的两面性和社会实践性的这一诠释中得以合理地解读。可见，“谦抑性”彰显了法治主义的巨大张力。

纵览人类法治文明的实践历程，法治主义的变迁无疑生动地反映了不同的社会条件下人们对特定的法治模式的诉求。如果说，古典式的法治主义是古希腊城邦时期具有浪漫色彩的那种面对面的“广场政治”与“广场民主”。那么，古罗马则是通过长年的对外征服扩张而形成为一个地域庞大的世界帝国。由于罗马人对异族长期的征服和掠夺，而被征服的民族却又没有及时地被同化，使得人们对帝国产生了强烈的离心倾向，直接导致个人与国家关系的疏远。因此，在这样一个存在着巨大差异，思想多元的疆域大国，单纯的雅典式学院教化显然已经变得十分虚幻，依托政治组织社会的强力实施具有普遍效力的制度规范——法律来维系帝国的稳定成了古罗马人的法治理想，也由此孕育了源远流长的罗马法传统，开创了对后世影响极其深远的罗马法

[1]【日】平野龙一：《刑法总论》，有斐阁1972年版，第47页。

时代。中世纪西欧社会是一个典型的封建主义领主社会，基督教会是封建统治的重要工具，他们和世俗封建主共同维护封建制度。于是，那个时代的奥古斯丁等人则开创了一个庞大的教父神学体系。其后，西方社会以文艺复兴运动为先导，开始了全面的思想启蒙运动。这一时期也是西方资产阶级政治法律思想产生和发展的时期，以理性主义、人文主义代替古代的自然主义和中世纪的神学主义；自然法和社会契约理论占主导地位；以民主共和和法治主义反对封建君主专制和等级特权；天赋人权、民主自由、人民主权、人权等理论相当发达，这些都标志着近代以来宪政意义上的法治主义的生长。19世纪对于资产阶级来说，革命已基本完成，其主要任务就是如何迅速发展资本主义经济和巩固资产阶级统治。因此，人们主张自由竞争、自由贸易、改革议会和扩大选举、加强立法。这一切同工业资产阶级推行的自由主义的内外政策是相符合的，同工业资产阶级的政治经济要求也是完全一致的。于是，自由主义的政治法律思想便成为19世纪居主导地位的政治法律思想。19世纪末20世纪初，垄断资本在各个主要资本主义国家确立了统治地位，垄断资产阶级控制着各主要国家的政权，资本主义国家的政治法律制度又一次发生了重大的变化。一方面，资产阶级革命时期所确立的平等自由和法治原则遭到破坏；另一方面，在资本主义制度下，科学技术有了极大的发展，说明资本主义制度对社会生产力还有很大的容量和发展余地。在这种社会条件下，现代西方国家的法学流派甚多，由于各国情况不同，其特点也存在着差异。但是，他们无一不是结合西方社会特定的社会历史场景来创立自己的学说的。如罗尔斯和德沃金的新自然法学则是面对现实的，该学说针对20世纪50年代末至70年代初美国社会的政治斗争现实：反对种族歧视、黑人争取权利的斗争，妇女解放运动，以及随后的反越战运动，等等。他们的学说在一定程度上反映了在社会中处于不利地位的人们的要求，并从不同角度捍卫了在西方占统治地位的自由主义学说。经济分析法学的思想萌芽于20世纪30年代，主要指由于当时美国大萧条带来的经济危机让人们认识到市场并非万能，也需要政府干预。于是，经济学家将视角转向法律，这一需求使法学和经济学紧密地结合起来。在第二次世界大战中，法西斯主义使资本主义国家的民主和法治几乎名存实亡。面对资本主义法律的严重危机，自然法学和分析实证主义法学束手无策，因此，人们开始怀疑他们的结论。法学家也开始反对抽象的、形而上学的哲学思辨，反对纯粹注释的和历史的研究方法，反对对法律只作定性研究，而不作定量分析，反对只研究法律的单纯的文字资料，而不研究现实的法律行为。于是，他们面向实际的法律问题，借助行为主义的理论和方法来研究法律现象，从而产生了行为主义法学。可见，在人类所经历的这样一个不断发展的变革社会，法治的实践性实际上可以转读为其自身所具有的一种优秀品质，即“谦抑性”。

西方法治主义的历史流变凸显人类对法治功能认识的不断深化。如果说，古希腊的先哲们对法治的探讨都试图追寻世界某种超验的、永恒的、绝对的“法治理想国”的话，那么，中世纪以来西方神学论的主要特征则是用基督教的教义和信仰来解释法治的存在和发展规律，试图用上帝的意志来作为人的行为和社会历史的评价尺度，以天国为理想，否认人的地位、作用和价值，否认人的现实生活的合理性。而现代社会则呈现出日益世俗化和理性化的特征，是一个日渐“祛魅”的社会。一如韦伯所说：“我们这个时代，因为它所独有的理性化和理智化，最主要的是因为世界已被祛魅，它的命运便是，那些终极的、最高贵的价值，已从公共生活中销声匿迹，它们或者遁入神秘生活的超验领域，或者走进了个人之间直接的私人交往的友爱之中。”[1]然而，面对瞬息万变和纷繁复杂的现实世界，法治主义的理性何以发挥，人们也对其进行了广泛的批判和“解构”。一如哈贝马斯将现代法治社会的根本危机归结为法律本身合法性的缺失，以此为据，他提出通过行为导引出法律的合法性内涵，主张通过行为者自身与生活世界之间的关联，搭建起行为者——生活世界的商谈平台。[2]这种于“事实与规范”之间建构法治主义的立场无疑具有重要的现实意义。在这个意义上，与谦抑有关的法律思想并不鲜见。正如美国法理学家博登海默说过：“尽管法律是一种必不可少的具有高度裨益的社会生活制度，它像人类创建的大多数社会制度一样也存在着某些弊端。如果我们对这些弊端不引起足够的重视或者完全视而不

---

[1]【德】马克斯·韦伯：《学术与政治》，冯克利译，生活·读书·新知三联书店1998年版，第193页。

[2]参见【德】尤尔根·哈贝马斯：《交往行为理论》，曹卫东译，上海人民出版社2004年版，第86—95页。

见，那么它就会发展成为严重的操作困难。”[1]可见，博登海默关于法律功能的这一认识与韦伯的“祛魅”似乎具有异曲同工之妙。事实证明，法律既不是虚无的，也不是万能的。法治功能的发挥受制于既定的社会政治经济文化条件，也要受自身特性的影响。可见，法治的“谦抑性”是法治对其自身的一种“祛魅”与“自足”。[2]这对于维系法治自身的安全性和发展性来说，无疑是弥足珍贵的。

现代社会是一个处于不断变革过程中的社会。谦抑性既是法治对于社会现实的合理反映，也是法治克服其自身的弊端而发挥其积极功能的关键所在。首先，“谦抑的”法治主义表征着一种多元和宽容的秩序理性。“现代法治社会应该是一个没有排斥性的社会，是一个宽容程度较高的多值逻辑的社会。”[3]我们看到，英国是一个因奉行法治主义而发达的国家，其法治理念最显著的特征之一就是具有多元主张和多样性的价值诉求，主要包括形式主义法治观、福利国家法治观、程序法治观和新理性主义法治观，等等；[4]其次，“谦抑的”法治主义还表征着一种现实而不保守的秩序理性。法治是理想的，也是现实的。法治的理想为一种“谦抑”的精神所表达，这是法治的一种内在的道德品质和发展的机理，然而，“谦抑的”法治主义绝不是保守主义。理想的法治就是法治“谦抑性”的理想状态，在这种理想的状态之下，法治又是现实的。因此，法治的现实决定了法治“谦抑”之必要；再次，“谦抑的”法治主义还表征着一种动态稳定的秩序机理。如法律的谦抑性就是在一个多元的政治文化和社会环境中产生的，属于广义上的法律妥协和合作的范畴，是人类政治文明进步的表现。正是基于这种法治文明进步的趋势，带动并促成了整个现代法治谦抑性的形成。从哲学的意义上来说，人本身从来都是有局限性的，那些人为的创造物包括宪法和法律创造物就不可

---

[1] 【美】E. 博登海默:《法理学—法哲学及其方法》，邓正来译，华夏出版社1987年版，第2页。

[2] 我国青年学者张翔博士曾撰文指出过：“由于宪法文本的不确定性，在宪法解释中纳入政治的考量是不可避免的。对于同样的宪法条款，在不同的政治理论引导下，会得出完全不同的解释结果。考察政治理论对宪法解释的影响是一种社会科学对法学的逻辑自足的祛魅，是有价值的。”（参见张翔:《祛魅与自足：政治理论对宪法解释的影响及其限度》，《政法论坛》2007年第4期）

[3] 张彩凤:《法治主义：当代英国法治理论的多元主张》，《中国人民公安大学学报》2003年第2期。

[4] 张彩凤:《法治主义：当代英国法治理论的多元主张》，《中国人民公安大学学报》2003年第2期。

能没有缺点和疏漏。我们只有以一种谦抑的态度对待法治，把法治谦抑性作为现代法治的一种无形的自动调节机制，使法律保持很好的适应性和灵活性，并使法治的宽容精神和无限的美德得以彰显，法治的目标方能得以最终实现。从这个意义上说，法治保持最大限度的谦抑与敬意，承认变革社会中多元的利益格局，对异己的甚至敌对的利益阶级、阶层或集团在一定条件下保持妥协、谦让态度还是必要的，这才符合社会发展的基本规律。在当下这样一个大变革和大转型的时代，“谦抑的”法治主义实际上可以在宪政秩序的理性中获得完美的诠释和充分的表达。

（三）“实践的”法治理性：宪政秩序生长的不竭动力

宪政秩序之所以不同于一般的宪法秩序，也区别于一般的社会秩序或政治秩序，就在于它以“实践的”法治主义为导向。“实践的”法治主义就是一种高于传统的神意论、自然法思想以及契约理论的法治主义理论主张。其关注的对象除了包括自由主义法治根脉的维系和传承之外，还包括如何确保现代政治法律适应经济和文化的适度发展，以及如何使得宪法和法律在既能确保个人的自由和权利，又能与社会的多样化发展保持协调，从而实现法治自身的发展等因素。一如学者们所认识到的，虽然法治过程与道德诉求有着重要的区别，但之间的重要关联性又是显而易见的。[1]在当下这样一个瞬息万变的社会状态中，宪政秩序的属性是多重的，其层次是多元的，宪政秩序的维系和巩固的过程也是多阶段的。没有这一认识，我们就无法理解各国在迥异的宪政建设过程中的不同命运与结果。因此，宪政秩序的维系无疑来源于它的有效性和可行性。正如奥尔森曾经指出的，“一个社会对何为正当的总的见解不可避免地影响到一部宪法的解释。因此，任何与时代主流思想相悖的任何宪法修正案事实上将无法得到实施”[2]。可见，“实践的”法治主义精神彰显了宪政秩序的最高理性。

首先，实践尤其是政治和法律实践，是人民推动宪法变革进而形成宪政

[1] 张彩凤:《法治主义：当代英国法治理论的多元主张》,《中国人民公安大学学报》2003 年第 2 期。

[2] Mancur Olson. Comment. Richan B. McKenzie. Constitutional Economic–Containing the Economic Powers of government. Lexington Books, 1984: p. 93.

秩序的不竭动力。美国学者阿克曼就在其著作《我们人民：宪法的变革》一书中通过对美国从建国到重建时期宪政发展历程的全面考察，揭示了区别于常规政治的“宪法政治”并深入地阐释了人民的政治实践与宪法变革的关系原理。“在阿克曼看来，宪法政治的真谛就就是‘我们人民’对宪法改革运动的积极参与。美国的二元制宪法为不同的政治派别提供了发表其政见的同等机会，他们都可以以‘我们人民’的名义要求宪法改革，但这种要求必须接受宪法规定的选举日程的考验。”[1]阿克曼看到，美国在建国和重建时期那样危机四伏的“宪法政治时期”，人民与当时的政治精英携起手来共克时艰，推进了该国的宪法改革进程，型塑了美国“非常态时期”的“宪法政治”秩序。而在常态政治条件下，美国人民则更多地关注日常生活，把国时决定权留给了那些民选的政治精英，通过投票表达其政治意愿，以此推动宪法的变革。用他的话来说就是，“我们人民无疑是美利坚合众国宪法秩序的最终缔造者”。[2]纵观美国200年以来宪法变革史和其所取得的辉煌成就，以“我们人民”与政治精英互动的“二元民主”政治实践无疑是功不可没的。“抛开历史上取得的成就，断然无助于我们不断地改善未来的宪法前景”。[3]笔者也就此认为，在当下这样的一个变革社会，就处在现实的法治世界中的我们而言，法治的关键显然不是概念，也不是机械的理论逻辑，而是它与特定的法治环境相契合并据以维系秩序的实践理性。在这个意义上说，“实践的”法治主义精神无疑是对传统法治观的超越，有利于宪政秩序的形成。

其次，宪法的“政治谦抑性”是“实践的”法治主义精神在宪政秩序中的集中体现。所谓宪法的“政治谦抑性”，就是指司宪的专门机关为保持其客观中立和道德中性的立场，不得随意地介入派别性的政治纷争之中。经验表明，司宪权的过剩，其结果不仅会直接损害司宪的国家机关自身的权威和独立性。而且，在那种“权力不对等”的情况下对“政治活动”擅入，不仅难以发挥司宪权的能动性，而且还将成为毁坏宪政秩序的源头。在那些分权

[1] 【美】布鲁斯·阿克曼:《我们人民：宪法的变革》(修订版)，孙文恺译，法律出版社2009年版，译者序第10页。

[2] Bruce Ackerman, We the People: Transfoundations, The Belknap Press of Harvard University Press:1998, p. 252.

[3] Bruce Ackerman, We the People: Transfoundations, The Belknap Press of Harvard University Press:1998, p. 344.

制的国家，相对于立法权、行政权而言，司法权的力量是处于相对的弱势地位的。尤其在最高国家权力机关之间，如国会与总统之间发生激烈冲突的情况下，司宪机关由于位卑权微，它是无力充当一个监督者和仲裁者来居中裁决纠纷和处理问题的。例如，在美国1803年马伯里诉麦迪逊案中，大法官马歇尔在该案的判决中写道："行政首脑的行为的合法性是否可以在法院受到审查，必须以该行为的性质而定"。对此，他还进一步阐明："根据合众国宪法，总统被授予某些重要的政治权力，在行使其权力时，他运用其自由裁量权……官员们根据总统的授权行事，并执行总统的命令……这种裁量权的主体是政治性的，他们尊重国家，而不是尊重个人权利……由于国务卿的职责是由该法案规定，该官员就是具体执行总统的意志。该官员只是使总统的意志得以传达的机关。作为官员，其行政行为从来不能被法院审查。"根据马歇尔大法官的逻辑，国务卿麦迪逊的行为应归结为总统指示的行为。虽然人们对总统如何行使他的职权以及如何运用他的行政自由裁量权可能有各种意见，但他认为，这些问题属于政治问题，他们与国家有关，而与单独的个人无关。这类问题由行政首脑负责处理，而且他的决定为最终的决定，不能由法院审查。行政部门的官员对总统负责，以总统的授意而行事，他们的决定也就等于总统的决定，自然，他们的这些行为也不能由法院审查。[1]事实上，这正是马歇尔后来挟宪法以自重而最终排斥适用美国《1789年司法条例》第13条的理由之一。因此，就宪法的适用而言，无论是司法独立性和自主性也好，还是司宪机关的"政治谦抑性"也罢，诸理念和实践实际上并没有天然的分水岭，这只是宪法在运行的过程中，必须把握其特殊的规律，任何过激的或者消极之举都是不理智的表现。

再次，"实践性"的法治主义也是确保多元的价值元素在一个有序的社会系统中得以兼容和共存的基础。在宪政领域，平等与自由、自由与效率、安全与自由等价值元素，它们存在着各自不同的利益导向，表现在民主实践、人权保障、法律机制建构等各个方面和各个领域。法治与这些价值元素之间的"谦抑性"无疑决定着一个"有序"社会的形成。在这个意义上说，

---

[1] See Marbury v. Madison, I Cranch 137,2L Ed 60（1803）;Gerald Gunther Law, Tenth Edition, Foundational Press,1980.

"实践的"法治主义精神无疑是宪政秩序"接近正义"之途的最高理性。西方当代社会法学派创始人庞德就极力主张人们应当考虑一种体制如何活动，而不仅仅考虑它是否有条不紊或完美无缺。他据此认为："在我们生活的世界里，如果法律在今天是社会控制的主要手段，那么它就需要宗教、道德和教育的支持；而如果它不能再得到有组织的宗教和家庭的支持的话，那么它就更加需要这些方面的支持了。"[1]质言之，庞德的"法律社会工程"说无疑具有实用主义工具论的倾向，但他强调以社会效果作为衡量法律的标准，实际上也蕴涵着人们在各种利益诉求不能得以满足的时候，必须寻找一种新的秩序理性。其中，他所言及的"其他手段的支持"就具有典型的代表性，撇开其合理性不论，它无疑具有"谦抑性"的秩序理性特征，而这种秩序理性显然又是超越于法律自身价值的。英国牛津大学哈特教授也强调主要规则（法律）和次要规则（道德规则）的结合，认为这是"法律科学的关键"、"法律制度的中心"。[2]可见，"实践性"无疑是维系法律秩序的重要理念之一，它在某种程度上起着弥补法律本身所存在的功能性缺陷的作用。"实践的"法治主义精神无疑是宪政秩序形成的决定性因素之一。

此外，"实践的"法治理性还表征着法律对于外界所具有的适应能力。它强调多元的普遍性，尊崇"自由的"共和精神。这对于超越"国家社会二元对立论"和"人权主权相悖论"等学说具有理性的批判作用。1999 年 7 月 12—16 日，在荷兰鹿特丹市爱拉摩斯大学举行的第五届国际宪法大会上，"普遍主义"与民主和宪政就是大会的主题。[3]毋庸否认，"普遍主义"通常被视为当代西方自由民主宪政理论的基石。它否认文化的多样性特征，倡导"去国家化"或"非国家化"等较为极端的主张，其思想渊源就是基督教中的"善恶二元论"。正因为如此，它成为西方那些强权国家推行其强权政治和世界霸权的理论武器，无疑是一种"非谦抑性"或"反谦抑性"品质的彰显。关于主权和人权何为宪政秩序的原点问题，事实上，主权原点论是得到现阶段大多数学者赞同的。如日本宪法学家小林直树先生曾在《日本国宪法的问题状况》中认为："国民统治的最终决定权是先于宪法之前的原理问题，

---

[1] 【美】罗斯科 · 庞德：《通过法律的社会控制》，商务印书馆 1984 年版，第 33 页。

[2] 【英】哈特：《法律的概念》英文本，第 22 页。

[3] 参见《第五届世界宪法大会学术观点综述》，《中国法学》1999 年第 5 期。

宪法作为立国的根本原则，它的核心就是主权”。[1] 这是从宪法学上比较明确地提出宪法学的元概念的观点。而在宪法学研究的过程中，中外宪法学者大都不自觉地将“主权”作为元概念来展开宪法学的研究体系。事实上，诸如美国这样的强势国家，其宪法也并没有否定“主权原点”的意义。比如，虽然美国 1787 年宪法文本并没有明确规定该国主权的归属。美国宪法序言规定，“我们合众国人民，为建立一个更完善的联邦，树立正义，保障国内安宁，规划共同防务，促进公共福利，并使我们自己和后代得享自由之赐福，特为美利坚合众国制定和确立本宪法”。但是，美国宪法第 10 条修正案则规定，“本宪法未授予合众国、也未禁止各州行使的权力，保留给各州行使，或保留给人民行使之”。因此，将这些规定结合起来看，是可以推论出美国宪法是承认“人民主权”原则的。可见，在美国宪法理念下，其“双元”的概念实际上就是其依据“双重标准”推行其霸权主义的逻辑基础。当然，“谦抑的”法治主义也并非一种“狭隘的”民族主义。在“谦抑的”法治主义所构建的宪政秩序中，主权和人权无疑是兼容的，“国际宪政秩序”当属于宪政秩序的次秩序。对此，以下将作具体阐述。

最后，宪政自身的局限性也意味着它必须具有“实践性”。比如，宪政制度自身所存在的“非中立性”[2] 问题就是明证。尽管许多西方学者不遗余力地宣扬“宪政制度中性论”，但是，不可回避的事实就是当下西方国家的政府官员绝大多数为政治权贵，主宰着国家的政治生活，实际上垄断了这些国家重大的政治决策权。正如美国政治学者托马斯·戴伊和哈蒙·齐格勒所揭示的那样：“治理美国的是精英，不是民众。在工业发达科学昌盛的核时代，民主国家的生活和极权社会的一样，也是由一小撮人决定的。”[3] 事实如此，西方貌似公平的选举制度背后其实暗含着极大的社会不公平，其选举活动不过是有钱人玩的游戏，普通民众只具有形式上平等的选举权和名义上平等的被选举权，其巨额的竞选经费和其他基于种种非自身因素致使他们常

---

[1] 【日】小林直树：《日本国宪法的问题状况》，岩波书店 1975 年版，第 374 页。

[2] 张宇燕曾经撰文对制度非中性的概念进行过专门的探讨，并从新制度经济学的角度分析了利益集团对制度非中性形成的影响（参见张宇燕：《利益集团与制度非中性》，《改革》1994 年第 2 期）。

[3] 【美】托马斯·戴伊、哈蒙·齐格勒：《民主的嘲讽》，孙占平等译，世界知识出版社 1991 年版，第 1 页。

常成为选举活动的局外人和看客。正如马克思所说:“从封建社会的灭亡中产生出来的现代资产阶级社会并没有消灭阶级对立。它只是用新的阶级、新的压迫条件、新的斗争形式代替了旧的。”[1]宪政制度是统治阶级维护阶级统治的工具，不论其形式如何变化，手段如何更新，过程如何改进，都不能从根本上改变宪政制度非中性的实质。在他们看来，“宪政制度中性，不过是一个真实的谎言”。[2]因此，唯有保持一种“实践的”法治主义精神，方能正视宪政自身的消极功能，从而有利于防止“宪政万能”和“宪政虚无”等两种极端化的倾向。同时，也有利于防止宪政的工具论倾向。使得人们对于宪政的认同意识不至于滑入理想主义或功利主义、保守主义的窠臼。

“实践的”法治主义所彰显的宪政秩序之正义精神，一如列宁所揭示的:“国家的一切基本法律和关于选举代表机关的选举权以及代表机关的权限等等的法律，都体现了阶级斗争中各种力量的实际对比关系。当法律同现实脱节的时候，宪制是虚假的;当它们是一致的时候，宪制就不是虚假的。”[3]与此同时，列宁还从决定宪法的权利背后所体现的阶级力量来论证宪法的本质。他指出:“什么是宪法？宪法就是一张写着人民权利的纸。真正承认这些权利的保证在哪里呢？在于人民中那些意识到并且善于争取这些权利的各阶级的力量。”[4]这一切皆源自一个真理，即人性的发展是永恒的，“实践的”法治主义的张力是永恒的。正因为如此，宪政秩序的魅力也必将是持久的。

---

[1] 《马克思恩格斯选集》第1卷，人民出版社1995年版，第273页。

[2] 胡甲刚:《利益、利益集团与宪政制度非中性》,《人文杂志》2006年第6期。

[3] 列宁:《社会革命党人怎样总结革命，革命又怎样给社会革命党人作了总结》,《列宁全集》第17卷，人民出版社1988年版，第320页。

[4] 列宁:《两次会战之间》,《列宁全集》第12卷，人民出版社1987年版，第50页。

第四章　宪政秩序的实践规律

如前所述，宪政秩序既是一种理想化的社会价值目标，也是现实的社会生活中不断呈现出来一种和谐的状态。因此，从实践的层面探讨宪政秩序的存在样态，研究其功能、作用和评价标准，分析其现实影响因素及其生成的一般规律，无疑具有重要的学术价值和现实意义。

一、宪政秩序的实践样态

本书试从公民社会秩序与市民社会秩序、宪法秩序与政治秩序、宪政秩序与国际宪政秩序的关系等视角对宪政秩序的实践样态作一具体分析。

（一）公民社会秩序与市民社会秩序

社会与国家之间的互动关系可以描述为两种趋向：一是社会国家化的趋向，一是国家社会化的趋向。宪政秩序正是在国家与社会的互动关系中得以彰显。它就是国家与社会在互动过程中通过建构自身“合法性”而型塑起来的一种秩序。前者为“公民社会秩序”，后者为“市民社会秩序”。

1. 社会参与建构国家的“合法性”而型塑了一个以“权利平等”为核心内容的“公民社会秩序”，这是社会秩序在宪政秩序中的国家化表达形式。

确切地说，公民是一个现代概念。[1]“公民与国家（state）是同构的，

[1]　作为一个现代政治学概念，“公民”所对应的概念应当是“臣民”；作为一个法律概念，“公民”通常指依据一个国家宪法和法律享有相应的权利和承担相应的义务具有其国籍的自然人，一般属于个体概念。其所对应的是“法人”、“国家”等作为公民联合体的集合概念。

因为公民角色意味着与之相伴随的一套完整的权利义务关系，这在居民、市民身上都不存在，只有国家才能赋予他。而在此前，人们的身份是‘臣民’，需要的只是无尽的服从，不存在对应的权利义务关系。”[1]与纯粹意义上的自然个体不同，“公民是与国家联系在一起的，在逻辑上说，正是因为有了国家才有了公民。由于国家的出现而把‘市民’型塑为‘公民’。”[2]公民社会与臣民社会是相对应的概念。公民社会是建立在产权明晰的市场经济基础之上的社会形态，它是法治发展的产物，其政治上的特征就是宪政。如果说，传统的专制国家或者说威权国家是建立在以等级关系明确的臣民社会的基础之上，而现代宪政国家则就是建立在以“平等”的公民关系为基础的公民社会基础之上。故而，一个社会的主体意识从臣民意识向公民意识的转变本身就是现代宪政主义发端的基因，所以说公民社会秩序就是宪政秩序的基本表现形式。概而言之，“公民社会秩序”的宪政秩序意涵实际上可以表达为：通过保障公民的平等权利，强调公民民主参与的政治功能，使得社会从专制到民主、从人治到法治、从权力本位到权利本位、从封闭到开放。

从发生学的原理来看，“公民社会秩序”缘起于一个以主权为核心的现代国家的萌芽，唯有社会与国家的相对分立，才使得社会参与塑造国家的行动成为可能。[3]在绝对主义国家中，臣民意识备受人们的热烈吹捧，人们偶尔也会无意识地使用公民这一概念，但彼公民与此臣民的概念并无二致。确切地说，“公民社会秩序”是一种国家秩序，是社会秩序“合法性”的一种国家化的表达形式。从历史进程来看，正是因为资产阶级革命才使得绝对主义国家为现代宪政国家所取代，从而才使得契约自由和人民主权理论在现实中得以践行。一个关于公民社会的政治理想，也得以真正地进入到实际制度安排的政治法律实践之中。正是基于一个以“平等权利”为核心内容的“公民社会秩序”的形成，相伴而行的就是作为个体的人的解放运动，于是也就

[1] 张康之、张乾友：《对“市民社会”和“公民国家”的历史考察》，《中国社会科学》2008年第3期。

[2] 张康之、张乾友：《对“市民社会”和“公民国家”的历史考察》，《中国社会科学》2008年第3期。

[3] 意指国家“合法性”的建构，具体包括“绝对主义国家”向“相对主义国家”建构的过程。

有了市民的觉醒，进而为一个相对“自由”的“市民社会秩序”的形成创造了可能性。

2. 现代国家在建构自身合法性的过程中也型塑了一个以“契约自由”为基础的“市民社会秩序”，这是国家秩序在宪政秩序中的社会化表达形式。

在传统政治文化语境下，市民社会[1]的概念由来已久。但它作为与政治国家相对应的一个概念，则是在现代化的过程中出现的。确切地说，在18世纪末19世纪初，欧洲各国开始凸显出政治国家与市民社会相对分立的倾向，以“家”为原型的传统政治社会结构逐渐解体。随着市场经济的发育，人与人之间的身份、等级关系逐渐地被打破，自由、平等与民主意识开始确立，市民社会逐渐发育成熟，这一历史过程被梅因形象地概括为“从身份到契约”[2]的运动。至此，一个以“契约自由”为基础的市民社会初成雏形。

在现代政治文化语境下，市民社会强调“个体的自主性、社会的独立性和对政治国家的理性化制衡”。[3]作为一个现代社会政治和法律范畴，市民社会通常被界定为：“以市场经济为基础，以契约关系为中轴，以尊重和保护社会成员基本权利为前提的社会组成；它是相对于政治国家而言，建立在现代化大生产和发达市场经济基础之上的社会成员的物质交往方式及社会自主的生存样式。”[4]马克思曾在《〈政治经济学批判〉序言》中指出：“法的关系正像国家的形式一样，既不能从它们本身来理解，也不能从所谓人类精神的一般发展来理解，相反，它们根植于物质的生活关系”。[5]因此，“人们在自己生活的社会生产中发生一定的、必然的、不以他们的意志为转移的关系，即同他们的物质生产力的一定发展阶段相适合的生产关系。这些生产关系的总和构成社会的经济结构，即有法律的和政治的上层建筑竖立其上并有

[1] “市民社会”是一个外来词，其英文表达为civil society，德文表达为Bürgerliche Gesellschaft。目前在汉语界，civil society有多种译法，如民间社会、文明社会、公民社会和市民社会，等等。这既反映了civil society一词的复杂意蕴，也折射出使用者的特定取向。

[2] 参见【英】亨利·萨姆奈·梅因：《古代法》（二），高敏等译，九州出版社2007年版，第381—391页。

[3] 伍俊斌：《政治国家与市民社会互动维度下的中国市民社会建构》，《中共中央党校学报》2006年第3期。

[4] 袁祖社：《社会发展的自主逻辑与个体主体的自由人格——中国特色“市民社会”问题的哲学研究》，《哲学动态》2001年第9期。

[5] 《马克思恩格斯选集》第2卷，人民出版社1995年版，第32页。

一定的社会意识形式与之相适应的现实基础”。[1] 事实上，“物质生活的生产方式制约着整个社会生活、政治生活和精神生活的过程。不是人们的意识决定人们的存在，相反，是人们的社会存在决定人们的意识”。[2] 由此可见，作为一个现代政治学和法学范畴，市民社会就是指一个相对独立的“私人自治领域”，它排斥政治国家的过度干预。从秩序生成的角度来看，只要存在着最低限度不受制于国家权力直接支配的“意识相对自治”的个体或群体，市民权利或市民社会便有存在的可能性；而只有当整个社会能够通过那些不受国家支配的自由个体或社团来建构自身并决定其行为抉择的向度时，一个纯粹意义上的市民社会方能得以真正地存在；当然，现代市民社会所力图建构的无非是一个由自由个体或自发性结社群体进行独立行动的自我规范的理想图景，故市民社会秩序的存在自然就有其价值上的正当性和必要性。

从现实层面上看，市民社会无疑是在特定历史条件下与政治国家相对分离的不受国家公权力主动强制干预的私人生活领域，其实质就是在一定历史阶段上受生产力制约同时又制约生产力的交往形式。然而，在变革社会中，究竟如何解决公权力与私人自治领域之间的深刻矛盾，以及究竟应该如何平衡个人与社会、社会与国家的利益关系就成了市民社会秩序建构的核心问题所在。正如恩格斯指出的：“民法准则只是以法的形式表现了社会的经济生活条件”。[3] 可见，在人类尚未完全获得“政治解放”之前，现代市民社会理论的“革命性”就是不可被抹杀掉的，其理论和技术层面的意义都是不言而喻的。

3. 在“公民社会秩序”形成中，国家承担着“积极”的“保障”责任；而在“市民社会秩序”形成中，国家承担着“消极”的“不干预”责任。

关于市民社会与公民社会的关系，学界形成了各种不同的认识，人们多从发生学的角度来进行探讨。比如，有人从时间概念解读道：“市民显然是先于公民而出现的”[4]。以此为据，人们就极易推论出“市民社会”先于“政

---

[1] 《马克思恩格斯选集》第 2 卷，人民出版社 1995 年版，第 32 页。

[2] 《马克思恩格斯选集》第 2 卷，人民出版社 1995 年版，第 32 页。

[3] 《马克思恩格斯选集》第 2 卷，人民出版社 1995 年版，第 253 页。

[4] 张康之、张乾友：《对“市民社会”和“公民国家”的历史考察》，《中国社会科学》2008 年第 3 期。

治国家”和“公民社会”而产生的结论。质言之，市民社会与公民社会既是分立的又是统一的，正是基于公共生活才把它们联成了一个有机的社会整体。当然，市民通常是以个体的形式出现并以个体利益的实现为目标而在私人领域中活动，公民则常常是以整体的形式出现并以公共利益为目标而在公共领域中活动。正是由于公共领域与私人领域的相对分离，才使得人们的社会角色呈现出多样化的演变趋向。比如，就某一个自然人而言，在国家，他的角色可能是公民，拥有在国家政治生活中的一切权利和义务，而在社会，他的角色可能就是市民，有其个人的利益追求和相应的责任归属。故而，在不同的领域，现实社会秩序的维系当然地存在着各自不同的方式和手段。

市民社会与政治国家既是相对分立的，也是互相统一的。从秩序形成的角度来看，在构建“公民社会秩序”的过程中，政治国家承担着“积极”的“保障”责任，掌握国家公权力的政府必须通过制度手段确认特定社会成员的法律资格，为公民个体和群体的发展提供相应的法律保障。与此同时，政府还必须注重培育公民的参与意识、权利意识和法治理念等，以此塑造公民社会的秩序理性和自我控制的意志能力。此外，政治国家还必须致力于确立公民社会的普适性的公共秩序规则，以此协调、处理和消解现实社会中个体之间通过私力途径所无法解决的矛盾和冲突。在此过程当中，树立国家的政治权威、加强国家自身的能力建设、维系社会政治稳定和保障社会公共安全，以及促进社会福利的持续增长和强化社会的有序管理无疑都是至关重要的；在此基础上，笔者亦认为：在“市民社会秩序”的形成过程中，政治国家亦应承担“消极”的“不干预”责任，掌握国家公权力的政府必须切实地防范和排除公共权力对个体自由的阻碍；政府必须形成制度化的自我约束机制，必须尽可能地避免其对于非公共领域事务的不适当、不适度和不适时的干预；与此同时，政治国家也必须培育多元利益集团及其相应的一切自主性品格，应着力于多方式、多渠道地表达其政治利益诉求，为建立民主政治奠定坚实的社会基础和提供强大的动力支持。[1]在此基础上，政治国家还必须不断地强化自身的理性化的自觉意识，必须尽可能地避免社会两极分化、阶

---

[1]　参见邓正来、景跃进：《建构中国的市民社会》，邓正来编：《市民社会理论的研究》，中国政法大学出版社 2002 年版，第 14—15 页。

层对立和防止社会分裂等。政府必须致力于克服民众无政府主义的倾向，并积极地调动社会民众化进行各种制度性的、规范化的政治参与，以此形成一个广泛而有序的社会政治参与的格局。如此方能达致一个和谐共存的公民社会秩序和市民社会秩序之理想目标。

近20年来，随着经济全球化浪潮的兴起，一股强大的市民社会思潮开始复兴，与国家相对应“并部分独立于政治国家……不能与国家相混淆或者不能为国家所淹没的社会生活领域”[1]开始凸显。比如，在各国的国境内，事实上都存在着一些并不具有本国公民身份的市民。但是，他们对于其所在的政治国家在很多领域和很多方面也存在着各种各样的利益诉求。任何国家都不可能因为他们不是本国公民而对其置之不理。但就今天而言，哪怕任何一个国家怎样标榜自己政治领域的开放性，它也不可能让外国人参与本国的选举事务，至今也尚没有任何一个国家在本国议会中通过其他国家公民所提出的议案的先例。即使一些国家允许别国公民到本国议会中作证，也无一例外地要对其附加很多很多的限制性条件。基于这样的现实，“公民社会秩序”与“市民社会秩序”在国家层面既是相互联系的，也存在着重要的区别。

（二）政治秩序与宪法秩序

笔者认为，宪政秩序就是基于宪政价值的实现而关涉宪法与政治这两种现象以及对于二者之间的关系进行调适而形成的一种正义的秩序。它是一种元秩序，由其衍生出来的宪法秩序和政治秩序则属于宪政秩序的次秩序。

1. 宪政秩序就是关于宪法与政治以及二者之间关系的一种正义的秩序。

在宪政秩序中，宪法与政治在价值上的沟通体现在：依照宪法规定所产生的政治制度，是宪法规范与实施宪法的政治实践相结合的产物。宪政的概念在宪法学的研究中基本上是与宪法的政治实践相关的。[2]我国宪法学老前辈张庆福教授就明确地指出了：“宪政是由宪法确认的和规范的民主政治制

[1]【英】查尔斯·泰勒:《市民社会的模式》，冯青虎译，邓正来等编:《政治国家与市民社会——一种社会理论的研究路径》，中央编译出版社1999年版，第3页。

[2] 参见张义清:《政治宪法与宪法政治考辨》，《学术探索》2005年第6期。

度及其实施。”[1]郭道晖教授则从宪法与宪政的关系角度明确地阐述道：“有无宪法是有无宪政的一个重要标志。但并不能因此得出有宪法必然就有宪政的结论。如果宪法的理念、内容背离人民的意志与利益……甚至在政治实践中不民主、反人权、非法治。那么宪法也只是徒有其名的‘一张纸’”。[2]可见，宪法是宪政形成的必要但非充分条件。

据此，宪政秩序就是基于宪政价值的实现而关涉宪法与政治这两种现象以及对于二者之间的关系进行规定所形成的一种正义的秩序，它是一种比宪法秩序和政治秩序抽象程度更高、价值本原上更具有优先性的秩序。它无非就是指基于人们对一定社会的政治发展规律的认识，通过制宪对该社会所需要的稳定性、连续性、规则性以及安全性进行确认，进而形成一种宪政的价值体系，然后再通过宪政的各种基本要素的制度性或者非制度性的安排，将这种价值体系变成一种实际的社会政治法律状态。如果从价值形态来具体区分，宪政秩序中包含着政治宪法秩序和宪法政治秩序两种次秩序，宪政秩序就是二者的有机结合，是一种理想的政治和法律状态。质言之，政治宪法秩序和宪法政治秩序这两个范畴的逻辑起点是不一样的，因而具有不同的学理意义。下文将作具体阐释。

2. 宪政秩序中的政治秩序体现为一种“宪法政治秩序”，属于宪政秩序的次秩序。其中，政治作为宪法规范之政治，彰显宪法的基本价值。

从发生学来看，我们一般把决定宪法产生的价值现象称之为“前宪法现象”，而把由宪法所决定的事实现象称之为“宪法现象”。“前宪法现象”决定着“宪法现象”的产生，二者具有因果关系。显然，政治是因，宪法是果。政治现象属于“前宪法现象”，宪法政治包含着制定宪法的政治。没有近代以来的民主、自由、人权等政治理念和政治实践，就没有近代宪法的产生。而宪法的制定与变迁无不以一定的政治观念为导向，以一定的政治手段为保障，并以一定的政治形式而表现出来的。因此，无论是从历史形态来看，还是从逻辑形态来看，“宪法政治”都是先于和优于“宪法”的。[3]“宪

[1] 张庆福：《宪法与宪政》，许崇德主编：《宪法与民主政治》，中国检察出版社 1994 年版，第 3 页。

[2] 郭道晖：《走向宪政时代》，《民主与法制》2004 年第 23 期。

[3] 参见张义清：《政治宪法与宪法政治考辨》，《学术探索》2005 年第 6 期。

法具有强烈的政治性。作为一种以保障人权，赋予、控制和限制公共权力为己任的宪法，担负着规范政治行为、反对政治特权的重要使命。”[1]

政治对应于宪法，正如权力对应于权利。政治是围绕一定的权力而展开和设计的。它确认市民社会一定范围内的权利和自由，但其最终目的都是为政治利益服务，为一定的权力目标的实现服务的。因此，权力是政治的第一元素。与之相对应，宪法则是以反对特权，以控制权力、保障人权为己任的。在立宪者们看来，制宪权就是一项政治权利。正如路易斯 · 亨金所言："权利并非政府赐予的礼物，它甚至也不是宪法的产物，它是固有的，是先于政府和宪法而存在的，是政府和宪法的基础。政府必须尊重和保护先在性的权利。”[2]现代宪法的逻辑基础就是：个人权利是公共权力的唯一的“合法性”来源，公共权力的存在的唯一理由就是保障个人的基本权利不受侵害。对个人权利的切实保护是宪法的核心内容。据此，宪法政治秩序注重通过宪法来规范政治行为，是以权利为本位的。[3]正是基于此，天赋人权、主权在民从一开始就成为启蒙思想家和宪政实践者们响亮的政治口号。

那么，彰显契约精神的宪法何以在规范政治行为的同时并切实地保障个人的权利得以实现呢？“没有利剑的公约只是空话，连一个人也保不住”。[4]在笔者看来，违宪审查制度无疑就是现代政治国家规制公共权力和保障人权的一把“利剑”。纵观现代各国的宪政实践，大多数国家在构建本国的宪政制度时都建立起了各自的违宪审查制度，使其成为本国宪法制度的重要组成部分。正所谓，“没有违宪审查制度就没有宪法，没有宪法就无所谓宪政”，[5]没有违宪审查制度也就自然没有宪政秩序的存在。

3. 宪政秩序中的宪法秩序则表现为一种“政治宪法秩序”，亦属于宪政秩序的次秩序。其中，宪法作为治政之法，应当具备政治的谦抑品质。

---

[1] 张义清：《政治宪法与宪法政治的逻辑反思》，《吉首大学学报》（社会科学版）2004年第1期。

[2] 【美】路易斯 · 亨金等编：《宪政与权利》，郑戈等译，生活 · 读书 · 新知三联书店1996年版，第3页。

[3] 具体而言，现代宪法的本位体现为公民的权利本位，既不是国家的权力本位，也不是公民的义务本位。

[4] 霍布斯语，见【美】丹尼斯 · 朗：《权力论》，陆震纶等译，中国社会科学出版社2001年版，第98页。

[5] 江国华：《无诉讼即无宪政》，《法律科学》2002年第1期。

宪法是现代国家的根本大法。但是，“宪法是死的条文，宪政则是活的宪法……所谓‘宪政运动’首先是立宪运动，争取创立一部民主的、保障人权的宪法。宪法创制后，并非宪政的终结而是宪政的继续”。[1]从现实的角度来看，笔者认为，现代宪法除了应当具备一般法律强制适用的刚性之外，还应具有一定的政治谦抑性，如此方能塑就宪政秩序。其理论依据在于，宪法权威是宪政秩序的重要保证。但是，一旦矫枉过正，人们不免要担心另一个问题：权威过剩的宪法是否会“异化”为工具化的宪法，成为破坏宪政秩序的又一源头？所谓“过犹不及”。因此，本书强调，从维护宪政秩序的现实角度出发，强调宪法的政治谦抑性是十分必要的。

宪法的政治谦抑性也意味着，宪法应当作为限制国家权力和保障公民权利的最后一道屏障，能够用其他法律手段解决好的问题尽量不用宪法手段解决，能够用一般的宪法手段调整的问题尽量不用违宪审查的手段调整。从应然的角度看，谦抑性是宪法秩序自身发展的要求和必然归宿。而且，对于这类具有谦抑本质的宪法规则“所具有的目的和起源，我们常常是不知道的，甚至对于这些规则的存在，我们也常常是不意识的”；[2]从实然的角度讲，对宪法政治谦抑的理解，也不能脱离社会的现实条件和人们的宪法观念，宪法的政治谦抑性在不同的历史条件下，其内涵也不完全相同。正如美国，在被誉为当今世界司法审查制度开端和起源的1803年马伯里诉麦迪逊一案中，面对强势明显的行政机关的巨大权威，通过大法官马歇尔精心撰写的判词，[3]才非正式地建立起司法审查制度，宪政秩序才得以维系。当然，笔者需要强调的是：宪法的政治谦抑性并不等于宪法的泛政治化，[4]正如宪法工具性与工具化是有区别的一样。宪法这种东西，无论是作为一种事实现象还是价值现象，都不是政治的天然对立物。[5]

---

[1] 郭道晖：《走向宪政时代》，《民主与法制》2004年第23期。

[2] 【英】哈耶克：《法律、立法与自由》（第一卷），邓正来等译，中国大百科全书出版社2000年版，第7页。

[3] Marbury v. Madison, I Cranch 137,2L Ed 60（1803）and Gerald Gunther Law, Tenth Edition, Foundational Press, 1980.

[4] 参见张义清：《宪法的泛政治化的逻辑归谬与历史反思》，《当代法学》2006年第6期。

[5] 参见张义清：《政治宪法与宪法政治的逻辑反思》，《吉首大学学报》（社会科学版）2004年第1期。

（三）宪政秩序与“国际宪政秩序”

笔者认为，国际宪政秩序则是由宪政秩序衍生出来的一种社会秩序，属于宪政秩序的次秩序。

1. 从历史的维度来看，现代国家源于主权的实现，宪政与现代国家相伴并随而生长，是现代国家的“合法性”。宪政秩序是现代主权国家的一种元秩序。

确切地说，宪政由一种政治理念变成一种政治实践模式源起于欧洲中世纪。众所周知，中世纪的西欧社会是一个典型的封建领主制社会，在相当长的时期内西欧领主制城邦还只能算是一个教会权力主宰一切的文化共同体，而非政治国家。伴随着16世纪西方兴起的宗教改革运动，改革者们将斗争矛头直指政教合一的西方政体，试图通过政教的分离而将国家从天国降到地上，国家成为至上主权的政治共同体的社会基础开始得以形成。[1] 其后，随着“主权意识”在这些政治实体中得以进一步的确立和巩固，也伴随着市场经济的发展，人们通过合理地配置社会资源极大地提高了经济效率，使得公民变成为富裕的有产者，为宪政得以成为一种政治模式营造了肥沃的土壤；可以说，正是市场化导入的利益主体多元化模式为宪政思想的萌芽创造了社会条件。比如，英国实现宪政国家的过程也就是不断约束国王，直至最终通过议会完全控制国王的过程。美国宪政革命虽起步于独立战争胜利之后，但它深受英国等欧洲大陆启蒙思想的影响，其中，大众的民主主义与中产阶级的宪政主义情绪始终贯穿于美国独立战争，从联邦制到联邦制立宪的进程，最终通过1787年的联邦宪法，开创了人类历史上第一次以成文宪法典的形式型塑了通过分权制衡模式保障人权的人类宪政体制。

质言之，宪政之“合法性”所代表的则就是一种构建主义的导向，[2] 即我们必须认真地追问人们建构这样的国家的指向何在，还会向何处延伸的问题，也即关涉到一个宪政秩序的形成问题。因此，宪政秩序缘起于宪政，

---

[1] 参见贾英健：《全球化背景下的民族国家研究》，中国社会科学出版社2005年版，第76页。

[2] 按照一些学者的理解，“建构”通常包括两条途径而达成：一是否定性建构，即对原来存在的国家形式进行否定的基础上进行建构；二是肯定性建构，即在肯定原来存在的国家形式的基础上通过对旧有的国家形式进行改造而建构。无论采取哪一种形式，都不仅仅是一个主观上的问题，而要取决于现实国家形式是否遭遇到挑战，因而出现国家形式的合法性问题，尤其是国家共同体的合法性问题（参见周丕启：《民族主义与国家建构》，《欧洲》1999年第4期）。

而宪政意义上的政治法律又缘起于主权国家的宪法[1]和法律。因此，如果没有至少是在形式意义上的主权国家的宪法以及相关的政治法律秩序，就没有宪政秩序的产生。正如“早期现代民族国家的主要成就就在于它在一个新的世俗化的合法性基础上提供了一种更为抽象化的一体化形式……这为一国领土上的国民提供了一种通过政治和法律而表现出来的归属感”。[2]可见，宪政秩序从本质上说首先就是从现代主权国家内部萌生的一种政治法律秩序。

2. 从现实的维度来看，“非国家化”或“去国家化”的“国际秩序论”漠视国家的主权属性，常常异化为那些大国推行其霸权行径的“反宪政秩序”逻辑。因此，抛弃主权的宪政秩序，在现实中是虚无的，在实践中是有害的。

“国际宪政秩序说”的理论出发点在于建构一个超越于各国主权的“世界政府”并制定一部具有全球普适性的“世界宪法”，在此基础上寻求世界的“合法性”，为人类设计了一幅美好无缺的宪政理想图景。在现阶段，如果说，人类出于反对战争、霸权、恐怖主义和寻求种群和谐共存之需要当属于各国宪政秩序应然目标的话，那么“一元论”者们却将其演绎到了一个极端化的境地。其逻辑基础在于：手段即目标，任何一种秩序目标的实现甚至可以忽略其赖以生成的一切生态条件。就宪政秩序而言，他们极力主张通过“虚化国家主权”而建构其理想的“世界宪政秩序”，却忽略了“世界宪政秩序”生成的必要条件和现实基础——国家主权，显然具有“非国家化”或“去国家化”的理论色彩。殊不知，在作为目标而存在的“国际宪政秩序”中，“世界政府”本身就是一个“拟制的”政府，“世界宪法”本身也就是一部“拟制的”宪法。在现实世界里，由于国家的利益具有永恒性和至高无上性，因此，主权作为现代国家的自然属性是不容“虚化”，也是“虚化”不了的。国际法的问世标志着现代国家的主权可以在一定条件下进行“让渡”，但并不意味着已经被“虚化”。相反，主权的“让渡”正是现代国

[1] 本书界定的宪法既包括主权国家制定的成文宪法典，也包括主权国家内部具有现代意义上根本法性质的不成文宪法以及观念的宪法。这显然不同于国际条约和国际公约中“涉宪”的各种规定。

[2] 陈明明：《革命后社会的政治与现代化》，上海辞书出版社 2002 年版，第 83 页。

家主权的“权能”得以实现的一种“合宪”的方式，而且也无一例外地都必须符合各国自身的根本利益，就这一点来看，不仅发展中国家如此，发达国家也一样。因此，一元论“国际宪政秩序说”的坚持者们将目标视为手段，很容易导致两种结果：第一，具有“拟制”色彩的“世界政府”和“世界宪法”成为强势国家表达其主权利益的工具，成为推销其霸权主义的手段，使“国家宪政秩序”这一目标异化为“反宪政秩序”的事实；第二，由于主权被“虚化”，在主权国家内部生长起来的“宪政秩序”可能就会遭到破坏，而成为国际“霸权主义”的牺牲品。对于西方国家学者提出的国际条约和国际公约的“宪法效力说”，我国著名的国际法学专家王铁崖教授批判道：“这种主张显然是错误的，国际组织所依据的法律文件只是国家之间订立的条约的一种……它们绝不能是超越国家之上的法律……它只能指有关国际组织的带有根本性的法律原则和规章制度的总称，而在本质上却与国家宪法毫无相同之处。”[1]事实上，抛弃主权谈国际秩序显然是靠不住的。我们可以看到，“一战”后国际联盟体制的破产和“二战”后联合国体制的现实都是对国际宪政主义的美好设想的现实批判。尽管国际社会也存在着其特有的运行规则，但却不存在真正意义上的世界政府或国际宪法。比如，《联合国宪章》作为当前国际关系的基本准则，其国际法理的原则基础就在伊拉克战争中被无情的炮火炸得荡然无存。再比如，集体安全和大国一致原则是联合国安理会维护国际和平与安全的核心，但是，“大国之间新的国际权力和利益冲突，尤其是美国的单边主义立场等因素，常常就使得《联合国宪章》基本原则受到冲击。”[2]可见，国际组织的权威也很容易被少数大国所操纵，成为它们推行其霸权政策的工具，从而导致主权国家的宪政失灵。

正是基于上述因素，当今世界绝大多数国家在宪法文本都明确规定：宪法效力高于国际条约和国际公约，违背宪法的国际条约和国际公约在国内是无效的。宪法支配条约，在美国已成为确定的规则。比如，美国最高法院1957年在Reid诉Covert一案中的裁决认为：“任何与外国签订的任何约定不得赋予国会或任何其他政府机构以权力，使他们摆脱宪法的约束……宪

[1] 邓正来:《王铁崖文选》，中国政法大学出版社2003年版，第9—10页。

[2] 参见于永达:《国际组织学》，清华大学出版社2006年版，第111—114页。

法的禁止性规定适用于政府的各分支机构，他们不得被行政机关或被行政机关参议院共同减损。”[1]1958年法国宪法第54条也明确规定：“如果经共和国总统、总理或者议会任何一院议长或六十名众议员或六十名参议员的要求，宪法法院宣告了一个国际协议含有违反本宪法的条款，在本宪法予以修改之前，不得授权批准或者认可该国际协议。”此外，该宪法第55条还规定：“依法批准或认可的条约或协议，自公布后即具有高于法律的效力，但就每一协议或条约而言，以其他缔约方予以适用为限。”[2]可见，宪政秩序作为主权国家最根本的政治和法律秩序，是政治国家最根本的意志和利益的政治和法律表达，没有也不可能有高于政治国家意志之上的政治和法律。国际条约和国际公约不过是国家对外权力的延伸产物，是国家之间主权利益平衡的结果，它们一般是不能脱离国家的意志而独立存在的。最起码的事实是，任何国际条约和国际公约的生效，都必须经过各主权国家立法机构或其他代议机构的批准，或通过特定的方式签署、确认方能生效。正因为如此，各个国家在缔结、签署和批准国际条约和国际公约问题上普遍规定了严格的审查条件。

3. 从发展的维度来看，“国际宪政秩序”作为主权国家之间的“宪政合意”具有一定的合理性和某种现实可能性的话，那么，它应当属于宪政秩序这一元秩序所衍生出来的次秩序，而不是相反。

我们看到：“全球化的深入发展……民族国家作为主体或者以民族国家整体为单位作为衡量之判准在国家之外的层次上与其他国家之间展开的法律合作发展进程也必将受到（法律全球化）的影响，它是各国为实现本国利益而采取的一种补充手段，其服务的对象主要是相关的国家和一国的国民，所保护的客体是各国的国家利益。”[3]一如我国著名法学家邓正来先生所说：“有关‘世界法’的图景在庞德那里还只是一个带问号的设想，但是他毕竟

[1] 【美】约翰 · H. 杰克逊:《GATT/WTO 法理与实践》，张玉卿等译，新华出版社 2002 年版，第 352 页。

[2] 赵建文:《论国际法与宪法的效力关系——〈公民权利和政治权利国际公约〉的视角》,《时代法学》2004 年第 6 期。

[3] 邓正来:《作为一种“国家法与非国家法多元互动”的全球化进程》,《河北法学》2008 年第 3 期。

洞见到了这个大问题的存在。”[1]

主权既具有绝对性，也具有相对性。所谓主权的绝对性，就是指主权不可“虚置”、不可“抛弃”；所谓主权的相对性，就是指国家可以就特定的事项在特定的领域达成主权的“让渡”协议，它使得现代国际政治法律的产生由可能变成现实。笔者认为，在主权相对主义的语境下，现代国际法的产生并非一种“超主权”的法律现象，相反，它意味着现代国家主权权能的行使——“主权让渡”在各国“宪政合意”之下得以实现。值得注意的是，这种“让渡”并非主权国家的随意行为，而应具备一定的条件。从上述各国相关的宪法条款的相关规定来看，主权“让渡”至少应具备以下四项条件：第一，限于国家缔结和批准的条约；第二，国家宪法文本的明确授权或者确认；第三，宪法与条约的内容必须保持一致性；第四，宪法的空间域效力仅限于一国主权范围之内。从宪政的角度来观察，首先，“国家缔结和批准条约”的过程实际上就是上述各国基于自身的根本利益进行充分的审查、判断和选择的过程，凡不符合本国主权利益的条约理所当然地属于被排斥或被保留的对象，因此，这种有条件的“让渡主权”决不是“去国家化”或“非国家化”。反过来看，这正是国家主权权能得以有效实现的重要体现；其次，国家“宪法文本的明确授权或者确认”则意味着业已缔结和批准的国际条约即可获得本国宪法文本的有效保障，既彰显条约的效力，也昭示了宪法的权威。其预设的事实逻辑就是：宪法文本可以这样规定，当然也可以那样规定。只要是本国的根本利益所在，今天可以规定“条约高于宪法”，明天当然也可以修改为“条约低于法律”。如此，宪法文本中类似“条约效力高于宪法”实际上并不意味着条约效力在事实上高于宪法，更不能说国家就此放弃了其根本的宪政利益；再次，从“宪法与条约的内容必须保持一致性”的相关内容来看，也表明了宪法与条约之间的一种“宪政合意”，如果将国际条约的规定视为对国家是否自觉履行国际义务的一种要约的话，主权国家通过缔结和批准条约，并通过修改宪法等措施与国际条约的内容保持一致无疑就构成了主权国家自觉履行国际义务的一种承诺；此外，关键之处还在于

[1] 参见邓正来：《迈向全球结构中的中国法学》，【美】罗斯科·庞德：《法理学》（第一卷），邓正来译，中国政法大学出版社 2004 年版，第 3 页。

"宪法的空间效力仅限于一国主权范围之内"，故宪法运行的各个环节皆属于各国内部的国家机关的职能所在。这一因素也决定了各国通过宪法明确规定条约的效力既不会损害本国的主权利益，也无损宪法的权威，无碍于主权国家宪政秩序的形成。此外，现代国际法的运行实践中尚存在着"公共秩序保留"等习惯规则和原则，也昭示着国际宪政秩序的形成是以主权国家的宪政秩序为基础的。

从法理上看，主权国家违背国际法的宗旨和原则来处理国际事务的行为显然属于国际"不法"行为。各国宪法的适用效力仅限于其主权范围之内。主权国家的宪法通常只能规定国际法在其国内的效力，而不能规定国际法在国际关系中的效力。宪法仅仅适用于国内，在国际关系中通常不发生直接的法律效力。但是，它却为国际法律秩序的形成创设了一个根本的国内法根据。可以说，没有国内宪法最起码的认同，就没有国际法在国内法律效力的产生。就此而言，国际政治法律秩序的产生依赖于国内宪政秩序的形成。如果说，宪政秩序属于主权国家政治法律秩序的元秩序的话，国际政治法律秩序应当属于宪政秩序这一元秩序所派生出来的次秩序。随着全球经济一体化、区域集团化以及各国对普遍人权的保护等都需要各个国家通过宪法确认国际法在国内的法律效力。唯有如此，各个国家也才能在维护自身主权的前提下，更好地与世界各国和谐共存，这也是符合国家宪政秩序的根本目标和利益诉求。正如学者看到的："各国有义务依据宪法或法律采取履行国际义务的措施"、"各国不得以宪法及其他国内法为理由不履行国际义务"、"各国可以通过条约保留制度处理国际条约与国内法的冲突。"[1]当然，国内宪政秩序如何形成以及如何延伸到国际政治法律领域，各个国家的宪政环境以及相关的政治法律条件千差万别，亦应区别不同的情况对待之。这属于另外的一个具体问题，本书以下相关章节中将涉及，此不赘述。

行文至此，笔者需要特别澄清的是，国际法学者使用的"宪政秩序"一词无疑是从国内宪政理论与实践借用而来的，国际法语境中的"宪政"一词实则涉及国际组织的章程和该国际组织章程的运行和实施等问题。质言之，

[1] 赵建文:《论国际法与宪法的效力关系——〈公民权利和政治权利国际公约〉的视角》,《时代法学》2004 年第 6 期。

“国际宪政秩序”无非就是作为宪政秩序的次秩序而存在的一种国际政治法律秩序。

二、宪政秩序的功能和作用

宪政秩序的功能就是宪政秩序价值的体现，为宪政秩序在实践中发挥作用提供了确定的范围和方向，然后通过宪政秩序的实现系统使之作用于实践。宪法的作用则是宪政秩序价值的最终实现形式，宪政秩序的评价是以目标和制度为标准尺度的，如此形成一个完整的宪政价值实现系统。

（一）宪政秩序的功能

宪政秩序的功能就是指由宪政秩序的本质所决定的宪政秩序应该具有的效用。在宪政秩序的价值实现系统中，宪政秩序的功能是介于宪政秩序价值与宪政秩序作用之间的中间环节，它们之间存在着逐层展开的关系。宪政秩序功能是宪政秩序价值的内在要求和具体表现。我们一般从宪政秩序的价值就能推断出宪政秩序的功能。反之，我们透过宪政秩序的功能一般也能够分析宪政秩序的价值；宪政秩序的作用则是比宪政秩序功能更为具体化的一个概念。一般而言，宪政秩序的功能限定着宪政秩序发挥作用的范围和方向。宪政秩序的作用常常是宪政功能的外在表现。事实上，宪政秩序的功能和作用之间还存在着一个宪政实践的层次。宪政秩序的功能决定着宪政实践的基本内容和发展导向。

人类社会经历了一个从无序到秩序建立的渐进过程，而制度秩序无疑是一个国家最基础和最根本的秩序，其他秩序都是建立在制度秩序的基础上。宪政秩序提供给人类社会最大的制度供给就是宪法制度秩序的构建。在宪法产生以前，人类社会的权力斗争尤其最高国家权力之间的斗争基本上是无法可依的。在没有宪法的情况下，人们解决权力纠纷的常用手段就是以暴对暴的非理性化方式。近代以来，作为人类文明的成果——宪法的问世无疑为化解和消弭现实的社会权力矛盾与社会冲突提供了一整套理性化的制度供给，其主要功能之一就是使权力斗争能够在和平的环境与条件下公平地进行。一方面，宪政结构所铸就的平权政治关系使得政治权力主体具备了较为广泛的社会基础，各种社会群体利益表达渠道变得更为通畅，各种社会矛盾可以及时释放，不易积累，避免其酿成政治危机。因此，在宪政秩序状态下，各种社会群体被整合到了现行的宪政体制之下，从而保障整个社会公共利益的实现。质言之，不论从宪政制度的产生动因来看，还是从宪政制度的变迁规律来看，界定利益关系、确立利益分配方式、维护占统治地位的阶级的利益，以及促进均衡状态的利益格局的实现……都是宪政制度的核心内容，也是宪政秩序的功能所在。最为重要的是，在宪政秩序得到实现的前提下，当公民权利受到侵害，寻求其他途径无法获得救济的情况下，宪政救济机制可为公民权利的实现提供了最后的屏障。因此，随着人权保障原则被纳入宪法成为宪法的基本原则，人权，包括统治者和被统治者的人权就有了根本的保障。在宪政秩序条件下，由于国家的最高权力被分割，统治者的权力运行受到了限制，尤其是通过宪政法律制度的形式保障权力及其规则的民主运行，保障人们民主权利的实现。可见，宪政秩序的功能就是宪政秩序价值的具体体现和基本要求。

（二）宪政秩序的作用

宪政秩序的作用即宪政秩序价值所具有的实际效用。如果说，宪政秩序的功能是指宪政秩序的本质所决定的宪政秩序所应该具有的一种效用而带有应然性的话，宪政秩序的作用则是指宪政秩序在宪政实践中所发挥的实际效用而具有实然性。事实上，宪政秩序应该具有某种效用，但经过宪政实践过程以后，由于受到种种因素的影响，也可能没有实际表现出这种效用，甚至表现出消极作用和副作用。宪政秩序的功能从作用方向上来讲，就是指事物应该具有的积极的、正面的作用。宪政秩序的作用则既包括其积极的正面作用，也包括其消极的负面作用。

在人类所构建的社会秩序中，宪政秩序是最不坏的一种秩序状态。首先，宪法确认主权和规制国家政权的运作，使一个国家的政治体系获得根本法的依据，具有稳固政权的作用。它通过合理地配置国家权力的运作机制，以此实现权力传承的合法性和权力运行的规范性，可以有效地化解政治系统领域中引发不稳定的因素，从而使整个政治系统处于连续和有序的状态；其次，现代宪法为各种政治主体的活动提供了一套根本的制度性规则和程序规则，将其间的政治斗争控制在既定宪法框架之内和规范化的程序运行之中，以防止政治危机的恶化，事实上起到化解政治冲突和消解政治矛盾的作用；再次，在现代社会，宪法构建了民主政治框架的同时也为政府公共权力的运行提供了一切必需的和必要的权利保证。它有利于保证政治主体在既定的制度框架中有序地参与各种政治活动，充分地表达自己的利益诉求，使整个社会政治系统始终处于一种有序化的良性运行状态。它还鼓励人们采取一切积极的行动来处理各种政治争端，将冲突消解在各种积极而有序的宪政运行活动之中；此外，宪法规制下的国家权力结构还可以保障一个多元化的社会政治利益的合理分配格局，以此保持一个相对自由的社会秩序状态；最后，宪政的宽容精神可以有效地防止一个社会陷入意识形态的专制，可以避免人们群体的盲从的同时，防止愚民文化滋生，以此将社会导入理性化的轨道。宪政共识还能够使得人们对自己所属的政治系统产生独立的认知和情感，使得各种异质的思想能够在一个大家都可接受的制度框架中融合和共存，以此保持政治的稳定与适应。[1]笔者认为，宪政稳定绝不意味着绝对静止的僵化状态，它是一种动态的稳定。从发展的观点看，宪政稳定意味着既定的政治系统能够在其各种相关的调节机制下协调有序地运行和演变。

当然，迄今为止的任何一种社会秩序状态都不是万能的和最优的，它们既有积极的一面，同时又有其局限性，甚至还有一些消极作用或负面效应，宪政秩序也不例外。它的积极作用和局限性是并生并存的。首先，作为一种政治运行状态或政治运动过程，宪政秩序的构建在一定程度上就意味着打破旧体系和建立新体系，导致一个国家的宪政制度经常性地处于相对稳定和相对的不稳定之间的动态平衡状态。因此，宪政秩序的实现有可能导致现代国家在一定阶段发生一定范围内的政治震荡，也时常造成人们在一定范围内和一定程度上的心理波动。因此，宪政秩序的实现依赖于人们对宪政的认知能力和认知水平。没有成熟的和自觉的公民宪政意识，宪政秩序将难以形成；其次，宪政秩序固然体现为一种权利和权力的有序运行过程，然而，宪政体制内部结构中的平权型政治关系使得权力角色行为常常呈现出异质性的特点，如果任其随意作用，就会走向极端，不但达不到维护宪政秩序的目

[1] 参见张义清:《宪政价值新考》,《法制与社会发展》2006 年第 3 期。

的，反而会由于违背宪政原则而限制和破坏人的自由；再次，制约宪政秩序实现的外在因素具有复杂性和多变性，尤其是某些外在的偶然性因素所具有的不可控性，直接影响着各国宪政秩序实现的进程和速度。从世界范围看，虽然宪政运动已有几百年的历史了，但现在世界上仍有许多国家徒有宪法其表而没有宪政的实质，宪政秩序无从生根。比如，伊拉克和阿富汗被移植了西方的宪政模式之后目前所面临的重重困境，以及苏联解体后俄罗斯转入西方式的民主制轨道后并没有获得理想的宪政秩序就是明证；此外，作为宪政秩序的制度基础，宪法自身的局限性也是显而易见的，如立法规范原则性过强，伸缩度较大。这往往导致宪法规范存在着不确定性，导致执法者的随意性也比较大，并容易导致其刻意地逃避责任；从各国的宪法文本规定来看，由于法律规范过于粗糙和抽象，常常遗留着诸多执法上的空白，易于形成执法者的独断专行，常常导致宪法被架空；此外，相对于其他部门法的立法规范而言，各国的宪法的规范设计普遍偏重于行为模式，宪法制裁在很多情况下需要依靠本国的普通法律来落实，这无疑导致了各国宪法规范立法中特色性的宪政制裁相对很少，而且政治色彩很浓厚。这无疑也在某种程度上降低了宪法的规范性和权威性；除此以外，各国宪法规范中制度性的确认和规定相对比较多，而实施性的规范却相对比较少，这也常常导致各国宪法的监督保障无规可循，宪法往往流于形式；还有，从各国宪法规制的对象和内容来看，很多国家在宪法和法律中对执政党的行为缺乏必要的规范。在很多情况下，执政党的行为都是凭借其组织内的规章和习惯进行操作，由于这些规范缺少必要的刚性，也没有宪法和法律的拘束力，容易导致其宪法和法律责任的空洞。因此，“一旦执政党滥用宪政组织和参与权力，则必然导致宪政失控”，[1] 等等。

宪政秩序的消极作用的存在与其自身的特点有关，有时候也是宪政秩序实现条件缺失的表现，前者的消极作用是固有的，后者的消极作用则是可以通过某些途径进行改进和消除的。一般说来，宪政制度与一个特定国家变动的政治经济制度往往是密切相关的。而在某些情况下，宪政制度之目标与手段的错位，则往往导致其消极作用的产生。比如，在一些封建专制主义文化

[1] 徐秀义、韩大元:《现代宪法学基本原理》，中国人民公安大学出版社 2001 年版，第 218 页。

传统沉积较深或者政治斗争较为激烈的国家，统治者们纯粹地将宪政制度视为阶级斗争的工具或实施政治统治的手段，或者将宪政制度视为满足其统治秩序的唯一需要，势必导致其对民主价值的漠视和人权关怀的缺失，甚至还可能出现一些“反民主”、“反人道主义”的倾向……造成种种消极的影响。此外，如果立宪的目标和价值定位完全不符合国情、民情和史情，也会产生种种逆反效应，导致宪政的“无序”或“失序”倾向。因此，对于宪政秩序的消极作用要具体问题具体分析，唯有找出根源方能提出有效和可行的对策。倘若是制度化思路和实践技术方面的原因造成的问题，我们则完全可以逐步地加以改进和完善制度，以达到最后消解相关问题和矛盾的目的。

三、宪政秩序的评价系统

所谓宪政秩序评价，顾名思义，就是指按照一定的标准对宪政秩序“有”或“无”的判断。如前所述，宪政秩序的存在样态具有多元性，比如价值目标形态的宪政秩序在某种程度上就是相对的、隐性的，不易界定、把握和测量。正是在这个意义上，宪政秩序之“有”或“无”、“真”或“假”、“高级”或“低级”的判断是十分困难的，其界限也都是相对的。本书只能从一个现实主义的角度，亦即宪政秩序是否存在以及其实现的程度作一个相对性的判断。

（一）制度秩序的评价

制度形成的过程谓之制度化。从宪政秩序的生成原理来看，其最终的依据就是由宪政秩序本质所决定的价值目标。宪政秩序的制度评价，就是指以正义的宪政秩序目标为价值标准，对既定的政治制度及其规范的整体设计进行价值判断，通过分析和比较，得出制度的优劣以及制度化建设水平高低的结论。具体而言，宪政秩序的制度评价对象就是宪政制度及其实施两个方面。宪政制度的评价主要是指对宪法规范进行的一种静态的价值判断，宪政秩序的作用评价主要是指对宪政制度在运行过程中形成的宪政秩序效用的一种动态的价值判断。动静结合构成完整的宪政秩序的制度评价系统。宪政秩序的制度评价具有重要的理论价值和现实意义。通过宪政秩序的制度评价，我们可以了解宪政制度及其作用的实际状况，可以据此总结出宪政制度化建设的经验并将其作为本国宪政发展的基础，也可以据此找出宪政制度运行过程中实际存在的问题、漏洞，总结其经验教训，为加强本国的宪政制度建设提供合理而丰富的理论和现实依据。当然，从严格意义上讲，制度性评价不是绝对的，因为没有任何一种制度是绝对的好或绝对的坏，特别是将特定的制度与其特定的国情因素结合考虑的时候，“善制”与“恶制”的简单化区分往往与该项制度的实际作用状况是有距离的，甚至是完全相反的，这是制度评价的局限性所在。然而，对制度优劣的终极评价应该是依据制度的实际作用，进行宪政行为状态的具体化评价。但是，这并不是否定了宪政秩序制度性评价的价值所在。相反，我们却是在充分肯定其应有价值的同时，也要强调不能将其绝对化，而应该与该项制度的作用评价联系起来进行全面分析，才能得出较为科学和客观的结论。

就宪政制度的评价标准而言，通常包括：宪政制度的内容是否体现出正当目的，宪法规范和制度的设计是否符合宪政的基本精神和特定统治者合理行使权力的政治需要，是否能够达到规范国家民主政治秩序的目的，宪政制度的内容是否全面、适当，是否存在弹性幅度，宪法规范和制度设计的内在结构是否完整、协调性如何、是否符合逻辑并具有内在的统一性；宪政制度规范的条文表现是否符合立宪技术的要求，其文本结构、表述方式等是否规范；宪政制度规范及其条文设计符合本国的国情和社会实际需要，是否具有可行性、有效性和可操作性，是否具有适应变动的能力，等等。经过制度性评价，那些体现了宪政精神，内容全面、合理、可行、有效的宪政制度就是好的、善的、优的宪政制度，如此可以导入宪政秩序；反之，就是不好的或者存在某些瑕疵的宪政制度。在此条件下，宪政秩序便无以生根。因此，从制度的角度来看，宪政秩序无疑是以符合正义价值的宪政制度为基础的。

（二）行为秩序的评价

作为一个国家政治系统在运行过程中所显现出来的稳定性、连续性和一致性的状态，宪政秩序的行为秩序的标准至少包括以下几项具体内容：

第一，主权的独立、稳固和延续。所谓主权独立性和完整性，就是指国家的主权独立、领土完整，国家的统一和民族的团结，国内也不存在大规模的分裂主义势力或颠覆活动，主权国家不受外来势力的侵犯和内部分裂势力的扰乱，等等。在宪政秩序状态下，一个国家的政局可能因为宪政改革而呈现出不断变动的态势，而其政权则必然是相对稳定的。意即，一个国体政权的阶级性质保持不变，其基础的阶级结构得以保持、政府领导人按照法定的民主程序产生和更换，等等。这些无疑是宪政秩序得以实现的基础，也是最为明显的标志。

第二，国家权力的合理配置和正常运行。一个国家的权力配置是否符合宪政原理，关键是看各种权力机关之间是否存在监督和制约。其主要标准就是：政治过程是否具有可控性，即各政治主体即广大公民和各级权力机关的权力运行是否被规制在既定的法律程序之内，一个国家的政治过程是否能在民主的轨道中存在可控性，人们的政治利益分配是否具有可协调性，社会矛盾是否可以得到及时地化解或抑制，政府政策是否能够有效地实施，等等。

第三，公众政治参与的制度化。对于社会公众的政治参与，学界从各个层面进行了阐述。笔者认为，公众广泛的政治参与无疑是宪政的重要标志，但如果缺少制度化的措施以及制度化措施的不力而导致公众政治参与的失范，则非但不利于宪政秩序的形成，还会破坏既定的宪政格局，以至于导致宪政失序。

第四，人权和公民权利的切实保障。判断一个国家宪政秩序是否形成还可以从一个国家内公民的基本权利是否有切实的保障的角度出发进行考察。当公民权利受到侵犯、寻求其他途径不能获得救济的时候，宪法是否能成为公民权利保障的可靠基石和最后屏障。在宪法文本和规范系统中，公民权利的范围及其实现程度无疑是一个国家宪政秩序目标实现的根本标准。

（三）秩序缺失的表现

如前所述，要从整体上对宪政秩序的各种存在样态作出判断的确是一件十分困难的事情。但是，秩序缺失的外在表现却是具体的和现实的。正如“稳定”的标准和表征是模糊的，而“不稳定”的标准和表征却是具体的，故如人们常常忽略的稳定，当一旦失去稳定的时候才感觉到稳定的重要性一样。所谓宪政秩序的缺失，从总体上看，就是不符合宪政秩序标准的一切外在表现所形成的各种状态。从价值层面来看，一切不安全、不自由、不平等或没有效率的政治和法律状态无疑都是秩序缺失的表现；从实证的角度来看，宪政秩序的缺失既表现为一切与宪政目标相背离或偏向的制度“无序”状态，也表现为一切与宪政目标或宪政制度相背离的行为“失序”样态。宪政秩序缺失的重要表现形式就是宪政制度的“无序”。人类发展的政治经验表明，在现代国家的政治生活中，不受限制的权力是宪政秩序的最大威胁。在封建专制主义条件下，宪政制度无从生根，故宪政秩序也就是“虚无”的。而近代以来，人们在不同历史时期所遭遇的殖民主义、法西斯主义、无政府主义等，都给人类的宪政进程造成了重大的阻碍，这些情况显然是“反宪政秩序”的表现。除此以外，它还常常表现为宪政主体行为的“无序”。也即，在“制度合宪”这一假设的前提之下，行为“失序”无非就是指一个国家宪政主体所表现出来的一种“非秩序化”的样态特征，在这个意义上，如上所述，行为性质的评价通常是以既定的制度为参照系的。在一般情况下，分裂主义、颠覆活动导致一个国家内部发生主权分裂，以及出现严重的政治动乱、军事政变的时候，其正常的宪政秩序必然遭到破坏。此外，伴随着从传统社会向现代社会的转型，社会动员加速进行。各种社会群体诉诸非法参与渠道并危及政治的稳定和秩序，也是宪政行为“失序”的表征之一。此外，宪政行为的失序还表现为各种宪法秩序的缺失，如公民权利保障机制的脆弱、人权遭致践踏、缺少保障机制和救济机制；此外，还如一个国家民主功能受阻、立法失范、执法混乱、司法权缺少独立性、法律实施监督不力，等等。这些都是宪政秩序“缺失”的标志。

四、运动中的秩序：宪政秩序的实践路径

（一）宪政秩序的现实影响因素

如前所述，宪政秩序就是在特定的政治生态中生长并通过宪法机制建构起来的一种政治运动或政治过程的“有序”状态。它既存于一个错综复杂的经济、社会、文化等各种因素相互作用的社会整体之中。由于政治领域、法律领域中的问题与其他不同领域中的问题的利益格局、关系样态以及由于诸因素所导入的发生学机理均不完全相同。因此，作为一种整体性的秩序状态，宪政秩序显然难以在某一个域中的内部系统中完全得以实现。以政治变

动导致的不稳定状态为例，我们不难发现，在现代社会这样的一个政治、经济、文化交互作用的网络系统中，导致政治不稳定的因素，既有可能是经济发展的不平衡，也可能是社会公众文化心态失衡和社会角色的错位，还可能是政治国家对外的调控能力不足和自身的权力无序竞争导致的。当然，也可能是上述因素综合性地发生的结果作用。面对纷繁复杂的宪政秩序的生成条件，任何单一理论的解释力显然都是十分有限的。毋庸否认，政治稳定是宪政秩序的功能，也是宪政秩序的一种应然的状态。然而，在人类社会的发展进程中，由于社会的基本矛盾是客观存在的，故任何一种相对稳定的社会形态，必然存在、滋生和孕育各种新的带有发展性的不稳定因素。因此，社会稳定是相对的，社会变动才是绝对的。因此，我们永远都只可能向着宪政秩序这样一种理想的社会秩序目标不断地迈近，而不可能完全地达到。

（二）宪政秩序生成的一般规律

宪政秩序“生成”，意指宪政秩序从“无”到“有”而生长和形成的过程。纵观近代以来世界各国的宪政生长和发展史，其实也并没有统一的一个模式。以下将作一概述。

1.“内生”与“外发”之可能

制度一般有“内生”与“外发”之两种类型。所谓“内生型”制度，一般就是指经济、政治、文化等发展到一定程度，带动社会转型，由社会自身力量而产生的制度。与之相对应，“外发型”制度则是指在外源或外部因素的作用下，借助于外部力量的推动而形成的制度。换言之，“内生型”制度就是指“非移植”的制度，具有本土性特征，而“外发型”制度则指的是通过“移植”而生成的制度。关于宪政制度的生长规律，近代以来各国的宪政实践为我们提供了丰富经验。从以上两种类型来看，其所涉及国家的情况都是不尽相同的。比如，英国、法国、美国这三个早期的立宪制国家，其宪法制度的内容、形式、类型、发展的方式等都呈现出各自不同的秩序形态。

英国是世界宪政之母。客观地说，英国的宪政制度可以归属为典型的“内生型”宪政制度，其宪政秩序也具有鲜明的“内生性”特征。可以说，“内生”的制度与秩序在英国得到了完美的统一；正如英国宪政思想家戴雪在《英宪精义》一书中所表述的：“英吉利法院及巴力门常用法律行为，以测定元首及公仆所拥有的地位，即以保障个人权利。由是归纳此类法律行为便得私法的各个原理；综合此类原理便得英宪的重要成分。然则宪法在英国中只是普通法律运行于四境内所生结果。”[1]依照戴雪的看法，在英国久远的宪政实践中，形成了众多彰显宪政精神和气质的“宪典”：“这些规则与其他同类规则，实构成今日所有宪德。他们都是政治家们的行动依据，徒以不受施行于法院之故，遂不能被视为法律。……他们实具有一共相，即是：他们都是（至少可以说大半是）一种准规，依之，元首（或他的仆臣）的裁决权力将如何运用得以测定。”[2]可见，英国的内生性宪政秩序的存在为该国制度秩序的生长提供了肥沃的土壤。

美国是世界成文宪法的先驱，也是当今世界成文宪法典适用时间最长的国家。其特有的宪政秩序之所以得以维系，与该国特有的社会政治法律生态条件不无关系。美国宪政秩序生长的历史渊源，可溯及17世纪北美的情况。当时，作为英属殖民地，英国式宪政秩序特征在英属北美殖民地得到了本土化的衍生。比如，当时殖民地的宪政精英们一方面表现出对英国宪政信仰的极力推崇，另一方面又创造性地运用了一些新的宪政理念引导北美殖民地民众的独立自主意识，其中，民主主义与宪政主义情绪始终贯穿于美国民众所历经的从独立战争到邦联制再到联邦制立宪的全过程，最终通过1787年的联邦宪法构造以及1803年的立法违宪审查实践，建立起人类史上第一次以成文宪法典的形式构造了美国式的宪政秩序。美国的宪政逻辑昭示：内生的宪政秩序诉求无疑促成了美国宪政秩序的形成。

法国是欧洲大陆制定成文宪法最早的国家。客观地看，法国宪政秩序形成的情况和经历较上述两个国家更为复杂。法国早期制宪始自18世纪路易十四统治时期。与英国的情况有所不同的是，该国当时掌握垄断性特权的贵族、教士与国王相互勾结，极力地压迫和剥削着“第三等级”。在这样的情势下，法国人对宪政秩序生成的可能性感到非常失望。于是法国人在探索宪政的道路上对于美国那样的以革命性改革的道路慢慢表现出极大的热情，进而引致法国大革命的爆发，其后导致该国王权专制主义的倾覆。笔者据此认

[1] 【英】戴雪：《英宪精义》，宙宾南译，中国法制出版社2001年版，第244—245页。

[2] 【英】戴雪：《英宪精义》，宙宾南译，中国法制出版社2001年版，第424—425页。

为，法国的情况也是在制度和秩序的互动逻辑中得以演绎的，当一种“外发”的制度与特定的生态条件所“内生”的秩序之间不能兼容时，那么，制度化措施的推行就成为必要。无疑，法国宪政制度秩序的生成在最初所呈现出来的景象，更倾向于一种“外生”的制度秩序。显然，这对于形成一个国家稳定的宪政秩序显然是不够的。因为，“制度”并不必然导入“秩序”。这在法国后期的政治变革中具有明显的表现。

早期国家是这样，后发国家莫不如此。众所周知，日本的明治宪法主要是以1871年《德意志帝国宪法》为蓝本制定出来的。就此而言，19世纪末期日本的宪政制度无疑是“外发”的。同时，人们也注意到：日本的崛起肇始于明治维新以后，而日本在19世纪末期经济起步之初，明治宪法是发挥了巨大作用的。正如学者指出的：“可以相信日本现代经济增长始于19世纪80年代末，恰巧与明治宪法的准备和颁布一致，明治宪法确定了日本国的特点……从1889年到1927年，集权国家与资本主义的结合一直是个谜，在对日本经济史感兴趣的学者中，这个谜还没有被解开。”[1]实际上，日本经济起飞的原因很多，明治宪法虽有其反民主的一面，但不可否认其在特定的社会背景下也有推动经济发展和维系政治稳定的一面。甚至在某种程度上还可以说，明治宪法将日本导入了现代化。可见，这种“外发”的制度在事实上塑就了日本的宪政秩序。笔者认为，要分析该问题的成因，必须对“制度移植”与“秩序生长”的条件之间的关联性作深入的分析考察，方能获得合理的解释。就明治宪法而言，其虽有“移植”欧美宪法之虞，但却是日本当时社会宪政秩序的内在诉求。19世纪70年代以后的日本，资本主义经济迅猛发展，国力日渐强大、资产阶级政党不断成长，自由民权运动蓬勃兴起、国际力量积极推动……诸因素都使得立宪成为日本社会当时的一种内在需求。[2]

俄罗斯目前的情况则从另外一个角度证实了这一点。俄罗斯现行的体制模式是总统制。其宪法也明确规定了三权分立的原则。但如果我们对其稍作

---

[1] 此为日本学者小路平一语（转引自【美】弗雷德里克·C. 戴维：《经济起飞的新视觉》，中国社会科学出版社1991年版，第152页）。可见，美国现当代学者对日本当时经济起飞的奇迹也是颇为震惊的。

[2] 参见张义清：《宪法泛政治化的逻辑归谬与历史反思》，《当代法学》2006年第6期。

考察就不难发现，俄罗斯现行的宪政体制虽然具有西方宪政制度的形式特征。但它并没有形成真正的宪政赖以生长的社会条件和政治生态。就当今世界西方国家的总统制模式来看，无一不是建立在成熟市民社会基础上的。就此而言，俄罗斯的市民社会显然是很不成熟的。倘若该国要自下而上地打造市民社会，必然要面临比西方发达国家更多的困难。可见，只有在内在条件和外在条件兼具时，一个国家的宪政秩序才能得以形成。

可以说，宪政制度的移植并不能当然地导入宪政秩序。但当一个国家制度需求成为其宪政秩序的内在诉求的时候，制度建构就成了宪政秩序形成的要件。因此，制度的“外发”也好，“内生”也罢，宪政秩序形成之关键在于一个“内需”的问题：即是否满足特定社会中政治经济文化诸因素对法律的内在需求，当然也需要诸多外在条件的成就。简言之，“内生”的法就是能满足各种内在需求的法。因此还可以说，“内生型”的法就是成熟的法。而只有成熟的法才能称得上是“良法”。反之，“外生型”的法就是基于某种外在需求而产生的法。其立法的动机可能基于特定的政治、经济、军事、文化等某些特殊的“需求”，其“需求”往往具有某种“外在性”特点，而且常常与法的应然性价值相背离。当这样的“外发型”的法在实践中所表现出来的“实然法”性状无法获得“应然法”有效的逻辑证明时，悖论就会产生。一个直接后果就是法的“泛化”。如法的“泛政治化”、“泛军事化”等。这些都是“外发型”制度模式所产生的赘物。[1]

2. “渐进”与“激变”之两途

近代以来，随着宪政思想的萌芽，人们追求宪政秩序的脚步始终没有停息。站在现实主义的角度看，如果说，前述的“内生”与“外生”是从空间的维度来描述宪政成长的路径的话，那么“渐进”与“激变”就是从时间的维度对宪政成长路径所作的一种状态的描述，属于发展理论的范畴。[2] 事实上，任何一个国家宪政道路的选择都关系到各国的政治稳定与政治发展，这无疑是现代各国构建宪政秩序过程中值得认真对待和有效应对的重要课题。本书以早期立宪的英、法、美三国为例，试对其各自迥异的宪政道路的轨迹

---

[1] 参见张义清:《宪法泛政治化的逻辑归谬与历史反思》,《当代法学》2006年第6期。

[2] 按照学界的一般界定，宪政发展理论就是运用社会发展理论分析不同国家是如何步入宪政之路的。

作一探析。

英国自“光荣革命”后的宪政道路既遵循传统又有变革，其最终形成的却是一种具有浓厚的封建继承性和历史延续性的相对稳定的保守的宪政秩序形态，如君主制的保留、不成文宪法传统的保持并延续至今等。总之，英国迄今为止300余年的宪政历程在总体上呈现出了一种相对稳定而趋于“保守”的“渐进”态势；法国的制宪史迄今也绵延了200多年，从该国的宪政历程来看，其宪法形式之繁多、制度特征之复杂，“革命—复辟—革命”的怪圈使得法国呈现出了与英国截然不同的另外一番景象。法国近代以来的宪政道路，无疑属于一种典型的“激变”模式。这与英国的情况形成了巨大的反差；与英国和法国有所不同，美国的宪政发展道路则呈现出另外一番景象：作为世界成文宪法的鼻祖，美国在保留其宪法初始文本的基础上，通过《宪法修正案》的方式对其宪政体制进行发展和完善，使其在之后200余年的历程中以不变应万变。因此，人们通常将美国视为宪制变革最成功的国家，其修宪的经验亦被誉为“美利坚模式”。就美国宪法修改的阶段性特征而言，美国历次修改宪法的时间间隔最长的达62年，最短的不到1年。截至最近的一次修宪，其平均间隔年限不到10年。比如，从1789年到1803年4年间，历经3次修宪，涉及宪法条文13条；从1865年至1869年4年间，历经3次修宪，涉及宪法条文3条；从1909到1919年10年间，历经4次修宪，涉及宪法条文4条；从1932到1933年不到1年的时间，启动了宪法修改，涉及宪法条文1条；从1909到1919年10年间，历经4次修宪，涉及宪法条文4条；从1960到1965年5年间，历经3次修宪，涉及宪法条文3条。[1]可见，美国也特别注意在特定的历史阶段通过对宪法制度进行变迁以适应社会变革的需要，其宪政道路无疑也是一种具有进取精神的“渐进”模式。

从文化的角度观察，西方社会的近现代化过程，彰显为自由主义和保守主义之两种不同的发展形态。前者依托理性而标榜社会的积极建构，后者重视自发秩序而要求社会的自然延续。二者相互渗透及平衡，使得西方社会始终能够在总体上通过仰赖自发秩序的展开与局部试错性的变革结合之道导引

---

[1] 参见张义清：《政治文明建设与中国宪政之路》，《吉首大学学报》2007年第1期。

着其实现社会变迁。随着英国“光荣革命”落幕，洛克的“自然主义”自由观很快就过时了。18世纪在法国大革命所引致的“革命暴政”之祸患，也使得英国人开始意识到必须努力捍卫本国人来之不易的宪政秩序的重要性。此时，英国“政治保守主义之父”柏克即擎起了“保守主义”的宪政大旗。如柏克认为的：“权力要做到合法，就必须以永恒不变的法律作为基础；在那里，意志与理性是同一的。”[1]在人权问题上，柏克尖锐地批判了法国“革命恐怖”的领袖们所“宣示”的人权话语体系，以此告诫英国民众不要机械地“移植”法国式人权价值取向。可见，作为当时有着巨大社会影响的政治思潮之一，“保守主义”之出现要归因于对法国大革命掀起的“恐怖专政”的批判。这一认识导向，无疑是英国当时“稳健”地推动宪政“渐变”的理论依据，也彰显了英国宪政进路中审慎的政治美德。事实上，法国早期的宪政道路所表现出明显的过激色彩，而后随着其市民社会的成长和相关条件的成熟，直至“戴高乐后时代”，其现行宪法的颁布，该国宪政发展的路标才发生了明显的转向。

总之，宪政秩序的变迁与宪法文本的变化、政治力量对比关系、政治矛盾和冲突的状况等因素息息相关。政治危机的发生与解决一般要求调整旧的宪政制度，通过一系列制度改造、制度创新和制度重组，使新宪政制度成为规范政治生活、调节政治利益、化解政治冲突、促进政治合作的有效规则体系。这也意味着，宪政秩序就是不断地打破旧的制度体系而建立新的制度体系过程。这一路径最终取决于一个国家特定的政治生态、法律机制和社会条件。

3.“必然”与“偶然”之耦合

宪政文明无疑是人类政治文明发展的高级样态。作为一个社会历史范畴，宪政秩序无疑表征的是未来一个特定的社会阶段在其演化的特定时空内的所呈现的一种宪政文明的稳定性状态和整体性特征。在这个意义上，宪政秩序作为一项具体的社会“目标”，是具有其确定性的。它呈现为一种“必然”的趋势，是可以预测或预见的。

---

[1]【英】埃德蒙·柏克：《自由与传统：柏克政治论文选》，蒋庆等译，商务印书馆2001年版，第271页。

如前所述，宪政也并非人类社会发展的一种终极的状态。宪政秩序的实现必须依赖一系列内在和外在的条件。一方面，人类社会发展的历史进程必然要受社会规律的支配。另一方面，在人类追求宪政秩序必然的社会实践活动中，也总是交织和伴随着众多的随机性的偶然事件的发生，其形成的具体过程充满着复杂性、艰巨性和曲折性。对于偶然性，正如马克思所指出的，"如果'偶然性'不起任何作用的话，那末世界历史就会带有非常神秘的性质。这些偶然性本身自然纳入总的发展过程中，并且为其他偶然性所补偿。但是，发展的加速和延缓在很大程度上是取决于这些'偶然性'的"。[1] 在现代文明高度发展的今天，现代化的多元路径本身就表明了宪政秩序产生的多样性特征。世界上很多国家均以不同方式在探求自己的宪政道路。比如，普京在当今俄罗斯的影响力就非同一般，李光耀在新加坡也曾经具有很高的威望，他们个人对于其本国宪政改革所起到的推动作用是毋庸置疑的。世界历史上由个人权威导入宪政实践的先例也尚不在少数。此外，还由于受当今世界霸权主义、强权政治的影响，有的国家陷入连年战争，宪政秩序遭到外在因素的破坏。而上述因素在很大程度上都具有不可控性，属于制约宪政秩序形成的一些偶然性因素。

当然，"在表面上是偶然性在起作用的地方，这种偶然性始终是受内部的隐藏着的规律支配的，而问题只是在于发现这些规律。"[2] 总之，人类社会形态从低级向高级的演变和发展是一种历史的必然。而这一趋势则是通过无数围绕着必然趋势而发生的种种偶然事件来实现的。人类社会的发展是必然性和偶然性的辩证统一。正因为如此，人类历史的发展过程既显示出曲折性和多样性特征，也呈现出规律性和有序性特征。为此，我们理应对未来的宪政秩序样态以及与之相关的各种因素作出准确的判断。

[1] 《马克思恩格斯全集》第 33 卷，人民出版社 1973 年版，第 210 页。

[2] 《马克思恩格斯选集》第 4 卷，人民出版社 1995 年版，第 247 页。

第三篇　现实关怀

第五章　宪政秩序的民主元素

人类的政治文明史可以说就是一部民主的发展史。自古以来，人们向着民主的目标不懈地奋斗。历史经验也告诉我们，民主政治的发从来就并不是一帆风顺的。两次世界大战对民主的粗暴践踏就给人类自身造成了深重的灾难。然而，当下学界就民主的概念、价值和功能、民主化应该坚持还是应该放弃、精英战略与民主化的关系等问题的认识方面仍存有分歧。我们究竟应当如何去认识民主，尤其是应当如何从秩序理性的角度认识民主，无疑是一些亟待研究的重大课题。

一、民主及其“亚类型”：认知分歧与对分歧的认知

在理论的立场上，认识民主的概念无疑是我们探讨宪政秩序问题的前提。为此，笔者拟对西方民主的概念及其内涵作一梳理和评析。

（一）民主概念的认知分歧

人类早期的民主概念萌生于古希腊“多数决定”的投票规则，即直接民主（或称之为形式意义上的民主），这是民主最为原始的概念形态。其后，随着代议制的产生，议会民主与选举民主相结合，使得民主作为“规则”的概念内涵得以拓展。“多数决”和“代议制”等规则意义的民主形式，无疑都表现为一定的社会目的和政治价值目标得以实现的工具、方法和手段，彰显民主政治的“工具主义”色彩。人们发现，对形式民主的简单执著，往往容易形成对“服从多数”和“代表资格”设定的非理性崇拜和盲目迷信，难

以有效地解决多数与少数的关系，同时也无法合理地协调民主内部所存在的平等与自由的价值冲突。因此，规则说常常面临着权利说、制度说、观念说等相关的其他理论学说的诘难。近代以来的天赋人权学说、主权在民学说和社会契约论的兴起，作为“人民的权利”的民主概念开始形成并得到了一定的发展。实际上，权利的实现是需要附条件的，权利与制度须臾不可分离。在此基础上，“制度说”则开始在国家与社会制度的分析框架中诠释民主概念。如果说，古典意义上的民主制度并没有区分国家制度和社会制度的话，现代民主制则就是一种建立在复杂的国家与社会关系政治权力架构之上的政治形态。可见，现代民主制度是现代政治发展的产物。

现代民主制的构成无疑具有多样性和复杂性。它与特定国家和社会中的观念、文化之间存在着种种内在的张力。如果某一项民主制度从观念层面迈入事实层面，但尚未得到程序上的有效保障，也难以真正地达成民主的价值目标。因此，“制度说”对一个现代国家的民主化改革无疑具有明确的指引作用，但是，当一项民主制度不是建立在与特定的民情、国情以及现实的政治环境相契合的情况下，“制度说”无疑就具有一定的“虚拟”色彩；随着民主的发展，人们还将民主视为一种程序，[1] 意在描述民主实现的时序、步骤和方法。如果将民主视为过程与结果两种政治形态的话，该学说显然更加重视前者，突出了民主在形式上的正义价值。哈贝马斯就是该主张的首倡者，他所强调的“无主体的”、“主体间性”的“商谈”交往形式无疑就是一种程序主义的民主表达。与此同时，人们也注意到了程序主义的现实困境，如哈耶克就根据现实情况发现：“在民主形式的运用过程中，‘多数原则’常常发生着‘衍变’……在此基础上的选举，实际上就是‘贿选过程的代名词’。”[2] 如哈耶克一样，哈贝马斯其后也注意到了大众在选举之后的国家政治的“消积观众”的程序主义实质。显然，民主概念的释读需要一种新的理念来进行超越。

此外，在人类关于民主概念的解析中，还存在诸如“治理说”、“统治

[1] 笼统地说，程序的概念内在地包含在规则、权利和制度等概念之中，而严格地说，程序范畴意在强调解决问题的时序、步骤和方法。本书是在后者的意涵上进行阐述的。

[2] 【英】弗里德里希·冯·哈耶克：《法律、立法与自由》第2、3卷，邓正来等译，中国大百科全书出版社2000年版，第315、316页。

说”、“观念说”、“价值说”等等。比如，有人主张:“任何一种政治共同体都是通过治理而维系的，没有无治理的共同体。在历史上曾经存在过的各种治理形式之中，民主是诸种最基本的形式之中的一种。民主一词的本义就是人民的治理。”[1]“治理说”彰显了民主内含着人民自身的“自主性”，而“自主性”则意味着社会大众自己决定自己的事情，不受来自于它之外的他人的或者其他力量的控制和支配。在这个意义上，民主就是社会大众“自我主宰”。然而，人民究竟应当如何治理以及如何评价治理的效果等，同样是一些亟待深入研究的问题；此外，“统治说”中的民主概念也早就被人们所沿用，古希腊先哲们极力推崇的“相互轮流地统治和被统治”，[2] 其实质就是强调“多数人统治”。当然，亚里士多德也“多次批评了作为全称形式的民主……而多数规则这个最具可行性的选择却会使个别公民和少数群体屈从于有损于他们利益的法律”。[3] 与之相对应，近代资产阶级则将民主转变成一套多数人选举，实行分权制衡，从而实现了代表制和代议制对政治成果的接管，最终达致一种“少数人统治”的政治模式。对此，阿伦特则独特地认为，在这种“代议”和科层制度建立之后，实际上就是一种“缺席委托”……其实质就是一种“无人统治”，但“无人统治不一定是不统治，在某些情况下，它或许会成为一种最残酷、最暴虐的统治”[4]。乔·萨托利则干脆将民主视为“被统治的民主”，或称为“反对派的民主”。他认为:“民主的关键是少数而不是多数。更确切地说，这一背景下的问题是少数或各少数派必须享有反对特权。”[5] 从概念上区分，统治者对应的是被统治者，到底如何界定二者的范围，统治权的正当性、合理性、有效性以及可行性问题，就成了研究民主问题的重要前提。可见，“统治说”中的民主概念是十分抽象和模糊的，难以获得普遍的公信力。

从观念形态来考察，民主的概念通常被表达为“民主意识”。[6] 人们一

---

[1] 韩水法:《民主的概念》,《天津社会科学》2007 年第 5 期。

[2] 【古希腊】亚里士多德:《政治学》，吴寿彭译，商务印书馆 1965 年版，第 195 页。

[3] 【美】斯科特·戈登:《控制国家——西方宪政的历史》，应奇等译，江苏人民出版社 2005 年版，第 96 页。

[4] 【美】汉娜·阿伦特:《人的条件》，竺乾威等译，上海人民出版社 1999 年版，第 31 页。

[5] 【美】乔·萨托利:《民主新论》，冯克利等译，上海人民出版社 2009 年版，第 151 页。

[6] 万斌、倪东:《马克思主义民主的科学形态》,《浙江学刊》1999 年第 6 期。

般认为，在民主主体的对象化规定中，民主意识是社会成员对自己如何参与社会管理活动以及民主方式选择的主观认识。具体而言，我们依据社会成员对民主政治的认识程度不同，可以将民主意识区分为民主心理、民主思想、民主理论，以及民主精神等不同的类型。从经验的层面上看，民主心理通常表现为与民主相关的一系列的感性元素，它往往具有强烈的主观色彩；民主思想则是人们对民主的理性认识，具体表现为个体对民主所产生的各种具体理解，也许这种理解并不具有普适性和广泛的社会认同度；民主理论则是人们在社会政治实践中认知的一种对于民主政治的理性经验的总结，它一般具有体系化的概念模式和逻辑范式，也具有较强的普适性和社会认同度。民主精神则是人们在民主的政治实践中形成的一种自觉意识，是人们民主理性实践的产物。正如学者看到的："民主精神作为人的自主意识，它是主体对自我的肯定性评价，从而构成民主意识的真正的内容和精髓。"[1]笔者认为，民主的"观念说"充分体现了人的主体意识，反映着人们对于民主理想的价值追求，无疑是对传统学说的超越。但是，观念的民主唯有转化为实践的民主，民主的价值才能最终得以彰显。然而，观念民主并不代表对民主价值的客观的认知，甚至还可能存在背离民主价值的盲目认知。因而，只有从价值上解析民主，才能获得对于民主政治最有效的"合法性"证明。

（二）民主的"亚类型"

千百年来，由于人们对民主概念认知的分歧，同时也由于人们对民主概念分歧的认知，由此而制造了大量的属于"亚形态"的民主概念和制度类型，比如"代议制民主"、"选举民主"、"自由民主"、"协商民主"等等。一如学者所看到的："那些'带形容词'的民主，其数量是所分析国家数量的几倍之多。"[2]

西方民主的"亚类型"，最早可以溯及古希腊"温和的民主"。这是亚里士多德极力倡导的一种民主制度，也是一种古典意义上的民主政治的"亚类型"。针对古希腊的民主政治状况，亚里士多德很早就以他独特的慧眼看

[1] 万斌、倪东：《马克思主义民主的科学形态》，《浙江学刊》1999 年第 6 期。

[2] 【美】斯蒂芬 · 列维托斯基、大卫 · 科利尔：《"带形容词"的民主：比较研究中的概念创新》，欧阳亮、辛伟刚译，《经济社会体制比较》2006 年第 4 期。

清了“多数人暴政”和“少数人暴政”所导致的种种弊症。作为一个西方中庸主义的坚持者，亚里士多德认为，“过度”与“不及”都是人“恶性”发挥的结果，而人类“所有的善德完全应当以中间境界为最佳……而人类的最好的生活方式莫过于践行中庸”。[1] 唯有中庸之道，人方能顺从理性发展，不会走极端。反之，“趋于这一端或那一端——过美、过强、过贵、过富或太丑、太弱、太贱、太穷的人们都是不愿顺从理性的引导的”。[2] 按此逻辑，亚里士多德将古希腊城邦公民按其拥有财富的多寡区分为极贫、极富和处于两者之间的中产阶层三种。在他看来，“极贫者下贱而狡诈，极富者狂野而暴戾，中产阶层则是中庸规则的化身，他们顺从、理性而且极少有野心。”[3] 因此，在他眼里，城邦的无上幸福必然建立在“公民都有充分的资产，能够过小康生活”[4] 的基础之上。反之，有些人家财万贯，另一些人则贫困潦倒，结果就会各趋极端，从而导致社会失稳。该立场反映在城邦的社会治理方面，亚氏既不赞成富人的统治，也坚决反对穷人的统治，而主张实行由中产阶级来执政的统治模式。在亚里士多德眼里，中产阶级“占有着一份适当而充足的财产”，因为其财产比较适当，所以不至于为富不仁；因为其财产较为充足，所以不会算计他人而谋私利。而且，更重要的是，他们人数众多，所以这个阶层在社会中具有很强的平衡能力，他们能够有效地遏制富有阶层和贫穷阶层的极端化倾向的抬头，从而可以使得城邦“少受党争之祸”。他认为：“惟有以中产阶级为基础才能组成最好的政体，中产阶级（小康之家）比任何其他阶级都较为稳定。”[5] 反映在政体的选择方面，亚氏将当时的城邦政体归结为“王制政体”、“贵族政体”、“共和政体”等三类。在他看来，内圣外王的君主几乎是不存在的，而德智兼具的贤能之士也为数不多，所以君主政体和贵族政体的理想设计固然很美好，但却不太现实。唯有由中产阶级执政的共和政体，才是最现实和最管用的政体，因为它更稳定，更具理性，是较为理想和现实的城邦民主政治选择，此即古希腊“温和的民主制”。

---

[1] 【古希腊】亚里士多德:《伦理学》，吴寿彭译，商务印书馆 2003 年版，第 53 页。
[2] 【古希腊】亚里士多德:《伦理学》，吴寿彭译，商务印书馆 2003 年版，第 205 页。
[3] 【古希腊】亚里士多德:《伦理学》，吴寿彭译，商务印书馆 2003 年版，第 206 页。
[4] 【古希腊】亚里士多德:《伦理学》，吴寿彭译，商务印书馆 2003 年版，第 207 页。
[5] 【古希腊】亚里士多德:《伦理学》，吴寿彭译，商务印书馆 2003 年版，第 207 页。

撇开此民主政治所彰显的古典意义上的浪漫主义色彩，它的确为我们提供了一种如何比较多数（利益）与少数（利益）的民主价值理念和具体的政治模式，这对于现阶段各国的民主化发展进程同样具有重要的现实指导意义。

近代以来，随着代表资产阶级利益的西方代议制的建立和民主理论的发展，民主的“亚类型”空前地生长。代议制民主无疑就是近代以来资产阶级革命时代的民主理论的核心。从形式上看，早期的代议制民主理论无非就是试图建立一种不仅是代表多数，而且代表全体公民的“全民民主”。可见，早期代议制民主的基本政治旨趣就在于服从多数和尊重少数。这无疑具有重要的理论和现实价值。然而，面对西方近代以来不断发生变化的社会实践，这一民主理念如何得以实现呢？其后，随着西方代议制民主自身的发展，该理论也不断得以拓展，给人们提供了进一步从不同角度透视民主的视角和思维。我们可以看到，从“代议制民主”到“选举民主”，再发展到“自由民主”和“协商民主”以及“可控性民主”，民主的亚类型也发生着嬗变。二战以后，约瑟夫·熊彼特的民主理论就是这方面开拓性的代表。他第一次以“选举”来界定民主，认为民主是“一种形成政治决定的制度安排，在这种安排之下，个人通过竞争性的方式争取人民的选票来获得决策的权力。[1]可见，熊彼特的“选举民主”给人们提供了一个从选举的角度理解和认识民主的思维，把选举界定为民主的本质。这一界定的理论贡献在于将公平、自由、竞争的选举作为判断一个国家民主制的根本标志，从而使得人们能从选举程序的角度衡量一个国家是否实现了民主制度，该理论无疑使得传统的“代议制民主”理论获得了程序意义上新的解释，有助于推动代议制民主本身的发展。但是，他认为代议制民主公民只有在选举的那一刻才能行使权利，才是统治者，其他时间都是被统治者。这无疑反映了当时的人们在二战背景下一种非常悲观的民主观念。

20世纪下半叶以来，西方“自由民主”理论应运而生，其代表人物就是乔·萨托利。萨托利在其《民主新论》一书中从分析古典民主理论出发，认为要解决好传统民主制长期以来没有很好解决的如何防止多数人的暴政和

---

[1]　参见【美】约瑟夫·熊彼特:《资本主义、社会主义与民主》，吴良健译，商务印书馆1999年版，第395—396页。

保护少数人权利的问题。就此而言，他对代议制民主是缺乏信心的。他认为实现民主的目标，最基本的前提是确保公民的个人自由，首先是政治自由，以此来防止多数专制。在他看来，没有政治自由的民主，根本就不是民主。此外，他还根据民主只能是“被统治的民主”这一既定的事实，认为民主的关键并不在于被统治的多数亲自掌握和行使政治权力，而在于有效制约统治的少数，这样才能防止个人独裁。所以，萨托利的“自由民主”理论是以个人自由和平等为基础的民主理论，从而解决了过去民主制长期以来没有很好解决的如何保护少数人的问题。但是，如何协调自由和平等的关系？自由民主何以实现？该理论并没有提出一个可行的方案来，其局限性也是显而易见的。

20世纪70年代，美国著名政治学家罗伯特·达尔提出了“多元民主”的理论主张。他指出：“民主是一种政治体系，其中所有成年公民可以广泛分享参与决策的机会。”[1]它不仅体现在国家层面，而且也体现在地方和基层各个层面，彰显民主多元化观察的视角。值得关注的是，多元民主理论并没有沿袭人们多年来关于民主就是“多数统治”的传统解释来论证民主。一如达尔所言：“选举和政治竞争并不以任何颇具重要意义的方式造成多数人的统治，但是却极大地增加了少数人的规模、数量和多样性”。[2]可见，达尔更倾向于从文化意义及社会结构的真实状况出发探讨现代西方民主的实现形式，无疑是对西方民主形式的一种现代性的“破解”。其文化意义在于：它真实地揭示了现代西方社会集团利益竞争的政治格局，以及作为个人的政治利益实际上已经被其所裹胁和湮没的事实，进而通过“多元化”的利益实现机制来诠释西方社会实行民主政治的现实必要性。可见，达尔的“多元民主”理论实际上已经暗含着与西方政治运作相契合的民主文化意蕴。实际上，它也深刻地揭示了西方民主制中“政党”并不代表大多数人而代表利益集团利益这一实质问题。这无疑给了我们提供了关于如何解读西方民主本质的理性启示。

---

[1] 【美】罗伯特·A. 达尔：《现代政治分析》，王沪宁等译，上海译文出版社1987年版，第21页。

[2] 【美】罗伯特·A. 达尔：《民主理论的前言》，顾昕等译，生活·读书·新知三联书店1999年版，第180、181页。

20世纪90年代以来，西方民主话语又发生了明显的转向，其标志的成果就是“协商民主”[1]理论的提出。作为这一理论的奠基者，哈贝马斯认为：“人们借助于对话取得的共识，最终将推动社会进步。”[2]因而，哈贝马斯极力主张通过“对话”、“充分论辩”和“商谈”等形式来构建“协商民主”的制度平台，以“公认的承认”来解析民主的合法性。[3]该理论无疑是对西方代议制民主、选举民主和自由民主理论的深刻反思和修正。正如学者所评价的：“公共事务的决策应通过协商而不是通过金钱和权力的途径进行，而且协商决策的参与度应该尽可能平等和广泛。协商是通过社会价值规范、传统和语言实现社会协调的媒介，以市民社会为制度核心。”[4]协商民主问题也引起了近年来我国不少学者的关注。然而，由于单纯的程序所存在的局限性，协商民主无疑具有明显的工具性特征。正如阿图尔·考夫曼指出的：“至于何谓‘正当’，则取决于在‘一种理想的沟通群体’中、在‘理想的对话情景’中或在一个‘包罗众生的讲堂’中所产生的合意，而不论这合意的内容如何，即使它是就一种彻头彻尾的邪恶达成了一致”。[5]因此，协商民主也存在着一些亟待解决的问题。比如，什么是协商的适当场合？协商民主的对象范围是否具有确定性？如何保证所有的群体和观点都得以充分地表达或受到充分的考虑？总之，对协商民主本身的合法性问题及其实施过程还值得进一步地探寻。

现阶段，“可控性民主”[6]开始成为人们热议的话题。民主需要“控制”，这显然是人们对于民主弊端深刻认识的结果。人们在长期的政治实践中发现，无论西方近代以来的“代议制民主”、“选举民主”也好，还是“自由民主”、“协商民主”也罢，都不能有效地解决好民主的正当性、合理性、

---

[1]　该概念的英文原文为 deliberative democracy。其译文还包括“审议民主”、“审议性协商民主”、“慎议民主”，等等。

[2]　【德】哈贝马斯：《重建历史唯物主义》，郭官义译，社会科学文献出版社2000年版，第14页。

[3]　参见【德】哈贝马斯：《重建历史唯物主义》，郭官义译，社会科学文献出版社2000年版，第14页。

[4]　【加】马克·华伦：《协商性民主》，孙亮译，《浙江社会科学》2005年第1期。

[5]　参见【德】阿图尔·考夫曼：《后现代法哲学——告别演讲》，米健译，法律出版社2000年版，第60页。

[6]　“可控性民主”亦可称为“被管理的民主”，这是学者对于俄罗斯当前的强权总统制民主形态的一种描述。

可行性和有效性问题。而“可控性民主”则包含着一种“法治民主”的理论意涵。强调民主的“可控性”，一度为俄罗斯等部分国家的经济发展提供了较为稳定的政治环境，而政治稳定又为俄罗斯等国的后工业化追赶和政治秩序的维系提供了强有力的政治保障。比如，普京交替担任俄罗斯的总统和总理职务这一现象在该国杜马选举的整个过程中都带有明朗化的色彩，就是俄罗斯“可控民主”的真实写照。然而，更多的人对于俄罗斯当前民主体制本身的“合法性”持怀疑的态度。[1] 正因为如此，该理论亦广为西方的自由主义学者所诟病。

（三）民主的政治内涵

民主是价值形态和事实状态的有机统一。作为一种价值形态，民主政治是人类不懈追求的一种价值目标，是人类实现自我解放从而向人类整体的全面发展目标不断迈进的一种理性的价值形态。民主政治既包含着目的性价值意义上的民主政治，也包含着工具性价值意义上的民主政治。它既表达了人们对特定的政治模式的一种“应然性”的社会期待和思维话语，也表达了人们为实现一定的社会目标而采取的特定政治手段、政治方法和政治形式。与此同时，民主也常常以各种不同的事实状态而存在，主要表现为它能够不断地改变自身的样式，成为一种适应社会发展和人类发展相统一的经验模式。

民主是一个对应于“君主”、“专制”、“科学”、“专政”等范畴的概念。首先，从字面上看，“民主”二字对应的是“君主”。“民主政治”与“君主政治”相应地可以理解为是由“人民”还是由“某些特权人物”执掌国家的统治权。在“君主政治”下，有“特权”而无“政府”，有“臣民”而无“公民”；而在“民主政治”中，国家统治权属于国民，国家的一切根本性和终极性的权能都操之于国民。[2] 所谓专制，就是独裁，一般就是指个人的任意专断和裁决。在政治国家领域，个人专制通常表现为各种集权的、终身制的和世袭制的个人主义或家族主义的政治模式，它主要表现为政治暴力的普遍采取和适用。在现代社会，各种迥异的极权主义和威权主义政治模式无疑

[1] 参见杨昌宇:《当代俄罗斯强权总统制的合法性及其危机》,《求是学刊》2007 年第 6 期；许志新:《“可控的民主”及其风险》,《俄罗斯中亚东欧研究》2005 年第 5 期。

[2] 参见张义清:《宪政价值新考》,《法制与社会发展》2006 年第 3 期。

具有集权政治模式的特征，它们显然与现代民主政治的本质是不相容的。其次，民主与科学也是并列的不同序列的两个概念。正如学者所言："'民主'与'科学'存在着巨大的张力，真理具有非多数决定品格，而民主则意味着真理的不在场。"[1]比如，在现实的社会生活领域，自然规律以及与自然关涉的各种问题就不能简单化地通过民主的价值来证实或证伪。"由此出发可以对民主的内涵及局限得出合乎逻辑的解释"。[2]再次，按照马克思主义的观点，民主在实现过程中离不开专政，与专政互为目的和手段；此外，民主与马克思、恩格斯描绘的未来社会图景中的"自由人联合体"也是不同的。在政治语境中，民主的前提是承认国家，承认主权，承认政府，承认公民有资格进行广泛的、实质性的政治参与。被称为民主政治的这种东西，就是指人们用公开、和平、有序的方式达成政治共识的过程和手段。可见，民主并不是社会发展的终极价值形态。

二、民主内在的价值冲突及现实表现

作为一个价值范畴，民主这一政治元素本身还内涵着多种具体的价值元素，如自由、平等、繁荣、幸福、博爱，等等。那么，这些价值元素之间到底是怎样的关系？民主内部此消彼长的价值元素又是如何支配社会的民主进程的？笔者拟就此作一探讨。

（一）民主内在的价值冲突

肇始于西方民主理论的演变过程本身就是一个否定之否定的实践发展过程，其症结就在于各种民主理论内部所存在的各种价值元素之间的冲突。比如，民主内部自由与平等的冲突。民主价值体系中的平等精神，就是指社会成员"一体化地"以"人人无差别"原则来决策社会事务，讨论和解决各种问题的一种政治思维。亚里士多德坚持的"轮流地统治和被统治"、"数量上的均衡"等原则，无疑都具有古典意义上的平等精神。同时，民主还蕴涵

[1] 周建漳：《民主的意思——从社会认知的角度看》，《山东大学学报》2006年第3期。

[2] 周建漳：《民主的意思——从社会认知的角度看》，《山东大学学报》2006年第3期。

着一种自主的精神，而“自由”就是“自主”的前提。正如萨托利断言的：“只要自由主义的民主死了，民主也就死了。”[1]可见，人的自由无疑是民主的深层基础和内在品质。

在人类民主政治的演进历程中，其内部平等与自由之间的价值矛盾和冲突时时凸显，甚至常常左右着人们对民主政治的看法。托克维尔早就深重地忧思，在人类不断追求“平等化”的时代，普遍意义上的身份平等并非一种没有缺陷的民主价值理念。实际上，割裂平等与自由的价值链条，极易引发两种不良的社会倾向：“一种倾向是使人们径自独立，并且可能使人们立即陷入无政府状态；另一种倾向是使人们沿着一条漫长的、隐而不现的、但确实存在的道路走上被奴役的状态。”[2]相比较而言，托克维尔更加主张实行“自由的”民主模式。他告诫世人：“我相信在身份平等的国家比在其他国家更容易建立绝对专制的政府；而且认为正是在这样的国家建立起这样的政府，那它不但要压迫人民，而且要使人类的一些主要属性从人身上消失。”[3]那么，究竟应当如何保障自由优位的民主价值得以实现呢？依圭多·德·拉吉罗之见，“因为民主的专制在逐个攻击个人与社会活动的形式，自由也必得逐点反对之：政治保证，教育自由，宗教自由，观点自由，结社自由，都是斗争中之组成部分”。[4]可见，人们在分析民主的价值元素时，始终离不开把“自由”作为遏制“平等化”的有力武器之一。

现阶段，如何协调好自由和平等的价值冲突成为各国尤其是那些发达资本主义国家经济发展面临的现实课题。随着市场经济的发展，经济民主这一概念逐渐被楔入到现阶段各国的经济领域和经济生活之中，经济自由、经济平等概念也开始成为现代各国经济民主实践中的显概念。比如，当下很多国家在宪法和法律文本中就对政治平等权和经济自由权做了明确的规定。一方面，自由市场的发育依赖于经济主体自由权的确认和切实保障。唯有确认经济主体的自由权并切实地保障其自由竞争的资格，一个充满自由竞争的市场

---

[1] 【美】乔·萨托利：《民主新论》，冯克利等译，东方出版社 1993 年版，第 402 页。

[2] 【法】托克维尔：《论美国的民主》（下卷），董果良译，商务印书馆 1988 年版，第 838 页。

[3] 【法】托克维尔：《论美国的民主》（下卷），董果良译，商务印书馆 1988 年版，第 873 页。

[4] 【意】圭多·德·拉吉罗：《欧洲自由主义史》，R. G. 科林伍德英译，杨军译，吉林人民出版社 2001 年版，第 179 页。

经济内在秩序方能得以形成；另一方面，在当下经济利益主体多元化的市场背景下，仅仅依赖自由市场的竞争并不能解决好市场经济领域中诸如财富和利益如何平等分配的问题，也不能自发地将社会成员收入差距控制在合理的范围内。这一切昭示，自由与平等的矛盾日渐在经济民主领域暴露。正如学者看到的："可以说，构成近一百多年来西方社会正义论主题的，正是这一对矛盾——自由与平等的矛盾，即：是不惜牺牲某些人的个人自由权利以达到较大的社会经济平等，还是宁可让某种不平等现象存在也要全面捍卫每个人的自由权利。"[1]自由和平等之间在经济领域所存在的这种张力，"注定了政府权力在收缩与扩张之间的摇摆，而有限与有为的张力则加剧了自由和平等的冲突……因为政府的'有为'触动了利益分配这根敏感神经。"[2]可见，"有为"与"有限"的天然张力构成了基于经济民主这一主题内在演绎而出的价值冲突。事实上，现代政府既要"有为"，以防止无政府状态，又要"有限"，以避免专制暴政，这一悖论本身就决定了经济民主问题方面的秩序诉求。

（二）单一民主制之弊症

笔者始终认为，民主价值目标的实现必须依赖与之相关的一系列政治生态、法律机制和社会条件。单一的民主制并不能有效地防止专制，也不能当然地防止社会分裂。撇开古希腊处死苏格拉底之"暴政民主"的先例，也不论及亚里士多德关于"民主导致多数人暴政"的观点。近代以来，民主的暴政曾无数次使得人类陷入灾难。美国独立革命时期的思想家杰弗逊就看到了："一百七十三个暴君必然与一个暴君一样具有压迫性。"[3]今天，甚至也有人认为："民主制虽号称'民治'，却也是少数领袖在统治，是人治的一种。正因为'人民'无法行使治权才需要政府，需要领袖。"[4]上述认识表明，民主无论是作为一种国家制度形态的统治决策方式也好，还是作为社会公共事务治理的手段也罢，它涉及公众事务的处理，都离不开对多数与少数人的意志

---

[1] 【美】罗伯特 · 诺锡克：《无政府、国家与乌托邦》，何怀宏等译，中国社会科学出版社 1991 年版，代译序第 1 页。

[2] 陈德顺：《西方宪政民主的内在价值冲突》，《政治学研究》2008 年第 3 期。

[3] 【美】杰弗逊：《杰弗逊文集》（上），刘祚昌等译，生活 · 读书 · 新知三联书店 1998 年版，第 111 页。

[4] 潘维：《法治与未来中国政体》，《战略与管理》1999 年第 5 期。

和利益的协调，构成其自身所固有的、基本的、永恒的矛盾。在理论上，民主存在多数人暴政的危险，而在实践中，民主的多数决定在很多情况下却并没有得到真正地实现，实际上都是少数人在作决定，这无疑又造成了事实上的“少数人的暴政”。甚至还可以说，在民主招牌下的“反民主”的事实比专制制度下的民主缺位更加有害。正因为如此，人们也可以列举出大量的例证成为“去民主化”或“反民主化”的理据。比如，“希特勒上台和‘文化大革命’都是民主‘多数决’的结果……在多数‘新兴民主国家’里，经济日见凋敝，腐败大幅增加，政府在衰弱，黑社会在兴起，空气里还飘散着血腥味儿”。[1]撇开该言说的极端化倾向，它至少揭示了单一的民主制之弊端——不能有效地防止专制。

那么，单一的民主制能否将一个社会导入有序发展的经济轨道？它能否有效地防止社会分裂而维系和谐和稳定的社会秩序？如前所说，基于经济自由与经济平等的二元悖论，在现代国家的经济生活中，为了维系市场发展赖以建立的经济秩序，政府是不能随意地退出经济领域的。因此，政府为了培育一个自由的经济市场，就不得不将注意力放在对于社会经济主体的自由权的保护上，以此建构一个彰显自由精神的“有限”政府。但是，由于市场本身存在着诸多其自身所不能克服的弊端，政府这只“看不见的手”必须时时起作用。在很多情况下，一个“有为”的政府更加有利于保障公民的经济平等权，以此维系社会的经济秩序。因此，就政府经济职能而言，其“有限”也好，其“有为”也罢，都突显出民主制的“无奈”，这无疑给现代社会经济发展构成严重的挑战。在这种情势之下，一旦政府的调控手段失当或失度，社会经济生活的“关键元素”就可能陷入险境。因此，单一的民主化措施并不能有效地防止社会分裂。

（三）民粹主义与精英主义

从现实层面上看，民主观念在现代社会常常受到民粹主义与精英主义这两种思潮的左右而呈现出极端化的趋向。

作为当下一种极具煽动性的社会政治思潮，民粹主义始终把民众的主张

---

[1] 潘维：《法治与“民主迷信”》，香港社会科学出版有限公司2003年版，第40页。

视为社会政治改革的唯一决定性力量。现阶段，民粹主义者们常常推崇全民公决、人民的创制权等极端化民主形式的运用，主张激进的社会改革，尤其是特别强调从整体上对社会民众实施有效的控制和操纵，常常以人民、社会、民族等整体性的大概念压抑个体的权利与自由。尤其是近 20 年来，伴随着苏联解体和东欧剧变，民粹主义运动已从欧洲和拉美波及全世界，成为当下十分受人追捧的社会政治思潮，很多国家和地区都受到它的冲击。其鲜明的特征在于它将普通民众的民主诉愿视为社会政治的基本目标，彰显人们对民主价值的种种过“左”的反应和非理性化的期待。正因为其极端化的政治倾向性，民粹主义对社会发展的负面作用表现得十分明显。因为，在任何一种社会状态下，社会资源总是有限的，这决定了由其所支撑的“泛化”社会大众的民主政治热情显然不具有可控性和可持续性。从现代民主运动发展的一般规律来看，由于民粹主义常常对社会大众进行“泛化的”政治动员，其边际效应总是呈不断递减的趋势。因此，民粹主义的政治运作模式常常会造成社会资源与价值观效用的双重递减。这对社会发展无疑会产生显性或潜在的巨大危害。因此，在当下这样的一个变革社会，如何防止民粹主义，使之不至于吞没了民主政治的稳健发展，是我们当下面临的一个棘手问题。

与民粹主义截然不同的另一种极端化的政治倾向就是精英主义。与民粹主义不同的是，精英主义则是抛弃对民主本身进行价值判断或作意识形态分析的一条政治路线，它更注重对现实的异质社会进行实证考察。正是建立在对民主进行各种事实层面的具体分析的基础上，精英主义者们极易得出结论：无论是哪一种社会形态下的民主化运动，人们都要无一例外地借助于精英所安排的权力秩序剔除掉那些“泛化”的大众意识。溯其根源，该政治思潮肇始于 19 世纪末 20 世纪初的欧洲。早期的精英主义者们最初主要是基于对他们所处的社会现实状况进行观察后反思：人们缘何需要民主？单一的民主制何以防止专制与社会分裂？缘何每一次民主化浪潮过后为何都会出现一定程度上的回潮？变革社会的现实也使得精英主义者们坚信，一个社会的统治者必然是少数人，且“他们在智力、性格、能力、财产等方面超过大多数被统治者，对社会的发展有重要影响和作用，是社会的精英”[1]。以此推

[1] 王焱：《精英选拔机制与早期精英主义》，《天津社会科学》2007 年第 5 期。

论，民主化必然会导入精英统治。其后，正是在一个与价值无涉的方法论立场上，"说服"开始成为现代精英主义者们的实践手段。从本质上看，这一政治取向看似比较符合成本效益的原则，也看似与现代社会的正义价值很吻合。但是，在一个民主意识高度发达的现代社会，公民的权利与自由构成现代民主价值的正当性基础，而这一切无疑必须经由被统治者的一致合意方能达成。显然，这在"说服"方式掩盖之下的组织化的精英权力逻辑具有"虚拟"的色彩，从而彻底背离民主政治的价值目标。

从理论立场上看，民粹主义与精英主义是不兼容的。但是，在现代政治实践和社会生活中我们却不难发现，民粹主义的存在和演变一刻也没有抛弃精英力量在其中实质性主导的现实状况。质言之，民粹主义勃兴的背后常常伴随着精英主义的抬头，民粹主义与精英主义的政治运作方式常常是相伴并随而发生的，有时候还表现为二者相互转化的态势。因而，精英主义也好，民粹主义也罢，其放纵的结果事实上都会形成一股强势的反社会力量。在现代社会，也正因为他们作为现代民主政治极端化演变的两种样态，对现代民主的正义价值构成了严重的挑战。而且，在变革社会，这种挑战往往是相当致命的。因此，正如托克维尔所预见到的："我们虽然有了民主，但是缺乏可以减轻它的弊端和发扬它的固有长处的东西；我们只看到它带来的害处，而未得到它可能提供的好处。"[1]

三、宪政秩序：民主善意功能的正常表现

近代宪法的产生以及由此导入的宪政理念无疑极大地丰富了现代民主的政治内涵，宪政实践中的民主政治模式无疑彰显了现代民主价值的善意功能。质言之，宪政以民主为基础，宪政制度是民主制度法制化的一种表现形式，宪政秩序是民主权利趋于实质平等的一种理想状态。

（一）宪政以民主政治为基础

宪政是近代以来民主理念和政治实践发展的结果。在君权至上的专制传

[1] 【法】托克维尔:《论美国的民主》（上卷），董果良译，商务印书馆 1988 年版，第 9 页。

统国家，既没有民主的土壤，也没有民主的实践，也就没有以民主为基础的宪政的产生。随着近代以来资产阶级革命的胜利，资产阶级要把革命斗争中取得的民主成果进一步确认和巩固，以彻底地反对专制传统和等级特权的继续存在，于是才开始颁布宪法和推行宪政。在现代国家，宪政意味着其赖以建立的一切政治模式都必须依照人民的意志来确定。现代国家的立宪程序和内容必须以民主为导向，即坚持人民主权原则。宪政的旨趣在于，集体智慧优于个人智慧、集体的道德水准必然高过任何个人的道德水准。因此，在一个政治成熟的现代国家，唯有在民主的政治环境之中，唯有充分地调动公民积极的政治参与，才能制定出反映人民意志和利益的宪政制度来。而只有在完善的宪政制度之下，人们才能形成宪政共识并一体地贯彻实践宪政，公民的民主权利和自由才能获得切实地保障，宪政制度才能发挥其积极的政治功能。经验表明，公民广泛的政治参与权无疑是现代民主制度的基石，而公民广泛的政治参与使得每个公民都成为统治者。在一个充满民主氛围的政治环境中，社会成员有很多机会表达自己的政治意愿，人们总是乐意于积极而负责任地确定自己的思维方式和具体行动方式。正因为如此，民主能够有效地释缓社会矛盾，从而构筑起既定社会中个体或群体有序参与的宪政格局。宪政正是依靠民主途径来实现的，现代民主政治无疑是宪政的合法性基础。

（二）宪政制度是民主制度法治化的表现形式

现代宪法是现代民主制度化和法律化的基本表达形式。在一个实行宪政的国家，立法机关首先应当是民意机关，立法过程首先应当是民主过程，立法的目的首先应当以促进和保护民主为内容。尽管民主的立法或立法的民主未必能够当然地将一个国家导入宪政秩序轨道，但一个国家宪政秩序的构建必然要求立法的民主和民主的立法；同时，宪政制度的司法民主还意味着，现代国家司法机关的设立、司法程序的设置以及司法活动的开展都必须符合民主的原则彰显民主的精神；此外，宪政制度还是国家的行政活动及其过程民主性的表现形式。也就是说，现代民主国家的一切政治活动都必须在宪政体制、宪法程序和宪政原则框架内展开和运作。[1] 因此，健全的宪政制度是

[1]　参见张义清:《宪政价值新考》,《法制与社会发展》2006年第3期。

防止民主演化为专制的重要保障。当然，宪政制度是疏通和规范公民政治参与的重要手段。如果说，保障社会公众的积极参与是宪政制度对民主政治发挥的主动引导作用的话，那么，防止权力对权利的侵犯就是宪政制度对民主政治发挥的被动防御作用。实践证明，民主政治的善意功能只有依赖完善的宪政制度才能得以正常发挥。只有重视宪政制度建设，才能有效地规范和调整公民的政治参与行为。宪政制度对于民主政治的规制功能主要就是通过合理地规范参与行为的宪政民主参政程序和运作机制，积极引导合法的、富有建设性的制度性参与，有效地控制和疏导抗议性参与，防止和消解非理性的和非制度性的暴力参与，从而维系政治参与和民主发展的秩序，建设既有生机活力，又有节制的宪政民主参政格局，以此达致宪政秩序目标。

（三）宪政秩序是民主权利趋于实质平等的理想状态

宪政秩序既确认了平等，同样也彰显着“自由”，而“自由”则是“权利”的定在。民主政治就其形式和性质而言，是以社会主体平等为前提的，同时又在运作过程中实现和促进着这种平等。资产阶级在进行资本主义革命时，就是以民主的口号推翻了封建社会的人身依附和等级制度，并确认了公民的身份、法律地位平等。发展中国家在推进现代化过程中，在政治上也必须建立起符合国情的民主制度和各项机制，解决伴随现代化所出现的社会不平等问题。现代民主政治是各个利益主体以平等的身份参与国家、社会事务管理的过程。在进行现代化的同时推进民主进程，不仅不利于实现公民、法人等主体在法律上的平等，更为重要的是，公民通过逐步完善起来的民主制度直接或间接地参加政治活动，提出自己的利益要求，尤其是影响和参与社会利益分配体制的决策过程，并使自己的利益要求在新的分配体制中最大限度地得以实现，这就可以使社会资源的分配最大可能地趋于公平。当然，“宪政理想中始终蕴涵着现实主义的美好的社会蓝图，一个有序自由的社会制度均在宪政中得以展现”。[1]“自由”意味着在权利本位的国家，公共权力受到根本大法——宪法的约束，将一切政治行为限定在宪法和法律规定的范围内，尤其要防止过剩的政治权力。政治必须依宪且合宪，背离宪法，断

---

[1] 刘军宁:《共和、民主、宪政》，生活 · 读书 · 新知三联书店 1998 年版，第 121、134 页。

无“自由”可言。故一个国家公民的民主权利的普遍化和制度化只有在宪政秩序中才能得以实现。总之，宪政秩序状态中的自由与平等获得了有机的统一，这无疑是民主权利趋于实质平等的一种理想状态。

四、“善待”与“驯化”：民主化的宪政理路

20世纪70年代，伴随世界第三次民主化浪潮的兴起，“民主已成为整个世界上头等重要的政治目标。”[1]现阶段，究竟应当如何从宪政的视角来认识、善待民主以及通过合理和有效的宪政手段对于民主化的实践存利去弊，亟待研究解决。

（一）民主化的宪政之维

笔者承认，宪政与民主在价值上也并非是完全趋同的，它们之间不可避免地存在着一定的价值目标差。否则，就不存在宪政与民主的价值区分了。正如学者分析的：“民主与宪政区别在于彼此的最显著的原因，或许根源于立宪主义者对人类天性不可救药的悲观主义与民主政治拥护者不可救药的乐观主义所形成的鲜明对照。这种对照在过去尤其明显，至今仍然是构成民主与宪政差异的一个主要根源。”[2]可见，与倡导“有限政府”的宪政理念相对应，民主则彰显社会成员共同担当和“积极参与”的政治理念。正是在这个意义上，宪政与民主在其内涵和实现途径方面存在着一定的目标差。

然而，在现代国家，社会公众“积极参与”的民主政治格局何以形成？尤其是民主化改革何以能够在一个理性化的制度平台上得以导入秩序轨道？正是在这个意义上，笔者认为，作为人类政治文明高度发展的成果——宪政制度及其实践无疑就是各国在推进民主化改革过程中有效地救治基于民主政治所导入的种种弊症之良药。能够称之为“宪政民主”的这种东西，无疑既是一种价值目标，也是一项程序化的制度设计，还表现为宪政主体的一系列的行为特征，即统治者在公共领域中的行为要对公众负责，这种负责是建

[1]【美】卡尔·科恩：《论民主》，聂崇信等译，商务印书馆1988年版，第1页。

[2] 蔡定剑：《重论民主或为民主辩护——对当前反民主理论的回答》，《中外法学》2007年第3期。

立在定期举行的、全体公民自由参与的、公开和公正的选举基础上的。其中，完善的宪法制度及其内容的切实实施，无疑是宪政民主得以实现的重要保障。此外，也只有在特定的社会条件下，宪政民主的政治模式才能得以生根。因此，笔者始终赞同“民主化的进程不能超越特定的社会阶段”[1]之观点，其原因在于，宪政民主本身也存在一定的局限性，它的实现必须依赖一定的条件。

（二）“善待”民主：一个永恒的宪政主题

所谓“善待”民主，就是要正视民主的善意功能并力求最大限度地发挥其积极作用，从而消除人们对民主政治的认识误解。“善待”民主无疑是现代宪政的永恒主题。因为，“纯粹的民主政治并不一定是宪政体现的民主政治，但宪政必定是反映民主政治的宪政。宪政是民主政治的一种形式、一种形态或一种过程。理想的政制必须既是民主的，又是宪政的，宪政构成了我们判定当代民主政治的基本标尺。”[2]从实质上看，缺少民主元素，宪政便缺少了其在当代社会存在的合法基础。今天，随着的社会的发展和进步，立宪主义者们已经逐渐接受了现代民主政治的许多理念和原则，人们对民主的恶意日渐消减。他们已经逐渐认识到，宪政民主绝非暴民统治。从本质上看，宪政民主是以多数决定为基础，同时也主张尊重个人和保护少数人的权利。如果说，“民主的多数统治脱离共和精神与宪政准则的节制，就会走向‘多数专制’的暴政。虽然共和与宪政要以民主为基础；但民主应当是共和的，并要受宪政的制约……总体上，宪政高于民主，共和精神则应贯穿于宪政之中。”[3]

现阶段，人们对民主政治颇有微词，尤其对那些“泛化的”民主思潮深感不安。面对现代化与政治稳定的两难命题，人们甚至认为一个社会的民主化程度越高，社会政治越不稳定。这些无疑是对民主政治的误解和误读。就宪政民主本身的功能而言，它显然是有利于维系社会稳定和政治稳定的。因

---

[1]　蔡定剑：《重论民主或为民主辩护——对当前反民主理论的回答》，《中外法学》2007年第3期。

[2]　何华辉、李龙：《市场经济与社会主义宪政建设》，武汉大学出版社1997年版，第11页。

[3]　郭道晖：《民主的限度及其与共和、宪政的矛盾统一》，《法学》2002年第2期，第3页。

为，宪政民主的实施固然意味着人民有权批评他们的政府，政府必须对民众负责任，但这并不等同于“民粹主义”或“无政府主义”。相反，宪政民主试图在通过宪政理念充分地调动民众政治参与热情的同时，也特别重视通过宪法构建一整套民众有序参与政治活动的纠错机制、权利保障机制和救济机制。因此，在宪政体制下，人们可以通过在既定的社会系统中建构一整套功能健全的民意表达和信息反馈系统来保持民主政治的合法性，政府应当为此承担保障责任。与此同时，宪政法律机制的运行以及其积极功能的发挥也能够有效地克服民主政治的种种弊症，以此修正其偏差，从而最大限度地发挥民主政治的善意功能。

尽管如此，宪政基于其自身功能的局限性，它也常常因为难以有效地防止其他某些非秩序化因素对于民主政治的侵袭，比如那些自由民主国家的霸权主义对现代民主所构成的威胁。此外，它在如何解决关涉民主政治实践中的“公意”和“众意”的协调问题上也尚有矛盾。但是，“虽然民主政府不是以和平方式解决国家间问题的捍卫者，但世界越民主，和平就越可能，这仍然是正确的”。[1] 因此，即便是那些宪政功能无力企及的民主政治领域，我们亦应客观地分析和科学地对待之。总之，借用阿冉松的说法就是：“每种利益都具有不同的原则。两种个别利益的一致是由于与第三种利益相对立而形成的。全体利益的一致是由于每个人的利益相对立而形成的。如果完全没有不同的利益，那末，那种永远都碰不到障碍的共同利益，也就很难被人感觉到；一切都将自行运转，政治也就不成为一门艺术了”。[2]

（三）宪政对民主的“驯化”

宪政对民主的“驯化”，就是通过宪政的价值调适、制度规范以及相应的技术方法和实践手段克服民主政治自身存在的种种弊端，使得民主政治的内容和形式不断地“接近”宪政秩序的正义目标。

首先，宪政民主的实现要受制于特定的政治生态、法律机制以及相应的社会条件。杜威曾说过：“每一代人必须为自己再造一遍民主，民主的本质

[1] 参见刘军宁：《民主与民主化》，商务印书馆 1999 年版，第 41—420 页。

[2] 此语出自阿冉松《法国古代与近代政府论》第 2 章的相关内容，转引自【法】卢梭：《社会契约论》，何兆武译，商务印书馆 1980 年版，第 39 页。

与精髓乃是某种不能从一个人或一代人传给另一个人或另一代人的东西，而必须根据社会生活的需要、问题与条件进行构建。”[1]可以说，杜威道出了民主建构的真谛，笔者认为，民主制度可以被移植，宪政秩序却并不可能由此自然而然地得以生成。在公众的日常政治生活中，需要通过民主手段决议的事项以及需要选择民主方式进行决策的内容必然是有范围的，民主适用的边界也是需要合理限定的，决策者不可随意地启动民主机器。在这个意义上说，宪政秩序的形成依赖宪政民主的实现，同时也依赖必要的集中决策机制作为补充，而这无疑需要区分不同的政治场景来确定。

其次，宪政民主的实现需要将民主与自由、平等、安全、效率等宪政秩序的价值要素紧密地结合起来。宪政民主的要义在于服从多数和尊重少数。宪政应当为实践“人是目的”的最根本的价值命题服务。因此，对于基本人权，民主制度要设定不予多数决定的界限，宪法和法律必须尽可能地防止多数人对少数人权利的侵害。对此，笔者认为应区分不同的民主场景，合理确定自由、平等、安全、效率等价值元素的序列关系。比如，人们在为追求社会和谐的自由而确定自由的限制条件时，首先应以安全来限制自由，其次以平等限制自由，最后以一般的正当自由限制特定的正当自由，并兼顾对后者的保护。

再次，“驯化”民主的最根本的手段就是将民主制度化和程序化。“从几百年来的宪政实践，特别是立宪活动，在不同的历史时期表现出不同的侧重点来看，立宪有着明显的规律性，即它经历了人权立宪—政治立宪—经济立宪，并正向知识立宪过渡”。[2]可见，宪法作为一种人类社会特有的法律文明现象，其最终目的，就是要通过宪法价值构建起来的宪法制度将人类带入更加文明的社会形态当中，使个体和集体都能够获得最大限度的自由。此外，必须设计若干机制以确保这些使得宪政制度得以维系的各种“关键因素”尽可能地远离破坏，并且永远受到保护。实现保护的方法就是将它们用宪法文件予以确定，从而确保它们如果不经复杂的程序，就不可能被更改。此外，宪法的运行机制、宪法的保障机制以及救济机制无疑都是宪政民主的

---

[1]【美】杜威：《新旧个人主义——杜威文集》，孙有中等译，上海人民出版社 1997 年版，第 27 页。

[2] 王映辉：《试论立宪规律》，《武汉大学学报（哲学社会科学版）》1999 年第 2 期。

保障器和调适器，以最大限度地防止多数人或少数人的暴政。

此外，在现代经济生活中，人们对民主方式的选择并不一定就能够促进市场经济的发展和繁荣。但是，经济的发展和繁荣则极有可能使人们越来越多地认同民主的方式并对其产生强烈的追求。正所谓“只要人民富足起来，民主是他们可能要求的东西之一”。[1] 为此，发展市场经济，增进社会财富既是民主化改革的基本目标，也是民主化水平得以提高的重要手段。总之，就一个稳定有序的社会发展状态而言，公平和效率都是不可或缺的，经济民主与政治民主亦然。

[1] 【美】乔·萨托利:《自由民主可以移植吗?》，刘军宁编:《民主与民主化》，商务印书馆1999年版，第151页。

第六章 宪政秩序与人权保障

长期以来，人权的理论争议和政治分歧可谓众说纷纭、莫衷一是。人们争论的焦点主要集中在人权的内涵、范围、类型、人权与主权的关系等诸方面。比如，发展中国家的学者一般认为，人权虽然是全人类共同追求的理想目标，但是，人权标准的设定不能脱离各国的历史和国情，故不能把西方某些国家的人权标准和模式强加于别国。因此，作为是一个完整的概念，人权既包括个体人权，也包括集体人权；既包括公民的经济、政治、文化权利，也包括特定民族的自决权、生存权和发展权；西方发达国家的主流学者们则强调，公民权利和政治权利是人权的基本形式，多党政治、议会制民主是人权保障得以实现“最理想的场景”。人权没有国界，各国应当致力建立一个统一的人权“国际标准”。时至今日，人权的性质在各个国家仍然没有形成统一的认识，尚亟待澄清。

一、人权的发端及其演进

所谓人权，就是指“人作为人”依其自然属性和社会本质所有、实际享有和事实上享有的各种权利和自由。首先，人权源自于人的需求，包括人的自然需求和社会需求两个方面。人的自然需求就是指人为了满足自己生存和发展所依赖的物质、精神的种种需求。这是由人的生理和心理两方面的自然属性所决定，是人天然的动物本性发展的结果。与此同时，人也是一种社会动物，人区别于动物的根本特性就在于其社会性，人有理性，有思维能力，人还可以通过自己的行为认识与改造世界。社会是由人所组成的。其中，个体的人、群体的人及其之间通过复杂的网络关系构成一个社会的整体。只要有社会的存在，人就存在共同的或不同的物质方面和精神方面的需求。正是由于人的不同需求加上自然资源和社会资源的有限性，就决定着不同的利益主体在满足各自需求的程度和可能性方面势必发生差异。这样，人就始终面临着“不自由”的困扰，由此也就产生了“人权问题”。就此而言，人权的存在无疑就是为人的自由的实现创造条件的。而且，由于人的需求是永无止境的，因而人权的存在和发展也是没有终点的。

资产阶级革命直接推动了近代人权理论和实践的发展。当英国的国会1628年通过了《权利请愿书》、1689年通过了《权利法案》、1701年通过了《王位继承法》……人权原则开始彪炳于西方的宪法性文件之中。法国早期宪法性文件中也旗帜鲜明地体现了人权保护的宗旨。[1] 人权保障由观念到制度成为近代早期资本主义国家的重要宪政目标和原则，无疑是人类的巨大进步。与此同时，西方近代以来人权观的发展轨迹也是引人注目的。17世纪荷兰杰出的思想家斯宾诺沙就从保障人天赋的思想自由和表达自由的角度出发阐述道：“在一个自由的国家，每个人因为都有不能割让的天赋之权，是他自己思想的主人。他们都可以自由思想，自由地发表意见。”[2]在洛克那里，生命权、自由权、财产权等都是人们与生俱来、不可剥夺的自然权利。[3] 其后，随着资本主义的发展，西方形成了很多的人权理论流派。比如，针对上述基于抽象理性的天赋人权说，英国的柏克就进行了质疑。他尖刻地批判道：“正是由于其‘抽象完美性’的意识形态或形而上学的‘权利理性主义’，其施行后果必然是‘人权的劫难’。”[4] 再其后，美国的约·柯亨也深刻地指出：“认为所有人是生而自由与平等的，这种意见之无稽与错误，莫此为甚。”[5]事实上，西方人权理论流派甚多，而且历经了不同的历史发展阶段，亟待甄别。

---

[1]　1789年法国的《人权和公民权利宣言》第十六条则明确规定：“凡是分权未实现和人权无保障的地方就没有宪法”，等等。

[2]【荷兰】斯宾诺沙：《神学政治论》，温锡增译，商务印书馆1963年版，第270—271页。

[3]　参见【英】洛克：《政府论》（下篇），叶启芳等译，商务印书馆1964年版，第6页。

[4]【英】埃德蒙·柏克：《自由与传统》，蒋庆等译，商务印书馆2001年版，第212页。

[5]【美】约·柯亨：《论政府》，1986年弘文馆版（转引自俞可平：《人权与马克思主义》，《马克思主义与现实》第一辑，中共中央编译局1990年版，第75页）。

从总体上看，近代理性主义的产物——天赋人权说一直是西方国家占主流的人权学说，其特征就是将人权作为自然主义的产物，强调人权的自然属性。对此，马克思主义的创始人在充分肯定其历史意义的基础上也指出了其历史局限性，由此也揭示了人权的本质，马克思主义的人权观无疑是一种最为彻底的人权观。按照马克思主义的人权观，实现人的全面解放无疑是人权保障的根本目标，而人的“任何解放都是使人的世界和人的关系回归于人自身”。[1] 因此，从人权目标发展的终极形态来看，人权发展的终极目标就是要实现建立一个“自由人的联合体”。[2] 在这一高级形态的人类社会中，人权的作用和目的不仅在于使人获得权利，而且在于使人获得自我解放，表现为人的需要的全面满足和人自身的全面而自由的发展，这无疑是人权实现的最为理想的目标形态。当然，人权的标准固然具有其确定性的内涵。但是，它的实现却必然地受制于特定的社会物质文化条件。任何滞后于社会发展的现实需要而怠于人权发展或者脱离现实社会可能的条件而提出超前的人权要求，势必都会有违人权发展的客观规律。人权保障不能脱离特定的历史阶段。正是在这个意义上说，人权“不是天赋的，而是历史地产生的”。[3] 在现代社会，人权的保障和实现，首先是各国的宪法和法律对人权的切实保障。然而，由于人们的道德观念发展水平的差异，各国宪法和法律文本对权利的保障亦存在着一定的差别。

第二次世界大战以来，继《联合国宪章》对人权的国际保护作出了明确的规定，1948 年 12 月 10 日，联合国大会又通过了一个世界性的系统阐明人权的国际文件——《世界人权宣言》。这些国际文献彰显的人权保障精神既是当代人类普遍价值观的体现，也是当今世界各国人们衡量主权国家人权状况的基本价值准则。其后，随着世界性的民族解放运动的兴起，一大批发展中国家出现在国际人权的舞台上，它们凭借自己在联合国的多数席位，提出了若干涉及人类经济、社会和文化权利的要求。1966 年，联合国大会又通过了“两个国际人权公约”——《经济、社会和文化权利国际公约》和《公民权利与政治权利国际公约》及其《任择议定书》。“两个国际人权公约”

[1] 《马克思恩格斯全集》第 3 卷，人民出版社 2002 年版，第 189 页。
[2] 《马克思恩格斯选集》第 2 卷，人民出版社 1995 年版，第 141 页。
[3] 《列宁全集》第 55 卷，人民出版社 1990 年版，第 22 页。

还规定了缔约国报告制度、国家间指控制度以及个人申诉制度等国际人权保护的一整套的法律实现机制，并设立了专门的监督缔约国履行公约义务情况的专门机构——人权事务委员会。因此，“两个国际人权公约”使得人权的国际保护具有法律上的普遍适用性和明确的管辖权依据，标志着国际人权法律体系的基本框架初步形成。此外，联合国大会还通过了进一步强调人权具有普遍性的《维也纳宣言和行动纲领》，使得国际人权保护的规范依据进一步完善，标准也变得更加明确和具体化。顺应这一趋势，很多国家都将人权保障明确地载入其本国的宪法文本之中。[1]

二、人权价值与宪政目标

没有人权就没有宪法，也就没有宪政。人权是宪政的目标所在。人权价值具有先在于宪法的特性。人权价值在一个国家的宪政价值体系中居于核心地位。它对宪政的其他价值元素具有明显的导向作用。

（一）人权价值的先在性

从发生学的规律来看，人权具有先宪法性。在英美宪法传统中，人权甚至被视为先于国家而存在的一种价值目标。如英国戴雪指出的：“宪章在英格兰，不但不是个人权利的渊源，而且只是由法院规定与执行个人权利后所产生之效果。”[2]可见，人权就是一种“前宪法现象”。对此，也有学者进一步阐明，不是宪法规定了它们才使其成为人权，而是因为它们是人权，宪法才规定了它们。[3]质言之，人权是人作为人所应该享有的权利，而宪法却并不是从来就有的，而是人权演进到一定历史阶段的产物。近代以来，资产阶级启蒙思想家们倡导的人权理论体系中就已经关涉基本人权，他们鼓吹的“天赋人权”实际上就具有“先宪法权利”的性质。作为世界宪政之母的英国，正是基于确认和保障公民的基本人权，并以此来抵御王权的专横和擅

---

[1]　比如，中国就在2004年通过的宪法修正案中明确规定了“国家尊重和保障人权”的专门条款。

[2]　【英】戴雪：《英宪精义》，雷宾南译，中国法制出版社2001年版，第245页。

[3]　参见王世杰、钱端升：《比较宪法》，中国政法大学出版社1997年版，第64页。

断，才制定了诸如《人身保护法》等一系列的宪法性法律文件。从这个意义上看，先在的人权无疑具有“制宪权”的属性。不是宪法规定了“制宪权”，而是“制宪权”铸就了宪法。韩国宪法学者权宁星就认为：“制宪权具有两个方面的特性：一是事实上的创造力，即创造宪法的力量；二是把宪法加以正当化的权威性，即制定的宪法具有合法性与现实基础。”[1]可见，作为制宪权的人权，具有创造宪法的价值和功能，它是通过赋予宪法以正当性来超越于宪法现象，人权的这种先在的主观价值形态无疑使得现代法治社会的国家权力成为一项制度性的权力。就此而言，国家权力必须受到先在人权价值的控制。基于此，我们也可以很好地理解了人们为什么认为人权之先国家性的理论意涵所在。我们说人权就有先宪法性，无疑是从价值层面来界定人权的。当然，人权既包括应然的人权，也包括实然的人权，还包括事实层面的人权。因此，我们说人权具有先宪法性，绝不意味着无论宪法文本中是否作出了明确规定，基本人权是否体现为宪法权利，它们都毫无例外地受到宪法的保护。

（二）人权价值的核心地位

卡尔·J. 弗里德里希认为，宪法（宪政）的政治功用旨在达成政治目标，“其核心的目标就是保护身为政治人的政治社会中的每个成员，保护他们享有真正的自治。宪法旨在维护具有尊严和价值的自我（Self），因为自我被视为首要的价值……最终引发了被认为是自然权利的观念。因此宪法的功能也可以被阐释为规定和维护人权的”。[2] 与之相对应，美国学者斯蒂芬·L. 埃尔金则从另一方面解析道，宪政在思想传统上关注于最大限度地“保护社会成员彼此不受侵害……同时将政府侵害其公民的机会降至最小程度”。[3] 诚如上述两种观点，人们一般认为，人权保障与权力控制是宪政的一体两面，以此构成宪政的价值目标系统。笔者则认为，权力控制与人权

---

[1] 转引自徐秀义、韩大元主编：《现代宪法学基本原理》，中国人民公安大学出版社 2001 年版，第 32 页。

[2] 【美】卡尔·J. 弗里德里希：《超验正义：宪政的宗教之维》，周勇等译，生活·读书·新知三联书店 1997 年版，第 14—15 页。

[3] 【美】斯蒂芬·L. 埃尔金、【美】卡罗尔·爱德华·索乌坦编：《新宪政论——为美好的社会设计政治制度》，周叶谦译，生活·读书·新知三联书店 1997 年版，第 27 页。

保障在价值意义上其实并不处于同一层次。就二者的关系而言，权力控制无疑具有手段或者工具的意义，而人权保障则是宪政的首要目标和终极价值。现代国家的公共权力是作为保障人权的手段而产生，其主要的功能是为了防止国家公权力对基本人权的侵害而存在。“宪政之所以成为现代国家政治的基本形态，就是因为宪政的人权价值具有普适性并已经获得普遍的价值认同。”[1]一方面，个体权利是公共权力存在的合法性基础，而人权则不以权力的存在为前提；另一方面，公共权力则是为了使人权目标得以实现而存在，公共权力的有效控制和正常运行是人权保障的有效手段。可见，相对于权力控制的目标而言，人权保障目标无疑更具有根本性，它在一个国家的宪政价值系统中无疑居于核心地位。因此，现代宪法普遍地确认了公民所享有的广泛的权利和自由，并由国家承担保障公民权利和自由的义务。国家权力的组织、运作，无疑都是围绕人权保障这一核心的价值目标而展开和进行的。

（三）人权价值的导向性

人权保障目标的实现是人类社会发展的终极追求，切实地保障人权是宪法价值的起点和归宿，而人权的实现，又必须以民主的实现为基础性要件。民主政治的基本目标，就是切实地保障公民权利得以和实现。宪法作为民主政治的产物，它在确认人民主权作为国家最高权力存在的同时，将人民主权外化和个体化为公民权利，并通过保障和发展公民的民主权利来不断地拓展人民主权原则。同时，通过确立一系列的民主制度、机制及其相应的运行模式，为公民权利的实现提供制度保障。就民主与人权的关系来看，作为两种相关联的价值形态，民主与人权亦属于两个不同的范畴。人权保障是民主政治发展的终极目标。民主是人权实现的政治前提和基本手段。在这个意义上，“人权是作为民主价值合理性的补充而出现的”。[2]人权的实现必须以民主的实现为基础，但是，反过来看，民主却不能当然地保证人权目标得以实现。为此，对国家权力进行有效的规范和制约，无

---

[1] 韩大元:《亚洲立宪主义研究》，中国人民大学出版社 1996 年版，第 94 页。

[2] 莫纪宏:《现代宪法的逻辑基础》，法律出版社 2001 年版，第 209 页。

疑也是人权目标得以实现的重要手段。宪法正是通过对国家公共权力进行有效的规范和控制提供一种合理的制度设计，使得人权保障的目标落实到位。宪法的其他价值目标，如确立人民主权原则、保障经济制度以及促进社会正义的实现等，最终都是以保障公民的基本人权为归依的。

三、宪政制度：人权保障之根本

围绕保障人权目标而展开的宪政制度，包括制度性的宪法权利体系、相关的宪法运行机制、宪法救济机制等，各具其不同的表现形式和功能。

（一）宪法权利：一种制度化的人权

在现代国家，如果我们非得要对权利这一概念进行分解的话，它实际包含一般的权利、人权、宪法权、公民权等几个不同层级而又相互关联的属概念。如前所述，并非所有的关于人的权利都属于人权的范畴。切实地保障人权是现代宪法的基本原则。同时，各国宪法还在文本中明确规定了公民享有广泛的权利和自由，将基本人权原则制度化、宪法化。就此而言，宪法权利不同于一般的法律权利。因为，宪法不同于一般的法律。作为一国的根本大法，宪法只能在确认基本人权原则的基础上对那些属于公民固有的、最基本的、必不可少的权利和自由作出明确规定。当然，作为一项制度化的人权，宪法权利既包括文本意义上的权利和自由，也包括宪法文本虽未明确规定，却属于"剩余权利"的那些宪法权利。

（二）宪法运行：公民权利的程序性保障

公民的程序性权利本质上是一种"自我防卫权利"。[1] 自我防卫属于人的一种本能，当个体的安全受到侵犯或者受到侵犯威胁的时候，个体享有自我防卫的权利。国家公权力的拥有者——政府有责任保障公民自我防卫权利的实现。但是，国家公权力也潜在地存有着侵害个体权利的可能性。当个体权利面临强势的国家公权力威胁的时候，他们往往是十分脆弱的，极易受到

[1] 李琦：《法律上的防卫权——人权角度的观察》，《中国社会科学》2002 年第 1 期。

侵害。因此，个体必须享有相应的程序性权利，以此抵御国家公权力的随意侵害。在现代宪法的制度框架下，公民权利包括实体性权利和程序性权利，或者说现代社会公民作为状态的权利或作为过程的权利。[1] 实体性权利一般就是指“人依法享有的具有直接的实际意义的权利，它可以直接表现为一定的物质利益或精神利益……程序性权利是指人作为程序主体在实现实体权利或为保障实体权利不受侵犯时所享有的权利”。[2] 由此可见，程序性权利就是主体为了实现某种实体性权利而必须遵循的一定的方式、步骤和手续，这种程序设计体现为主体的一种权利便是程序性权利。程序性权利的存在主要是为了保障法律程序的“过程价值”。就此而言，宪法运行以及由此导入的公民程序性权利，无疑是一种基本人权。该权利具有恒久性、不可转让和不可剥夺的特性。它是公民权利得以实现的基础和前提。

（三）宪法救济：人权保护的最后屏障

笔者认为，人权之所以可以被称之为人权，还在于它隐含着一项庄严的社会承诺，也即它可以获得一个特定社会中源自不同渠道和不同层面的救济。正因为如此，在现代法治国家，为了切实地保障人权，除了通过制定法律制度以及确定正当的法律程序之外，确立一整套相应的法律救济机制同样也是十分必要的。就此而言，诉权无疑是人权的基本救济手段。另一个层面来说，诉权也是一项基本的救济性人权，诉权的实现程度直接决定着人权的保障力度。

人权保障是宪政秩序追求的终极目标，现代宪法承担着人权保障的神圣职责。然而，从救济机制的运行规律来看，宪法并不是上帝条款，宪法救济并非可以替代其他相应的救济手段。比如，罪犯需要被追究刑事责任、违约者需要承担民事责任，受害人完全可以寻求刑法、民法等其他救济机制来解决问题的时候，即无须动辄启动宪法救济机制。此外，在现代社会中非讼机制不断成熟的今天，诉讼机制保障人权的手段也并非都是最优的。在这种情况下，宪法救济机制也是不需要被启用的。问题却在于，任何一个社会的法

---

[1] 童之伟:《再论法理学的更新》,《法学研究》1999 年第 2 期。

[2] 徐亚文:《程序正义论》，山东人民出版社 2004 年版，第 310 页。

律机制的构建都不可能穷尽所有的情况，当公民在特定情形下穷尽了所有的救济渠道都不可能获得救济的时候，宪法就理所当然地要成为人权保障的最后屏障。在这个意义上说，宪法救济无疑就是一种救济的救济。

四、人权的国际保护与宪政秩序

现阶段，随着经济化全球、区域一体化、政治社会生活国际化趋势的加剧，主权国家之间的联系空前加强，人们对人权的认识范围大大地扩展了，特别是联合国关于人权和公民权的公约的颁布、签署，各国政府在人权问题上达成了越来越多的共识，普遍人权、基本人权的观念开始深入人心。作为一个重要的宪政命题，人权保障已经在各国宪政实践中凸显其特殊的重要性。但从目前各国的实际情况来看，国际人权保障在理想与现实之间还存在着一定的差距，亟待研究解决。

（一）人权国际保护的现实条件与逻辑基础

第二次世界大战以来，人权的保护由国内法领域全面进入国际法领域取得了举世瞩目的成就。随着《联合国宪章》的签署和《世界人权宣言》的诞生，人权受到了国际社会的普遍关注。比如，联合国国际法委员会在《关于国家责任的条文草案》第 19 条中就将“大规模地严重违背对保护人类具有根本重要性的国际义务，例如禁止奴隶制度，灭绝种族和种族隔离”归入“国际罪行”。这无疑标志着“人权共识”在国际社会的形成。国际人权保障也由此获得了现实的社会基础。对此，各国都作出了积极的反应，制定了一系列与国际人权条约接轨的人权立法。很多国家都将那些严重违反人权的行为视为违法甚至违宪的行为，彰显人权保障的精神。同时，各国亦先后缔结了一系列的国际人权公约和条约，如《关于经济、社会、文化权利的国际公约》、《关于公民权利和政治权利的国际公约》等。这些国际人权公约使得国际人权保障无论是在人权的范围、保障的手段、程序、法律责任的承担等很多方面都获得了实质性的进展。

从逻辑上看，主权是人权保障的根本手段，而主权的权能则具有多种实现的方式，其“让渡”的结果便是各主权国家之间所达成的种种国际人权公约。从这个意义上说，各国更加重视通过国际人权公约解决国家之间的人权争端既是适应人权保障之现实需要的，也是符合经济发展和社会进步的基本规律的。对人权的尊重和保护，对权力的制衡，对市场体制和市场规律的确认等，这些既是现代市场经济的共同特征，也是宪政秩序在价值和制度方面具有一定国际性和普遍性的重要体现。比如，紧急状态中的“不可克减的权利”的保障，一如人权事务委员指出的那样：“《公约》第四条中关于克减的保障的根据是《公约》整体内在的法律和法治原则”、“克减《公约》义务的缔约国，其主要目标应是恢复正常状态，确保重新全面遵守《公约》”[1]。它为公权力的拥护者在非常态政治条件下理性地行使权力和有克制地运行权力划定了边界，具有防范国家滥用权力的功能，也有助于防止国家肆意践踏人权事件的发生。这些规定意义非凡，至关重要。各国在人权保护制度设计和措施方面的趋同性表明人有相同的人格和尊严，这无疑是人类文明进步的表现，也是社会发展的总体趋势。可以预见，在全球化进程日益加剧的今天，人权的国际保护在21世纪的今天将得到进一步的加强。

关键的问题却在于，在国际人权保障的法律实践中，国际人权条约自身也面临着如何通过不断地自我完善进而弥补其自身缺陷的问题。比如，一个国际人权公约的缔约国在缔约以后应当承担什么样的责任？如何落实相关的责任机制等，这些似乎并不是很清晰的问题，以至于造成很多国家在签署和批准诸人权公约时难以抉择，甚至造成某些国家在签署人权公约后经过很长的一段时间才批准加入已经签署的国际人权公约。比如，《公民权利和政治权利国际公约》和《经济、社会和文化权利国际公约》就既没有规定公约批准国有权对公约作出保留，也未明确公约批准国无权对公约作出保留。国际人权公约对保留所持的模糊态度必然导致某些国家对国际人权公约进行一些不合理的保留。比如，英国在批准《公民权利和政治权利国际公约》时就对公约第11条所规定在紧急状态时期不得克减的权利之一，即不得因债务而被判处监禁的权利作出了保留。这些问题显然只能通过主权国家之间充分地协商和磨合方能得到合理的解决。

---

[1] 人权事务委员会：《第29号一般性意见：第四条（紧急状态期间的克减问题）》，《各人权机构通过的一般性意见、建议汇编》，联合国人权事务中心，第186、190页。

（二）人权国际保护的宪政秩序

那么，现代各国究竟应该如何在一个既定的主权秩序内顺应国际人权保障的潮流并克服由此而带来的种种“非秩序化”或“反秩序化”的倾向呢？笔者认为，各国应该积极稳妥地创造条件达成“人权共识”并采取各种切实有效的措施来达成此目标。从各个国家的情况来看，做法不一，但也形成了一些行之有效的方法，可资借鉴。一般而言，各国对普遍人权的保护等都需要宪法确认国际法在国内的法律效力。在不违背国家根本利益的情况下，应有条件地规定国际法的法律效力，确认国际法效力的优位。只有这样，才能在维护国家主权的前提下，更好地进行国际人权保障方面的合作。关于基本权利的法律规定和宪法规定，《大韩民国宪法》第 10 条规定：个人的尊严与基本人权保障一切国民都作为个人具有尊严和价值，享有追求幸福的权利。《俄罗斯联邦宪法》第 2 条明确规定：“人的权利与自由是最高价值。承认、遵循和捍卫人与公民的权利与自由是国家的义务。”1975 年 6 月 7 日制定的《希腊共和国宪法》第 2 条规定：“尊重和保护人的价值是国家的首要职责。”1956 年 10 月 25 日制定的《卢森堡大公国宪法》第 13 条规定：“国家保障个人和家庭的天赋权利。”1976 年 11 月 19 日制定《阿尔及利亚民主人民共和国宪法》第 4 节第 39 条规定：“保护人与公民的基本自由与权利”。这些宪法的规定彰显人权国际保护的宪政精神。可见，国家负有确认和保障个人享有的不可侵犯的基本人权的义务。

在如何处理国际人权公约与国内法的关系问题上，各国通常采取“转化”、“纳入”等不同的解决方式。所谓“转化”，就是指国际人权条约一般不直接在主权国家内部发生法律效力，而必须经过主权国家的国内立法行为将其转化为国内法，方才在其本国国内适用；“纳入”则意指：无论是条约还是国际法规范，一经批准后就可以直接在本国国内适用，无须再经过转化，其国际法的形式和内容不加以改变。[1] 对此，也有学者看到：“宪法权利要经常性地从普遍人权中吸收内容……从逻辑上来看，一旦在普遍人权与宪法权利之间产生矛盾，唯一的选择就是对宪法权利作出修改以适应普遍人权的要求……宪法权利也不是完全被动的，根据《欧洲人权公约》的规定，缔约

[1] 参见莫纪宏：《现代宪法的逻辑基础》，法律出版社 2001 年版，第 396—397 页。

国宪法中所保障的人权的水平可以超过公约自身对人权予以保护的水平。”[1]然而，当本国签订或参加的国际条约同国家的宪法发生冲突时，为了宪法的最高权威得到保障，又能维护国际条约的效力，采取修改宪法使之符合国际条约的办法来解决两者间的冲突。《奥地利联邦宪法性法律》第44条第1款就明确规定，除非至少有半数议员出席并获得2/3多数，国民议会不得通过任何宪法性法律或者是普通法所包含的宪法条款。该法第50条还规定，凡内容涉及修改或增补法律的政治性国际条约，非经国民议会批准不得签订。

当然，在前述条件成就的前提下，主权国一旦加入国际人权公约，各缔约国即有义务依据宪法或法律采取履行国际义务的措施，条约必须信守已成为当今国际社会的通例，各国不得以宪法及其他国内法为理由不履行国际义务。很多国家都将此表述在宪法文本中。比如，1983年荷兰宪法第91条第3款规定：“任何违反本宪法或导致违反本宪法结果的条约条款，只有经国会两院至少三分之二多数表决通过，国会才可予以认可。”该宪法第94条还规定：“在荷兰王国现行有效的法律规定，如果其适用与对所有个人具有约束力的条约规定或国际机构的决议相抵触，应不予适用。”可见，“荷兰宪法在条约与国内法的关系上规定了最先进的制度，如果在实践上得到贯彻，将积极影响国际法的发展”；此外，1978年西班牙宪法第95条第1款也规定：“缔结含有与本宪法相抵触的内容的国际条约需事先修改宪法”[2]。总之，各主权国家唯有顺应国际人权保障的潮流，积极地履行对国际人权的承诺，国际人权保障的目标才能在各国宪政秩序中不断地得以实现。

（三）人权的国际保护与国际宪政秩序

各主权国家内部的宪政秩序的形成还必须依赖相关的次秩序的保障。为此，各主权国家之间应通过积极地协商达成共识，从而形成国际人权保障的宪政秩序的次秩序，即国际宪政秩序。正如学者所看到的：“如果假定在《世界人权宣言》中所确认的人权可以被视为在世界范围内适用的人类所具有的共同权利，那么，国内宪法中所确定的宪法权利至少也应当具有普遍人

---

[1] 莫纪宏、宋雅芳：《论国际人权公约与国内宪法的关系》，《中国法学》1999年第3期。

[2] 李浩培：《条约法概论》，法律出版社1987年版，第401页。

权的特性。也就是说，普遍人权应当在主权国家的范围内适用。因此，从纯逻辑的角度来看，被称为普遍的人权至少应当成为各种宪法所规定的宪法权利中共同的权利，换句话说，那些不能被国内宪法确认为宪法权利的人权也不能被《世界人权宣言》确认为普遍的人权。”[1]事实上，国际人权公约中所规定的人权范围与各主权国家在宪法和法律文本中所体现的人权的范围并不一致。因此，国际人权公约中的人权保障应当保障缔约国根据自己的具体情势予以确定，并给予主权国家以适当的“选择权”。就此而言，现代国际社会也形成了一些既定的经验模式。

首先，国际人权条约应保障主权国家在签署和批准相关的国际人权公约方面的一定的“意思自治权”。一般而言，现代国家签署和批准国际人权公约必须符合国内法上的条件。这无疑表明了人权保障必须以人权秩序的实现为基础。对此，即便是那些持“人权高于主权论”、“人权和主权相悖论”的发达国家也概莫能外。例如，英国 1968 年签署了《经济、社会和文化权利国际公约》，1976 年才批准了该公约，时间间隔为 8 年。美国在 1977 年签署了《公民权利和政治权利国际公约》和《经济、社会和文化国际公约》，1992 年才批准加入《公民权利和政治权利国际公约》，其时间间隔为 15 年之久。并且，至今尚未批准《经济、社会和文化权利国际公约》。其次，国际人权条约应保障主权国家在签署和批准相关的国际人权公约方面存在一定的“保留权”。因为各国宪法并不能规定国际法在国际关系中的效力这一原因，故条约的“保留权”只能属于宪政秩序次秩序规制的范围。对此，《维也纳条约法公约》即有相关的规定。该条约精神应该作为其履行国际人权公约下义务的前提，被缔约国声明保留的公约内容不得对缔约国产生任何法律上的影响。据此，“各国可以通过条约保留制度处理国际条约与国内法的冲突。”[2]当然，保留权无疑是一种可以选择的权利。根据《欧洲人权公约》的规定，缔约国宪法中所保障的人权的水平可以超过公约自身对人权予以保

[1] 莫纪宏、宋雅芳:《论国际人权公约与国内宪法的关系》,《中国法学》1999 年第 3 期。

[2] 赵建文:《论国际法与宪法的效力关系——〈公民权利和政治权利国际公约〉的视角》,《时代法学》2004 年第 6 期。

护的水平。[1]

从宪政秩序形成的基本原理来看，各国必须协调好主权秩序与人权秩序的关系。现阶段，由于各国宪政秩序赖以生长的政治生态、法律机制和社会条件均各不相同，不同国家在人权制度与人权政策上往往采取某些不同的立场和做法，而人权目标的实现势必要受一个国家的历史传统、民族与宗教的特点以及经济、政治、文化等条件的制约。而且，在同一国家的不同历史时期，人权的内容与形式也存在着重大的差异，而人权秩序实现则必须在各自特殊的条件下展开。在绝大多数国家，批准或者同意加入国际人权公约是由议会进行的，而议会只具有修改宪法或制定普通法律的权力。对于议会来说，要将某些权利提升到宪法权利的水平是很困难的。因此，由缔约国所批准的国际人权公约中所确认的人权一般只能在缔约国主权范围内受到普通法律层次的法律保护。要想将普遍人权上升到宪法权利的水平将需要经过很长时间，其中，有些普遍人权在某些缔约国恐怕永远也无法上升到宪法权利的水平。以法国为例，一个国际人权公约是否能够得到议会立法的批准，首先必须经过宪法委员会进行合宪性审查。由于宪法委员会居于议会之上，所以，经过宪法委员会审查批准的国际人权公约所确认的普遍人权其实际法律效力处于宪法权利与普通法律权利之中间位置。[2] 可见，不同的国家在人权保障方面的立法差异是巨大的。总之，各国只有在多元、不同文化的国际背景下，充分地利用现有的国际人权法律制度框架，积极地开展人权对话与交流才是促进人权国际保护的有效途径。

[1] 参见《欧洲人权公约》第 60 条，以及《美洲人权公约》第 29 条第 2 款（转引自莫纪宏、宋雅芳:《论国际人权公约与国内宪法的关系》,《中国法学》1999 年第 3 期）。

[2] 参见 1958 年法国宪法第 54 条。

第四篇　生态条件

第七章　宪政秩序的政治生态

政治发展的终极价值就是追求和谐的宪政秩序。一方面，宪政秩序应当适应政治发展的理性需求，为现代国家的政治实践提供合法性依据。另一方面，现代国家必须维系其政治体系内部结构的平衡，其现实的途径就是把不同的利益主体都纳入到宪政秩序中来。宪政秩序的政治生态，实际上就是指宪政秩序型塑的权力结构模式及其赖以生长的政治环境。

一、均势与共和：权力配置的宪政原理

（一）政治均势与共和精神

均势，意即均衡的势力。所谓政治均势，就是指政治主体之间保持平衡与制约的一种和谐的政治状态。政治均势概念源自于“产权均势”。17 世纪英国经验主义宪政思想家哈林顿在他的著作《大洋共和国》一书中就明确地阐述过“产权均势”和“地产的比例”与国家政权的关联性。以此为据，哈氏将国家的政治体制划分为传统的君主体制、贵族体制以及共和体制三类，并由此导出了其关于经济均势与政治均势并存且相互关联的理论逻辑。在哈氏看来，“产权均势”作为共和国存在的经济基础，其本身有着特殊的现实规定性。没有一个均势的产权结构，就难以建立起一个稳妥的共和政体。因此，“产权均势”受到哈氏的追捧。在他看来，产权占有人数量的多少无疑构成政府能否有效地维系政治稳定的基础。由“产权均势”而导入的“政治均势”，不但能使个人免于被奴役境地，而且能使共和国长治久安。质言之，政治均势的存在是实现宪政秩序的先决性条件，宪法实际上就是政治势

力之间的契约，没有政治均势的存在就不可能实现民主宪政制度。当某一种政治力量垄断了国家权力而缺乏妥协与宽容品质的时候，专制也就不可避免地产生了。

所谓共和，意即“合众（共）、和谐（和）与平衡（权力制衡），权力公有，全民共治，资源共享、共富”。[1]可见，共和精神在本质上表现为一种妥协与宽容的品质。作为对人权和公民权利提供切实的保障和对国家权力进行有效制约的一种均势状态，宪政无疑彰显了现代政治的共和精神。故从逻辑上看，共和精神蕴涵于宪政的逻辑之中，宪政就是共和的体现和保障。正是在人类对于共和理想的不懈追求中，宪政理念才得以萌生和发展。如果说，柏拉图、亚里士多德等希腊哲学家们眼里的混合政体还只是停留在空想或预设的基础上的话，那么西塞罗心目中的混合政体的目标指向无疑就是现实中的罗马共和国：“所有国家中没有哪个国家无论按其基本体制，按自己的权力划分，或者按自己的教育原则，能够与我们的父辈承继于祖辈而留给我们的那种国家体制相比拟。”[2]可见，西塞罗心中充满着共和的政治理想。他的这种理想也为后来的罗马人所实现，并以此建立了实体意义上罗马共和政体，为后世所称道。

在中世纪神权的阴影笼罩之下，教权主义者们手执民主共和的大旗对世俗的专制主义们发起过猛攻。民主主义思想家马西利乌斯就强烈地反对教会垄断一切。他主张教权与俗权的分离，同时极力地高歌颂扬民主共和政治，充分地表达了中世纪商业共和国孕育的市民阶层天然的、历史性的民主共和主义的政治诉求。”[3]欧洲文艺复兴时期，伴随着佛罗伦萨共和国之沉浮起落，马基雅维利则提出了“先君主国”而“后共和国”的政治主张。马基雅维利认为：“在建立共和制的地方，存在着或能产生显著的平等；与此相反的制度，则存在着显著的不平等。”[4]16世纪末期的胡克则提出了：“‘一人统治’的君主制到以‘成文法’来‘主治’的共和国是人类政治实践与经验累

[1] 郭道晖：《民主的限度及其与共和、宪政的矛盾统一》，《法学》2002年第2期。

[2] 【古罗马】西塞罗：《国家篇·法律篇》，沈叔平、苏力译，商务印书馆2002年版，第54页。

[3] 【爱尔兰】J. M. 凯利：《西方法律思想简史》，王笑红译，法律出版社2002年版，第122页。

[4] 转引自徐祥民等：《政体学说史》，北京大学出版社2002年版，第133页。

积的产物。”[1]但是，胡克并不赞成民主的共和国，他主张实行“法治化”的由“君主控权”的共和制政体。它有点类似于英国后世实行的君主与议会共存的立宪共和制政体。

近代资产阶级革命以来，格老秀斯创立了以自然法为基础的“社会契约说”，他主张由人们之间应通过订立契约产生统治者，进而实现主权的“让渡”。格老秀斯创立的这一政治愿景为后人设计为类型迥异的政体模型。比如，孟德斯鸠就认为：“政体有三种：共和政体、君主政体、专制政体”。[2]其中，共和政体又包括“民主政治”和“贵族政治”两种。孟氏则更加倾向于认同“民主共和政体”。卢梭的理论立场则更加鲜明，他是明确地以反对封建专制、倡言民主共和、主张人民主权为其中心议题的。卢梭所追求的政治目标就是依法治理的民主共和国，故而他非常强调法律和法治对民主国家或政治共同体的必要性。[3]

18 世纪法国著名的历史学家和政论家马布利也对未来的社会制度满怀憧憬，其政治理想就是实行公有制的共和国。在其近乎完美的共和理想中，“人人都是富人，人人都是穷人，人人平等，人人自由，人人是兄弟。”[4]至于关于如何建立这种完美的共和国之法治问题，马氏认为其出路在于改革。其中，尊重法律和严格遵守法律也是非常重要的。他说：“只要爱自由，就足以建立共和国。但是，能够维护共和国和使它繁荣的，只有爱法律。”[5]他还认为：“共和主义并不是一种不着边际的胡思乱想，相反，在任何政体下，法律也不会比这更能得到支持，自由和财产也不会比这更能得到保证，人民也不会比这更能有效地享受幸福。”[6]同时期英国著名的宪政思想家潘恩则对英国的君主立宪政体进行了猛烈的抨击，认为其属于“非理性”主导下的“征服者的政府”，而对于以美国和法国为代表的“契约式”共和国之立宪政体则进行了热情的礼赞。一如他写道：“主权作为一种权利只能属于国

[1] 【英】洛克：《政府论》（下篇），叶启芳等译，商务印书馆 1964 年版，第 82 页。
[2] 【法】孟德斯鸠：《论法的精神》（上册），张雁深译，商务印书馆 1959 年版，第 9 页。
[3] 参见【法】卢梭：《社会契约论》，何兆武译，商务印书馆 1980 年版，第 48 页。
[4] 【法】马布利：《马布利选集》，何清新译，商务印书馆 1981 年版，第 154 页。
[5] 【法】马布利：《马布利选集》，何清新译，商务印书馆 1981 年版，第 150 页。
[6] 【法】马布利：《马布利选集》，何清新译，商务印书馆 1960 年版，第 57 页。

民，而不属于任何个人”。[1]然而，与众多“共和国”论者们有区别的是，潘恩在论证共和国存在的合法性的过程中，明确地涉及了宪政问题。依潘氏之见，“宪法是一种先于国家的东西，而政府只是宪法的产物。一个国家的宪法决不是其政府的决议，而是建立其政府的体现人民意志的决议……因此，宪法对于政府的关系犹如政府后来所制定的各项法律对法院的关系……政府也以同样方式受宪法的约束。”[2]事实上，潘氏不仅强调宪法在约束政府方面所发挥的重要作用，而且他同样地重视人民普遍地信守宪法和法律对于捍卫“共和国”的生命所具有的现实意义。其后，康德则将人类社会的存在状态区分为“自然状态”和“文明状态”之两种。同时，康氏也将国家政体区分为共和政体和专制政体之两种。在康德心目中，“一切族群所存在的社会，唯有建立起‘公共宪法’统治之下的共和国，才能真正地进入到‘文明社会’”。[3]可见，康德之共和政体所指的就是分权主义、法治主义的宪政体制。在他看来，“国家是许多人依据法律组织起来的联合体……国家的形式包含在国家的理念之中，应该从纯粹的权利原则来考虑它。这个理想的形式为每一个真正的联合体提供了规范性的标准，以便把联合体组织成为一个共和国”。[4]

笔者认为，在现代国家，政治均势彰显的共和精神实际上可以表达为：政治权力配置和运作通常采取博弈的方式，各种不同的利益主体只有通过反复地交涉、协商而最终达成共识，以此形成一种和谐的政治运动状态。如此一来，各种社会矛盾在利益综合的过程中得以化解和调适，从而形成宪政秩序。

（二）分权模式的合理性

政治均势的核心在于权力的均势，而“政府的原理就在于心灵的素养或财富的条件之中。相对于心灵素养方面，产生的就是权威。而相对于财富条

[1]【英】托马斯・潘恩:《潘恩选集》，马清槐等译，商务印书馆1981年版，第213页。
[2]【英】托马斯・潘恩:《潘恩选集》，马清槐等译，商务印书馆1981年版，第146页。
[3] 黄基泉:《西方宪政思想史》，山东人民出版社2004年版，第349页。
[4]【德】康德:《法的形而上学原理》，沈叔平译，商务印书馆1991年版，第139页。

件方面，产生的就是权力或帝国。”[1]在这个意义上说，政府是政治国家的灵魂，而政府的优劣完全缘于政府的心灵素养和财富条件，取决于权威创设和权力的机制。[2]以此来考量，人类自从进入阶级社会以来，在认识和运用政治均势的权力机制而塑就的政府形态方面，无疑经历了一个由低向高的历史发展过程。

奴隶制和封建制的权力配置模式均为集权模式，其政治统治形式带有等级特权和专制主义特征。集权模式的最显著特征就是统治者试图最大限度地维护本阶级的一己之私利，它无疑是以对人权的蔑视为前提的。然而，当时的人们虽不能忍受君主的专制独裁统治，但他们在技术上没有找到，也不可能推行一种更为合理的替代性方案，以至于专制统治在人类社会存续了数千年。

人类社会迄今为止在根除专制独裁权力的道路上所采用的有效手段就是分权。最早提出分权理论的是英国的洛克，洛克基于对英国君主立宪制的具体分析，他认为国家权力应该分设为立法权、行政权和联盟权，主张最高立法权应属于民选的议会，最高行政权应属于国王，宣战、媾和等关涉国家对外事务的最高联盟权亦应属于国王。所以洛克论及的“三权分立”实际上就是国王掌握的最高行政权与议会掌握的最高立法权的“二权分立”。18世纪，法国人孟德斯鸠则首次提出了被称为“人类最伟大发现”的“三权分立”学说。他在其著作《论法的精神》一书中明确指出：“要形成一个宽和的政体，就必须联合各种权力，加以规范与调节，并使它们行动起来，就像是给一种权力添加重量，使它能够和另一种权力相抗衡”。[3]以此为基础，孟德斯鸠进一步分析道：“当立法权和行政权集中在同一个人或同一个机关之手，自由便不复存在了……如果司法权不同立法权和行政权分立，自由也就不存在了……如果同一个人或是由重要人物、贵族或平民组成的同一个机关行使这三种权力，即制定法律权、执行公共决议权和裁判私人犯罪或争讼权，则一切便都完了”。[4]当然，在近代西方政治学说和实践中，除了权力的“三分法”

[1] 【英】詹姆士·哈林顿：《大洋国》，何新译，商务印书馆1996年版，第9页；转引自汪太贤：《西方法治主义的源与流》，法律出版社2001年版，第272页。

[2] 参见【英】詹姆士·哈林顿：《大洋国》，何新译，商务印书馆1996年版，第19—20页；转引自汪太贤：《西方法治主义的源与流》，法律出版社2001年版，第272页。

[3] 【法】孟德斯鸠：《论法的精神》（上册），张雁深译，商务印书馆1959年版，第75页。

[4] 【法】孟德斯鸠：《论法的精神》（上册），张雁深译，商务印书馆1959年版，第185—186页。

之外，还存在着“五分法”以至“多分法”的不同。但是，不管分权学说的具体内容多么纷繁复杂，其所主张的国家权力在几个部门之间进行分配，而不是集中于像过去的君主那样的个人手中，则是人们的共识。可见，分权学说对集权政治进行了深刻的批判，揭示出了集权模式的种种弊端，标志着人类对于权力结构模式以及与之相关的权力配置方式上认识水平的提高，这对于推翻传统的封建专制起了很大作用，具有重要的历史进步意义。其基本的政治原理就是：在分权模式之下，由于最高统治权已不是由某一个人来掌握，而是由不同的国家机关来分别执掌和行使。那么，任何个人和国家机关都不可能垄断国家所有的统治权力，如此可以防止绝对权力的产生，也可以防止权力被滥用。此外，由于各种不同的国家权力之间实现了有效的制约，也使得统治集团内部不再是铁板一块，一个均势、民主的政治格局也就有了实现的可能。至少可以说，分权理论的提出使得人类社会在如何铲除专制集权统治在技术上有了可能。而没有“分权”这一政治技术的突破，也就不可能有以限制权力和保障人权为己任的近现代宪政制度的产生。

从政治实践的层面来看，资产阶级取得胜利后，随即按照三权分立的政治构想建造了资本主义国家的权力结构模式，比较典型的是美国的总统制和英国的议会制。在美国，按照该国宪法的规定，总统行使国家最高的行政权；参众两院组成的国会行使国家最高的立法权；联邦最高法院和其他联邦法院系统行使国家最高的司法权。这三个部门按照不同的程序产生，任何一个部门都不依赖于其他相关部门，也就不能受另外一个部门的绝对控制。[1]此外，我们通过对美国宪法文本和实践的考察分析，还可以看出实行典型的三权分立的美国，没有哪一项国家权力是绝对权力，三项权力是并列的、平行的和互相制衡的。按照美国现行宪法的规定，国会众议院按照人口比例由选民选举产生；总统则由选民先选举产生选举团，再由选举团间接选举产生。最高法院法官由总统提名经参议院同意后任命。国会的立法要经过总统签署以后才能成为法律，总统可以否决国会立法。法院，尤其最高法院可以通过司法审查制度宣布国会的某项立法不符合宪法而拒绝适用。总统也受到来自国会和法院的制约：总统必须执行国会立法，也必须尊重法院的司法判

[1] See The Constitution of the United States of America, Article I、Article II、Article III.

决。如果总统有犯罪行为，众议院提出弹劾，参议院进行审判，审判活动则由最高法院首席法官主持。美国最高法院法官由总统提名参议院批准后任命，而一旦获得任命法官就终身任职。当然，对于法官犯罪和严重渎职，美国另有弹劾等相应的措施，等等。[1] 实际上，在美国的宪政实践中，除了上述联邦层面横向的分权以外，还存在着联邦与各州之间纵向的分权。这样，在联邦政府可能走向专权的时候，各州以及下属各地和各级政府也可能形成对其进行有效抵制的对抗性权势。其次，美国在其现有的两党制政治模式中，在野党与执政党之间实际上也构成了分权的政治格局。对于执政党或其领袖可能走向专权的时候，在野党也可能形成对其实现有效抵制的对抗性权势。比如，1974 年尼克松总统的“水门事件”和 1998 年克林顿总统的“性丑闻事件”，我们都看到了反对党在党派斗争中对总统任意妄为所起到的监控和制约作用。如果没有反对党，党内下属对其领袖无论如何不可能发挥那么显著的制约作用。再次，美国社会各阶层中还存在着无数代表多元利益的集团势力也是一股重要的社会力量，其对任何可能走向专权的努力也都构成了事实上的阻碍。此外，美国私有制经济的活跃，尤其是那些势力庞大的民间资本与政府的财产权之间也构成了事实上的经济分权关系。民间资本的存在无疑也是对美国政府可能走向专权在经济上的有力防御。还有，美国现阶段数量庞大的私人财产、开放度极高的新闻自由……都意味着人民与政府在特定领域的分权。

就人类社会认识和运用分权模式来配置国家权力和治理国家的政治实践而言，分权模式打破了集权模式之权力高度集中于某一个特定主体身上的政治格局，扩大了权力主体的范围。因此，它能够有效地防止集权模式压制民主的弊病，使得民主能在限定的范围内存在和有生命力；与此同时，在各种并列平衡的公共权力构筑的分权模式之下，各种权力相互联系所形成的平面结构较之于“点式”的集权模式而言，其稳定性也是显而易见的。早期的政治理论家和实践者们普遍认为，立法权、行政权、司法权之三种权力分立并列、相互制衡的联系形成了“三点式”的平面，犹如三角形的结构模型。因此，人们根据基于三角形的稳定性原理认为，三权分立的面式权力结构较之

[1] See The Constitution of the United States of America, Articles in Addition to, and Amendment of.

于“点式”的集权模式无疑更为稳定。

（三）分权的秩序机理

国家分权理论和实践产生于近代有其深刻的社会根源。随着近代以来资本主义生产关系的发展，资本家对经济自由和平等的追求，决定了资产阶级的每个成员都要求平等地参加国家管理。于是，资产阶级内部各党派、各集团之间通过相互竞争和角力，最终形成了多种权力分立和制衡的政治模式，以此构筑形式上权力均势格局。从认识论根源来看，“三权分立”理论之所以在近代开始出现，还主要在于当时的人们自觉或不自觉地接受了初等数学的影响，人们通常认为三足鼎立的权力结构是最为稳定的，于是便把自然科学上三角形的稳定性原理应用到了政治权力的分工领域。实际上，分权模式也体现了资本家在探索经济运行规律的过程中对形式平等的追求，资产阶级试图把其内部各种政治势力之间的矛盾和冲突控制在既定的权力结构范围内，以此维护资本主义国家的政治秩序。但是，纵观资本主义国家的权力运行实践，权力拥有者的实际权势则是由各财团的经济实力来决定的，而受制于经济竞争中的胜与负，各财团的经济实力显然是不均衡和不稳定的。但是，有一点是可以肯定的，即无论怎样分权，资本主义国家统治权的权能最终都只可能在资产阶级内部进行分配。因此，所谓的“三权分立”，实际上把统治权权能的分割和国家机关的分工混为一谈了。殊不知，现代政治实践中多样和复杂的国家权力远非三种类型的权力所能穷尽的。此外，分权模式的重要缺陷之一还在于其不能有效地防止既定权力结构的失衡。事实上，在现阶段西方实行分权制国家的权力运行实践中，“三权”各种具体权力畸轻畸重和此消彼长的失衡状况已是一种政治常态。这些非秩序化的弊症并非是分权模式自身所能克服的。

总之，社会仍然在不断地向前发展和演变，人类对于权力结构的认识一刻也不会停息。质言之，分权模式只是反映了人类在一个历史时期内对权力配置原理的认识，在那个特定历史阶段内无疑具有其存在的合理性。但是，分权结构模式绝不可能穷尽人类关于权力结构的一切认识，其本身也不具有存在的永恒性。因此，我们通过仔细比较可以发现，在迄今为止的资本主义国家中，只有美国的政治统治形式是严格按照三权分立原则建造的，而英国、日本等三权分立特征则并不是很明显。这恰恰说明分权结构模式并不是像资产阶级学者所宣扬的那样完美无缺，它必然还会被更高一级的权力结构模式所替代。

二、权威与监督：宪政秩序的政治保障

通过上述分析可知，分权作为人类对权力结构认识的一种文明成果，其利弊共存。质言之，合理地配置国家权力是达致宪政秩序的必然归宿。就分权模式而言，如何存利去弊，无疑是一个值得认真研究的现实课题。笔者认为，宪政秩序形成之根本在于政府权威的树立，而政府权威的树立必然依赖中心权的确立及其被监督。因此，权威与监督是宪政秩序的政治保障。

（一）权威的类型及其变迁机理

关于权威的历史类型的界定，马克斯·韦伯的学说影响尤为深远，他从“权威—合法性”这一理论支点出发将具有“合法性”的权威划分为传统型、魅力型和合法型三类。在他看来，“历史上曾经出现的统治形式都是这些纯粹形式的不同结合、混合、改制或修改。”[1]借鉴韦伯的的权威理论，美国社会学家米尔斯则提出了“权力精英”的概念。在米尔斯看来，“权力精英”无非就是指那些处于能作出重要决定位置上的个人，主要包括企业领导人、政治家、军事领袖等。[2]他结合杰弗逊时期的政治状况作了一个对比分析，认为其所处的时代社会的权力状况很成问题，主要表现为权利结构不平衡，其“合法性”基础成疑等。[3]此外，他还断言道，三权分立、各方平衡和相互监督只可能发生在特定的历史阶段。[4]后现代主义者则不同意他的观点。比如福柯就认为：“权力从来就没有确定的位置。它从不停留在某些人

[1] 【德】马克斯·韦伯：《论经济与社会中的法律》，张乃根译，中国大百科全书出版社1998年版，第337页。

[2] 参见【美】查尔斯·赖特·米尔斯：《权力精英》，王崑等译，南京大学出版社2004年版，第2页。

[3] 参见【美】查尔斯·赖特·米尔斯：《权力精英》，王崑等译，南京大学出版社2004年版，第315—347页。

[4] 参见【美】查尔斯·赖特·米尔斯：《权力精英》，王崑等译，南京大学出版社2004年版，第266页。

手中，也从来不像财产或财富那样被人可以据为己有。权力时刻运转着。”[1]在福柯眼里，现实社会中存在各种权力关系，它们彼此交织形成了一个错综复杂的关系网络。[2]这为我们清醒地认识权威提供了一种新的视角。美国著名学者丹尼斯·朗则从权威赖以建立其上的“命令—服从”关系出发，并根据“服从的动机”而将权威划分为个人权威、合格权威、合法权威、诱导性权威以及强制性权威五种类型。此外，人们还基于不同的标准将权威划分为法律上的权威和事实上的权威[3]、外在的强制性权威和内在的认同性权威[4]、个人权威和制度性权威[5]，等等。

在上述学说的基础上，人们还对各种不同类型的权威的特点和发展趋向进行了广泛的探究。比如，迪韦尔热认为：“权威的概念揭示了社会结构的一个基本要素，即在一个集体中一般都有一些符合一定章法的角色系统……从这个意义上讲，一切权威都是制度性的”。[6]这表明，“外在的强制性权威”向“内在的认同性权威”的转化无疑是权威发展的应然逻辑和必然趋势。质言之，制度权威较之于个人权威而言，则更具有根本性，也更加稳定和可靠。可以预见，随着人类制度文明的水准的逐步提高，制度会越来越显现出它的权威性。从长远来看，制度权威必然成为个人权威得以存在的前提条件。权威必将通过一系列外化的行为规则和运行机制，对社会系统进行有效的控制，从而使得社会按其特定的秩序轨道正常运行。

---

[1] 【法】米歇尔·福柯:《必须保卫社会》，钱翰译，上海人民出版社 1999 年版，第 28 页。

[2] 参见【法】米歇尔·福柯:《权力的眼睛——福柯访谈录》，严锋译，上海人民出版社 1997 年版，第 27—34 页。

[3] 如我国有学者认为的:“权力获得法律上的支持就会形成权威，但这不说明所有权威都必须得到法律的肯定”(参见洪向华:《权威理论浅析》,《科学社会主义》2005 年第 5 期)。

[4] 如我国有学者就认为:“人类社会权威形态的发展明显地呈现出由外在的强制性权威向内在的认同性权威过渡和转化的过程。西方权威观的历史形态是多元的和流变的，大致可以将其概括为德治权威观、人权权威观、主权在民权威观和以权制权权威观”(参见吕瑛:《西方权威观的历史形态及其启示》,《内蒙古大学学报》(人文社会科学版)2007 年第 2 期)。

[5] 参见【法】莫里斯·迪韦尔热:《政治社会学——政治学要素》，杨祖功等译，东方出版社 2007 年版，第 107—114 页。

[6] 【法】莫里斯·迪韦尔热:《政治社会学——政治学要素》，杨祖功等译，东方出版社 2007 年版，第 108 页。

（二）政府权威与中心权

“当政治域出现某中心参与人被认可为中央政府这一稳定结果时，我们将这一显著特征称为国家。”[1]然而，“所有人都是恶的，只要他们一有机会，就总要依这种恶之本性行事”。[2]于是，为了遏制人之恶性所引致的种种不利于人类存续的敌对状态，人类的理性与生活经验促使国家的出现成为必要。正因为如此，有必要建立强有力的政府并颁行法律制度，将人们的无限情欲控制在既定的规范秩序之中。

1. 政府权威与宪政秩序

《联邦党人文集》明确地阐释道：“由于人民是权力的唯一合法泉源，政府各部门据以掌权的宪法来自人民，因此不仅在必须扩大、减少或重新确定政府权力，而且在任何部门侵犯其他部门的既定权力时，求助于同一原始权威似乎是完全符合共和政体的理论的。”[3]此处言及的“原始权威”，无非就是指据以构成政府权威的“合法性”基础。正是在这个意义上说，我们可以说，宪政秩序的形成依赖于政府权威的树立。换言之，政府权威是一个国家宪政秩序生成的政治基础。没有强势的政府和牢固的主权，就没有宪政秩序生长的根基。弱政府必然导致宪政无序。比如，在美国独立战争时期，权威缺失的邦联政府因为无力应对该国内政外交的重重困难，直接导致了其政治上的失稳，其后爆发的“谢斯叛乱”就是明证。正是因为内外交困和“谢斯叛乱”，才使得美国最终摈弃了邦联制，取而代之以联邦制，从根本上解决了美国联邦与州的关系，缔造了一个统一的强大的联邦政府，实现了其宪政制度的根本变革。其中尤为特殊的是，美国政府首脑——总统集国家元首、政党领袖、武装部队总司令等政治角色于一身，充分地体现了美国联邦政府的权威。毋庸否认，美国“强总统”和“强联邦政府”的宪政模式确立并延续至今，是维系美国宪政秩序的重要保障因素之一。

美国的情况如此，法国的情况更是这样。众所周知，法国大革命时期频频发生的革命和政府走马灯似的更换与法国早期的权威缺失的弱政府体制不无关系。戴高乐就曾针对法国此前的政治状况分析过：“从 1875 年到 1940

---

[1] 【日】青木昌彦：《比较制度分析》，周黎安译，上海远东出版社 2001 年版，第 26 页。

[2] 马基雅维利语，转引自徐祥民等：《政体学说史》，北京大学出版社 2002 年版，第 121 页。

[3] 【美】汉密尔顿等：《联邦党人文集》，程逢如等译，商务印书馆 1980 年版，第 257 页。

年，我们更换过一百零二届政府，而英国只更换过二十届政府，美国只更换过十四任总统。”[1]因此，在第二次世界大战结束以后，作为法国历史上少有的强权派总统戴高乐就极力呼吁要改革法国政治制度，如他指出的：“法国的前途在很大程度上要取决于我们今天怎样重新建立我们的制度。”[2]戴高乐把争取法兰西独立、伟大和大国地位作为“（他）心中的唯一目标和（他）生命中的最崇高的目的”。[3]法兰西第五共和国的宪政框架无疑体现了戴高乐多年的抱负——建立一个强有力的、稳定的国家政权，而集大权于总统一身的政府系统正是维系法国政治稳定的重要保障。正因为如此，法国政坛也一反过去总理和内阁更替频繁的现象。在戴高乐总统的任期内，总共只换过三个总理，一度出现了相当稳定的政治局面。可见，法国总统核心政治地位的确立对于法国民主宪政制度的安全提供了非常可靠的保障。

亨廷顿也指出过：“政府的职能就是统治。一个缺乏权威的弱政府是不能履行其职能的，同时它还是一个不道德的政府，就像一个腐败的法官，一个怯懦的士兵，或一个无知的教师是不道德的一样。”[4]同时，亨廷顿还以20世纪下半叶某些发展中国家的情况为例分析道：“在那些处于现代化之中的国家里，恰恰缺少了权威，那里的政府不得不听任离心离德的知识分子、刚愎自用的军官和闹事的学生的摆布。”[5]用他的话说，“对于那些深受冲突和患乱之祸的处于现代化之中的国家，共产党人能提供某些保持政治秩序的定心丸”。[6]质言之，秩序的形成离不开权威的保障。宪政秩序的形成同样需要政治凝聚力，即树立政府权威。权威缺失的“泛自由主义”对一国宪政秩序的建构非但于事无补而且会造成致命的破坏，尤其是在非常态政治条件

[1] 【法】戴高乐：《战争回忆录》第三卷（下），北京编译社译，世界知识出版社1981年版，第584页。

[2] 【法】戴高乐：《战争回记录》第三卷（下），北京编译社译，世界知识出版社1981年版，第578页。

[3] 【法】布赖恩·克罗泽：《戴高乐传》（下册），商务印书馆1978年版，第501页。

[4] 【美】塞缪尔·P.亨廷顿：《变化社会中的政治秩序》，王冠华等译，生活·读书·新知三联书店1989年版，第26页。

[5] 【美】塞缪尔·P.亨廷顿：《变化社会中的政治秩序》，王冠华等译，生活·读书·新知三联书店1989年版，第7页。

[6] 【美】塞缪尔·P.亨廷顿：《变化社会中的政治秩序》，王冠华等译，生活·读书·新知三联书店1989年版，第8页。

下。在此基础上，笔者更主张，为了最大限度地保障人民的权利和增进人民的福利，与政府权威相对应的政府责任也是必须同时强化的，如此方能实现正义的宪政秩序目标。

2. 中心权与宪政秩序

中心权即在一个国家处于中心地位的权力。[1] 在现代国家，中心权是否确定，及其运行是否规范，直接关系到一个国家宪政秩序的实现程度。

在传统君主国，王权始终处于绝对的中心地位，王位的继承始终遵循血统和传统的宗法制度。作为最高权力拥有者的君主在一国处于绝对的中心地位，政治竞争被限定在一定的范围内。这种格局在一定程度上维系了君主国的政治稳定。此外，“(传统君主制国家的君主）在一个划定界限的区域内享有最高管理权，有暴力垄断的支持，并且作为国民对国家最低限度的支持或效忠的结果，这种政治机器享有合法性。” [2] 其后，贵族制则由于其扩大了国家最高权力主体之间的潜在竞争格局。于是，与君主制相比，贵族制国家的秩序混乱局势也就相应地加剧了。古罗马共和国后期的混乱局面就客观地证实了这一点。近代以来，实行分权制的国家使得国家最高权力竞争者的范围进一步扩大，主权在民的政治理念更是将国家最高权力的竞争者扩展到了每一个人。在这种情势之下，统治者必须最大限度地控制社会、控制国家，甚至必须控制每一个人，与国家控权成本与日俱增相伴随的是，作为统治权的重心——中心权的重要地位亦日益得以彰显。

就分权制权力结构模式而言，也许人们更习惯沉湎于启蒙思想家们所设计的那种近乎完美的权力结构中而对“中心权”的存在视而不见。事实上，如果我们认真观察现代西方分权制的政治运行实践就会发现，“中心权”并不是一种虚无缥缈的东西。[3]“在那种金钱万能的社会里谁有钱，谁就掌握

---

[1] 本书此处所界定的中心权应作广义的理解，意指能够代表一个国家整体性权威的领导权和元首权等属概念在内的一个种概念。这在不同的国家政治架构中存在着差异性。任何一项政治权力是否具有中心权的特征，主要的标准就是看它是否对一个国家的政治方向起到主导性的作用。实际上，在很多国家，作为属概念的中心权常常具有重合性。

[2] 【德】戴维 · 赫尔德等:《全球大变革——全球化时代的政治、经济与文化》，杨雪东译，社会科学文献出版社 2001 年版，第 62 页。

[3] 陆德山:《中央国家权力结构研究》，陈晓枫主编:《宪法学研究文集》，武汉大学出版社 1996 年版，第 152 页。

着对重大事务的决定权，操纵着中心权。”[1]一方面，西方“三权分立”的政治运行模式把“中心权”的转移限定在“三权”的范围内，在一定程度起到了维系政治稳定的作用；另一方面，在西方分权制模式运行过程中，各种相互博弈的利益主体之间力量和权势永远都是不平衡和不稳定的。“在经济竞争中，没有哪一个财团在经济竞争中永保不败之地，中心权力随着财团的经济势力而转移，有时转移得快有时转移得慢，这就决定了资产阶级政治统治的混乱性。”[2]

现代民主政体不再像封建专制政体那样把最高权力集中在君主一个人手中。虽然目前世界上仍存在着多种政治模式，但无论哪一类国家，都是与一定的民主政治相联系，现代国家中心权主体显然已经不大可能拥有包括立法权在内的全部最高统治权了。值得注意的是，阶级、政党、社团也日趋成为现代国家重要的政治权力载体。而且，随着社会经济的发展，一些新生的边缘阶级或利益集团，也必将进一步影响社会的阶级结构和进一步拓展中心权转移的范围。在当下这样的一个变革社会，促使主导性政治力量的存在和发展壮大，无疑是维持一个国家宪政秩序的重要举措。为此，现代各国普遍地实行以政党制度为基础的权力配置与运行机制。其中，执政党掌握国家中心权已成为当下各国的政治惯例。

（三）权力监约

政治权威是宪政秩序的基础，但权威过剩势必会对宪政秩序造成破坏，甚至使得一个国家滑入“威权主义”的境地。“一个特定的政权，如果其中存在某种能够把制度化的政治程序产生的结果推翻的权力机关，它就是威权主义的。”[3]对于无限权威之弊症，托克维尔早就洞见：“它是一个坏而危险的东西……任何一个权威被授以决定一切的权利和能力时……这是给暴政播

[1]　陆德山：《中央国家权力结构研究》，陈晓枫主编：《宪法学研究文集》，武汉大学出版社1996年版，第153页。

[2]　陆德山：《中央国家权力结构研究》，陈晓枫主编：《宪法学研究文集》，武汉大学出版社1996年版，第153页。

[3]　【挪威】亚当·普里泽沃斯基：《作为冲突的偶然结果的民主制度》，谢鹏程译，【美】埃尔斯特、【挪威】斯莱格斯塔德编：《宪政与民主——理性与社会变迁研究》，生活·读书·新知三联书店1997年版，第70页。

下了种子，而且我将设法离开那里，到别的法制下生活。”[1]比如，人们对于现阶段俄罗斯不断扩张的总统权力就普遍持悲观的态度。有人就认为：“任何确认中央集权力量凌驾于社会之上的模式都不适合今天的俄罗斯”。[2]再如尼克松时代的美国，其总统权力可谓达到了顶峰。[3]但尼克松也最终因“水门事件”中的滥施权威而导致其在政治上的身败名裂。可见，美国在其发展的特殊时期，强权总统制在一定程度上起到了挽救危机并使国家走出困境的作用，但这同时也为个人的肆意妄为留下了隐患，足以为戒。

那么，如何解决权威过剩问题呢？作者认为，关键就是实现制度化的权力制约和监督。首先，国家权力都必须服从宪法和法律。汉密尔顿说：“代议机关的立法如违反委任其行使代议权的根本法自当归于无效乃是十分明确的一条原则……宪法除其他原因，有意使法院成为人民与立法机关的中间机构，以监督后者局限于其权力范围内行事。解释法律乃是法院的正当与特有的职责。”[4]其次，关于权力的社会监督，托克维尔强调：“在我们这个时代，结社自由已成为反对多数专制的一项必要保障。”[5]当然，这种无限自由是一种使人民靠近无政府状态的政治自由，为此，托氏告诫人们：“上层为共和制的而其余部分为极端君主制的政体是个短命的怪物。统治者的腐败和被统治者的低能，早晚会使这个怪物倒台；而对自己和自己的代表感到厌烦的人民，不是创造出更自由的制度，便是不久又伏在一个独夫的脚下。”[6]这对于人们孜孜以求的宪政秩序目标的实现，无疑具有十分重要的警示意义。

三、常态多元政治条件下的宪政秩序

在人类社会政治文明的演进历程中，君主政治走向民主政治、无党政治

[1] 【法】托克维尔：《论美国的民主》（上卷），董果良译，商务印书馆1988年版，第289页。

[2] 杨心宇等：《变动社会中的法与宪法》，生活·读书·新知三联书店2006年版，第391页。

[3] 比如，尼克松就将冷战时期膨胀的总统权力的使用范围从外交领域扩展到国内政治和正常的公民生活中，企图利用冷战带来的机会和总统的地位，在保卫国家安全的名义下，营造一个为所欲为的“帝王总统”的宪政模式以及与之呼应的“警察国家”。其权力扩张的倾向可见一斑。

[4] 【美】汉密尔顿等：《联邦党人文集》，程逢如等译，商务印书馆1980年版，第392—393页。

[5] 【法】托克维尔：《论美国的民主》（上卷），董果良译，商务印书馆1988年版，第216页。

[6] 【法】托克维尔：《论美国的民主》（下卷），董果良译，商务印书馆1988年版，第872页。

走向政党政治、宗教政治走向世俗政治，无疑代表了人类政治文明不断前进的总体趋势。就现阶段的情况来看，各国由于其历史文化传统和相关社会条件的差异，君主政治并没有彻底地退出历史舞台，但君主制的理念和制度在现代国家已发生了实质性的变化；政党政治越来越成为现代社会政治生活的重要组成部分，政党尤其是执政党的政治行动在现代国家中发挥着重要的宪政功能；宗教神学政治文化作为人类政治文明史进程中一种特殊的政治文化，对现代各国的宪政理念乃至宪政秩序的形成仍然发挥着不可磨灭的影响。因此，本书拟就君主政治、政党政治和宗教神学政治等多元常态政治条件下的宪政秩序问题作一专门的探讨。

（一）君主国的宪政秩序

今天，君主政治是很多国家的常态政治。比如，英国的女王、卢森堡的大公、日本的天皇……都是这些国家的重要政治角色。近代以来，英国人创造出了与君主制共存的代议制度，英王临朝不理政、统而不治，成了典型的“国家最高虚职代表”，这一体制沿袭至今。日本现行的君主政治体制也是根据该国宪法所规定的：“天皇的继承应当‘依国会议决之皇室典范规定’，天皇对他人授予皇室财产和皇室承受天皇赐予财产，也均‘根据国会议决’”。[1]可见，这些国家保留了君主，但君主的权力行使受到严格的限制。君权在这些国家无一例外地都要受到宪法和法律的规制而不再是无限制的“绝对权力”了，绝对君主制已经被改造成立宪君主制，标志着现代君主制在这些国家的形成。就现代君主制国家的政治生态来看，君主作为国家元首，有着很多形式上的权力，在很多情况下也只是一些象征性的、代表性的、纯礼仪性的权力。国家的实际权力一般由议会、内阁、法院等其他国家机关以君主的名义来行使。王室或君主为了避免自己被卷入政治旋涡，他们广泛涉足慈善等与政治无涉的公益事业，通过这些途径塑造自己的不偏不倚的政治形象，正因为如此，他们大多数都受到本国民众的尊敬和爱戴。

质言之，现代君主这一政治角色和地位的塑就固然有其深厚的历史文化传统方面的成因。一般而言，现代国家中权威的形成，与君主在现代国

[1]　参见 1946 年 11 月 3 日公布的《日本国宪法》第二条和第八条的规定。

家作为该国政治权力架构中的中立地位却是直接相关的。因为，“要使国王永远保持没有政治错误的形象，国王就不能介入国家的政治生活之中，若介入国家的政治生活，就难免会犯错误。”[1]以英国为例，正是因为君主“统而不治”、“不能为非”的宪法惯例才促成了英王权威的形成。英王之所以有这种权威，并不意味着她不能干政。非不能，而不为也。当然，在某种特定的情况下，女王一旦介入政治，必将产生极大的影响力。正因为如此，英王的权威通常被视为捍卫英国宪政秩序的“王牌”。此外，在这些国家，“由于君主在位时间长，君主对国策的连续性和稳定性也能起到一定的保证作用”[2]。这对于维系这些国家的宪政秩序无疑具有特殊的价值。

然而，由于各个国家历史文化传统和政治生态条件的差异，特别是由于各国政治力量对比关系的不同，同时都是实行君主立宪制的国家，其君主的地位、权限和实际作用却是迥异的。就当今世界既存的君主制国家来看，各国的情况亦存在着较大的差别。从宪政秩序形成的角度来看，民主的首要任务是防止权力集中于个人。君主制向民主制的演变无疑是历史发展的必然趋势。然而，就现阶段而言，君主制在一定范围内和在一段时期内还会在某些国家以某种形式存在和延续，而绝对君主制的消亡则是必然的趋势。

（二）政党政治与宪政秩序

亨廷顿曾就对发展中国家的政治状况进行分析后指出：“身处正在实现现代化之中的当今世界，谁能组织政治，谁就能掌握未来。”[3]在亨廷顿眼里，“无政党政体乃是传统社会的自然政体”[4]、“无政党国家即保守国家；反政党国家即反动国家。现代化的进展加深了无政党制度的脆弱性”。[5]这番言论对于变革社会中政党政治秩序的建构无疑具有一定的指导作用。“如果

[1] 赵宝云:《西方五国宪法通论》，中国人民公安大学出版社 1995 年版，第 141 页。

[2] 文雅:《尼泊尔的共和之路》，《百科知识》2008 年第 8 期。

[3] 【美】塞缪尔 · P. 亨廷顿:《变化社会中的政治秩序》，王冠华等译，生活 · 读书 · 新知三联书店 1989 年版，第 427 页。

[4] 【美】塞缪尔 · P. 亨廷顿:《变化社会中的政治秩序》，王冠华等译，生活 · 读书 · 新知三联书店 1989 年版，第 376 页。

[5] 【美】塞缪尔 · P. 亨廷顿:《变化社会中的政治秩序》，王冠华等译，生活 · 读书 · 新知三联书店 1989 年版，第 376 页。

说，人类政治和法律文明史的发展链条是由两段组成的话，其节点就是近代宪法的产生和政党政治的出现。”[1]就现代政党国家而言，发达的政党制度无疑是政治现代化的保证，也是宪政秩序形成的政治基础。

当今世界存在着一党制、两党制和多党制等不同形式的政党制度。目前西方大多数国家实行的是多党制。在多党制国家，由竞选中获胜的政党来制定国家的政策。其中，在实行内阁制的国家，内阁由议会中占多数席位的政党直接组成，具有执政地位。某一政党如在选举中获胜并成为议会中多数派的话，还往往可以直接左右议会的重要立法。同时，在野党也可以通过议会中的民主程序对议会制定的法律以及政府所采取的各项施政策发表不同政见，组成影子内阁，对执政党进行监督和制约。值得关注的是，无论在何种条件下，执政党的主张非经议会的立法程序不能变成法律。对于议会制定的宪法和法律，包括执政党在内的所有政党都必须严格地无条件地来执行。并且，在选举中获胜的多数党可以通过其在议会中的议会党团或在政府中执政的官员来间接地影响立法的进程，但无论如何也不能直接以本党的政治纲领来替代国家的宪法和法律施政。就此而言 ，在多党制国家中，宪法和法律的权威超越于任何党派和组织的权威。

亨廷顿指出：“就政治发展而言，重要的不是政党的数量而是政党制度的力量和适应性”。[2]通过结合当时各国政党稳定性与政党数量的关联性分析，亨氏得出的结论就是：“在处于现代化之中的国家，一党制度较之于多元政党体制更趋向于稳定。”[3]与此同时，亨廷顿也看到，由于一党制的政治体系内部缺乏制度化的竞争，故难以维系持久的稳定。相比较而言，亨氏实际上倾向于主张这些国家实行“一党居优”的两党制。[4]对此，笔者的观点是，各国政党制度的形成及发展必然要考虑到其特定的历史文化背景，因国家不同而出现了不同的议会和政党类型，正说明了国情对具体制度形成的重

---

[1] 张义清：《政治宪法与宪法政治考辨》，《学术探索》2005 年第 6 期。

[2] 【美】塞缪尔 · P. 亨廷顿：《变化社会中的政治秩序》，王冠华等译，生活 · 读书 · 新知三联书店 1989 年版，第 388 页。

[3] 【美】塞缪尔 · P. 亨廷顿：《变化社会中的政治秩序》，王冠华等译，生活 · 读书 · 新知三联书店 1989 年版，第 390 页。

[4] 参见【美】塞缪尔 · P. 亨廷顿：《变化社会中的政治秩序》，王冠华等译，生活 · 读书 · 新知三联书店 1989 年版，第 377—401 页。

要影响，也就是说，西方议会和政党的原则并不具有普遍性。正如学者所言，“不同的国家必须从国情出发选择适合自己的政治发展道路”。[1]

就政党政治生态中宪政秩序的形成途径来看，西方国家通常运用宪法和法律对政党的地位、作用、组织原则和组织活动等问题进行规范。比如，法国宪法第四条规定:“各政党和政治团体协助选举表达意见……它们应该遵守国家主权原则和民主原则。”意大利宪法第四十九条也规定:“为了在确定国家政策方针方面以民主方式进行合作，全体公民有自由地组织政党之权利。”德国《基本法》第二十一条规定:“各政党应互相协作以实现国民的政治愿望。它们的建立是自由的。它们的内部组织必须与民主原则相符合。它们的经费来源必须公之于众。”此外，德国还专门制定了《政党法》对政党的地位、作用、组织原则和组织活动等问题作了较为具体的规定。在现代西方国家政党政治的运行过程中，宪法和法律往往被视为落实政党政策的必备手段，而宪法和法律权威的树立无疑是政党政治中形成宪政秩序的根本手段。

（三）宗教神学政治与宪政秩序

纵观西方政治思想史，早期人们的宗教神学思想无疑深刻地影响着人们的政治观念。古罗马的奥古斯丁就以“上帝之城”与“地上之城”来诠释历史与社会。此外，他还基于“堕落的人性论”创立了他自己的一套教父学理论，如他的“创世说”[2]、“原罪说”[3]、“三位一体说”[4]、“末日审判说”[5]，等等。以此为据，他对“世俗国家”进行了激烈的批判，强调“上帝依法而治世”。在他看来，世俗国家的君主必须受到教会的管理，“没有权柄不是出于神的。凡掌权的都是神所命的……做官的是神的用人，是于你有益的……因为他不是空空的佩剑；他是神的用人，是申冤的，刑罚那作恶的。所以你们必须服从，不但是因为刑罚，也是因为良心。”[6]为此，奥古斯丁将正义之

---

[1] 郭凌燕:《西方的议会与政党》,《天津市社会主义学院学报》2007 年第 2 期。

[2] 意指“宇宙万物皆是上帝所创生而来”。

[3] 意指“人类始祖因偷吃禁果而使子孙获原罪，只有信仰上帝才能得救”。

[4] 意指“教皇是上帝的人间代表，是把作为圣父的上帝、圣子的基督和人沟通起来的圣灵”。

[5] 意指“人们的尘世行为在死后将受到上帝的诘究而决定其天堂与地狱的不同归途”。

[6] 【爱尔兰】J. M. 凯利:《西方法律思想简史》，王笑红译，法律出版社 2002 年版，第 85 页。

法律概括为两类："一种是永恒的法，它是正义的最高标准；一种是世俗的或人类的法，它是永恒的法的共同原则，适应社会之变动不居的要求"。[1] 从而使君主的统治权的存在获得了宗教意义上的合法性基础。同时代的神权政治主义大师阿奎那则扬弃了奥氏的"两国论"，主要意在淡化奥古斯丁的纯粹信仰神学色彩，由此使得神权政治论因此成为当时新的历史形态。如他所认为的："国家有其抽象和普遍的正当性，而并不依赖于基督教得以建立和予以表述的基督信徒的友伴关系"。[2] 就此把国家作为上帝设计的一部分而予以正当化了。也正是在这个基础上，基督教作为永恒的"国教"，有了现实社会的伦理学根据。这也预示着"主与教会在个人的社会性生活中各归其位而分离的趋向，君主所代表的尘世生活的正当性凸显，而教会不再居于当然的垄断天下的统治地位，实现了世俗政权与教会势力'划界而治'，进而达致二者在竞夺公民忠诚之主地位上的理论和解。"[3] 可见，"正义是一种上帝的力量在人身上的反映，而这种对正义的超验的信仰是中世纪宪政论的源泉"。[4] 与此同时，中世纪城市共和国的民主主义思想家马西利乌斯则"强烈地反对教会垄断一切……主张教权与俗权的分离，他不赞成君主绝对专制却高扬了政府至上权威的法治诉求"。[5] 可见，中世纪的教权主义者们也是世俗专制主义的反对者，在他们所主导的那个时代的法治话语中，上帝是世界的主宰，君主却要受制于多元的法律。也正因为如此，西方学者们在讨论宪政时，几乎一致地认为，宪政意识是基督教精神的产物。

其后，伴随着传统罗马教会的神圣地位的衰落和民族主义国家新权威的生长，教会与世俗政权的势力竞夺开始转变成了各个国家中突出的政治议题。1534 年，英国的国会通过了《至尊法案》，宣告了国王代替教皇的新政教格局。自此，英国的教会开始丧失其独立的地位而屈从于政教合一的君主权威。该法案的颁行标志着国会取得教会法的制定权，也标志着政教首脑合

---

[1] 【美】列奥·斯特劳斯、约瑟夫·克罗波西：《政治哲学史》(上)，李天然等译，河北人民出版社 1998 年版，第 197 页。

[2] 【爱尔兰】J. M. 凯利：《西方法律思想简史》，王笑红译，法律出版社 2002 年版，第 117 页。

[3] 黄基泉：《西方宪政思想史略》，山东人民出版社 2004 年版，第 71 页。

[4] 【美】卡尔·J. 弗里德里希：《超验正义——宪政的宗教之维》，周勇等译，生活·读书·新知三联书店 1997 年版，第 41 页。

[5] 黄基泉：《西方宪政思想史略》，山东人民出版社 2004 年版，第 78 页。

一的宪政架构在英国政治生活中正式地得以确立。此举遭到了清教徒们的极端排斥和反对。[1]他们极力地争取教会之独立自主的地位，并企图摆脱国王对教会的控制。英国新教思想代表者胡克等人则旗帜鲜明地主张人们应当服从理性，服从《至尊法案》等国会所制定出来的法律，对清教徒那种“偏执”的宗教心态直接地进行了批判。[2]自此，法律世俗化开始成为时代的主流话语，这种趋势也直接影响到了后来启蒙思想家们的法治言说。荷兰同时代的无神论者斯宾诺沙则将批判的矛头直接指向被教会神学派据为经典的《圣经》。在斯宾诺沙看来，《圣经》并没有教给人们多少哲理性的东西，而是借宗教和上帝之名义强迫人们学会服从。如斯宾诺沙批判道：“人们对于《圣经》所下注解就认为是神的纪事，率尔轻信为人所赞扬，以为是宗教的信仰，我对上述诸事会仔细地加以思索，并且我注意到，在教会中和国家中哲学家热烈热烈的争论着，这是深切的仇恨与纷争的来源，骚乱可以立致，等等恶端，不胜枚举。”[3]其后，随着近代以来欧洲文艺复兴和启蒙思想运动的推进，作为道德和信仰之基础的上帝开始受到质疑，人们又一层一层地剥去了披在宗教身上的神圣外衣，直至彻底地摧毁了宗教神学政治赖以建立的思想基础。正是在人们批判宗教神学的过程中，人类所追求的以人本精神为基础的宪政理念才开始得以彰显。

从本质上看，宗教神学政治的最大特点就在于其极端性和先验色彩。它显然与宪政秩序中彰显的多元、宽容、协商、妥协、合作的精神品质难以兼容。按照马克斯·韦伯的说法，现代社会是一个日渐“祛魅”的社会。而这样的一个“祛魅”的过程，在西方文化中却已持续达数千年。[4]因此，我们今天不必再像过去那样相信宗教的神秘力量，世俗化和理性化已成了现代社会发展的显著特征，科学技术的进步已经构成人类理智化过程的一部分。然而，却如马克斯·韦伯看到的：“我们这个时代，因为它所独有的理性化和理智化，最主要的是因为世界已被祛魅，它的命运便是，那些终极的、

---

[1] 参见程世平：《文明的选择——论政体选择与宗教的关系》，中国社会科学出版社2001年版，第80—85页。

[2] 参见【英】洛克《政府论》（下篇），叶启芳等译，商务印书馆1964年版，第55页注释①。

[3] 【荷兰】斯宾诺沙：《神学政治论》，温锡增译，商务印书馆1963年版，第14页。

[4] 参见【德】马克斯·韦伯：《学术与政治》，冯克利译，生活·读书·新知三联书店2005年版，第28—29页。

最高贵的价值，已从公共生活中销声匿迹，它们或者遁入神秘生活的超验领域，或者走进了个人之间直接的私人交往的友爱之中”。[1] 恩格斯谈及宗教信仰时也精辟地指出：“即使是最疯狂的迷信，其实也包含有人类本质的永恒规定性”。[2] 基于此，在人类不断迈向宪政文明的现阶段，我们究竟应该如何协调好宗教教义与现代民主制度以及宪法所规定的人民的各种自由、权利的关系问题，显然是现代国家人们所面临的严峻挑战。而在这一过程中，立宪者所要做的，无非就是既要肯定需要尊重人民的宗教信仰自由，也需要维持政治的世俗化。尤其是在那些世俗化程度较低的国家。比如，在当今信奉伊斯兰教的国家中，“如何既承认伊斯兰教的权威地位，又要约束人民将宗教激情带入政治中，这对于伊拉克的立宪者们来说，无疑是一项艰巨的挑战。应对这一挑战，我们需要务实的妥协精神，也需要保持平衡的技艺。”[3] 如此方能达致理想的宪政秩序状态。

四、非常态政治条件下的宪政秩序

所谓非常态政治条件，就是指在国内发生动乱、叛乱、政变，以及爆发战争、发生自然灾害等处于紧急状态的政治情势。按照美国政治学家欧文·杨的定义，政治中的危机是一个发生高度紧张事件的互动过程，其特征为：正常的政治流程突然被打断，持续时间短，发生暴力的可能性上升并对政治（包括国际政治）中某些系统（或关系样式）的稳定产生重大影响。[4] 自古以来，人们就对乱世心存余悸，一如亚里士多德分析过的：“发生变革的动机可分心理失衡，如私利和荣誉的不平、对惩罚的恐怖等；政事措施失当，如僭越、舞弊等；社会的变迁，如政治组织的失调等这三

---

[1] 【德】马克斯·韦伯：《学术与政治》，冯克利译，生活·读书·新知三联书店 2005 年版，第 48 页。

[2] 《马克思恩格斯全集》第 3 卷，人民出版社 2002 年版，第 520 页。

[3] 秋风：《伊拉克进入宪政时代》，《中国新闻周刊》2005 年 2 月 7 日。

[4] Oran R. Young, The Politics of Force, Bargaining during Superpower Crisis, Princeton: University Press:1968, p.15.

大类”。[1] 现阶段，应当如何具体分析和有效应对非常态政治条件下的各种危机事件，同样是摆在我们面前亟待研究的重要课题。本书拟从国家公权力运行和公民权利保障两个方面探讨一下如何维系非常态政治条件下宪政秩序的意义问题。

（一）非常态政治条件下的国家公权力运行

经验表明，政治冲突一旦发生，“冲突一方总是通过冲突升级相威胁来威慑对手，使其不敢让冲突升级并使这种免于冲突升级的危机满足它的利益需求”。[2] 也正因为如此，军队、法庭、监狱等无疑是现代国家不可或缺的政治机器，也是国家公权力得以正常运行的坚实后盾。与此同时，国家公权力的运行尤其是军事权力的运行必须严格地遵循必要性原则和有效控制原则。在现代国家的纠纷解决机制中，军事手段无疑是最后的屏障，但它的弊端也是自不必言的。我们不难设想，一个国家一旦陷入军事暴力的恶性循环，其宪政秩序也就难以维系。从各国的宪政经验来看，主要的办法就是通过严格的法律程序上有效地控制国家公权力的运行。其中，如何防范军人政变是维系宪政秩序的关键环节。为此很多国家建立了“文官控制军人”的制度，尽可能地使军队国家化和中立化。以美国为例，作为美国武装力量总司令，总统不仅拥有最高军事指挥权……任何军队指挥官都必须服从总统的决策。[3] 也正因为如此，美国自建国以来，从未发生军事政变。政党政府的更迭，政权的移交，大都是依照法律程序和平地有秩序地进行的，这与泰国等军事政变频发的国家形成了鲜明的对照。可见，公权力运行在任何情况下都应受到宪法和法律的规制，紧急状态也不例外。

（二）非常态政治条件下的公民权利保障

当然，在一个国家发生战争、动乱等非常政治条件下，公民权利的行使

---

[1] 浦兴祖等编译:《从〈理想国〉到〈代议制政府〉——西方政治学名著释评》，四川人民出版社 1990 年版，第 37 页。

[2] 【美】詹姆斯 · 多尔蒂、小罗伯特 · 普法尔茨格拉夫:《争论中的国际关系理论》，阎学通等译，世界知识出版社 2003 年版，第 633 页。

[3] 如美国宪法第二条第二款规定的:“总统是合众国陆军、海军和征调为合众国服役的各州民兵的总司令”（See The Constitution of the United States of America, Article II）。

必然要受到诸多的限制。如德国著名的法学家卡尔・施密特看到的："紧急状态下，宪法和法律都必须让步，强权国家将最终压倒法治国家。"[1]可见，各国在紧急状态实践中常常存在抛弃法治原则而侵犯人权的危险性。如希特勒制造"国会纵火案"对人权的粗暴践踏就是明证。为此，切实地保障公民的基本权利无疑是非常态政治条件下维系宪政秩序的重要内容。因此，根据有关国际人权条约和国际人权公约所体现的人权保障的精神，"这些权利在任何情况下，即使声称维护国家的生命之目的也不得克减"。[2] 正是在这个意义上，我国学界也有人明确地提出："不可克减的权利使紧急状态中的国家权力和公民权利处于一种和谐状态，保护不可克减的权利有助于维护国家的生存和国家正常秩序的恢复。"[3]可以说，无论在何种情况下，一个公民最低的生存标准都达不到的国家，国家正常的秩序状态就无法维系和恢复，其宪政秩序状态也自然就无从生根。因此，在紧急状态等非常态政治条件下，我们仍然要坚持和捍卫"最低限度的宪法秩序"原则。为此，各国在制定《紧急状态法》或相关法时，公民的权利保护理所应当被放到至关重要的位置。宪法规制之下的《紧急状态法》就是为了合理地协调自由和秩序的价值冲突。其中，公民的基本人权在任何条件下都应受到宪法的尊重，紧急状态也不例外。

---

[1] See Carl Schmitt, Political Theology, trans. George Schwab, MIT Press, 1985.

[2] 联合国经济与社会理事会:《关于〈公民权利和政治权利国际公约〉的各项限制条款和可克减条款的锡拉库扎原则》, E/CN.4/1985/4，第 9 页。

[3] 王祯军:《对保护不可克减的权利的一些思考》,《中国社会科学院研究生院学报》2008 年第 3 期。

第八章　宪政秩序的法律机制

“秩序的维持在某种程度上是以存在着一个合理的健全的法律制度为条件的”,[1]“法律旨在创设一种正义的社会秩序。”[2]就法律的价值目标与规范作用而言，其“直接目的在于影响（指引、约束、整合）人的行为或行为倾向，使人们的行为达到法律规则或原则所预设，所表达的行为模式，进而达到它的价值目标”[3]。在现代国家，宪政秩序的形成，离不开完善的宪法规范机制、良性的宪法运行机制、有效的宪法保障机制以及可靠的公民权利救济机制等。

一、宪法规范：宪政秩序的制度系统

法律规范是现代社会的基本规范。法律规范的作用主要表现为其在特定条件下对于各种社会利益诉求合理的规制以及对于社会关系有序的调整。[4]宪政秩序的形成依赖于一个特定社会中一整套关涉政治生活和社会经济文化生活的法律规范作为社会主体行为的根本的行为活动准则，即宪

---

[1]　参见【美】E. 博登海默:《法理学—法哲学及其方法》，邓正来译，华夏出版社 1987 年版，第 302 页。

[2]　参见【美】E. 博登海默:《法理学—法哲学及其方法》，邓正来译，华夏出版社 1987 年版，第 302 页。

[3]　张文显:《应当重视和加强法律行为研究》,《中外法学》1993 年第 1 期。

[4]　关于法律的规范作用，在法理学上通常体现为对主体行为的指引、预测、评价、强制、教育等方面。

法规范。[1]宪法规范是一种高度发达的法律规范，它是维系社会生活规范有序的最坚实的保障。在现代国家，每一个人、每一个利益团体、每一个阶级和阶层都与宪法目标的实现密切相关。就此而言，宪法规范构筑了一种“最低限度的社会秩序”。它无疑是法治社会最为坚实的屏障。

（一）宪法目标与宪政秩序

“宪政概念至少假定国家和社会是有区别的甚至是对立的，没有这种区别和对立，就没有必要给国家设立法律程序”。[2]如前所述，宪政秩序的实现，依赖国家与社会的分化与互动。只有当国家目标与社会目标高度协调一致的时候，宪政秩序方能得以形成。其间的关系如图8—1所示。

宪法规范系统作为国家社会化和社会国家化的制度载体，在宪政秩序形成的动态过程中，起着至关重要的作用。具体而言，宪法规范对于其社会形成目标的实现，主要是通过对于一个特定社会个体或群体的权利和自由进行确认而达成；宪法规范对于其国家目标的实现，则主要是通过其对于国家公共权力的授予和规制而达成。《成文宪法的比较研究》一书就列举了宪法之所以重要的诸多原因。其中就包括：“宪法是一个国家内最高的和最有权力的政治阶层所做的决策活动的结果；它构成了一个国家公法的核心；它包括一些全世界都信仰的价值观念和规范；它是一个国际范围内的发展影响到国家范围的渠道；它提供了关于国家组织和正式授权的大部分可靠的情报；它提供了比较政治制度的方便手段，等等”。[3]可见，宪法规范的范围和法律效力是十分广泛的。其最根本的功能就在于它在国家和社会之间构筑了一种巨大的张力，并通过促使其互动地运行，以此维系宪政秩序。

---

[1] 宪法规范这一概念有广义和狭义之分。狭义的宪法规范，一般是指体现在宪法文本、宪法性文件中的区别于历史陈述、原则、指导思想等内容以外的具有宪法效力的“法律规范”。广义的宪法规范则是指包括狭义上的宪法规范在内的一切具有宪法效力的、经过国家规定或确认的宪法主体参与宪法关系时所应遵循的一切根本的原则和准则。体现在宪法典、宪法性法律、宪法惯例、宪法判例，以及其他一切相关的表现形式之中。既包括明示的宪法规范，也包括默示的宪法规范。本书取其广义进行分析。

[2] 张文显、信春鹰：《民主＋宪政＝理想的政制》，《比较法研究》1990年第1期。

[3] 【荷兰】亨利·范·马尔塞文、格尔·范·德·唐：《成文宪法的比较研究》，陈云生译，华夏出版社1987年版，第375—376页。

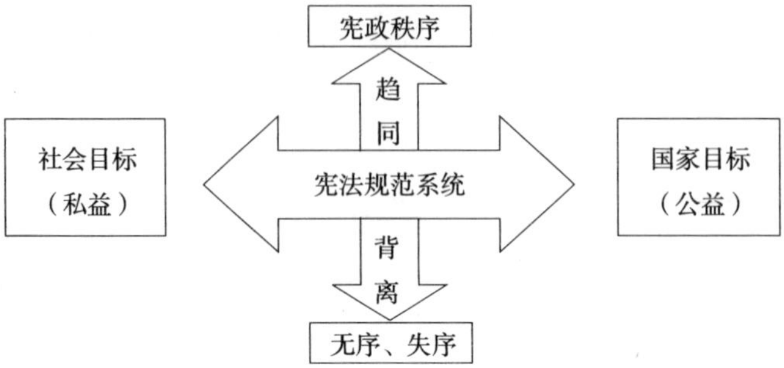

图 8—1

（二）宪法规范系统与宪政秩序

1. 制宪：一种应然的秩序

西耶斯很早就论及制宪权的价值问题。在西耶斯看来，宪法就是一种政治判断，我们可以从制宪权主体所具有的立宪意志中寻求宪法本身的正当性。[1] 从现象学的角度来观察，制宪权就是一种“前宪法现象”。它先于宪法规范而产生并构成宪法规范存在的正当性基础。对此，哈贝马斯也看到：“法律规范所说的不是对所有人都同等地好的东西；它们调节的是一个具体的法律共同体的公民们的生活情境”。[2] 此处，哈贝马斯道出了法律规则及其调整对象自身存在的事实意义。关于法律规范中行为模式何以形成，哈贝马斯指出：“是因为存在着一些事先已经起作用的价值共识，以及参与者们对于主体间承认之价值的取向”。[3] 可见，制宪以及与之相关联的制宪权无疑就具有这样的“价值共识”意涵。问题却在于，我们何以获知这样的价值共识呢？哈贝马斯还进一步发表了自己的看法，如他所描述的：“以国家强制为后盾的规范，来源于一个政治立法者之可以改变的决定；同这个事实相联系的，是这些规范将平等保证法权人的自主性这样一种期待。这种合法性期待同立法和执法的事实性交织在一起。而这种联系又进一步反映在法的

---

[1] 西耶斯语，转引自徐秀义、韩大元主编：《现代宪法学基本原理》，中国人民公安大学出版社 2001 年版，第 34 页。

[2] 【德】哈贝马斯：《在事实与规范之间：关于法律和民主法治国的商谈理论》，童世骏译，生活 · 读书 · 新知三联书店 2003 年版，第 188 页。

[3] 【德】哈贝马斯：《在事实与规范之间：关于法律和民主法治国的商谈理论》，童世骏译，生活 · 读书 · 新知三联书店 2003 年版，第 81 页。

模糊的有效模态之中”。[1] 按照笔者的理解，制宪权作为宪法“合法性”的一种解释，无疑具有重要的规范秩序形成功能。由此可见，制宪权本身就是一种应然的秩序。

2. 宪法规范的内容

在现代法治国家，宪法是规范国家权力运行的最高法律。宪法的地位决定着宪法规范的内容。首先，宪法规范以保障人权为己任，必须确保公民参与国家和社会生活所应当具有的一切权利和自由；其次，宪法应当为国家公共权力运行提供根本性的制度依据和程序机制。一方面，宪法规范应为确保国家公共秩序的维系提供制度性的安全保障，确保政府必要的权威；另一方面，宪法规范还应为政府尊重和保障人权承担责任。按照宪法规范系统的基本原理，国家的公共权力只有在宪法规范的明确授予下才能行使。而对于公民权利，只要是宪法没有明确禁止的，都属于公民自由的范畴。就此而言，公民权利的范围是开放的，而政府公共权力的体系则是封闭的。从秩序形成的角度来看，宪法规范的内容彰显现代法治的基本原则与理念。作为现代法治社会的根本行为活动准则，它试图通过“规范”来建立了一种法制统一的秩序，使得一个特定国家的社会秩序可以建立在由宪法规范所限定的秩序框架内。

3. 宪法规范的表达形式

作为一种法律规范，宪法规范的表达形式无外乎“明示”和“默示”两种。前者主要是指宪法典、宪法性法律等；后者主要是指宪法惯例、宪法判例等。在英美法系国家，缘于“法官创法”的传统，宪法判例具有事实上的宪法规范的效力。英国在其长期的法律实践中形成了一种悠久的传统，即法官应该恪守其前辈所确立的各种判例原则，这被英国司法界奉为“判例主义”。如戴雪在其《英宪精义》中表述的：“在英格兰之中，宪法本身是以法律的判决为根据。”[2] 据此，戴雪把英国的宪法规则分为宪法性立法（包括源于普通法的宪法性法律）和宪法传统惯例（包括由习惯、惯例和常规形成的种种规则）。在他看来：“法律是由法院实施的规则；惯例则不是由法院实施的，而是由人们在政治实践中自觉遵守。惯例之所以得到遵循，是因为对惯

---

[1] 【德】哈贝马斯：《在事实与规范之间：关于法律和民主法治国的商谈理论》，童世骏译，生活·读书·新知三联书店 2003 年版，第 683 页。

[2] 【英】戴雪：《英宪精义》，雷宾南译，中国法制出版社 2001 年版，第 240 页。

例的违反最终将导致对法律的违反”。[1] 可见，宪法惯例围绕和依赖成文宪法的原则而发展，然而一旦形成，却又构成宪法规范的表现形式。

4. 宪法条款的基本特征

从实践技术层面上看，宪法条款至少应当具备以下几个方面的特征：首先，内容上的根本性。宪法调整国家和社会问题中具有根本性和战略性的问题，不可能对所有的问题事无巨细加以规定。其次，时效上的可持续性。可持续性是指宪法条款的存在和发挥作用的时间相对于其他法律条款而言是长期的。意即，宪法不能朝令夕改，否则就会动摇公众对宪法的信仰。再次，价值上的中立性。这是宪法条款不同于一般意义上的政策或国策的重要特点之一。它表明，宪法在本质上无疑是统治阶级意志的体现并为统治阶级服务，但就其宪法所要解决的问题本身而言，一般都属于法律问题。就此而言意在维护和发展的是社会的公共利益，而绝非狭隘的阶级利益；此外，行为上的规范性。宪法条款一般应具有构成宪法规范的基本特征。宪法规范则对宪法主体的行为具有明确的指引作用。故从内容上看，宪法条款不仅仅涉及国家机关组织和权力运行程序上的规定，而且涉及某些公民基本权利和义务的实体内容的规定。因此，我们必须不断地改进立宪方法，使宪法监督和宪法制裁、宪法保障等制度在条文上系统化、规范化。[2]

（三）宪法变迁与宪政秩序

宪法变迁[3]一般是指一部宪法生命历程中的发展变化，这些变化可能基于宪法被修改、被解释等多种方式体现出来。[4] 它一般不包括那些以革命等极端化的方式废除旧宪法和制定新宪法的活动，而意指宪法“类似生命体的

---

[1] 【英】W. Ivor.詹宁斯：《法与宪法》，龚祥瑞等译，生活 · 读书 · 新知三联书店 1998 年版，第 86 页。

[2] 参见张义清：《基本国策的宪法效力研究》，《社会主义研究》2008 年第 6 期。

[3] 学者之间关于宪法变迁的界定并不一致。有的学者用宪法变迁指称宪法修改方式之外的宪法内容变动的方式（参见韩大元：《宪法变迁理论评析》，《法学评论》1997 年第 4 期）。有的学者用宪法演进来指称宪法修改之外的宪法内容变动方式（参见沈宗灵：《比较宪法——对八国宪法的比较研究》，北京大学出版社 2002 年版，第 300 页；郭道晖：《论宪法演变与宪法修改》，《中国法学》1993 年第 3 期）。

[4] 有学者指出宪法变迁有五种方式：（1）修改宪法，（2）基本立法，（3）行政措施，（4）宪法判例或解释，（5）宪法习惯或者政治惯例；又指出，行政措施的方式也可以归入宪法习惯的方式中（参见荆知仁主编：《宪法变迁与宪政成长》，正中书局 1982 年版，第 4、7、10 页）。

成长、发展和变化”的变动和发展过程。具体而言，宪法的变迁不仅包括宪法条款及其内容的增加、减少或者改变的过程，而且包括在宪法条款不变的情况下基于宪法解释其内容由简单变得丰富、由抽象变得具体的过程。现阶段，由于社会发展瞬息万变，人们的利益关系也在时时处于不断地调整之中。这意味着，哪怕是一部再完善的宪法，如果不能根据情势变迁对宪法进行适当的修改和发展，人们可能就不得不抛弃它而另觅其他途径。而当人们试图抛开既定宪法制度框架的诉求变得异常强烈而不可控的时候，就可能引发剧烈的社会革命或者其他大规模的社会动荡，从而导致宪政失序。因此，宪政秩序的形成，必然要求宪法规范具有较强的适应变动的能力，以使宪法发展适应社会发展的需要。

1．宪法规范适应变动的能力

宪法的权威系于稳定，而保持宪法的稳定性亦绝非机械地保持宪法亘古不变。庞德就说过：“法律必须稳定，但又不能静止不变。因此，所有的法律思想都力图协调稳定必要性和变化必要性这两种彼此冲突的要求”。[1] 在当下这样的一个变革社会，政治力量对比的变化、政治矛盾的凸显、政治危机的发生等因素必然都要求宪法必须具备良好的适应变动的能力。为了缩小宪法与社会现实之间的距离，就需要以某些方式改变宪法，使宪法的规定或其内容发生一定的变迁。

具体而言，宪法变迁显然是指实然的宪法的变迁，其变迁的可能性显然是受应然的宪法与事实的宪法之间的张力所决定的。[2] 从宪政秩序形成的角度来看，笔者认为应区分以下两种情况：

第一种情况是：当事实的宪法受实然的宪法所规制，并符合应然宪法的价值目标时，三者就实现了相对的动态平衡。在这种情况下，维持事实宪法的相对稳定是维系宪政秩序所必需的。否则就会导致出现一个国家宪政无序或者失序的可能。其关系如图 8—2 所示。

---

[1] 【美】罗斯科 · 庞德：《法律史解释》，邓正来译，中国法制出版社 2002 年版，第 2 页。

[2] 为了分析的需要，本书不妨将宪法类型化为应然的宪法、实然的宪法以及事实的宪法之三种类型。本书所界定的“应然的宪法”，指作为价值目标形态而存在的宪法，具有制宪权的意涵。“实然的宪法”指的是作为制度形态的宪法，文本上的宪法就属于此类。“事实形态的宪法”指的是实践层面上的作为主体的一种行为状态的宪法。

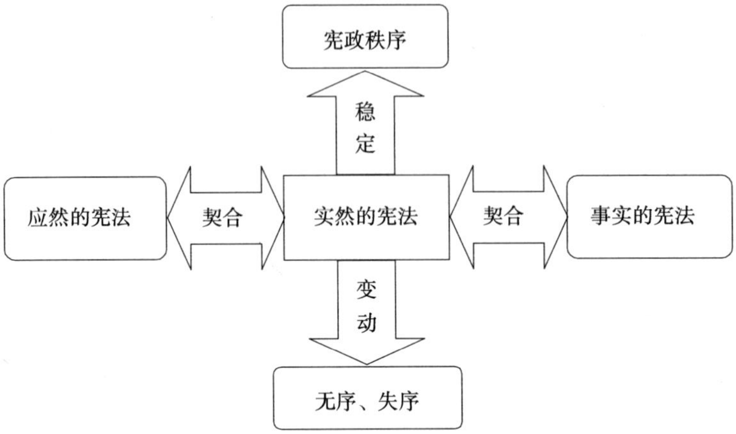

图 8—2

第二种情况是：当事实的宪法及其作用的条件发生变动，造成事实的宪法与实然的宪法价值目标的背离时，必须考察事实的宪法与应然的宪法之契合度而区分两种具体的情况：其一，如果事实的宪法与应然宪法出现价值目标也出现背离，对于事实的宪法就应当通过宪法评价包括违宪审查予以否定，不属于宪法变迁之列；其二，当事实的宪法与应然的宪法出现价值目标趋同时，而实然的宪法与应然的宪法之价值目标也发生差异时，则就应当考虑宪法变迁，以达致宪政秩序。否则，必将导致宪政无序或失序。其关系如图 8—3 所示。

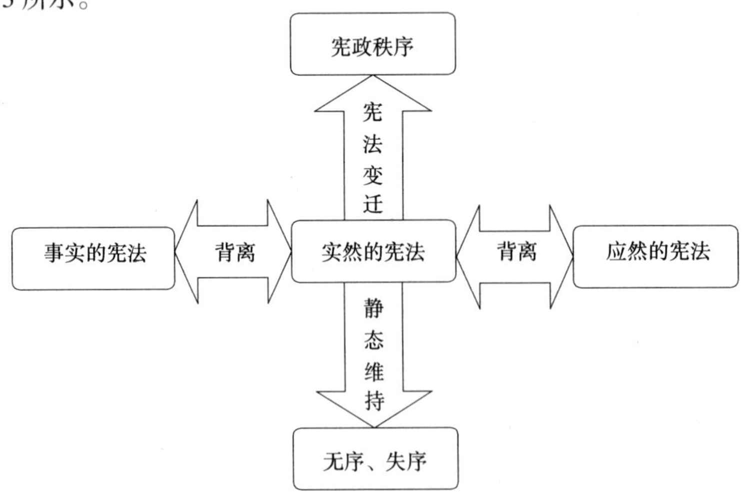

图 8—3

2．宪法的修改与宪政秩序

宪法变迁的途径很多，宪法修改无疑是最重要和最普遍的方式之一。宪法修改，就是指人们对既定的宪法内容和形式进行的部分更新和变动。从宪政秩序形成的角度来看，世界各国在其宪法文本中都无一例外地规定了宪法修改的条件和较为严格的程序。例如，按照美国宪法的规定，国会在两院三分之二议员认为必要时，应提出本宪法的修正案，或根据各州三分之二州议会的请求，召开制宪会议提出修正案。不论是通过哪种方式提出的修正案，均须经各州四分之三州议会或四分之三州制宪会议的批准，方能使其成为本宪法的一部分而发生效力。因此，美国宪法文本颁布二百多年来，美国总共才批准了二十七条修正案；同时，宪政秩序的维系在于应然的宪法、实然的宪法和事实的宪法三者之间的循环，这样的宪法才是稳定的。否则，即使实然的宪法修改不多，但如果它本身形同虚设，与应然的宪法、事实的宪法矛盾重重，严重滞后于社会结构和社会生活的发展变化。在这样的情况下，表面上看似十分稳定的实然宪法，却时常处于一种“亚修改状态”。事实证明，实然宪法的修改是指其在平和的环境中对于社会变迁所作出的动态的有序的反应，是政治延续的表现，在根本上有助于维系一个国家的政治稳定。公民对于宪法的信仰本质上表现为公民对于应然的宪法的价值诉求。“应然的宪法”与“事实的宪法”之契合度无疑是评价一个国家宪政秩序是否形成的重要标尺。

3．宪法解释与宪政秩序

宪法解释，就是指特定的国家机关依据宪法的基本精神、原则及原理对宪法规定所作的诠释和说明。宪法解释的功能在于阐释宪法规范的内涵，明确宪法规定的立法原意，同时也可根据宪政精神和宪法原则来推出具体的、合宪的行为规则。在宪政实践中，强化宪法解释，就是要针对宪法在实施过程中出现的种种问题，保证宪法适用的统一性和宪政精神的准确贯彻，以此弥补宪法立法的过于原则和填补立法空白。因此，一个国家完善的宪法解释制度对于其宪政秩序的形成至关重要。但是，作为宪法变迁并行不悖的两种方式，宪法修改与宪法的解释之间到底如何实现优先选择？以及如何有效地防止或减少在修改过程中宪法的稳定性和权威性的损失？学界却存有争议。一部分人提出了修改是宪法变迁的主要甚至唯一的方式，而另一些人则针对宪法修改模式所固有的种种弊端，主张通过强化宪法解释的手段存利去弊，使其成为现代国家宪法变迁的基本方式。笔者认为，宪法的修改和解释这两种宪法变迁的方式都有其优缺点。宪政秩序的塑造绝不能只依赖某一种方式，而需要综合运用多种方式。就两种方式的选择而言，其间的位序确定应当区分不同的国情以及一个国家不同的历史阶段和社会情势，通过充分比较宪法变迁的若干方式，权衡其利弊，方能探索出一种综合性的、能够较好地处理宪法的权威性、稳定性和适应性之间关系，以促进宪政秩序的形成。

在宪政实践中，宪法解释的主体定位是一个十分重要的问题。宪法解释权无疑是现代国家中一项特别重要的宪法权力。世界大多数国家都在宪法文本中明确规定了专门的国家机关负责宪法的解释。以解释主体的不同类型来划分，大致上包括立法机关解释模式、司法机关解释模式和专门机关解释模式三种。比如，美国就将宪法的解释权授予法院。1803 年在马伯里诉麦迪逊案中，首席法官马歇尔就在判决书中明确指出：“极为重要的是，说明何者为法律，乃是司法部门的职责和权限。那些将一项规则适用于具体情形者，必须阐释和解释这项规则。如果两项法律彼此冲突，那么必须由法院来裁定这两项法律各自的适用范围。”[1]美国司法审查的实践经验表明，该国联邦最高法院的法官们十分珍视他们手中的司法审查权，他们努力地坚守着自己的司法信念，维护着宪法的权威和尊严。与此同时，他们亦时时坚守宪法解释权的边界，尽可能地尊重立法机关和行政机关行使职权。对此，美国人民也深信司法部门一般不会滥用自己的宪法解释权。正因为美国建立起了如此完善的宪法解释制度，其宪政秩序也就不容易遭到破坏。

二、宪法适用：宪政秩序的运行机制

（一）宪法运行与宪政秩序

宪法运行，就是指宪法作用于社会现实，使得文本的宪法转化为实践的宪法并实现其功能的动态过程。宪法运行属于宪法实施的范畴，从主体上来

---

[1] 参见【英】弗里德里希·冯·哈耶克：《自由秩序原理》（上卷），邓正来译，生活·读书·新知三联书店 1997 年版，第 408 页。

区分，宪法运行具体包括宪法的适用和宪法的遵守两方面内容。潘恩曾说过："宪法不仅是一种名义上的东西，而且是实际上的东西。它的存在不是理想的而是现实的。"[1]该言说无非表明，宪法的实践性只有在宪法的运行的过程中方能体现出来。宪政秩序的形成，除了需要一整套完善的宪法规范系统作为其制度基础之外，宪法的切实实施及其所依赖的一系列完善的宪法适用机制和相应的正当程序保障机制都是十分必要的。具体而言，宪政秩序的运行机制包括以下两个层次：

第一个层次，宪法在运行的过程中，宪法文本作用于社会现实构成宪政秩序形成的必要条件之一（但不是充分条件）；宪法文本没有作用于社会现实（主观意义上的不适用）或者无法作用于社会现实（客观意义上的不可适用）的时候，常态的宪政秩序就会被打破。其间的关系如图 8—4 所示。

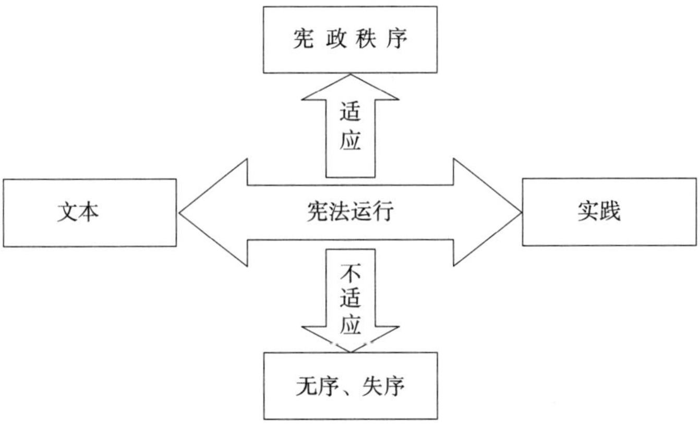

图 8—4

第二个层次，在宪法规范符合正义的价值标准以及宪法被普遍地适用这一双重假设的前提之下，宪法适用的程序性保障将构成宪政秩序形成的另一必要条件；反之，当宪法非按正当程序适用的情况下，势必导致宪法实践和宪法文本之间的背离，从而导入宪政的无序或失序。其间的关系如图 8—5 所示。

---

[1] 【英】托马斯·潘恩：《潘恩选集》，马清槐等译，商务印书馆 1981 年版，第 146 页。

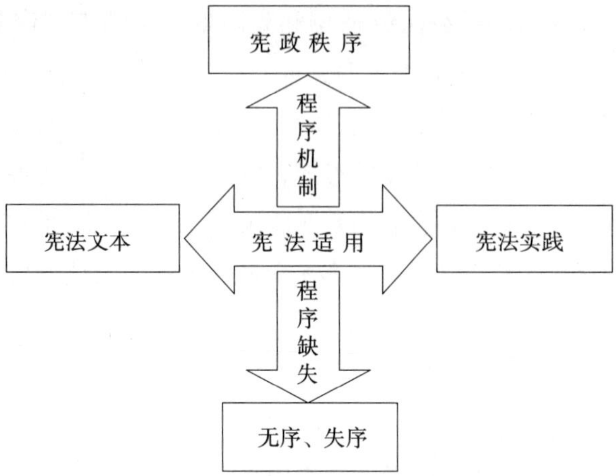

图 8—5

（二）宪法适用

宪法适用有广义和狭义之分。广义的宪法适用是指国家机关依据职权援引宪法并按照特定的程序来解决纠纷和处理案件的一切活动。狭义的宪法适用则是指国家司法机关依据法定的职权和法定的程序，依法（包括宪法）裁决和处理纠纷的专门活动。[1] 从宪政秩序形成的角度来看，宪法适用应当具备独立性、自主性、谦抑性等品质和特征。

宪法适用的独立性，一般就是指宪法适用主体以及主体行为活动与程序等方面所具有的独立性。在那些推行司法审查模式的国家，宪法适用的独立性实际上可以转读为宪法司法适用的独立性，即“司法机关独立于其他机关、团体和个人；司法机关行使其职权时，只服从法律，不受任何其他机关、团体和个人的干涉”[2]。为此，很多国家都在宪法和法律文本中明确规定任何其他国家机关或个人均不得侵犯司法机关和法官的司法审判权。比如，乌拉圭共和国宪法第 87 条就规定：“司法机关对诉讼案件之审理及判决有专属权。总统、各部部长或其他官署，均不得僭越司法权……如实施上述行为皆为无效”。日本宪法第 76 条第 3 款亦明确规定：“所有法官依良心独立行使职权，只受本宪法及法律的拘束。”当然，为了最大限度地保障法官客观

[1] 参见王磊：《宪法司法化》，中国政法大学出版社 2000 年版，第 19 页。

[2] 龙宗智、李长青：《论司法独立与司法受制》，《法学》1998 年第 12 期。

公正地行使司法职权，各国也对法官的权限和行为作了很多相应的限制，以保证其严格地遵守宪法和法律。对于法官的不端或违法犯罪行为，各国宪法和相应的法律都规定了相应的责任追究体制，包括对法官职务行为失当而启动的弹劾程序等等。此外，各国宪法和法律也普遍规定了新闻媒介和相应的国家机关及其工作人员在法院司法裁判作出之前，不得作出可能影响司法独立和司法公正的宣传和报道。从宪政秩序的角度来观察，司法独立是一把双刃剑，司法公正有赖于司法独立。然而，过分地强调司法独立也可能造成法官擅权和司法腐败的产生。

宪法适用的自主性就是指宪法适用的主动性或能动性。在那些推行司法审查模式的国家，宪法适用的自主性实际上可以转读为司法机关及其相关人员的自主性。在司法实践中，司法机关司法职能的实现最终是以司法机关具有充分的自主性为前提，而能否切实地保证司法人员的自主性及其自由裁量权则直接关系到司法机关有没有足够的自主能力介入案件。反之，如果司法机关和司法人员缺乏最起码的自主性，司法的公正性就会大打折扣。因为，从宪政秩序的角度来看，宪法适用的自主性或称之为司法权的能动性的东西常常是人们医治“多数民主”之种种弊症的一剂良方。然而，司法实践中的司法权与立法权、民主与法治之间的价值判断和取舍往往是十分艰难的，司法机关和司法工作人员要在纷繁复杂的司法案件中追寻实质的司法正义，他们在行使司法权方面所需的主动性往往是十分重要的。正因为如此，在现代司法实践中，通过法律赋予司法机关和司法人员以必要的司法自由裁量权无疑是捍卫现代司法公正目标之必需。

宪法适用的谦抑性则内蕴于其独立性和自主性之中。就现阶段而言，它集中地表现为宪法的政治歉抑性，即适用宪法的国家机关应保持客观中立和道德中性的立场，不得随意地介入到派别性的政治纷争之中。经验表明，司宪权的过剩，不仅会直接损害司宪机关自身的权威和独立性。而且，司宪机关在某些“权力不对等”的情况下对“政治活动”擅入，不仅难以发挥司宪权的能动性，而且还将成为毁坏宪政秩序的源头。其原因在于，司宪机关是依靠公正的裁决来建立自己权威的，除此以外，该机构并没有更多的权力资源。在那些分权制的国家，相对于立法权、行政权而言，司法权的力量一直都是甚微的。尤其在国会与总统之间发生激烈冲突的场合，司法机关由于位卑权微，它们是无力充当一个仲裁者来居中解决纠纷的。美国1803年马伯里诉麦迪逊案的大法官马歇尔在该案的审理过程中形成了一项尤为特殊的宪法规则，那就是“政治问题不予审查”。正如马歇尔在马伯里诉麦迪逊一案的判决中写道的：

“行政首脑的行为的合法性是否可以在法院受到审查，必须以该行为的性质而定”。“根据合众国宪法，总统被授予某些重要的政治权力，在行使其权力时，他运用其自由裁量权……官员们根据总统的授权行事，并执行总统的命令……这种裁量权的主体是政治性的，他们尊重国家，而不是尊重个人权利……由于国务卿的职责是由该法案规定，该官员就是具体执行总统的意志。该官员只是使总统的意志得以传达的机关。作为官员，其行政行为从来不能被法院审查”。[1]

就该案而言，根据马歇尔大法官的逻辑，国务卿麦迪逊的行为应归结为总统指示的行为。虽然人们对总统如何行使他的职权以及如何运用他的行政自由裁量权可能有各种不同的意见，但马歇尔认为，这些问题属于政治问题，他们与国家有关，而与单独的个人无关。这类问题由行政首脑负责处理，而且他的决定为最终的决定，不能由法院审查。行政首脑对总统负责，以总统的授意而行事，其决定也就等于总统的决定，自然，这样的政治行为不能由法院审查。在笔者看来，这正是马歇尔后来挟宪法以自重而最终排斥适用美国《1789年司法条例》第13条的理由之一。可见，违宪审查机关在适用宪法的过程中，必须把握宪法运行的特殊规律，任何过激的或者消极的举动显然都是不理智的表现。

（三）正当程序

“程序乃法律之心脏”。[2] 从世界各国来看，根据适用宪法的主体及其相应的法律机制的不同，宪法程序可分为普通程序和专门程序，前者包括普

[1] Marbury v. Madison, I Cranch 137,2L Ed 60（1803）; Gerald Gunther Law, Tenth Edition, Foundational Press,1980.

[2] 宋冰:《程序、正义与现代化》，中国政法大学出版社1998年版，第363页。

通的立法程序、行政程序和司法程序，后者特指专门的宪法诉讼。“宪治的关键在于宪法诉讼。”[1]就宪政秩序形成的正当程序来看，首先需要甄别的就是，哪些问题属于宪法问题，它们属于什么样的宪法问题，然后分别就不同的问题有针对性地选择合适的程序渠道应对之。从解决问题的程序来看，只有在区分不同的问题的基础上，根据各种问题的不同性质方能选择恰当的应对方案和程序机制。从这个意义上说，问题的识别、问题的处理以及相应的解决方法都构成程序的应然内涵。比如，“法院为了维护政府分权原则并尊重民主政府的其他分支，自动谢绝审查属于其他政府分支决定的问题，从而把它们归入‘不可审查’争议的行列。”[2]这一原理延伸到宪法程序的适用，无疑表明了这样一种立场：“法院宣称某些案件或某些案件涉及的问题不具有可裁判性，即不适宜司法解决，尽管这些案件或这些案件涉及的问题属于宪法或其他法律规定联邦法院的管辖范围之内，或者也符合法院受理诉讼的各项要求”。[3]可见，并非所有的问题都适宜通过宪法手段加以解决。这本身就属于一个特别重要的宪法程序问题。

在现代国家，以宪法上的纠纷解决机制必须遵循的一般程序是，纠纷发生以后，司宪机关首先必须通过纠纷识别系统明确问题的性质并对问题进行归类，在此基础上，司宪机关应根据不同性质的问题进行分类处理，然后通过纠纷处理系统将各种不同性质和不同类别的问题导入各自不同的程序轨道。其流程详见图8—6所示。

就上述宪法纠纷的识别和处理程序机制而言，如何正确识别和合理处理政治问题，无疑是其中一个值得特别注意的问题。对此，马歇尔大法官早在1794年的众议院发言时就曾指出过：“宪法虽把司法权力扩展到所有法律与衡平案件，却从未被理解为授予司法部门任何政治权力。要进入法庭，问题必须采取法庭诉讼和司法决定的法律形式。诉讼必须存在进入法院的当事人，他们受到司法程序的约束，并且必须服从审判庭的最终决定”。[4]此即，

---

[1] 胡肖华：《宪法诉讼原论》，法律出版社2002年版，第21页。

[2] 张千帆：《西方宪政体系》（上册），中国政法大学出版社2000年版，第74页。

[3] 【美】路易斯·亨金：《宪政·民主·对外事务》，邓正来译，生活·读书·新知三联书店1996年版，第118—119页。

[4] 张千帆：《西方宪政体系》（上册），中国政法大学出版社2000年版，第74—75页。

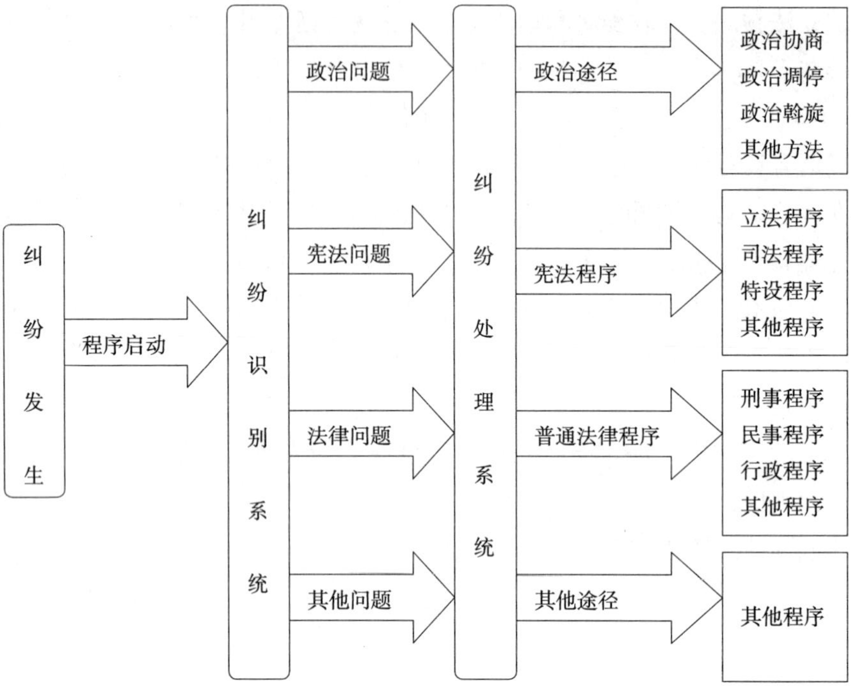

图 8—6

如果说法院也能够介入政治问题，那么也只能是对政治问题进行识别而非直接处理。“在本质上属于政治性的问题是永远也不能在法院提起诉讼的”。[1]那么，如何具体判明“政治问题”，其具体的标准则是在其后贝克尔诉卡尔案的审理和判决中被涉及的：

（1）宪法确定地将该问题赋予与法院有同等政治地位的政府的一个分支机构进行处理；（2）裁判上没有可以据以解决该问题的法院可以发现和适用的标准；（3）在解决该问题之前必须首先作出政策性决定，而该政策性决定不宜由法院作出，即必须先经过“非司法的裁量”之后法院才可能判断；（4）在解决该问题时会显示出对其他同等的有关政府部门的不尊重；（5）有必要对于已经作出的政治决定加以尊重；（6）对于同一个问题，法院和其他

[1] Marbury v. Madison, I Cranch 137,2L Ed 60（1803）; Gerald Gunther Law, Tenth Edition, Foundational Press,1980.

部门不一致的决定可能导致混乱和令人尴尬的局面。[1]

当然，在各国的宪政实践中，由于宪法运行的具体情况千差万别，政治问题与法律问题二者之间的边界难以划分清楚，相关领域的争议也特别大。比如，在尼克松诉赫尔顿案（Nixon v. Herndon，1926 年）中，当事人主张案件涉及政党预选，因具有政治性而不宜进行司法审查。对此，大法官霍姆斯则指出，“这简直是在说俏皮话”。[2] 还有人认为“政治问题回避”原则并无宪法依据，该原则是反宪法的，他们还引用大法官马歇尔在科恩斯诉弗吉尼亚州案（Cohens v. Virginia，1821 年）中的判决：“若法院不应当管辖的话，它就不会管辖，这一点不错；但同样重要的是，如果它应当管辖的话，它就必须管辖……厚此薄彼，都是对宪法的背叛”。[3] 对于贝克尔诉卡尔案的判决，也有人指出，“虽然联邦最高法院通过这一做法给政治问题原则赋予了新的生命，但结果并不是澄清了混乱，而是乱上加乱。”[4]

总之，宪法程序的适用应区分不同的国家以及各国不同的情势，唯有如此，才能使得宪政秩序得以实现。

三、宪法监督：宪政秩序的保障机制

（一）宪法保障与宪政秩序

宪法保障，即宪法实施的保障，其基本的价值诉求在于将宪法主体的一切决策和行为限定在既有的宪政价值体系内。宪法保障机制的秩序形成功能在于：促进合宪行为目标的实现，规制与宪法目标相异的非宪法行为，取缔与宪法目标相背离的反宪法行为，以此维系宪政秩序。

宪法的正向保障，主要是通过树立宪法权威加以实现的。宪法保障具

---

[1] Baker V. Carr,369 U. S. 186,82 S. Ct. 691,7 L. Ed. 2d 663（1962）.

[2] Louis Fisher. Constitution Structures：Separated Powers and Federalism, Durham, Carolina Academic Press, 2005，p.108.

[3] 【美】路易斯·亨金:《宪政·民主·对外事务》，邓正来译，生活·读书·新知三联书店 1996 年版，第 128 页。

[4] 【美】路易斯·亨金:《宪政·民主·对外事务》，邓正来译，生活·读书·新知三联书店 1996 年版，第 127 页。

体包括宪法的正向保障和反向保障两个方面。其间的关系如图 8—7 所示。

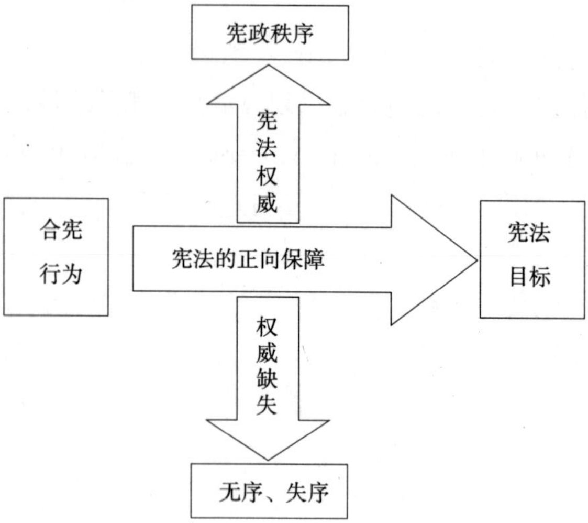

图 8—7

宪法的反向保障，主要是通过建构有效的宪法监督机制加以实现。其间的关系如图 8—8 所示。

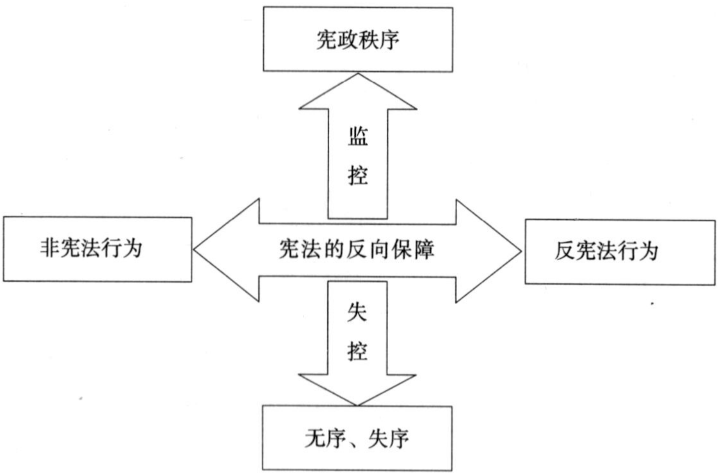

图 8—8

（二）宪法权威

所谓宪法权威，其首要之义就是指在一个国家的法律体系中宪法相对于其他法律形式而言所具有的权威。作为一个国家法治原则的集中体现，宪法无疑是国家其他法律形式的合法性基础。按照凯尔森的说法："第一部宪法的效力是最后的假设，是法律秩序中一切规范效力所根据的最后假设，即人们应当像第一个宪法创立者所命令的那样行为。这就是该法律秩序的基本规范"。[1] 凯尔森从一个"纯粹法学"的角度解析了宪法与其他法律形式的关系。[2] 可见，一个国家所有的法律规范都是由"宪法"这一基本规范发展而来的，并且无一例外是由基本规范的性质所决定的。在现代国家，宪法的刚性是宪法权威的标志。"成文宪法作为国家的根本法，在一种意义上是对法治学说的明确体现"。[3] 显然，合法性和稳定性无疑是成文宪法刚性的集中体现；就不成文宪法的国家而言，一如詹宁斯所描述的，"严格而论，大不列颠根本不存在任何宪法性法律，所有的只是议会的专断权利"。[4] 在现代法治社会中，欲树立宪法的权威，就要求所有的法律形式都要服从宪法、一切法律法规都不能与宪法相抵触。除此之外，它还要求宪法能够成为解决一切法律形式之间效力冲突和规范矛盾的根本性依据。

（三）宪法监督

宪法监督，就是指一个国家为了保障宪法的实施所采取的各种办法、手段、措施和制度的总称。人们通常把宪法监督和违宪审查同等看待，事实上，宪法监督无论在内涵上还是外延上都是大于违宪审查的。违宪审查仅仅是指保证宪法实施的一种具体手段，是宪法监督的一种方式。它既包括专门机关的监督，也包括各政府机关、各政党、各企事业单位、人民团体以及公

---

[1] 【奥】H. 凯尔森：《法律和国家的一般理论》，（英译者 A. 韦德勃格），哈佛大学出版社1949年版，第115页。

[2] 【奥】H. 凯尔森：《法律和国家的一般理论》，（英译者 A. 韦德勃格），哈佛大学出版社1949年版，第116页。

[3] 【英】W. Ivor. 詹宁斯：《法与宪法》，龚祥瑞等译，生活 · 读书 · 新知三联书店1998年版，第43页。

[4] 【英】W. Ivor. 詹宁斯：《法与宪法》，龚祥瑞等译，生活 · 读书 · 新知三联书店1998年版，第45页。

民个人对宪法的监督，其监督的对象是一切违反宪法的行为。从功能来看，宪法监督就是宪法运行的重要保障。纵观世界各国的宪法监督模式，就其主体而言，一般分为立法监督、司法监督和专门监督等三种类型。

立法监督，又称议会审查模式，这一模式以英国为典型代表，英国之所以选择议会审查模式主要是基于其长期以来“议会至上”的宪政理念。正如戴雪在《英宪精义》中描述的那样：“在英吉利宪法之下，无一力量能与巴力门（Parliament）的立法主权相抗争……巴力门的立法至尊性之原则——正是宪法的惟一柱石”。[1]英国的议会审查模式在19世纪的欧洲大陆影响很大，曾被意大利、德意志和比利时等诸多国家所效仿。这种模式的优点是宪法的权威性有充分保证，立法的合宪性较强，缺点是自我审查，自我监督，其效率和权力运行机制都存在一定的不足。

司法监督，又称普通法院审查模式，该模式创立于美国，最早可以追溯到该国1803年的“马伯里诉麦迪逊”案，联邦最高法院大法官马歇尔借助这一案件的判决为美国也为世界开创了司法审查的先河。该监督模式的理论渊源是权力的分立和制衡原则，法院通过审理具体案件来附带审查所适用的法律、法令是否违宪，故该监督模式具有较强的针对性。但是，因为法院只有在当事人就某项法律、法令的合宪性提出异议时，方可对有关法律、法令的合宪性作出裁决。正因为违宪审查程序只有在涉诉的情况下始得启动，法律的违宪审查行为属于事后行为和个案行为，缺乏必要的预见性和前瞻性。

专门监督，又称为欧洲监督模式、奥地利模式。这种模式主要是通过设立宪法法院或宪法委员会之类的专门机构统一行使违宪审查权。奥地利于1920年建立了世界上第一个宪法法院。其后，法国、意大利、德国、俄罗斯等国相继效仿奥地利建立起本国以专门机关为主体的宪法监督模式。比如，法国就依据1958年宪法建立了宪法委员会这一专门的宪法监督机关。根据法国宪法第62条规定：“被宣布违宪的条款不得受到颁布或贯彻。宪法委员会的决定不得被上诉到任何权力机构。它们必须受到政府权力机构，以及所有行政和司法机构之承认。”专门机关审查模式的特点在于其具有较强的专职性和权威性，其审查方式既包括事先的抽象性审查也包括事后的具体

[1]【英】戴雪：《英宪精义》，雷宾南译，中国法制出版社2001年版，第145页。

审查，同时还可以受理公民个人的宪法诉求。当然也同样存在正当性、可行性等缺陷。

综观上述三种违宪审查模式，我们可以看到，各国之采用何种违宪审查模式，无疑取决于各自的国情、体制和法律传统。各国违宪审查制度发展的共同点则是：审查主体和审查机构专门化、审查程序的规范化、审查对象的特定化、审查机制的多元化等。因此，各个国家应根据自己的情况确定科学和合理的宪法监督模式。

四、违宪审查：宪政秩序的救济机制

（一）宪法救济与宪政秩序

所谓“救济，就是指纠正、矫正或改正已发生已造成伤害、危害、损失或损害的不当行为”。[1] 宪法救济，就是指当违宪案件发生以后，特定的宪法主体通过一定的评价系统对特定的宪法行为进行测定，确认其违宪或合宪，然后依据既定的程序进行处理，最终通过采取有效的措施对保护合宪行为和取缔违宪行为。宪法救济属于宪法保障的事后措施。一方面，可靠的宪法救济手段可以使得违宪行为得到有效的处理和制裁，使得宪法责任得以落实；另一方面，畅通的宪法救济渠道可以使得宪法主体的正当权益得以实现。其间的关系如图 8—9 所示。

（二）违宪审查

学界关于违宪审查概念并未形成完全一致的认识。其中有代表性的观点是：“违宪审查，是指国家通过一定的程序来审查和裁决国家的立法和行政活动或者国家机关领导人的行为是否符合宪法的一种基本制度，是一种为防止违宪而设立的专门制度”。[2] 龚祥瑞先生则将违宪审查与司法审查这两个概念通用，将其表述为：“它是西方国家通过司法程序来审理和裁决立法和行政是否违宪的一种基本制度”。[3] 此外，也有学者对二者进行了区别，如

---

[1] 【英】沃克：《牛津法律大辞典》，光明日报出版社 1988 年版，第 764 页。
[2] 陈业宏、唐鸣：《外国司法制度比较》，商务印书馆 2000 年版，第 355 页。
[3] 龚祥瑞：《比较宪法与行政法》，法律出版社 1985 年版，第 114 页。

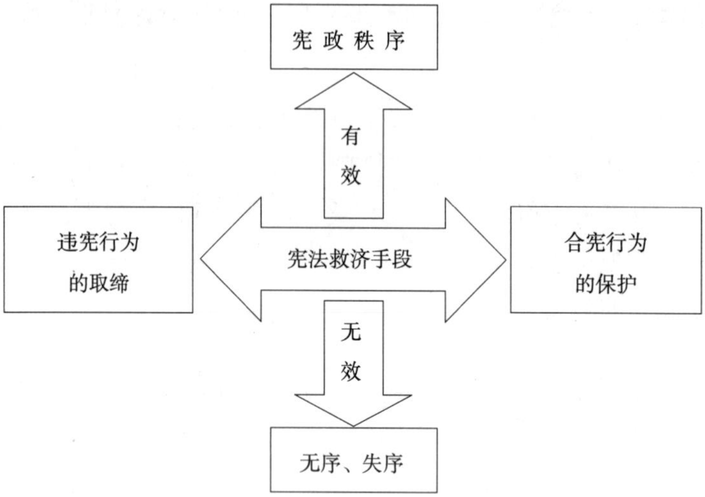

图 8—9

王振民教授指出的："违宪审查也可以被称为是合宪审查或者宪法审查，英文是'Constitutional Review'，其本意是宪法性审查，有些国家由于普通司法机关履行这个职责，因此又被称为司法审查（Judicial Review）。在中国正式的叫法是宪法监督或者宪法实施的保障，学术界和社会人士一般叫做违宪审查"。[1] 笔者认为，违宪审查这一概念包含在宪法监督之中，属于宪法监督的一种形式。但是，宪法监督的主体、对象、方式和手段并不仅限于违宪审查。因此，所谓违宪审查，无非就是指由特定国家机关对某项立法或某种行为是否合宪进行的具有法律意义的审查和处理。

违宪审查的对象就是违宪行为。违宪行为，顾名思义就是指宪法主体触犯宪法的行为，具体包括作为形式的违宪行为和不作为形式的违宪行为两种。作为形式的违宪行为是指宪法规范本来要求禁止有关行为主体为此行为，而行为主体对宪法规定视而不见，执意而为之；不作为形式的违宪行为是指宪法规范本来要求有关行为主体必须为一定行为，而行为主体本能为之而不为。无论作为或不作为，只要触犯宪法规范和宪法原则，便都构成违宪行为。宪法本身禁止一切形式的违宪行为，而不论违宪主体是国家机关、公职人员、政党、社会团体或普通公民。都要对其违宪行为承担相应的宪法和法律责任。由于宪法关系主体一方的违宪行为不可避免地会侵害到其他宪法

[1] 王振民：《中国违宪审查制度》，中国政法大学出版社 2004 年版，第 19 页。

主体的宪法权利和公法权益，因而违宪行为本身构成了宪法关系的又一类重要客体，在实行宪法诉讼的国家，违宪行为也经常直接成为宪法诉讼关系的诉讼标的。

违宪审查制度最大的作用就在于督促人们实施宪法，从而切实地保障公民的基本权利。“通过宪法法院的法律撤销权和侵害基本权利的宪法申诉，法治国家成为法律救济国家、法律保护国家或者司法国家”。[1] 例如，德国《联邦宪法法院组织法》就规定了，公民、私人团体、政党、国家机关等主体，认为普通司法机关的最终生效裁判违宪的，可以向联邦宪法法院提起宪政诉愿。[2] 就此而言，如果把司法制度视为现代国家公民权利保护的最后一道防线和救济手段的话，违宪审查制度则无疑就是“权利的权利”和“救济的救济”。

（三）违宪责任

违宪责任就是指宪政主体因违宪行为而应当承受的否定评价及其应当承担的不利后果。学界一般将“违宪责任”与“宪法责任”区别开来进行理解。比如我国著名宪法学家莫纪宏教授就分析道：“当宪法发挥契约功能时，参与宪法契约的主体应当就宪法权利和宪法义务的履行承担法律责任，这是一种契约责任。当宪法作为授权委托书时，参与宪法授权的是授权者和被授权者，宪法责任也就表现为授权者的责任，其中最重要的是监督责任”；“被授权者的责任，包括越权责任和滥用权力的责任”。[3] 可见，“宪法责任一般就是指宪法关系主体依据宪法规定应当承担的责任。也有学者看到：由于宪法责任承担主体的多元化和引起宪法责任的行为的多样性，宪法责任也有多种表现形式。有些形式为民事责任、刑事责任、行政责任所共有，有些形式为宪法责任所特有，有些形式则发生相互转化。[4] 可见，违宪责任与宪法责任既有联系也有区别。笔者认为，与一般意义上的宪法责任相比较，违宪责

[1] 【德】汉斯·J. 沃尔夫、奥托·巴霍夫、罗尔夫·施托贝尔：《行政法》，高家伟译，商务印书馆 2002 年版，第 76、143 页。

[2] 郭殊：《论宪法责任》，《华东政法学院学报》2005 年第 5 期。

[3] 莫纪宏：《现代宪法的逻辑基础》，法律出版社 2001 年版，第 363 页。

[4] 参见郭殊：《论宪法责任》，《华东政法学院学报》2005 年第 5 期。

任是与违宪审查以及相应的制裁措施联系在一起的。违宪责任的追究，一般由违宪审查机关通过违宪审查程序来进行。具体而言，违宪责任包括以下几种类型：

第一类，国家立法行为的违宪责任。一般而言，国家行政行为的纠错机制可以通过其自身的监督程序以及司法监督程序得以实现，国家司法行为的纠错机制通常可以通过其自身的法律监督程序获得保障。相比较而言，由于立法行为在一个国家大多数情况下都属于抽象的国家行为，意欲通过普通的司法程序[1]来为其提供救济也必然是很困难的。因此，国家立法行为常常成为各国最常见的违宪审查的对象。对于国家立法行为的违宪审查一般属于事先审查和抽象审查，其责任承担的方式通常包括法案被撤销、法案被宣告无效和法案被不予适用等几种情况。

第二类，政党组织行为的违宪责任。在现代民主国家的政治生活中，政党这一政治角色具有极端的重要性。许多国家的宪法理论和宪政实践都将政党作为违宪责任的承担主体。如德国特别制定了《政党法》来规范政党的行为，更多的国家则是通过长期以来民主政治生活中形成的宪法惯例来调节政党活动。根据其他国家的宪政实践，政党违宪责任通常包括政党组织被取缔和被强制解散。例如，德国《基本法》和《政党法》都作了相应的规定。

第三类，国家领导人或工作人员的违宪责任。从各国宪政实践来看，国家领导人或者国家机关工作人员常常成为违宪责任的承担主体。他们当中，上至国家元首和政府首脑，下至地方普通的国家机关工作人员。从各国的情况来看，国家领导人或工作人员的违宪责任一般涉及他们可能被弹劾或被罢免等情况。前者就是指特定的违宪审查机关依照宪法规定的条件、程序和权限剥夺违宪或违法失职的国家领导人和重要公职人员的公职，以示制裁。后者一般就是指对政府官员在其任职期限届满之前，由选民或原选举单位以投票方式撤免其职务的一种制裁方式与责任形式。罢免措施这一违宪责任形式普遍为现代国家的宪法所采纳，主要适用于失职、有违民意、任职才能和德行的欠缺。如学者评论的，“罢免具有由法律规范所规定和由违法行为所引

[1] 从这个意义上说，美国的违宪审查的“司法审查模式”实际上也不能完全等同于普通的司法程序。

起的法律特征，但不具有强制性的特征。罢免责任的实现主要不依靠强制手段，而依赖于政治方式”。[1]

第四类，非政治性社团或公民的违宪责任。非政治性社团或公民是否可以成为承担宪法责任的主体，在各国的宪法理论和宪政实践中存在诸多争议。因此，针对非政治性的社会团体和公民个人而言，各国所采用的宪法责任形式各不相同，但总体上是以普通法律形式追究宪法责任。比如，在德国的“宪法对第三人效力”理论中，“虽然涉及的是宪法责任问题，但要求当事人（非政治性的社会团体和公民个人）承担的责任形式则是赔礼道歉、恢复名誉和赔偿经济损失、精神损失等民事责任”。[2]

总之，文明的政治是负责任的政治。民主政治作为“责任政治”的核心原则的要求是：政府奉宪向国民负责——即政府及其所属各职能机构严格依照宪法和宪政原则向国民履行各自的职能责任。国民据法向国家负责——即公民依照宪法和法律履行各自对国家的宪政和法律责任。“宪政责任”是“民主政治”原则的宪法化和制度化。在民主政治的规范化实践中，社会实践中的各种“责任”形式之间具有内在的“宪政连带责任关系”，且各政治、法律主体均不得推卸或放弃各自所承担的宪法和法律责任。对于一个宪政政府而言，其政治权力显然是有限的，而其责任却是无限的。反言之，不论在公共领域还是私人领域，只要是关系到公民利益的事，政府都应当负起责任来。政府只有真正地负起责任，它才能称得上是一个宪政政府。[3]

---

[1] 周叶中主编：《宪法》，高等教育出版社、北京大学出版社 2000 年版，第 412 页。

[2] 张千帆：《西方宪政体系》（下册 · 欧洲宪法），中国政法大学出版社 2001 年版，第 376—384 页。

[3] 参见张义清：《宪政价值新考》，《法制与社会发展》2006 年第 3 期。

第九章　宪政秩序的社会条件

宪政秩序既存于一个错综复杂的经济、社会、文化以及各种因素相互作用的社会网络体系之中。一定的社会秩序总是与特定的经济社会发展水平相联系的。现阶段，伴随着经济利益结构的分化与组合日益加速、社会变迁的日益加剧，许多处于现代化之中的国家面临着进一步探索适合于本国的政治、经济、社会、文化发展水平的宪政秩序。发达的市场经济、健全的社会自治、多元的思想文化以及和平的国际环境无疑是宪政秩序赖以生长的社会条件。

一、发达的市场经济

（一）经济发展与政治稳定

经济发展所对应的概念是经济贫困。正如经济贫困与政治稳定的相关性难以界定一样，经济发展与政治稳定的相关性研究也同样是一个尤为复杂的问题。就一个特定社会而言，贫困有相对贫困和绝对贫困之分。经验表明，绝对贫困并不必然导致社会失稳。因为，普遍的贫困人口因忙于生计而无暇他顾，在某种程度上是有助于维系社会政治稳定的。但是，在传统社会里，绝对贫困下的人们因为食不果腹揭竿而起试图颠覆政权者亦有之。此时，绝对贫困就是社会动乱的根源；就相对贫困导致的情况来看，由于现代经济的快速增长所导致社会不公和两极分化加剧，相对贫困人口常常对改革不满，他们对于既定政权的信仰危机也就由此发生，这种贫困就可能导致或加剧政治失稳。因此，相关问题的分析必须区分不同的情势以及相关联的各种条件，方能获得科学的解证。

在通常情况下，经济的快速发展一般都是有利于促进一个国家的政治稳定。但是，第二次世界大战以来的许多发展中国家的情况却从反面证明了，经济增长非但没有使得某些国家政治趋稳，反而却造成其政治失稳，甚至导致了剧烈的政治动荡。从这些国家经济发展的阶段性特征来看，一般表现在其经济发展的初期阶段，即国家的经济获得一定的发展却又没有得到充分的发展，这些国家人们的生活水平有所提高而整个社会却又没有建立起普遍丰裕的发展水平。显然，这是一种片面化的经济增长模式，又被人们称为“畸形的”经济增长模式，还有人认为这根本就不能称之为“经济发展”。在这种情况下，政治失稳势所必然。正如亨廷顿看到的：“有非常具体的实例证明，经济发展迅速和政治动乱，二者显然是相关的”。[1]

一般而言，经济增长常常会打破一个社会既定的各种利益关系和结构秩序。正因为如此，经济发展所导入的经济转型往往是一个社会推行政治改革的前奏曲。然而，在现如今这种大发展、大转型、大变革的时期，如果经济发展跟不上人们的利益诉求和政治预期，则极易引发社会动荡和政治失稳。很多国家的经验表明，同时在几个领域推进改革往往面临着巨大的政治风险。比如，1989 年苏东剧变后，苏联所实行的“休克疗法”，就是试图在彻底改变政治制度的基础上实现经济制度的全盘转轨。该措施非但于事无补，而且直接导致了一场严重的经济衰退和社会两极分化，在政治上直接导致苏共失政丧权，并最终导致苏联“8·19”事件的发生。这一教训无疑是十分惨痛的。

各国的经济发展规律表明，为了既能有效地促进经济发展又能都够克服经济发展给政治稳定所带来的负面效应，政府必须切实地保障经济和社会的协调发展，必须高度重视国民收入的再分配和扶贫政策的落实，必须最大限度地缩减贫富差距，使社会的中下阶层也受益于经济增长带来的实际利益。其中，强化政府对于经济发展的宏观驾驭能力具有重要的现实意义。从根本上讲，各国政府在处理改革、发展和稳定三者之间的关系时，必须注重绝大

[1] 【美】塞缪尔·P. 亨廷顿：《变化社会中的政治秩序》，王冠华等译，生活·读书·新知三联书店 1989 年版，第 47 页。

多数民众的利益诉求。因为，任何一项社会改革如果不是以增进而是损害多数人的利益为代价，其结果势必就会危及一个国家的政治稳定。

至于经济发展是否必然会促进民众政治参与的扩大，进而是否会影响一个国家政治稳定之类的问题，笔者持保留的看法。一方面，经济发展和政治参与的关系是复杂的。客观地看，民众的经济利益诉求与政治利益诉求往往是紧密相连的。随着社会经济发展水平的提高，民众获得了更多的政治参与的机会，他们也可以在更广的范围及在更高水平下进行各种政治参与。但情况却不尽然。经济发展与公众的政治参与并非完全是正相关的关系。民众广泛的政治参与并不会必然地导致一个国家的政治失稳。在很多情况下，制度化的政治参与非但不会危及政治稳定，反之还是一个国家的政治生活充满生机活力的象征，有助于其维系政治稳定。事实上，在现代国家的政治生活中，经济发展成就常常具有“减震器”的政治功用。

美国总统克林顿在位时因1998年绯闻案遭弹劾，1998年9月21日众议院公布克林顿绯闻听证录像后……据美国一家公司调查表明，81%的人认为克林顿向大陪审团撒了谎，但66%的人反对对他进行弹劾，认为他应该辞职的只占39%。听证录像播放后，对其支持率比听证前还上升了6个百分点。有分析人士认为，这与克林顿的经济成就不无关系。[1]

这说明，在克林顿主政美国的那个阶段，美国经济的发展成效是有目共睹的，美国人民深受其惠。因此，虽然绯闻对于时为总统的克林顿而言的确是一件很不光彩的事情，但当他向人民谢罪之后，大多数人还是能够原谅他并希望他能完成任期。这一现象也在某种程度上表明，政府在经济发展方面的业绩有助于政府公信力的树立，从而有助于维系国家的政治稳定。反之，经

[1] 1998年《美国财政部9月22日公布的报告》应该是最好的说明：“在即将于9月30日结束的1998年财政年度，美国将出现29年来首次联邦财政盈余。”根据报告，“截至8月份，美国财政支出和收入为1.51万亿美元和1.54万亿美元。与去年同期相比分别上升了2.7%和9.7%，从而使1998年财政年度前11个月的预算盈余达到318亿美元。如无大的意外发生，本年度美国政府总的预算盈余将超过630亿美元”。“美联邦预算多年来一直入不敷出，并曾在1992年创下2900亿美元的最高赤字记录”（参见《美国：29年来首次财政无赤字》，《人民日报》1998年9月24日）。

济危机则时常会引起“权力的移动”。正如有人看到的，政治动荡一般发生在经济动荡之后。例如，1997年的东南亚金融危机就给很多国家和地区埋下了种种诱发政治动荡的隐患，有的国家的政治动荡局面甚至延续至今，如泰国。2008年开始迄今发生的百年一遇的全球性金融危机，更是给很多国家政治经济秩序造成了巨大的冲击。目前，美国社会所呈现出来的贫富差距拉大，宗教势力纷争等非秩序化倾向，以及该国内部各种利益集团基于经济利益诉求而导入的各种政治利益诉求的膨胀等问题，均在一定程度上造成了其国内的政治混乱。总之，在现阶段这样一个大变革的时代，各国政治稳定的维系一刻也离不开经济的平稳发展。

（二）市场经济与宪政秩序

纵观当今世界经济发展的进程和规律，市场经济体制被公认为最有效率的现代化发展模式。而以民主、自由为基础、以法治为保障、以人权保障为目标的宪政，无疑就是市场经济发展的产物。查尔斯·林德布洛姆曾精辟地分析过，世界上实行市场取向的国家并非都是多头政治即民主的国家，但是民主国家却一定是市场取向的国家。[1]那么，如何解释这一现象呢？其原因无外乎两点：第一，市场是造成约束政府权威的各种规则的主要力量；第二，市场交换环境使人产生一种内在的要求，即对自由的渴求，而“民主的历史主要来源于对自由的追求”[2]。市场交易是一种个体自主决定自己利益取舍的经济行为，这种行为是以参加交易的主体能够自由地处置其私有的财产为前提，这正是孕育社会自主品格和政治自由精神最深刻的根源。所以说，政治民主和自由精神是从经济民主和贸易自由中生长出来的政治诉求的话，那么，作为民主和自由之集中体现的宪法精神则是从市场土壤中生长出来的契约精神。市场经济衍生的利益主体的多元化，无疑就是一种“自由”的宪政样态；市场经济内蕴的平等精神，彰显宪政的民主诉求。发达的市场经济有助于培育宪政的那些最基本的价值元素，如民主、平等、自由、竞争、效

---

[1]　参见【美】查尔斯·林德布洛姆：《政治与市场——世界政治经济制度》，王逸舟译，上海三联书店1992年版，第235—236页。

[2]　参见【美】查尔斯·林德布洛姆：《政治与市场——世界政治经济制度》，王逸舟译，上海三联书店1992年版，第236页。

率、权利意识，等等。

历史经验表明，西方近代以来的宪政革命就是在市场经济出现之后而发端的。市场经济和宪政建设之间存在着彼此促进、相得益彰的关系。反之，宪政理念的缺失则往往与经济的滞后在现代国家形成恶性循环。宪政秩序的形成离不开成熟的市场条件和市场环境。在现代国家，正如市场经济的价值规律贯穿于生产与交换过程之始终一样，宪政秩序的生成与变迁则是围绕社会利益分配方式和利益格局的调整而进行的。市场经济中各种利益主体之间的“自由博弈”，就是现代政治民主与宪政理念的“催化剂”。为了克服市场的弊端，法治手段尤显重要。正是在这个意义上看，宪政秩序是市场经济发展和市场秩序维系之必要手段，宪政秩序也体现了人们对于市场效率和市场秩序的不懈追求。

当然，宪政秩序受市场经济规律的影响而生成，无疑经历了一个漫长的演化过程。就任何一种处于或高或低经济发展水平的政治国家而言，有了一部文本的宪法并不等于塑就了宪政秩序。作为一种彰显市场规律的共识性理念，宪政理念必然是在市场经济的实践中产生并逐渐完型的，而这一完型的过程必然是一个持续不断的过程。就世界各国迥异的宪政制度而言，无论是君主立宪制，还是共和制，无论是一院制，还是两院制，无论是议行合一制，还是三权分立制，都不过是现代国家那些主导性政治力量如何最大限度地兼顾好其自身政治利益和经济利益的制度体现。可见，市场经济对于现代国家宪政秩序形成产生的影响是深远的和不可磨灭的。

二、健全的社会自治

（一）社会稳定与政治稳定

社会稳定具有丰富的内涵，理论界存在着多种不同的认识。[1] 关于社会

---

[1]　参见陶德麟等:《社会稳定论》，山东人民出版社 1999 年版，第 82 页；田金华:《人民内部利益矛盾及其对社会稳定的影响》,《中国人民公安大学学报》2003 年第 5 期，等文。

稳定的标准，学界也存在着不同的看法。[1]在哲学上，社会稳定可以理解为：社会的基本矛盾的处于相对均衡的态势，意指既定的社会能够保持其质的规定性并处于一种渐进发展的状态；在政治学上，社会稳定则主要是指社会政治系统对于社会矛盾的变化、具有较强的调适功能，及其所具有的化解社会矛盾和冲突的张力，它能够有效地控制导致社会不稳定的各种因素，以此抑制社会政治动乱发生的一种理性化的社会状态；在社会学上，社会稳定无疑就是指既定社会所呈现的一种协调发展和有序管理的一种良性运行的状态。本书所界定的社会稳定，就是指在社会制度性质不变的前提下社会生活的有序性和可控状态。首先，它以社会制度性质的保持为前提，即社会的运动、变化和发展不触及和动摇特定社会制度的根本性质。反之，如果社会制度的性质或政权的性质发生了变化，比如造成了社会的质变，便可能酿成了社会动乱或社会革命，无疑就演变成了社会稳定的对立面；其次，它是社会生活的有序性和可控性的体现。一方面，社会稳定意味着人们在法律秩序和道德规范的规制之下活动，人们的社会行为具有可预期性，因而这样的社会就是有序的。另一方面，在现行的政治体系能够有效地约束社会成员的行为、整合各阶级、阶层和利益集团之间的利益关系，并能够将各种社会矛盾控制在特定的范围内，以此维护安定团结的社会局面，而这样的社会无疑就是可控的。

社会稳定的对立面就是社会失稳。后者主要表现为社会的动荡、动乱等状态。所谓社会动荡，就是指社会生活的某一方面出现了意料不到的剧烈动荡，危及该领域的人们社会生活中正常秩序的保持。社会动乱则是指社会生活的急剧变革或极端无序状态的外显，它无疑是社会运动、变化和发展的一种极端化表现形式。比如，在传统社会时常发生的宫廷政变、农民起义、民族分裂等社会现象；在现代社会，并不鲜见的各种社会骚乱、武装起义、军事政变，等等。这些因素都将会造成一定的社会动荡甚至危及国家政权，影

[1] 参见秋石：《执政兴国的保证重大长期的任务——社会稳定论》，《求是》2003年第12期；许玲：《对社会稳定的理性思考》，《新疆社科论坛》2003年第5期；吴施楠：《社会稳定机制体系及其建构》，《延边大学学报》（社会科学版） 2001年第2期；高和荣：《论中国社会稳定的内涵及其当代意义》，《学术探索》2003年第3期；张霖生、魏亚东：《当代社会稳定的重要标志和特征》，《哈尔滨师专学报》2000年第1期；李君如等：《社会主义和谐社会论》，人民出版社2005年版，第306页；乐国安、江国平：《封建迷信与社会稳定》，《赣南师范学院学报》1998年第1期，等文。

响到社会稳定和政治稳定。此外，人们还在社会实践中关注到一种特殊的社会失稳——社会冲突。如学者观察到的："社会冲突的表现形式虽千变万化，但基本的表现形式不外乎三种，即圆桌政治、夜晚政治、聚众政治。这三种不同形式的社会冲突构成了社会冲突的基本情景，是程度不同地影响社会不稳定的三大基本要素。"[1]可见，社会稳定与政治稳定的关系是十分复杂的。

笔者认为，社会稳定是政治稳定的外在表现，政治稳定则是社会稳定的重要保障。一般而言，政治失稳必然导致社会失稳。社会秩序失稳则往往是政治失稳的前兆。因为，在现代国家，社会失稳现象一旦发生，就有可能波及其他领域，甚至导致一个国家政治局势动荡不安，造成一个既定社会人们的政治生活陷入混乱状态并导致主义权力失控，以至于酿成恶劣的政治动乱。当然，在一般情况下，尤其是当一个社会自治功能相对健全、社会秩序自身的修复和救济功能相对发达、社会抗震系统和保障制度相对完善的条件下，局部的、短暂的社会失稳并不会必然地导致政治失稳。

（二）社会自治与宪政秩序

社会自治是社会主体自主性的体现。在政治学上，社会自治是一种典型的"自下而上"的民主政治模式。政治国家的存在与发展取决于其内部共同体的存在与发展。这对于市民社会主体自身而言，则表现为一种相对自由的状态，即人必须使自己成为自身的主人——自由的人。而这种自主性和政治自由、民主，直接作为人的主体性的内在派生物和具体环节都深刻地表现了宪政精神。在政治哲学上，自主也就是自主权。它也意味着以强大的市民社会来抗衡国家权力，以权利对抗权力。因此，提升社会自治的理念就意味着需要不断地培育公民的权利观念，采取有效的措施有力地促进人权保障制度的完善和发展。

作为世界宪政母国，英国政府在殖民地早期所推行的社会管理措施之一就是实现"地方自治"。"在浏览英格兰的早期历史和立法文献时，很难见到把移民同其母国联系起来的纽带。我们看到这些移民每时每刻都在独立自主

[1] 胡联合、胡鞍钢、王磊：《关于我国社会不稳定因素变化态势的实证分析》，《探索》2007年第6期。

地行使主权。他们自己任命行政官员，自行缔结和约和宣战，自己制定公安条例，自己立法，好像他们只臣服于上帝。”[1] 可见，英国政府对于其所属地移民的地方自治权的政策措施既体现了其鲜明的法治精神，也彰显其独特的自主意识。以至于近代以来，“英国的所有殖民地，在建立的初期，彼此之间便很像一个大家族。从他们坚持的原则来看，他们好像都命定要去发展自由，但不是他们祖国的贵族阶级的自由，而是世界历史上从未提供过完整样板的平民的（Bourgeoise）和民主的自由。”[2] 以此维系了英国内生型的宪政秩序。

美国宪政民主政制的形成也肇始于地方自治。“在移民初期，自由制度的茁壮萌芽即地方自治，已经深深地扎根于英国人的习惯之中，而人民主权原则的学说也随着地方自治被带进都铎王朝的核心。”[3] 美国独立前夕，在新英格兰诸州的这些移民，他们中的大多是清教徒。当他们一落脚于美洲的土地，就签订了他们承诺自愿共同信守的“移民公约”。辞别祖国而流亡他乡的移民们，彼此之间不存在优越感，“贫穷和灾难是平等的最好保障”。[4] 这就导致移民们在这里“都显得在财产和学识方面更近乎平等，换句话说，在力量上更近乎平等”[5]。正因为如此，早在17世纪的北美，以多种方式形成的英属殖民地，除了外交以外而在所有事务上都享有事实上的高度自治权。美国这种“地方自主性”的生长，是美国宪政生活的重要组成部分，在某种程度上夯实了美国宪政社会的地基，使之最终避开了专制统治，并建立起维护平等而自由之人民主权的社会生活，也由此奠定了整个联邦宪政秩序赖以形成的社会基础。

可见，宪政的产生需要社会自治精神的培育，市民社会无疑是社会自治精神的集中体现。所谓市民社会，无非就是指一个相对独立于政治国家的社会领域。如现代国家或政府之外的地方、个人、社团等。从组织形态来看，非政府组织、民族、协会、社区组织、利益团体和公民自发组织起来的运动组织等无疑都属于该范畴。在这个意义上，政治国家也就成了市民社会这一共同体文化的“从属物”。市民社会作为社会自治精神的体现，它在型塑

---

[1] 【法】托克维尔：《论美国的民主》（上卷），董果良译，商务印书馆1988年版，第41页。
[2] 【法】托克维尔：《论美国的民主》（上卷），董果良译，商务印书馆1988年版，第33页。
[3] 【法】托克维尔：《论美国的民主》（上卷），董果良译，商务印书馆1988年版，第32页。
[4] 【法】托克维尔：《论美国的民主》（上卷），董果良译，商务印书馆1988年版，第33页。
[5] 黄基泉：《西方宪政思想史略》，山东人民出版社2004年版，第422页。

宪政秩序方面的外部功能主要体现在：一方面，国家应对市民社会承担“消极”的“不干预”责任；另一方面，市民也以公民的身份依照宪法和法律进行相应的政治参与。总之，市民社会与公民社会的互动本身就标志着既定社会人们的生活时时处在一种良性运行的宪政秩序状态。

三、多元的思想文化

（一）思想文化与宪政意识

中世纪以后，西方社会以文艺复兴运动为先导，开始了一场持续了半个世纪的思想启蒙运动。文艺复兴时期是西方资产阶级政治法律思想产生和发展的重要时期，这场思想启蒙运动同古代奴隶制和中世纪封建制的政治法律思想运动相比较具有以下特点：以民主共和、法治主义反对封建君主专制和等级特权；以人文主义、理性主义代替了自然主义和神学主义；天赋人权、民主自由、人民主权、人权等理论开始勃兴；自然法和社会契约理论占主导地位……这些都促成了近代宪政思想的萌芽。

近代以来，意识形态的多元化趋向无疑是以思想自由为前提，是在思想解放和人民广泛支持的基础上进行的，这无疑是近代以来宪政运动发端的思想文化根源。专制统治的基础是暴力和威慑，意识形态控制社会舆论和主导人们的思想，并用强制手段加以推行。宪政制度出现以后，它之所以能够促进整个人类文明如此快速地向前发展，其根本原因就是它解放了专制制度对人类思想的束缚，允许多种思想和意识形态并存。但是，一个有序的社会不能缺少最起码的文化共识，尤其是主流文化的主导。而且，在一个既定的社会意识形态领域，主流的政治文化越强大，社会成员对政治系统的认同感就越强，该政治系统也就越稳定。反之，一个社会的政治亚文化泛滥，各种迥异的政治价值观流行并且相互冲突，人们“对社会公共目标缺乏一致认识时，腐化就成了合法达到私人目标的替代物，而在处理个人或公共利益的冲突时，暴力就成了论战的替代物”。[1] 因此，宪政共识的形成对于宪政秩序

[1] 【美】塞缪尔 · P. 亨廷顿：《变化社会中的政治秩序》，王冠华等译，生活 · 读书 · 新知三联书店 1989 年版，第 59 页。

的生长无疑是至关重要的。

（二）宪政共识与宪政秩序

所谓宪政共识，就是指特定社会的人们对于宪政认同的一种共同的信仰和意识。那么，作为一种文化符号和普世价值，在多大范围内以及在多大的程度上能获得人们的认同？就各个主权国家而言，究竟有没有一个普适性的标准呢？无疑，这一问题只能从文化意义的角度去求证。

比如，欧美的一些“自由民主”思想家和政治家有一种奠基于“欧美文化中心论”的普遍主义志向。罗尔斯在其《万民法》一书中就把“作为公平的正义”“扩展到国际法”、把“社会契约的一般观念扩展到万民社会”[1]，进行为全世界万民立法的思考。他说：“把正义的自由总念从国内体制扩展到万民社会，是很重要的事情。”[2]可见，西方人习惯性地把在自己文化内部形成的“自由民主”等政治理念，看成全世界其他文化地区都应该无条件遵从和承认的政治理念，把它定义为一种“普世的”政治理念和原则性的政治模式，并不遗余力地向全世界推广，甚至像欧洲天主教和基督新教把自己积极向世界各个其他文化区推广一样进行强制性推广。从 20 世纪 90 年代以来，随着“冷战”格局的崩解而变本加厉。

毋庸置疑，文明的多样性是人类社会发展的基本取向。不同文明的相互交流，推动了人类的相互学习和共同进步。例如，民主概念本来就是西方文化的一个政治概念，它作为欧美国家及其地区共同体的政治文化。可以说，欧洲的社会历史进步，与欧美“自由民主”观念的发展息息相关。就此而言，我们没有理由否认自由民主观念对于西方社会发展所彰显的价值和意义。当然，西方民主固然是西方文化的真理，但并不是普世的绝对真理。事实上，每个民族都有自己特有的政治文化传统，他们都有符合自己的文化传统进路逻辑的政治文化发展的实际过程。即使很多国家都希望学习西方民主的经验，也愿意把西方民主中那些对于他们可用的东西“嫁接”到自己的文化传统的土壤中。然而，对于任何一个国家而言，欲将域外的民主价值植入

---

[1] 【美】约翰 · 罗尔斯:《万民法》，张晓辉等译，吉林人民出版社 2001 年版，第 4、5 页。

[2] 【美】约翰 · 罗尔斯:《万民法》，张晓辉等译，吉林人民出版社 2001 年版，第 10 页。

本国的文化土壤当中，都必须考虑到“殖体”与“受体”的文化契合度。正如杜威说过：“每一代人必须为自己再造一遍民主，民主的本质与精髓乃是某种不能从一个人或一代人传给另一个人或另一代人的东西，而必须根据社会生活的需要、问题与条件进行构建。”[1]可见，杜威讲述了一个宪政建设的时代真理，亦即：每个民族必须根据本土资源和宪政需要选择符合于自己文化传统的宪政模式。

四、和平的国际环境

现代民族国家的产生是以主权意识的萌芽为标志的。相比较而言，传统国家的政治体系并没有提供一整套合理的、具有可持续性地调节社会政治冲突的制度性安排，不能有效地消解各种剧烈的政治纷争，因而其政治体系并不具有长期的稳定性，是一种低度的与不确定的静态稳定。主权的独立无疑是国家存在的先决性条件，是宪政国家存在的现实基础和前提。所谓国际和平，强调的就是各主权国家无论大小、强弱，均应平等相待，任何国家都必须在尊重其他国家的独立主权和领土完整的基础上处理国际关系，反对使用暴力或以暴力相威胁。事实表明，强权政治和霸权主义是现阶段对国际和平构成最大的威胁。与国内政治原理一样，暴力斗争的自然产物就是专制统治。在国际社会，国家之间的暴力斗争最常见的外在表现形式就是战争。在现实的国际政治生活中，战争无疑是对世界和平构成的最大破坏，也是对宪政秩序的最大威胁。战争一旦发生，国家即进入一种非正常的紧急状态，其正常的宪政活动必然受到影响。比如，1999 年北约新战略（北约打击南联盟和科索沃危机），2001 年“9・11”事件爆发后，美国对阿富汗的战争，2002 年对伊拉克的战争，2011 年 3 月以来法、美、英等国对利比亚实施的军事打击……这些事件所引发的安全保障体系危机在很多方面导致了这些国家在一定范围内的宪政秩序的失控。

---

[1] 【美】杜威：《新旧个人主义——杜威文集》，孙有中译，上海人民出版社 1997 年版，第 27 页。

（一）"无根的"移植试验：阿富汗和伊拉克的现实尴尬

如前所述，宪政秩序具有"内生"与"外发"之可能。事实上，二者均须具备一定的条件。宪政秩序并非通过简单的移植手段即可实现。下文将以阿富汗、伊拉克为例加以说明。

美国"9·11"事件发生以后，2001年10月7日便发动了反恐战争，它把打击恐怖主义的首要目标直指阿富汗境内以本·拉登为首的基地组织和塔利班政权，战争的结果摧毁了伊斯兰原教旨主义极端势力的政权——塔利班政权，同时也沉重地打击了本·拉登的基地组织训练营地。其后，在国际社会施压和斡旋之下，阿富汗与有关四方在德国波恩签署了关于其重建计划的《波恩协议》。根据该协议规定，2001年12月22日，阿富汗成立了自治政府。次年6月，阿富汗过渡政府与自治政府实现了交接。按照美国等西方国家的意图，自治政府主席以及过渡政府总统均由哈米德·卡尔扎伊担任，该政府得到了主要是美国和西方其他有关国家的大力支持，而前王族势力在政治上基本上被边缘化。2002年10月初，在过渡政府组织下，阿富汗依据《波恩协议》开启了制宪进程。2004年1月4日通过公民投票通过了阿富汗的现行宪法——2004年宪法。该宪法原则上要建立一个政教分离的、单一制的、总统制和中央集权型的民主共和国。这种体制显然是一种典型的现代西方政治类型的体制。从制宪进程和宪法文本的内容来看，无疑反映了美国等西方势力的政治利益诉求。因为，一个世俗化、民主化的阿富汗，是符合美国在中东地区强力推行的民主化政策和反恐争霸战略的需求的。然而，目前阿富汗的情况并非如西方国家初始想象的那么令人乐观。阿富汗在重建过程中面临着重重困境，甚至情势还在不断恶化。正如人们看到的：

至2008年1月，阿富汗战争结束与国家重建已过去了六年。综观六年来，特别是2007年的阿富汗政治、经济状况，我们可以看到，阿富汗仍然是一个政治不稳定、经济畸形发展的非正常国家。在此期间，美国一直主导着阿富汗的重建进程，致力于恢复该国的政治、经济和社会秩序。国际社会也为重建阿富汗投入了不少人力、物力和财力。但是，美国并没有在阿富汗重建方面取得令其满意的结果，甚至连正常的国家秩序也难以维持……主要表现为：新政府管辖的地域有限、政府官员腐败严重、恐怖活动愈演愈烈、塔利班势力死灰复燃、阿富汗的经济被罂粟种植深度困扰……总之，六年来，阿富汗人民仍然生活在严重的贫穷之中，政治和宗教派别的争权夺利，以及军阀的割据、恶性泛滥的宗教极端主义还在阿富汗蔓延和发展，塔利班不仅死灰复燃，而且变本加厉地破坏该国刚刚建立起来的政权基础，以种植罂粟为主的畸形经济正在全面毁坏该国政治、经济和社会的道德与良知。这些因素交织作用，使阿富汗重建不仅难有大的起色，而且一些问题的恶化将使新政权难以施政，成为一个“民主”的摆设。阿富汗的重建严重失效。[1]

对此，学者分析道：“阿富汗重建失效既有阿富汗内部因素，也有外部因素……而美国对于阿富汗重建的目标是在全球扩大美国的利益，实现美国的单极霸权，因此，对于阿富汗重建中出现的诸多问题并没有倾力解决，这是阿富汗重建失效的外部致因”。[2]2008 年 7 月 28 日美国《时代》指出：“阿富汗的确有很多问题需要解决，但这并不意味着西方可以解决所有问题。过去 6 年，（阿富汗）政府本身尚未树立权威和公信力，官僚系统的腐败和人民贫困问题依然严重，塔利班仍猖獗……如何拯救阿富汗？……继续增兵，这只会激起阿富汗的民族主义情绪。改造一个 3200 万人口的国家，是阿富汗人而非美国人的任务，毕竟只有阿富汗政府才有建设自己国家的合法性”。[3] 可见，缺少根基的宪政移植试验的失败命运势所必然。

伊拉克的情况更具有相类似的特征。当美英出兵将伊拉克萨达姆政权推翻后，伊拉克的重建计划也按照美国等西方国家列出的日程表步步推进。在该国制宪过程中，国内各派政治吁求也各不相同，有的要“17 世纪的宪法”，有的要“现代意义上的宪法”，布什则希望有一部“美式宪法”。

2005 年 10 月 15 日，在伊拉克举行了宪法公投，并最终获得通过了伊拉克的现行宪法。按照该宪法的规定，在伊拉克建立了一个仿照美国实行联邦制的世俗政权模式。正如学者评论道：“一部宪法草案使伊派系斗争硝烟

[1] 刘青建：《阿富汗重建失效之分析》，《西亚非洲》2008 年第 10 期。

[2] 刘青建：《阿富汗重建失效之分析》，《西亚非洲》2008 年第 10 期。

[3] 《阿富汗：正确的战争？》，《环球人物》2008 年第 15 期。

四起。美国在制宪过程中表现得过分积极，让人怀疑这部宪法到底‘姓伊’还是‘姓美’。美国盼着伊拉克宪法的面世，只是为向伊拉克和国内民众有个交代。其实，宪法草案的出台并不意味着一个新的、民主化的伊拉克宣告诞生。”[1]

伊拉克模仿美国模式制宪，是否会产生水土不服的问题一直是让人们颇感疑虑的事情。美国占领伊拉克后，很快就要求伊拉克人推行美国式的宪政模式，无疑是判断失误和操之过急的非理性化行为。伊拉克制宪的背景和美国当年制宪的情形显然是迥异的。从文化传统来看，伊拉克作为一个地道的阿拉伯国家，伊斯兰教是国民的精神支柱，人们对以基督文明为核心的欧美异质文化，存在着天然的抵抗心理。事实上，战后重建过程中出现的政治派系分裂的混乱局面就使得伊拉克难以形成宪政秩序。正如学者看到：

如今的伊拉克却固化为三个主要的派别，他们的立场和利益取向难以调和，甚至在什叶派内部也存在着宗教和世俗之争：包括西斯塔尼在内的一些什叶派领导人支持政教分离，但最后却是崇尚神权政体的达瓦党领导人贾法里出任总理，而伊斯兰最高革命委员会推举的阿迪勒·迈赫迪只是财政部长，这些都为未来的宪政危机埋下了伏笔。[2]

对此，正如西方自由民主制度的忠实捍卫者福山也不得不承认：“在一个国家建立有能力的制度，建设一个强有力的国家政权，对外来者来说并不容易办到，比较容易的是组织设计和管理方面，而社会和文化因素简直不可能。从制度需求角度，福山分析得出，制度或制度改革的国内需求不足，是贫困国家制度发展的一个最大障碍。”在他看来，“没有强烈的国内需求，对制度的需求必须从外部产生。而外部压力所产生的制度需求的技术和前景令

[1] 摘自《伊拉克制宪出现危机》，《时事》2005 年第 2 期。

[2] 于英红：《伊拉克人“补宪政课”》，《南风窗》2005 年 11 月上期。

人沮丧”。[1] 那么，为什么美国要将其认为合理有效的机制移植到如福山所说的伊拉克及其他所谓失败国家？正如学者看到的："对于一个国家尤其是落后的发展中国家，更为关键的是应该通过营造公平合理的国际政治经济新秩序，首先致力于支持和促进其国家经济走上可自我持续和支撑的发展道路与国内人们生活得到基本满足。离开了这些最基本的经济基础，空谈政治制度和国家能力的构建，只会是徒费心力。在缺乏经济社会全面发展基础的国家建设强有力的国家，恐怕只有专制的暴力政府。”[2]

（二）欧盟“制宪危机”与“主权让渡”的条件

如前所述，主权的权能也是可以附条件让渡的。但无论如何，不能背离人民主权原则，更无法超脱永恒的国家利益。以欧盟一体化进程中的“制宪”与“宪法危机”为例，该事件引世人关注之处在于，作为人类历史上第一次以大洲为单位的“立宪”，欧盟实际上从一开始就把“立宪”提高到一个“超国家”的层面上来展开，其立足点就是试图把欧盟打造成一个类似于联邦国家的区域性组织，并使得其按照传统的宪政制度进行运作。但是，这一目标并没有如欧洲人所愿那样顺利地得以实现。

随着欧盟成员国的不断扩大，欧洲政治家们从2000年就开始着手欧盟宪法条约，并启动了欧盟立宪的进程……《欧盟宪法条约》草案于2004年10月29日被欧盟成员国批准，备受世人瞩目，而且很快得到欧洲议会的高票通过……当世人沉浸在几代欧洲政治家所描绘的美好蓝图时，欧盟宪法条约草案却在欧盟两大发动机之一的法国出人意料地遭到否决。2005年5月

---

[1] 福山从制度供给角度，把国家能力所依赖的制度因素作了四个层面的区分：（1）组织的设计和管理；（2）制度设计；（3）合法性基础；（4）社会与文化因素。他认为这四个层面上的知识的可传授性和可移植性并不相同，大体呈由高到低的趋势（参见弗朗西斯 · 福山：《国家构建——21世纪的国家治理与世界秩序》，黄胜强等译，中国社会科学出版社2007年版，第115—116页）。

[2] 汤苍松：《弗朗西斯 · 福山：〈国家构建——21世纪的国家治理与世界秩序〉》，《公共管理评论》2007年第1期。

29日，法国公民投票否决了《欧盟宪法条约》。[1]6月1日，荷兰紧随其后也投了否决票。6月6日，英国宣布搁置对《欧盟宪法条约》的全民公决。在波兰、捷克等未履行批准程序的国家，对宪法的支持率也进一步下滑。人们期盼已久的《欧盟宪法条约》生效受阻，欧盟陷入自成立以来最深刻的政治危机。[2]

欧盟宪法被否决，当然存在着很多很复杂的深层次国际国内因素。其中一个比较怪异的现象就是，许多法国人并不反对欧洲统一，却反对欧盟宪法的出台，法国人对“让渡”法国的主权尚存有较大的心理认同障碍。因为，欧盟宪法规定，未来的欧盟将不再是一个主权国家的联合体，而是各主权国家需部分上缴其主权，这对历史上一直把法兰西主权看得很重的法国人心理上来说，无疑存在着一道迈不过的“坎”。当然，《欧盟宪法条约》的危机并不是欧盟一体化进程遭遇的第一次危机。欧洲一体化进程已走过了半个世纪，一直都是在曲折中前进的。法国和荷兰否决欧盟宪法条约，并不意味着欧盟的终结，欧洲一体化进程仍将按照分歧——妥协——发展的规律前进。欧盟也不会因为宪法危机而失去其行动的能力。虽然欧盟的宪法无法生效，但它作为区域性组织的全部功能还可以继续在其现有的《尼斯条约》框架下正常运转。但是，经历了这样的一次“危机”事件，主权概念必将在法国人心目中进一步地植下根来，而且，主权意识的发展变化将直接影响法国将来对《欧盟宪法条约》进一步的态度。

宪政秩序的形成从来就是一个必然性和偶像性互相作用的结果。除了上述因素之外，一个国家特定的历史文化传统、疆域、自然条件等，无疑都是宪政秩序赖以实现的外部条件。

---

[1]　据悉，法国内政部5月29日晚上23时（当地时间）公布的统计数字表明，在法国当天就《欧盟宪法条约》举行的全民公决投票中，法国共有2689万人投票，约占登记选民的70%。其中，55.96%的选民投了反对票，44.04%的选民投了赞成票。参见冯仲平：《欲速则不达——欧盟“宪法危机”对欧洲一体化进程的影响评析》，《求是杂志》2005年第17期。

[2]　参见李勇：《欧盟迎来“宪政时刻”》，《南风窗》2005年第13期；钱能欣：《略谈欧盟制宪危机的历史成因》，《欧洲研究》2005年第6期；李光：《欧盟宪法危机透视》，《社会观察》2005年第8期，等文。

第五篇　中国问题

第十章　传统中国宪政秩序的缺失及其成因

笔者认为，传统之于现代，并非简单的时域区分。按照亨廷顿的界定："传统性和现代性并非此消彼长的两个对立物，它们之间的关系是复杂而多面的，传统性不但具有顽固性，而且会吸收现代性的某些成分或层面从而获得新的生命力，譬如等级制度、种姓制度、家族因袭、裙带关系和门阀政治等就是如此。这些传统的东西实际上构成了相当多数新兴国家的特定国情。"[1]我国著名学者徐勇教授明确地概括了现代国家的双重属性：民族国家和民主国家。[2]徐教授显然是从人类文明的进程和文明的类型来划分国家类型的，他所界定的"现代"对应的就是"传统"，其建构主义价值导向显而易见，这种区分对于现阶段指导各国建构现代主义的实践意义是毋庸置疑的。笔者亦认为：现代民族国家所孕育的"主权意识"，无疑是宪政国家产生的先决性基础。宪政国家就是伴随着民族国家的发展以至演进到立宪主义阶段所促成的一种现代国家的高级样态。从秩序形成的角度上看，宪政国家就是作为一种社会组织秩序形态而存在的现代国家。因此，如果将宪政界定为一种"现代性"特征的话，那么，在发生学意义上的"前宪政时代"的一切"非现代性"特征，实际上都可以归结为"传统"的范畴。就中国而言，宪政无疑是一个舶来品，它无论是作为一种现代性特征也好，还是作为一种现代的政治运动形态或政治运动过程也罢，专制传统下的中国社会是没有宪政的。而作为现代化的一种趋向，却又不能说不是近代以来中国人孜孜以求

[1] 【美】塞缪尔 · P. 亨廷顿：《变化社会中的政治秩序》，王冠华等译，生活 · 读书 · 新知三联书店 1989 年版，中文本序，第 2—3 页。

[2] 徐勇：《"回归国家"与现代国家的建构》，《东南学术》2006 年第 4 期。

的理想目标。宪政秩序的形成，无论在西方那些“发达的”抑或是中国这样“后发的”的国家，都绝非一朝一夕可以实现的。这样看来，“目标”似乎是永恒的，而“问题”的存在却是普遍和现实的。本书拟对中国的“传统问题”做一个专门的研究。此处的“传统”与“现代”的区分，显然是基于“宪政”这一“目标”的特征与“时代”这一“现实”的特征相结合同时倾向于前者的一种描述。

一、宪政虚无：封建传统下中国的社会状况

（一）中国封建传统下宪政虚无的表现

中国封建社会没有一部近现代意义上的宪法是一个不争的事实。那么，中国封建社会究竟有没有宪政？其表现形式如何？诸如此类的问题，我国宪法学界则存有一定的争议。在 2007 年和 2008 年全国宪法学年会上，均有学者议及这一问题，部分学者试图从中国的政治文化的理性中寻找宪政的影子。例如，有人就从传统中国之道统与法统的区分中寻找法治的源头，尤其是从中国传统文化中的“仁治”、“德治”和“民本”思想中论证民主的内涵，还有人以古代中国“天人合一”、“天人感应”对应于西方“神意论”考察古代中国“自然法”的起源，以儒家思想中的“天意”、“民意”来界定古代政权的合法性基础，以“性善论”来阐释民主制度的合理性，等等。[1]毋庸置疑，这些研究都是有价值的，也涉及了宪政的某些价值元素。但是，正如古希腊那些具有“古典式”宪政意味的价值准则不能称为宪政[2]一样，没有近代以来的民主、自由、人权等政治理念和政治实践，就没有近

---

[1] 南京师范大学的徐克谦教授就认为：“早期儒家思想中的一些基本原理与现代民主政治的理念是可以兼容和接轨的。儒家以代表‘天意’的‘民意’作为政权合法性的依据，符合民主政治的权力观；儒家的‘性善论’可以用来论证民主制度的合理性；儒家的‘中庸’从政治决策的意义上来说往往是民主程序的自然结果；儒家提倡的‘特立独行’精神所体现的负责任的个人主义是民主政治所需要的前提”（参见徐克谦：《论儒学基本原理与民主政治的兼容与接轨》，《孔子研究》2004 年第 6 期）。

[2] 早在古希腊，政治的正义性就作为一个显性的政治哲学命题被提出来。柏拉图、亚里士多德等人即深刻论述过法治之于政治的重要作用。其政治理想虽然带有很重的伦理色彩，但他们却为政治正义性设定了一个具有古典式宪政意味的价值准则（参见张义清：《宪政价值新考》，《法制与社会发展》2006 年第 3 期）。

代意义上宪政的产生。宪政无一不是以一定的政治观念为导向，同时又以一定的政治手段为保障，并以一定的政治形式表现出来。因此，无论是从历史形态来看，还是从逻辑形态来看，“宪政”这一概念的含义都是特定的。本书拟从制度主义和功能主义两方面加以证明。

从制度主义的角度考察，在中国封建统治时代，各个朝代具有不同的政治生态、形成了类型迥异的治理模式，统治权运行的具体方式也各不相同，但无论如何都体现为君主专制、等级特权和集权制度。其法权结构内部形成的是一种等级型关系，权力运行遵从“支配—服从”的方式。在政治权力架构中，君主通常掌握着国家的最高权力，通过下设的层层官僚机构来管理国家事务。为此，专制统治者们还对臣民们实施各种严密的控制。他们充分地利用皇权、神权、教权等统治民众，制定朝纲，驾驭群臣，并采取一系列行之有效的政治技术、军事手段和思想文化控制等手段来捍卫自己不可动摇的政治统治地位。社会被划分为若干不同的等级，形成金字塔式的权力结构模式。处在这种等级制金字塔尖上的便是君主，君主对社会实行绝对的统治。皇帝就是国家的化身，正所谓“朕即国家”。君位大都实行终身制和世袭制，没有关于君主继承的立法。所谓“国不可一日无君”、“一山不容二虎”、“卧榻之侧岂容他人酣睡”等，都是在绝对君主权力下演绎出来的政治文化现象。在封建传统下，权力没有科学的分工，司法机关和行政机关一般都是合为一体的。在封建社会的文化体系中，“三从四德”等纲常礼教就是规制人们行为的基本准则，支撑着统治者的绝对权威。男尊女卑是一种普遍的社会现象，臣民的言论自由受到严格的限制，民众思想受到极大的禁锢。人民的无助感常常转化为对“真命天子”、“替天行道”、“以德配天”等种种虚幻的精神寄托和普遍的“清官情结”。君主言出法随，行使着最高的立法权，封建社会的法律集中体现了君王的意志。确切地说，封建社会并不缺少法律，也不缺乏规定权利的法律。但是，人们却不能为最高的立法者立法，封建法律制度体现的是一种“官本位”而非“民本位”，属于典型的“人治”形态。可见，封建社会既没有形成民主的理念，也没有形成民主的实践。“君不能为非”、“刑不上大夫，礼不下庶人”、“诉讼入官为耻”等传统观念和实践成为封建社会条件下永恒的政治逻辑。整个法律缺乏平等的社会基础。严刑酷法和自由心证的诉讼制度无疑是以牺牲人权为代价的。从封建社会的法律规范来看，也由于法律分工不细，封建社会的法律体系不发达，“诸法合体、民刑不分”是古老中华法系的鲜明特点。可见，我国封建社会既没有形成体现民主、法治、人权保障的政治生态，也没有形成相应的法律机制。

站在功能主义的立场上看，传统中国封建的权力结构模式是一种高度集权的等级结构模式，由此所产生的政治行为无疑具有高度的同质性，各层级的权力之间极易形成单向度的“压力—稳定”机制。这一特点使得该权力结构模式具有高度的稳定性。正因为如此，我们不能否认传统国家的专制皇权在特定的历史条件下所发挥的维系政治稳定的功用。事实上，以国王为代表的封建统治者们在治国施政的过程中还通过制定朝纲、驾驭大臣、发展经济、安抚百姓、网罗人才……采取了一系列行之有效的政治策略、军事手段和思想文化等方面的治国方略。正如中国古人所类比的“治大国若烹小鲜”。这些无一不展现了封建统治者们在治国施政方面的智慧。所谓世事兴衰，绝非偶然所致。由于时代和阶级本质的不同，我们当然不能用现代的标准去评判其优劣。但是，封建统治者们治国施政中的许多宝贵经验无疑又带有普遍性，属于人类创造的共同财富，甚至是我们今天都可以认真地去反思并加以利用的。比如，古人所云“水能载舟，亦能覆舟”之封建式的民本法则。这无疑也是任何性质的政权拥有者在施政过程中都必须恪守的基本规律。违反这些规律，就可能会导致统治者丧权失政。再比如，封建统治者们也看到，任何政权都不能向人民无节制地索取。否则，人民就可能揭竿而起，政权就会受威胁。此外，在如何处理好国内各民族之间的关系，如何有效地抵御外敌入侵，以及在如何保卫疆土完整等方面，自古以来的很多帝王将相都形成了自己的“开疆”、“征边”和“驱敌”之策，很多方面都是值得今天的我们认真地借鉴和学习的。

然而，倘若一个国家存在着一个至高无上的权力中心，而这一最高权和其他相关的权力集中于一个人或者一个机关之手且缺少监督的话，则必然导致权力的绝对化，造成权力的失范和被滥用。在中国封建社会，最高权集中于国王，最高权力和其他相关的国家权力又没有进行合理的分工，加之整个政权体系没有形成一整套合理、长期和科学的调节各种政治冲突的制度性安排，故不能有效地裁决体制内外发生的各种剧烈的政治纷争。而且，封建专制集权下的“压力—稳定”型权力运行机制具有累积社会矛盾的负面效应。因此，封建专制集权下的社会矛盾、政治矛盾发展的总趋势就是对政权的彻底否定，并时时引发政权的合法性危机，导致政治不稳定甚至导致政权更迭。因而，封建专制集权下政治体系并不具有长期的稳定性，是一种低度的和不确定的稳定。此外，封建专制传统下的中国古代民本思想中固然有重民、贵民之意，但其主要的价值内核却在于确认主权在君的合法性。中国的封建体制并没有赋予和切实地保障人民的政治自由和政治权利，同时也没能在制度上合理地解决好制衡君权的问题。因此，古代中国的民本思想与现代西方的民主理念在价值内涵、实践形态及相关的语义和语境都是截然不同的。此外，封建统治者们长期以来积累的统治手法，如封建君王通过“权”、“术”、“势”来驭臣和驭民之道，显然也不适合文明高度发展的现代民主国家的政治实践。此外，还由于封建专制政体民主基础的缺失，压制了人们的生产积极性，阻碍着生产力的发展和社会的进步。比如，“重农抑末”政策在我国封建社会初期对于推动生产力发展和社会进步方面产生了一定的积极作用，但到了封建社会末期却成了新的生产力和社会关系进一步发展的阻碍。在人治与法治的传统问题上，一般认为，我国春秋战国时期的法家主张实行法治，儒家则主张实行人治。[1] 作为治国的理论，儒家认为，“为政在人”，“其人存，则其政举，其人亡，则其政息。”[2]法家则极力地反对儒家的这种看法，认为治国的效果好坏不取决于君主，而取决于有没有良好的法律制度。因此，所谓“圣人之治”其实就是一人之治，其治国方略来自个人的内心；而“圣法之治”则是指法律之治，其治国方略来自众人的意志，来自于事物发展本身的规律。法家据此主张，应当公布成文法实行法律之治。他们强调“刑无等级”、“君臣上下贵贱皆从法”，[3]“故治民无常，唯治为法。法与时转则治，治与世宜则有功……时移而治不易者乱。”[4]可见，中国古代法治理论的价值导向虽然在于反对人治。但是，其前提仍然是为了满足巩固统治阶级的政权服务的需要。在他们那儿，法治与人治的差异只体现在统治

[1] 质言之，儒家所讲的“礼治”、“德治”，实际上就是“人治”。

[2] 《礼记 · 中庸》。

[3] 《韩非子 · 心度》。

[4] 《韩非子 · 心度》。

阶级统治人民的手段不同而已，并没有反映绝大多数劳动人民的意志和利益。可见，中国封建传统中的政治文化和法权结构与现代宪政的目标相去甚远。

（二）中国封建社会宪政缺失的原因

从本质上看，一切政治和法律都是由特定的生产力状况和生产关系的形态所决定的。因此，历史问题终究要用历史的眼光来观察。我们对中国封建社会中宪政的缺失也必须结合特定的历史场景分析其产生的经济、政治、思想文化以及法律的根源。

从根本上看，中国封建制的集权统治形式是由封建制社会经济基础的状况所决定的。封建社会统治阶层对生产资料的集中占有，使得被束缚在土地上的农奴或农民成为“半自由人”，这种生产关系的状态，决定人们之间公开的不平等，甚至连形式上的平等也没有。于是，整个社会的结构就形成了根据财产占有的多少而形成的金字塔式的等级结构模式，处在金字塔顶峰的便是君主，他握有一切实际的权力，从而形成高度的集权形式。由于在自然和半自然经济条件下，社会生产力发展水平相对较为低下，商品经济不发达，整个社会处于一种相对封闭的状态，与外部世界的交往和联系也很少。因此，19 世纪之前，在中国人的观念里头就“只有天下而无国家”，这是主权意识缺乏的表现。尽管那时候也存在国家，但缺乏视对方为平等主体的对外交往关系，也缺乏区分我者和他者的权力边界。确切地说，那时候人们普遍只有天下概念而没有国家意识。没有国家的特征，自然也就没有建立其上的宪政的产生。

与西欧封建社会不同的是，在中国传统的社会结构和政治体制当中，一方面是高度集权的帝王权威，另一方面却是十分松散的中央和地方关系。封建传统国家自上而下设置了一整套组织严密的官僚体系，从中国古代中央、省、府、州、县的各级官僚机构的设置来看，名称各不相同，可以说是皇权对社会进行控制的最为完备的国家机器。然而，传统中国的官僚系统在县以下却没有设置相应的政权体系，所谓皇权不下县。传统中国县以下存在的组织与管理机构并不是国家政权机构，它们仅承担乡土社会户籍、税负、治安及教化的责任。因此，在传统的中国乡土社会，数量众多的大大小小的乡村只能靠乡村社会的内部组织来进行自我管理，封建社会的统治权并没有深入到乡土社会里面去。整个社会无疑就是一个家族分立，城乡分割，地方分裂，官民分立的“裂变型”社会。虽然“不劳官府而自治”是传统中国社会条件下老百姓自我标榜的“理想状态”，但如果社会没有与国家形成一种互动的状态，统一的社会秩序也就无以形成。此外，还由于传统中国社会生产力较为低下、社会关系相对比较简单，传统的社会关系自然就不需要大量的复杂的法律部门去调整。这也导致了封建社会的法律部门相对单一、法律体系不发达，当然没有必要制定一部超越于其他法律之上对其他法律起统率和规制作用的国家根本法——宪法。在这种条件下，宪政显然无从生根。

二、宪政失序：百年中国立宪的历史进程与逻辑归谬

中国自 19 世纪末开始效法西方立宪，从清末预备立宪算起，迄今已逾百年。然而，及至今日，中国的宪政秩序亦并没有真正到建立起来。回顾百年中国立宪史，确切地说，中国的宪政建设一直都处于艰难的探索过程中，也给我们留下了弥足珍贵的历史经验和教训。

（一）百年中国立宪的历史进程

百年中国立宪史，的确是一段充满血雨腥风，激越悲壮的不平凡的经历。如果说，前半个世纪中国的立宪是在封建旧传统之下艰难地探索和蜗行的话，那么，最近半个多世纪以来新中国的宪政实践亦同样经历了曲折和坎坷。

19 世纪末期，清王朝面临着内忧外患之严重的统治危机。苟延残喘之余，清王朝的那些封建权贵们为了挽清廷于既倒，也作出了一副要立宪的姿态。1905 年，清廷派大臣出洋考察宪政，之后很快得出了一个中国立宪要以日本作为效仿对象的结论，1906 年宣布实行预备仿行立宪，1908 年颁布《钦定宪法大纲》，1911 年又抛出《重大信条十九条》。《钦定宪法大纲》确立了皇帝至高无上的地位和权力。它规定“大清皇帝统治大清帝国万世一

系永永尊戴”、“君上权力神圣不可侵犯”。[1]《重大信条十九条》与《大纲》相比虽然在文本上略有不同，但皇权保障依然为其核心内容。清末立宪是近代以来中国立宪的开端，虽然它们最终都无力挽救清王朝覆亡的命运，但其揭开了中国立宪史的第一页。1911 年辛亥革命爆发，南京临时政府随即宣告成立，深受西方宪政思想熏陶的孙中山出任临时大总统。三个月后，孙中山领导的南京临时政府颁布了中国历史上的第一个资产阶级共和国性质的宪法性文件——《中华民国临时约法》。该文件根据西方分权理论确立了主权在民原则，宣告帝制非法，共和合法理论，并强调要充分地保障公民的权利和自由。然而在其后不久，民国政权即被凭借共和声浪兴起的袁世凯所篡夺。《中华民国临时约法》遂被袁世凯所抛弃。此外，袁世凯这个政治野心家还在掌握政权后加速推行其专制集权统治，逐步实现了他由临时大总统到正式大总统，再到终身大总统，最后到洪宪皇帝的“三步”复辟帝制的政治道路。袁世凯死后，中国地方军阀割据混战，在中国政治历史舞台上演出了一幕幕以军事强力而安排政治谱系的制宪闹剧。其后的黎元洪也好，段祺瑞也罢，他们都曾召集和组织国会试图讨论制宪的议题，但都基于各种政治利益没有实现而导致制宪目标的流产。再其后，曹锟通过军警和支票贿选而产生的《中华民国宪法》为他自己登上总统宝座获得了宪法的庇护。该宪法也是旧中国历史上第一部正式颁布的宪法，但其内容却基本上是“天坛宪草”和“袁记约法”的混合物。随后，该宪法在全国范围内引起了人们的一致反对。1924 年，当冯玉祥把曹锟赶下台的时候，曹氏军阀政权也宣告倒塌，“贿选宪法”也就被废弃了。

20 世纪 20 年代，在中国北方各个军阀连年混战之际，共产党诞生并与国民党在中国南方形成对峙局面。在当时，两党都是具有革命性的政党。孙中山生前就极力主张和推动两党之间的合作。为了讨伐共同的敌人——北洋军阀，两党就开展了第一次合作。1926 年秋开始北伐，而当北伐还没有取

[1] 《钦定宪法大纲》的正文共有十四项均为“君上大权”，主要内容为：大清皇帝统治大清帝国万世一系，永永尊戴；君上尊严，不可侵犯；颁行法律、解散议院、黜陟百司官吏、统率军队、宣战、媾和、订约、派遣与认受使臣、封赏恩赦、总揽司法等大权。这些条文全部抄自日本宪法，只是删去了对天皇权力之限制（参见蒋碧昆：《宪法学》，中国政法大学出版社 1999 年版，第 102 页）。

得全面胜利的时候，两党之间的政治分歧就开始发生。其后，中国的历史舞台上开始了国民党一党独裁的政治统治。蒋介石自1928年在南京建立国民政府之后，根据孙中山的行宪思想，先后由国会通过了《中华民国训政时期纲领》和《中华民国训政时期约法》并颁布施行。诸宪法性文件一直施行到1946年《中华民国宪法》的公布实施。其间，国民党还在1936年5月5日通过并公布了一个宪法草案，俗称“五五宪草”。其中设立了一个大权独揽的总统，明确地把国民党的一党专制和个人独裁合法化。抗日战争结束以后，国共双方在重庆举行了政协会议讨论宪政问题，但终因国民党发动内战使得其无果而终。1946年11月，国民党召开“制宪国大”并在其后通过了《中华民国宪法》(于1947年元旦公布实施)。这部宪法是国民党在其统治时期制定和颁布的第一部宪法，其内容是“五五宪草”的翻版，还掺杂了曹锟贿选宪法的一些词句。随着人民解放战争的胜利和蒋介石逃离大陆，该宪法也被历史淘汰了。

1949年，中国人民政治协商会议第一届全体会议召开，制定了作为新中国建国纲领和临时宪法的《中国人民政治协商会议共同纲领》。1954年则正式召开第一届全国人民代表大会，制定和颁布了新中国的第一部宪法——1954年宪法。应该说，1954年宪法在新中国成立初对我国当时的经济和社会发展起到了一定的推动作用。我国第一个五年计划提前完成就是例证。但是，从1957年“反右斗争”开始，我们党内出现极“左”思潮的泛滥和阶级斗争扩大化，党和国家的政治生活开始陷入一种不正常的状态，宪法渐渐地被虚置。1966年开始的“文革”更使得整个国家的政治、经济和社会生活陷入混乱之中，宪法几乎被废弃。“四人帮”以法西斯专政代替了民主宪政。1975年1月17日，第四届全国人大一次会议召开。本次会议对1954年宪法作了大幅度的修改，并重新制定和颁布了新的宪法文本——1975年宪法。该宪法反映了我国从1956年进入社会主义社会这一事实，其中确认了我国经济制度和国家制度的社会主义性质，彰显社会主义类型宪法的特色。但在具体规定上，这部宪法却力图以根本法的形式使极“左”思潮合法化，它不仅肯定了“文化大革命”，肯定了“全面专政”，而且把全面专政的范围扩展到了整个上层建筑包括整个文化领域。比如，其中确认了“大鸣、大放、大辩论、大字报”等一些极“左”的民主形式、取消了国家主席和检察机关的建制、大幅度地缩减公民权利和自由的范围……所有这些都反映出在“左”的思想倾向影响下党和国家政治路线发生的偏差，也反映出当时民主法制遭到漠视和践踏的实际情况。1976年，我们党粉碎了推行极“左”路线的“四人帮”，制止并开始初步清理“左”的危害。第五届全国人大一次会议举行全体会议一致通过了经过修改的新中国第三部宪法——1978年宪法。其中恢复和坚持了1954年宪法中一些好的原则和内容，删掉了1975年宪法中诸如“全面专政”等一些错误的规定，因而具有重要的历史进步意义。但是，在当时由于拨乱反正还刚刚开始，一些政治上的是非问题尚未澄清，“两个凡是”的思想还残留在人们的头脑中。因此，1978年宪法文本并未彻底摆脱“左”的思潮的影响。例如这部宪法在序言中仍然保留了“坚持无产阶级专政下的继续革命”等“左”的提法，对“文化大革命”仍然持肯定的态度，宪法文本仍然保留了地方各级革命委员会的名称，继续规定了“四大”等极“左”的权力形式，等等。该宪法颁布以后，虽经两次修改，其中诸多内容仍然不合时宜。直到1982年，中国才以一种对历史负责的精神重新修订了宪法，即制定了我国的现行宪法——1982年宪法。出于对“文革”教训的吸取，我国现行宪法特别注重加强对公民权利的保障，确认了宪法作为国家最高法的地位和效力，规定了一切国家机关、武装力量、各政党、各社会团体和公民都必须遵守宪法的法治原则。该宪法也被认为是新中国成立以来最好的一部宪法。其后，这部宪法在实施过程中又分别历经1988年、1993年、1999年和2004年四次修正，宪法中有关指导思想、根本任务、经济体制、治国方略等内容不断充实和完善。

（二）百年中国立宪的逻辑归谬

逻辑与历史从来就不是断裂的。“以近代宪法为基础构建起来的宪法思想基本上是以逻辑方式表述的话语体系。但是，在宪法问题上，似乎存在着西方国家用理论（或者称为价值）说话，而古老的中国用事实说话的区别”。[1] 宪政作为西方社会政治民主化的标签，也是近百年来中国孜孜以求的政治范式。然而，这种极具“现代性”和社会认同度的西方立宪政治却

---

[1] 莫纪宏：《现代宪法的逻辑基础》，法律出版社2001年版，第7页。

并没有把中国社会直接由“近代”导入“现代”。笔者认为，工具主义以及由此引发的种种宪法“泛政治化”倾向造就了中国近代立宪的逻辑怪圈。

1. 中国近代以来的立宪模式属于典型的“外发型”而不是“内生型”。主要表现为“移植”现象。宪法在“移植”的过程中，当“实然宪法”性状无法获得“应然宪法”有效证明时，悖论就会产生，立宪的“泛政治化”倾向和法治的“异化”现象则势所必然。

我国近代立宪发端于清末。如果说，《钦定宪法大纲》作为中国近代立宪的开端是以日本的明治宪法作为效仿对象的话，那么，孙中山的“五权宪法”就是以欧美宪法为蓝本，以“三权分立”理论作为其政治基础的。至于后来北洋军阀和国民党统治者们制定出来的类型迥异的宪法，无非就是以上两部宪法的翻版或盗版。如国民党政权通过的《中华民国训政时期纲领》和《中华民国训政时期约法》就抄袭了很多资产阶级宪法的词句。就此来看，在中国近代以来迄今为止并不算太长的立宪历程中，我们做了大量的宪法移植工作。而每一部宪法的移植，都与当时特定的社会政治背景和政治需求有关。以清末立宪为例，当1905年载泽等五大臣受清廷委派出洋考察宪政，当他们从日本出发，到欧美转了一圈之后又回到日本的时候，所得出的结论就是中国立宪必须得以日本为效仿对象。皆因欧美国家的宪制太发达，其民主化的程度太高，以至于被认为其“有违中国之礼教”。而高扬“天皇主权论”钦定的日本明治宪法却备受清朝皇帝的青睐。于是，载泽等人又再次被派往日本做专程考察。随即清朝政府便草拟并公布了中国近代史上的第一部宪法性文件——《钦定宪法大纲》。这部宪法性文件与日本的明治宪法有很多相似的地方，在结构上甚至是很多提法上都是如出一辙。如该《大纲》表述的：“大清皇帝统治大清帝国，万世不易，永永尊戴”，就与明治宪法出奇地相似。然而，这两部同样都具有反民主色彩的近代宪法在实践中所起的作用却有着天壤之别。实际上，日本经济起飞的原因很多，明治宪法虽有其反民主的一面，但不可否认其在特定的社会背景下起到了推动经济发展和维系政治稳定的作用。甚至在某种程度上还可以说，明治宪法将日本导入了现代化。而具有同样意味的《钦定宪法大纲》却没有挽救清王朝覆亡的命运，倒反过来成为封建专制历史的见证，随着清朝政权的倒塌而最终成为一堆历史垃圾。这两种截然不同的宪法现象所产生的效果上的巨大差异的确是值得反思的。笔者的结论：前者属于“内生型”宪法现象，而后者属于“外发型”宪法现象。两者性质不一样，效果截然不同。

近半个世纪以来，中国的立宪也一直是在这个逻辑怪圈中徘徊。如果说，新中国成立初期由于我们缺少立宪经验而把苏联 1936 年宪法作为主要效仿对象并取得了一定成效的话，那么经历了 50 年代末 60 年代初的阵痛尤其是及至“文革”十年却付出了沉重的代价。可以说，“文革”期间的修宪质疑了五四年宪法，也质疑了苏联模式，那么八二年宪法就是在一定程度上肯定了五四年宪法，发展了苏联宪法。正如不能把“文革”的教训归结为其间的两部宪法一样，自然也不能把新中国成立初期的立宪挫折完全归结为苏联宪法模版。不管是哪一种模版，首先得符合中国国情，符合中国特定时期的政治经济文化的特点和实际需要，即要满足立宪的“内在的需求”。实际上，自从苏联解体，其立宪模式几乎被我们彻底抛弃了。当下，对于中国宪政之路，学界有一种言必称欧美的倾向。特别是有些人正在精心设计着各种各样中国的“美利坚模式”或“法兰西模式”。在法治实践中则主要表现为“法律移植”思维“超前立法”现象，这是我国走出“文革”十年“无法无天”、“法律虚无”之极端后又步入的另外一个极端。与“立法滞后”一样，“立法超前”同样是不理智的。“超前立法”视法律为“万能的”工具，如不有效遏制将直接导致法治的异化。

2. 中国近代以来的立宪由于没有“自下而上”的基础，总是沿着“自上而下”的路径进行，立宪以权力为本位而不是以权利为本位，宪法自身缺乏一种正当性的逻辑支撑。

中国立宪政治和西方的一个重要区别在于，它是一个“自上而下”的“人为”过程而非“自下而上”的自然生成过程。一个世纪以来，中国社会的每一次重大的宪政变革几乎都是从当时权力结构的顶端开始的，往往伴随着激烈的政治斗争，甚至表现为种种残酷的暴力革命。清末立宪就是明证。从戊戌变法中维新派以血荐轩辕、光绪皇帝被囚禁的结局到慈禧太后派遣五大臣出洋考察宪政并实行预备仿行立宪之举，每一项重大政治决策的酝酿和形成，无不伴随着当时上层官僚之间激烈的政治纷争和妥协。康有为等人的变法维新主张未能推行下去，主要在于当时的实权派人物慈禧太后顽固地反对。而当日俄战争使慈禧太后有所醒悟时却为时已晚。即便如此，她仍想借预备立宪玩弄骗人的把戏，从而使中国丧失了一次不可挽回的走向宪政的机会。可见，中国的立宪从一开始就为政治上层的某些特权者所左右。立宪不过是那些特权人物手中的一张政治王牌而已。袁世凯之复辟帝制的道路、曹锟上演的贿选丑剧、蒋介石政权的一党独裁等，都见证了宪法被工具化的政治倾向。可见，旧中国的立宪从一开始就是在以暴对暴的逻辑怪圈中进行，革命斗争异常激烈。几乎每一种政治势力，都企图通过自上而下的宪政革命改变中国的政局。面临滚滚而来的革命潮流，中国的政治家们也总是一味地强调“以革命开民智”，试图用暴力改造社会，而不是以理性的人类先进思想改造社会。不管怎么说，暴力手段会对宪政建设带来诸多负面影响是显而易见的。它容易煽动阶级仇恨，也不利于理性的对待前朝的一些正确、合理的东西，容易引起社会从一个极端走向另外一个极端。频繁的暴力革命和社会动乱，使社会长期难以安定下来。政权的动荡更迭，使宪法不稳定，宪政无从生根。由于泛政治化的宪政思路，经济基础滞后，西方宪政所依赖的市民社会自治和主权的观念，在近代中国从未真正萌生。所谓宪法，在那些政治精英们的揉搓下并未调整出宪政来，而铸成了不折不扣的强权政治。

3. 近代立宪这种明显的“工具性”特征，必然造成手段与目的的背离，“政治”与“宪法”的“目标冲突”，由此形成“体”和“用”的二律背反，必然导致“畸形政治”和“畸形宪法”。

在清末变革者的心中，“立宪万能论”成了一种可以救国图存的政治神话。其潜含的预设就是：立宪是无条件的，它与政治、经济、文化无关，可以忽略制度生长的一切支持性条件。他们错误地以为，只要制定出一部像西方那样的民主宪法，便可以挽清廷于既倾并可以迅速地将中国导入富强之路。在晚清统治者眼里，立宪政治是“救亡”的产物，而不是资本主义发展与封建政权矛盾演进的结果。也就是说它主要是作为“救亡”的手段而非以“民主”为目的。它更加重视的是作为宪政制度的工具合理性，而非作为宪政思想的价值合理性。甚至理想地把宪政制度的确立作为后两者得以实现的前提条件，而忽略了它们至少应当同时并存。由此便必然人为地割裂宪政制度的价值合理性与工具合理性的关联，使得中国近代立宪政治具有明显的“工具性”特征；割裂了宪政形式与宪政内容之间的应然联系。在梁启超那里，它主要是救亡图存的权宜之计；在孙中山那里，它也不过是社会革命的副产品而已。

“工具论”倾向使得近代中国的立宪政治演变呈现出强烈的激进主义色彩。随着近代中国内忧外患的加剧，主张变革者的态度也日趋激进。可以说，急功近利是清末宪政改革的病灶之一。戊戌维新的指导者在民智未开的维新初期，就主张“全变”、“速变”，结果使变法走向歧途。辛亥革命在民主政治草创之际，革命先行者孙中山先生却认为民主主义已经实现，要以激进的步伐营造民生主义，这不但为封建势力的反扑提供了机会，且空泛的“民生”易使人们失望而缺乏坚实的民众基础。另一方面，我们也看到，在近代的宪政运动中，在变革者提出“新颖性”、“激进性”的变革设计背后，隐藏着的又是道德和思想方面的保守主义内容，由此导入徒有“宪法”外壳而无“民主”内核的近代“泛政治化”立宪的结局。

回眸这段立宪史，正如谢晖指出的：“二十世纪的中国，既是一个寻求宪政的时代，也是由英雄主导宪法的时代，因此，近百年来在中国颁布的一部部宪法，基本上是以政坛为舞台，以英雄（政治家）为导演的宪法……这是一种奇怪的历史现象，但又是一种必然的实践逻辑”。他还指出：“如果宪法不是建立在深厚的社会基础之上，而只是在建立政治实用和政治家的权力理念之上，宪法的政治工具性便不可避免”。[1] 而近代立宪的这种明显的“工具性”特征，必然造成手段与目的的背离，“政治”与“宪法”的“目标冲突”，由此形成“体”和“用”的二律背反，从而导致“畸形的政治”和“畸形的宪法”。[2]

三、宪政过渡期我国社会中的非秩序化倾向及其成因

（一）社会转型与宪政的“过渡”

现阶段，“转型”一词在人们日常的经济、政治和社会生活领域中使用的频率特别高。在社会学领域，“转型”即“从农业社会向工业社会的转变”、“从封闭社会向开放社会的转变”、“从乡村社会向城市社会的转变”，

[1] 谢晖：《政治家的法理与政治化的法》，《法学评论》1999 年第 3 期。

[2] 参见张义清：《宪法泛政治化的逻辑归谬与历史反思》，《当代法学》2006 年第 6 期。

等等；在经济学领域，人们则通常用“工业化”、“市场化”、“全球化”等概念来置换“转型”一词，用以描述现阶段经济发展的大趋势。在政治学和法学领域，人们则常常将“转型”这一概念阐释为“从专制国家走向民主国家”、“从人治国家走向法治国家”，[1] 凡此等等，不一而足。然而，“正如没有一个以市场经济和公民权利为根基的现代公民社会，就难以建构一个现代国家一样，没有一个现代国家，现代公民社会也难以建构起来”。[2] 抛弃国家概念来谈社会转型或者抛弃社会概念来谈国家转型，实际上都是对“社会”概念和“国家”概念褊狭的理解。[3] 据此，“社会转型”中的“社会”，应作广义的理解，它特指一个包括政治、经济、思想、文化以及国家政权结构等在内的“社会整体”。所谓“社会转型”，就是指“传统社会”向“现代社会”整体性转变的一个过程。在这个层面上，一个国家政治的转型、经济的转型、法律的转型等等，都属于社会转型的重要内容和具体的表现。可见，国家转型是社会转型的题中之义。质言之，社会转型就是社会的现代化。在这个意义上，用“现代化”一词来表达“转型”的意涵是比较确切的。一如罗荣渠从史学的角度概括的：“现代化作为一个世界性的历史进程，是指人类社会从工业革命以来所经历的一场急剧的变革，这一变革是以工业化为推动力，导致传统的农业社会向现代工业社会的全球性大转变过程，它使工业主义渗透到经济、政治、文化、思想各个领域，引起深刻的相应变化”。[4] 徐勇教授在分析中国现代国家建构时也深刻地解释了：“现代国家的建构尚是一个了犹未了的漫长过程”。[5] 因此，“现代化”也好，“社会转型”也罢，并不能用一个确定的“时间区间”来进行描述。但是，现代化作为一种建构主义的导向和社会发展的一种趋向，其基本的价值导向却是确定的。笔者认为，如果用“现代化”的标准来定义“社会转型期”的特征的话，其

[1] 参见谢晖：《法治讲演录》，广西师范大学出版社 2005 年版，第 84 页。

[2] 徐勇：《“回归国家”与现代国家的建构》，《东南学术》2006 年第 4 期。

[3] 传统理论源自古罗马“市民社会与政治国家”之“二元结构”来界定国家与社会的。随着市民社会与政治国家的相互渗透，某些私人利益受到普遍的公共利益的限制而形成社会利益，“一个独立于市民社会和政治国家的团体社会正在形成，这显然是传统理论难以解释的”（参见郑少华：《社会法的勃兴与中国社会法之使命》，《政法高教研究》1997 年第 3 期）。

[4] 罗荣渠：《现代化新论》，北京大学出版社 1993 年版，第 16—17 页。

[5] 徐勇：《“回归国家”与现代国家的建构》，《东南学术》2006 年第 4 期。

内容至少包括：经济的现代化，即“从农业的、乡村的、封闭的、半封闭的传统型社会向工业的、城镇的、开放的现代型社会的转型”；[1] 政治的现代化，其最显著特征就是政治民主化、法治化；思想文化的多元化，即随着市场化所导入的利益主体的多样化，同一社会存在着多层次、多元化并存的价值体系；社会的一体化，主要包括全球经济的一体化和世界政治和社会生活的国际化。此外，还包括国际关系的多极化，等等。

由上述分析可见，“转型”是一个动态的“现代化”的过程。正如南非最高法院大法官 Pius Langa 认为的：“过渡与转换是不一样的，转换是一个无限的概念，而过渡是一个有目标限制的特定概念”。[2] 而就宪政来看，如前面所述，当属于一种体现民主、法治、人权等重要价值元素在内的“现代性”。从这个意义上说，“宪政都是从非民主、专制体制向新型的政治体制过渡的最佳选择。宪政毋庸置疑是一项最好的政治价值选择。因此，过渡期的宪法应当立足于向宪政体制过渡，而不是漫无目标，或者是原地循环”。[3] 可见，用“过渡期”一词来概括宪政目标实现这样一个动态的过程是十分妥帖的。从 20 世纪 80 年代开始，伴随着中国经济体制改革和政治体制改革的推进，民主法制建设也在不断地向前迈进，尤其是 1982 年宪法颁布以来，中国进入一个重要的宪政“过渡期”。

从宪政发展的基本规律来看，宪政目标的实现最终取决于社会大众，即托克维尔所讲的“民情”。[4] 宪政作为一种平等地尊重人的政治生活状态，它是通过实行法治、推行民主从而创造人类的幸福生活，以此实现社会的正义价值目标。中国改革开放三十多年以来，整个社会的资源配置模式正由计划体制朝向市场体制转型。与之相伴并随的就是，整个社会的财富积累不断增长，民生状况得以改善。与此同时，中国社会的分层结构也发生了重大

[1] 郑杭生、李强等：《当代中国社会结构和社会关系研究》，首都师范大学出版社 1997 年版，第 19 页。

[2] 莫纪宏：《过渡期后的宪政——2006 国际宪法学协会圆桌会议综述》，张庆福主编：《宪政论丛》（第 5 卷），法律出版社 2006 年版，第 755—760 页。

[3] 莫纪宏：《过渡期后的宪政——2006 国际宪法学协会圆桌会议综述》，张庆福主编：《宪政论丛》（第 5 卷），法律出版社 2006 年版，第 755—760 页。

[4] 参见【法】托克维尔：《论美国的民主》（上卷），董果良译，商务印书馆 1988 年版，第 68 页。

变化。[1]然而，有调查显示，社会转型所导入的“经济增长并不能代表人的幸福感的增加，甚至一部分人的幸福感在下降”。[2]因为，以经济指标表达出来的经济增长态势，它也可能呈现出两极分化的增长。在这种情况下，低收入阶层的社会福利水平不但无法得到同步提高，相反还会下滑。质言之，人们对幸福的感觉无疑是多元的。很多学者通过总结近代百年以来中国的宪政历史经验然后得出结论：“单纯把宪政看成是改变国家落后的工具，是中国历次宪政失败的最大原因”[3]。显然，经济的增长，并不意味着宪政正义的实现，也不会当然地提升人们的幸福指数。按照北欧斯安银行的经济总监克拉斯·埃克隆德的观点：“对中国而言，保持经济、社会的稳定才最重要，因为即使‘平均’的数字再高、经济总量再大，如果贫富差距不可控制，那也非常危险。”[4]这无疑印证了“现代化免不了带来异化”[5]的结论。事实上，宪政的“过渡”，必然滋生一些不稳定因素，甚至是一些造成政治失稳的“非秩序化”倾向。下文拟作专门介绍。

（二）变革社会中“非秩序化”现象的宪政分析

1. 近年来中国社会中的“非秩序化”倾向

近年来，我国的政局基本上保持了稳定性和连续性，但地方性的政治事件和局部的社会动荡却时有发生，一些地方的分裂和恐怖活动表现得异常猖獗。例如，台海局势随着具有极端“台独”倾向的民进党的下台，尤其在国民党执政以后，海峡两岸关系明显改善，发展势头良好。但是，“台独”势力并没有就此罢休，他们以各种手段制造事端，继续开展“台独”活动。客观地看，两岸政治制度所存在的差异在短时间内难以磨合。撇开某些“国

---

[1]　李强：《转型时期的中国社会分层结构》，黑龙江人民出版社2002年版，第36页。

[2]　赵晓：《为什么经济增长了百姓幸福感却在下降》，《上海证券报》2006年3月14日。

[3]　徐显明、蔡定剑、刘军宁、毛寿龙、王人博、季卫东、杜钢建、包万超等：《宪政之路：从尊重宪法开始》，《南方周末》2003年3月13日。

[4]【瑞典】克拉斯·埃克隆德：《北京人均GDP：需警惕贫富差距在拉大》，《环球时报》2007年1月8日。

[5]【美】塞缪尔·P.亨廷顿：《变化社会中的政治秩序》，王冠华译，生活·读书·新知三联书店1989年版，第34页。

际干预因素”[1]对海峡两岸关系发展所制造的障碍等外在因素权且不作讨论。笔者认为，当下影响两岸关系发展的内在因素表现为多个方面，尤其是近些年来台湾岛内持有“独立化”倾向政治人物的种种“台独”思维和行为方式实质性地影响着当前的台湾社会，给海峡两岸关系的良性发展道路平添了路障，使得未来海峡两岸关系的延伸充满变数和不测。[2]“台独”势力有意地模糊和混淆人们对海峡两岸关系的历史和现状的客观认识，尤其是不少人对于台湾当前政治体制一味地美化和盲目地追捧，无疑误导了台湾民众对其现行政治模式的理性判断，造成人们对海峡两岸关系发展目标认识上的疏离感，不少人对目前海峡两岸关系状态的分析和未来发展方向仍然存在着误解和误判。从目前的情况来看，“台独”势力甚至认为，祖国大陆既不能下决心打台湾，又阻挡不住其分裂国家的进程。此外，目前就有人虽然赞成两岸实现统一，但又错误地认为海峡两岸现在尚处于“主权分裂”状态，主张以“邦联”、“联邦”、“屋顶论”等方式争取两岸统一。[3]这些非理性的认识和错误的判断既背离了海峡两岸关系发展的历史和事实逻辑，也难以嵌入当今中国的具体国情之中。近年来，“藏独势力”也不断抬头、“恐怖活动”频频发生。尤其在2008年我国举办奥运会前后，藏独分子的活动异常嚣张，在世界各地制造事端，企图分裂祖国，2008年3月14日在西藏制造的打、砸、抢、烧事件就在我国造成了不小的震荡。

---

[1]　比如，美国对台政策上一直以来所表现出来的“两张面孔”：一方面坚持向台湾出售军事武器，反对大陆“以武止独”；另一方面又不时重申奉行“一中政策”、反对“台独”挑衅及“单方面改变现状”，不支持台湾加入“只有主权国家才能加入的国际组织”等。而且，美国一直以它的国内法——《与台湾关系法》干涉中国内政，不断向“台独”势力发出错误信号，在台湾海峡两边采取钟摆政策，把台湾当做牵制中国的一粒棋子。

[2]　长期以来，“台独”的思维和行为模式外化为多种形式：从“以武拒统”到“决战境外”，从“台湾主权独立”到海峡两岸“一边一国”，从“政治台独”到“去中国化”的“文化台独”，从制造岛内族群分裂到公然割裂海峡两岸中国统一的领土主权而构建所谓的“国家议题”，从“渐进式台独”到“统、独由台湾全民公决”，从“隐性台独”到“修宪、制宪”的“法理台独”，等等。

[3]　自从1949年国民党退守台湾以来，海峡两岸间事实上处于一种分离分治的状态，而不是主权分裂状态。因为，海峡两岸的主权从来都是中国完整的领土主权的组成部分。正因为如此，中国实现两岸统一的方式绝不是如原东、西德，朝鲜半岛的韩国与朝鲜民主主义共和国那样，不是分裂成两个主权独立国家的统一，而是主权统一完整的一个中国，尚处于分治状态的祖国大陆与台湾之间的统一。中国的领土主权是统一的整体，没有分裂，也不允许分裂。

2008年3月14日拉萨市少数不法分子开始在八廓街聚集，打出“雪山狮子旗”，一边呼喊“西藏独立”等反动口号，一边打砸抢烧。潜伏在其他街道的不法分子趁势走上街头，参与暴行，事态迅速蔓延至八廓街周边地区。这些坏分子大肆纵火，辱骂、殴打、砍伤执勤人员，冲击新闻、金融、学校、公安机关等要害部门，抢劫并烧毁商店、学校、汽车、宾馆。[1]

他们还在各地以各种形式制造恐怖事端，严重扰乱了人们的社会秩序，造成了恶劣的影响。此外，我国现阶段各种恐怖事件亦频频发生。2008年7月21日，我国云南省昆明市连续发生两起公共汽车爆炸事件。

2008年7月21日上午7时10分、8时5分左右，在云南省昆明市人民西路云大医院侧门、昌源路与人民西路交叉口分别发生公共汽车爆炸案。作案分子选择在公共场所，以及连续多次制造爆炸事件，这显然是有预谋的社会恐怖事件，严重地危及到了社会的公共安全。[2]

其后不久，新疆喀什市也发生严重暴力恐怖袭警事件。

2008年8月4日上午8时许，我国新疆喀什地区公安边防支队70多名武警官兵集体出早操，行至喀什市色满路距边防支队大院50米左右的怡金宾馆前时，一辆自卸式大卡车突然从官兵背后开足马力冲向出操队伍，当场将部分官兵撞翻在地。货车撞到路边的电线杆后翻车，驾车的嫌疑人从卡车里冲出来，手持自制枪支，同时引爆自制的爆炸装置，继续向官兵发动袭击。另一名早已埋伏在旁的犯罪嫌疑人手持大刀和炸药，先是向倒在血泊中的武警战士乱砍，接着跑到公安边防支队大院门口，向院内投掷炸药。在投掷时，自制的炸药将袭击者自己的一条胳膊炸伤。此次袭击事件造成受袭武警16人死亡、16人受伤。警方从现场缴获自制爆炸装置九枚、自制枪一支。这些装置与2007年1月新疆警方捣毁一处“东突”恐怖组织训练营时

[1] 徐锦庚、张帆:《度尽劫波凝斗志——拉萨市打砸抢烧事件真相及近况》,《人民日报》2008年3月22日。

[2] 孙伟、熊明:《昆明爆炸案》,《西部时报》2008年7月25日。

缴获的装置相似。同时，还在现场缴获两把行凶的刀具及部分宣扬“圣战”内容的宣传品。据悉，两名犯罪嫌疑人发起袭击前曾留下遗书，遗书中有“捍卫宗教比捍卫个人的生命和母亲的生命更为重要，所以要进行圣战”的字句。[1]

这些分裂活动和恐怖事件严重地影响到了社会稳定，也在特定范围内和一定程度上影响到了我国的社会秩序和政治稳定。

此外，与我国现阶段经济快速增长相伴并随的是，社会各阶层的收入差距不断拉大。加上社会分配不公、社会保障不力等因素的交相作用，社会结构呈现某种明显的分化趋向，由此导致的社会问题也纷至沓来。因为，急剧的社会变革直接导致了民众利益诉求的空前高涨，而当公众参与的社会制度供给缺失，公民利益表达和实现机制受阻的时候，各类社会群体性事件则风起云涌。正如我国学者看到的：“近几年来，那些已退休的工人为了争取应有的福利待遇，下岗的工人为了获得劳动的权利，正在进行国有企业改制的工人为了保住工作岗位，生活在完全资本主义体制下的雇佣工人提出‘发放足额工资’及改善工作条件等目标”。[2] 这些社会成员正是为了满足自身的各种利益诉求而寻求各种保障的途径。事实上，“当自身利益受到损害或为了争取更大的无理利益时，事件参与者们却往往抛弃法律手段而宁可聚集起来，通过越级群访、非法游行、冲击政府、堵塞交通、罢工罢课等形式，进行所谓的施压性‘维权’”。[3] 以2008年为例，根据笔者调查了解到的情况来看，最典型的事件莫过于贵州的“瓮安事件”。

2008年6月28日下午，贵州瓮安县城当地一些群众因对瓮安县公安局对该县一名女学生死因鉴定结果不满，聚集到县政府和县公安局。其间，数万群众趁机打砸办公室，并点火焚烧多间办公室和一些车辆。事件造成百

[1] 参见《新疆喀什边防支队遭两作案分子袭击16死16伤》，中新网2008年8月4日电。

[2] 于建嵘：《中国的社会冲突——对当代工农维权抗争活动的观察和分析》，《领导者》2008年第2期，总第20期。

[3] 于建嵘：《中国的社会冲突——对当代工农维权抗争活动的观察和分析》，《领导者》2008年第2期，总第20期。

余名民警受伤，县委、县政府和县公安局被焚烧打砸，公共财产严重受损。事后，胡锦涛总书记亲自做出批示。在事件处理过程中，贵州省委对于严重失职渎职的瓮安县委常委、政法委书记、县公安局政委、局长等先后被免职。[1]

2008年9月4日，湖南省湘西自治州吉首市爆发了因“民间融资”引发的特大社会群体性事件。其起因源自多年之前吉首市的民间非法集资。早在2002年，随着湘西州府——吉首市的大规模扩建，政府引进的房地产开发商以融资高息回报的方式获取社会和民间资金。民间集资迅速发展，利息不断飙升，从月息5%，再到6%，有的企业甚至高达10%至12%。在很短的时间内，吉首及周边县市民间和社会的资金不断涌入房地产开发商的口袋。2006年，融资在当地已经演绎到了白热化的境地。许多老百姓为了获取高额的融资回报，不顾其中存在的风险向融资企业源源不断地注入资金。部分人还将自己的下岗补偿金、征地拆迁中的安置费、养老金等投放到融资企业。短短几年时间，湘西州多家企业通过民间融资渠道募集的资金总额逾百亿，涉及的人数以十万计，大量的政府官员也参与其中。2008年上半年，湘西州委州政府作出决议拟对该地非法融资行为进行治理，其后立即通过行政手段强行掐断了该地所有融资企业的资金链条。该措施一出台，就在当地社会民众中引起了剧烈的震荡。

2008年9月4日上午，湘西自治州吉首市的州政府所在地，被成千上万的老百姓围得水泄不通。他们声称：“为了要回他们的血汗钱，除了这样做，他们别无他法。”9月24日上午，数百名高龄集资受骗者聚集在首府吉首市的州政府门前请愿时，其中一长者被一辆豪华房车撞伤，由于传车内官员为州长，引起民众愤怒，逾万人围堵州政府大门，并将该辆座车掀翻，并围殴司机。大批武警公安前往维持秩序，警民一度对峙，最终当局承诺调查事件并严惩肇事者后，民众才散去。[2]

---

[1] 参见王锡锌:《反思瓮安事件，民生的背后是民权》，《法制日报》2008年7月11日。

[2] 作者在介入该事件的调查过程中得到了龚华林等同学的积极协助，特此说明并致谢。

笔者认为，社会群体性事件无疑是变革社会中“群众运动”的一种表现形式，显然不同于以法律制度和“社会自治”为基础的“社会政治参与”，其非理性化的倾向是明显的。一方面，“非秩序化”的社会群体性事件如果任其发展，极易造成社会骚乱，从而危及社会的公共安全；另一方面，作为“社会”与“政府”相博弈的结果，“社会群体性事件”无疑给现阶段政府的行为和责任提出了严峻的考验。就政府而言，对于那些“非秩序化”的社会群体性事件，如同没有尽到必要的注意义务并采取切实有效的应对和处理措施构成“不作为”的结果一样，政府的“作为”政治风险同样也是存在的。事实上，政府的“开空头支票”、“处理不当”与“不作为”同样都是非理性化的倾向，势必造成公众对于政府权威的“信任危机”，甚至在严重的情况下还会造成政治动荡并有可能发展成为社会政治动乱的根源。因此，合理地应对变革社会中的各种利益诉求，尤其是有效地应对各类社会群体性事件关及国家的政治稳定。

伴随着当下中国政治体制改革步伐的加快和人们宪法意识的增强，整个社会引发政治不稳定的因素亦不断地增多。由于人们对政治民主的社会期望值已大大地提升，社会成员对社会公平和正义的追求更为强烈，并要求国家的决策者进行大幅度的甚至超出了社会承受能力的政治改革。文化层面的期望反差往往是引起政治认同危机的根源。如果缺少及时、有效的手段来消解人们的各种政治认同危机感，政治不稳定的隐患就会由此而构成。这势必会动摇现代社会维系政治稳定的根基。

从1998年开始，中国少部分地区就民众直选乡镇行政领导的做法进行了尝试。最早的改革试点出现在四川省遂宁市市中区的4个乡镇。

1998年5月和9月，市中区政府在保石镇和横山镇首先进行了镇长公选的试点，并在该区的东禅镇和莲花乡进行了党委书记的公选。1998年12月，市中区步云乡正式产生了全国第一位民选乡长。同年10月，四川省南部县在79个乡镇试行公推公选制，选举副乡（镇）长。稍后，绵阳市在本市的11个乡镇进行了乡镇长人大代表直接提名选举乡镇长的实验。不久，全国其他地方开始进行类似的改革。1999年初，广东深圳在龙岗区大鹏镇实行“两票制”。同年4月，山西省临猗县卓里镇也进行了乡镇长选举的

"两票选任制"试验，模仿在村委会和村党支部选举中已较为普及的"两票制"。最近的试验发生在2004年4月，云南省红河哈尼族彝族自治州在其下辖的石屏县推行乡镇长选举改革，7个乡镇的乡镇长均由选民直接选举产生。这是中国迄今为止最大规模的乡镇长"直推直选"试验。[1]

当时，"乡长直选案"所引发的"良性违宪"问题就曾在法学界引起了不小的争议。[2]从法律文本的规定来看，无论是在我国《宪法》还是《地方政府组织法》文本中，都明确规定了乡镇长只能由我国同级地方人大间接选举产生。[3]由此可见，乡镇长直选试验显然是"违宪"的。但在实践中，各个地方也有很多"变通的"做法，[4]国家对这些问题的决策和处理却甚为微妙。比如，2006年我国就明确取消了各地基层人大改选的直选试验。[5]事实上，我国作为一个单一制大国，中央和地方关系、合宪与违宪，诸如此类的问题，[6]一直都为人们所广为关注。正如学者看到的："如果一概以'违法'乃至'违宪'为由禁止地方试验，那么就很可能扼杀了改革的种子，最后延缓全国从地方改革的经验和教训中受益的进程。"[7]人们较为敏感，如稍有不慎极易引发人们的政治疑虑，并动摇人们的宪法信仰，成为社会政治不稳定的诱因。该问题亟待研究解决。

---

[1] 参见张千帆：《宪法变通与地方试验》，《法学研究》2007年第1期。

[2] 参见郝铁川：《论良性违宪》，《法学研究》1996年第4期；《社会变革与成文宪法的局限性》，《法学研究》1996年第6期。对其有代表性的批评，可参见童之伟：《"良性违宪"不宜肯定》，《法学研究》1996年第6期；《宪法实施灵活性的底线》，《法学》1997年第5期。

[3] 参见我国《宪法》第101条和我国《地方政府组织法》第9条。

[4] 如张千帆教授分析的，"某些地方采取了变通的做法，先由选民选出和法定代表人数等额的候选人，然后将候选人名单提交当地人大通过。这种做法虽然在形式上是'合宪'的，但是如果人大选举仅仅是一个肯定直选结果的程序，那么仍然改变不了乡镇长直选的实质"（参见张千帆：《宪法变通与地方试验》，《法学研究》2007年第1期）。

[5] 盛华仁：《依法做好县乡两级人大换届选举工作》，永嘉党建网，2006年8月23日。

[6] 例如人们对中国司法审查制度的讨论和争议也可见一斑。一方面，如有人看到的："一个完全独立的司法性质的宪法审查机构可能和宪法规定的人大代表制度发生冲突"（参见强世功：《宪法司法化的悖论》，《中国社会科学》2003年第2期；张千帆：《认真对待宪法——论宪政审查的必要性与可行性》，《中外法学》2003年第5期）；另一方面，也有人认为："地方完全可以先行一步，尝试建立起适合地方的法律规范审查制度"（参见张千帆：《建立中国的法律规范审查制度——兼对修宪理论的一点探讨》，《战略与管理》2004年第2期）。尽管如此，无论是我国现行宪法还是地方政府组织法都没有规定法律规范审查制度，2000年实施的立法法也只是规定了中央的法律规范审查机制。

[7] 参见张千帆：《宪法变通与地方试验》，《法学研究》2007年第1期。

现阶段，关涉人们权利保障等方面的问题也明显地暴露了出来。权且撇开“山西黑砖窑虐奴事件”这样让人触目惊心的大案不作讨论，孙志刚案件”[1]发生以后，人们对于如何维系城市社区的公共秩序与保障流浪者基本人权的相关争议亦没有休止。面对纷繁复杂的城市社区的安全和自由，人们一方面在不断地质疑“地方政府是否真的无权设置禁讨区”，另一方面又在反复地思考“流浪乞讨者到底享有哪些权利”、“其行为是否真的也应该有一个限度”的问题。此外，作为中国的“国情”，“上访”现象无疑是我国现阶段人们较为普遍的所采取的非讼途径表达政治诉求的形式之一。但是，在实践中，“越级上访”、“聚众上访”、“闹访”、“缠访”等极其常见的“上访”现象，其“非制度性”特征所导入的“非秩序化”状态十分明显。正因为这些非正常的“上访”途径以打破既有的制度规范为代价，使得其与上访、接访等合理解决问题的途径相衔接的目标始终难以达到。在我国乡土社会的治理实践中也存在很多“非秩序化”的现象。比如，我国现阶段乡村治理中凸显的“贿选”、“恶人治村”、“宗族、宗教势力抬头”，以及“民间非法组织的兴起”等。此外，在我国现阶段的司法实践中，司法腐败、刑讯逼供等现象也在一定程度上构成了对我国司法制度和法治秩序的破坏。如果没有一套有效的应对机制、保障机制和救济机制，长此以往，这些非秩序化的社会现象势必会动摇人们的宪法和法律信仰，危及国家的政治稳定。

2.“非秩序化”现象的宪政成因

从宪政的视角来看，要认识我国现阶段社会中凸显的上述“非秩序化”现象，首先必须区分各种现象的成因、问题的不同性质以及其所存在的不同领域。如前所述，在一个特定的社会，要确定地划定“宪政问题”的边界并非易事。因为，一切社会矛盾均存在于普遍性与特殊性之中。各种问题多元交织、相互关联，在一定条件下还具有可转化性。比如公民依法“上访”无疑是“制度性”行为，属于“非诉讼”领域的普通法律问题。但是，倘若个体参与“群体上访”、“越级上访”、“闹访”，以至于当“上访”危及社会公共安全和政治秩序的时候，问题域就发生了质的转变。另如，城市和农村的

[1] 2003年3月17日，湖北社会青年孙志刚到广州被收容遣送站人员活活打死，2003年5月16日三博士上书全国人大，要求对国务院1982年5月颁布的《收容遣送条例》进行违宪审查。2003年6月20日，国务院废止了《收容遣送条例》。

房屋拆迁属于普通法律问题，但它也可能导致某些社会暴力事件的发生。[1]还如，“贫富差距”属于经济或社会领域的一般问题，但由于“分配不公”所引发的“贫富差距”却属于政治问题了，它甚至还可能成为导致一个国家政治失稳的根源。正如我国学者所看到的：“最容易发生动乱的国家，不是那些最穷的国家，也不是那些已经比较富裕的国家，恰恰是一些由穷变富的国家。这些变化中的国家，由于变革速度过快，超出了社会承受力，往往导致社会动乱”。[2]还有，“冤假错案”追究就非单纯的法律程序的适用问题。因为，它不仅仅涉及相关人员法律责任的追究，还必然涉及相关的政治责任、经济责任的承担，显然不是一个简单的普通法律问题；此外，“分裂国家”显然是一种极其严重的破坏政治秩序的行为，在此基础上，我国还将其纳入普通法律中最具有制裁性的刑法之中，构成普通的法律问题。如我国刑法就规定了“分裂国家罪”、“危害国家安全罪”等罪名和相应的刑罚措施。可见，政治问题与法律问题在某种程度上具有交叉性和兼容性。此外，从主权的角度来看，类似“台独”、“藏独”、“东突分子”等分裂国家的活动影响到了中央和地方的关系，背离主权统一的原则，属于国内政治法律问题。与此同时，也由于国外反华势力的支持和煽动，这一问题也具有一定的国际性，最起码，它构成了我国现阶段主权秩序形成的国际条件问题。

可见，宪政问题既是普遍的，又是特殊的。我国现阶段社会中“非秩序化”现象的成因，既有国际方面的因素，也有国内方面的因素；既有历史方面的因素，也有现实方面的因素；总之，宪政问题并不仅仅属于某一个域中的问题。换言之，一切问题都与宪政问题产生着程度不同的关联性，此即普遍的宪政问题；同时，宪政秩序的形成必然关涉国家与社会、政治与宪法等关系，故宪政问题显然又是特定的。如普通的法律问题，单纯的社会秩序问题，就属于宪政的相关问题了。按照本书的界定，宪政问题大致上可以区分为四类：（1）宪政价值目标方面的问题，如民主、人权、法治等宪政内在

---

[1] 笔者经过实地调查了解到，2008年7月2日，湖南张家界市永定区西溪坪街道办事处院内就发生一起液化气爆炸案。据调查，事件起因是，田开友对其违法建筑被依法拆除不满，永定区西溪坪街道办事处彭家巷社区7组居民田开友驾驶一辆装有两罐已点燃液化气瓶的农用三轮车冲进办事处院内，在办公楼前发生爆炸。当场造成12人受伤，其中5人伤势较重。

[2] 胡鞍钢、胡联合等：《转型与稳定——中国如何长治久安》，人民出版社2005年版，第4页。

的价值与现实的问题；（2）宪政政治生态方面的问题，如权力配置、政治条件等相关的问题；（3）构成宪政法律机制方面的问题，包括宪法规范、运行机制、保障手段、救济渠道等相关的问题；（4）构成宪政社会条件方面的问题，包括宪政赖以实现的政治条件和各种经济条件、社会秩序条件、思想文化条件、国际环境因素等；（5）构成宪政实践方面的问题，包括合宪行为、违宪行为等。值得注意的是，就中国现阶段的实际情况而言，此五类的区分也不是绝对的，就某一种特定的社会现象来看，往往是多方面因素综合作用的结果。以社会群体性事件为例，利益的失衡、政府职能的缺位、社会管理的失序、法律规范的失调、媒体导向的失控等因素通常是问题发生的诱因。另外，以上五个方面的问题又是相互关联的，互相之间具有因果关联性，应将其作为一个整体结构进行分析。

3. 我国现阶段的宪政问题分析

从我国宪政的价值目标和政治生态两方面存在的问题来看，突出表现在权力失范、监督不力、党政关系不顺等很多方面。比如，党政不分和以党代政就是我国现行宪政体制运行中存在的隐性问题。所谓在“加强党的一元化领导的口号下，不适当地、不加分析地把一切权力集中于党委，党委的权力又往往集中于几个书记，特别是集中于第一书记，什么事都要第一书记挂帅、拍板……”[1]这在各级国家权力机关中有多种表现，特别在地方“一府两院”人事任免权上问题较多，如“一府两院”的正副首长按宪法和地方组织法规定应由本级人大选举产生或常委会任免，当地党委往往直接任命或党委内定后立即到职视事，事实上行使职权许久后再走人大及常委会程序。再如，地方党委一把手兼地方人大常委会主任并在事实上主导人大常委会工作而缺少必要的监督。执政党的建设缺乏法律上应有的规范，导致了“中心权”的失范，阻碍了民主法制的实现。人大制度的环境本身亟待优化。此外，在我国，人大担负着监督其他国家机关工作的职能，其监督称为宪法监督，是保证国家机构整体有效运转的关键。然而，长期以来，人大的监督职能流于形式。就“功能性”原因来看，一方面在于现行作为监督主体的人大本身的组织性能差，如会议周期过长、会期过短、议事规则单一

[1]《邓小平文选》第2卷，人民出版社1994年版，第328—329页。

等，另一方面在于代议制度的基础——选举制度的滞后性所造成；过分注重选举权的平等性、普遍性而忽视了对选举权被选举权必要的限制，造成代表素质参差不齐、整体文化水平偏低。代表能力和参政意识在总体上是值得怀疑的。[1]

在我国，宪政的法律机制方面存在的问题表现在以下三个方面：

其一，政策性修宪的随意性。我国自1954年制定宪法以来，先后进行了1975年、1978年和1982年三次全面的修改和1979年、1980年、1988年、1993年、1999年、2004年六次局部修改。在时间上，每次修宪（无论全面修改，还是部分修改）都发生于党的全国代表大会召开之后；[2] 在程序上，每次宪法修改都是由中共中央提出修宪建议或者拟订具体的修宪草案；[3] 在内容上，宪法修改与每次党代会的主旨报告以及党章修改的内容大体相近，甚至有时是直接把党代会的决议搬到宪法中来。在对现行宪法的四次修改中，基本上都是以党中央根据党代会的精神以及党章修改的内容提出修改建议。[4] 同时，在宪法的具体修改内容方面，大多是关于方针、政策的修改，而且主要是关于经济政策相关内容的修改。宪法的发展与完善受制于政策的规定。质言之，政策的作用在于它能够不断地推动和促进制度的完善，而不是因政策需要而随意地变更和废除制度。现实中的悖论则存在于：要么保持宪法的恒稳不变，则必然会使宪法与社会实际相脱节，以至于使得宪法制度滞后于政策的发展，从而导致“良性违宪”的发生；要么依据变化了的政策对宪法进行频繁地修改，以此来适应社会变革的需求，而此时，宪法的稳定性又很难维系。这样的修宪模式无疑影响了我国现行宪法的权威性与稳

[1] 参见张义清：《人大制度功能性障碍及建设》，《行政与法》2002年第1期。

[2] 比如“七五”宪法颁布于党的十大之后，“七八”宪法通过于党的十一大之后，“八二”宪法制定于当年召开的十二大之后，而对现行宪法的修改也均发生于党的全国代表大会召开之后。可见，这不是偶然的巧合，而是说明每次党的全国代表大会的召开，往往成为下次宪法修改的前奏曲。

[3] 1982年以前宪法的修改都是由党中央直接拟定修改内容，然后由全国人大审议通过，1982年之后则是由全国人大以党中央提出的修改建议为基础，并在程序上经全国人大常委会采纳后提出修正案，这已成为我国修宪上的“宪法惯例”。

[4] 比如，党的十四大突破了计划经济，1993年宪法修正案即规定“国家实行社会主义市场经济”；党的十五大报告确立了“邓小平理论”的指导地位和“依法治国”的根本方略，1999年宪法修正案即明确规定在“邓小平理论指引下”和“实行依法治国，建设社会主义法治国家”。2004年宪法修正案主要规定了“三个代表”重要思想等作为党和国家指导思想等内容。

定性。

其二，宪法的非司法化与边缘化。在我国，一方面缘于宪法的监督是由全国人大及常委会负责的，另一方面还缘于在我国司法实践中，最高人民法院在1955年和1986年分别作出了两个颇具“暧昧”色彩的司法解释，[1] 因此，长期以来，中国的宪法不进入司法领域和诉讼程序。在我国的司法实践中，法院在办案时可以将刑法、物权法、劳动法等普通法作为裁判的依据，唯独不能把宪法作为裁判依据。以致很多年之前闹出像“齐玉苓案”那样的尴尬判决。[2] 关于我国宪法非司法化现状，我国学者有一个经典的概括：

在当今的中国法律体系中，没有任何一部规范性文件像宪法这样重要，也没有任何一部规范性文件像宪法这样不重要。这两个形同悖论的命题之所以成立，是因为前者揭示了一个应然的规范要求，而后者却道破了一个实然的客观事实。二者之间的背离，正是迄今为止我国法制建设过程中当为与存在、价值与事实之间的最大背离。这一背离，使我们的宪法规范陷入了一种被“捧杀”的尴尬境地：它一方面被高高地推崇为“根本法”、“母法”，另一方面却从这“最高法”的位阶上“滚落”下司法殿堂的台阶，甚至好像“滚落”到地面上了。[3]

---

[1] 1955年最高人民法院在给新疆维吾尔自治区（当时为新疆省）高级人民法院《关于在刑事判决中不宜援引宪法作论罪科刑的依据的复函》中指出：“中华人民共和国宪法是我们国家的根本法，也是一切法律的‘母法’……对刑事方面，它并不规定如何论罪科刑的问题……在刑事判决中，宪法不宜引为论罪科刑的依据。”1986年最高人民法院在给江苏省高级人民法院《关于人民法院制作法律文书如何引用法律规范性文件的批复》中规定：“人民法院在依法审理民事和经济纠纷案件制作法律文书时，对于法律、行政法规、地方性法规、民族自治地方自治条例和单行条例均可引用”。实践上是以默示的方式排斥了宪法的可司法适用性。

[2] 2001年8月23日，山东省高级人民法院审结全国有名的“冒名顶替上学案”，其引人注目之处在于援引了最高人民法院的一个司法解释，即最高法释［2001］25号《最高人民法院关于以侵犯姓名权的手段侵犯宪法保护的公民受教育的基本权利是否应承担民事责任的批复》，其中规定了“陈晓琪等以侵犯姓名权的手段，侵犯了齐玉苓依据宪法规定所享有的受教育的基本权利，并造成了具体的损害后果，应承担相应的民事责任”。上述批复一作出便受到社会广泛关注，此案亦被誉为“中国宪法司法适用第一案”（参见吴兢：《宪法司法化第一案终审胜诉》，《中华时报》2004年1月10日）。

[3] 参见徐秀义、韩大元主编：《现代宪法学基本原理》，中国人民公安大学出版社2001年版，第473页。

其三，宪法和法律机制亟待完善。立法，是我国人大的一项重要职能。可以说，立法的进程和立法的品位是一国法治化和现代化程度的标尺，而这一切又直接受制于立法者的政策导向和法的理念。纵观新中国不平凡的立法历程，新中国成立初期，法律虚无和教条主义为“文革”十年无法无天的状况埋下了祸患。改革开放以来，中国致力于“加快立法进程”和“建设有中国特色法律体系”，中国的立法很快驶入了快车道。尤其是我国现行《宪法》的出台到《立法法》的诞生，可以说是百年中国法治的莫大功绩。这在客观上极大促进了中国的法治，实现了“有法可依”。然而，在特定历史时期国家立法机器高速运行的立法“生产”领域，立法意识空前高涨与立法产品数量迅速剧增的背后，却存在着不容忽视的“质量”危机。实事求是地说，当代中国的法律在总体上来看存在着数量多而质量不高的问题，立法功能的异化带来了法的“赶超性”：高原则性与低操作性形成了反差；对专家立法诉求的追逐与对群众立法诉求的漠视形成了反差；“移植论”的盛行与对本土资源的挖掘不足形成了反差……。凡此种种，造成了当代中国人大这一立法机器生产的“法”之产品存在着普适性差、稳定性弱，缺乏公众亲和力和实践的“契合性”等缺陷。可见，法不是冰冷的规则，而应是从实践中磨合出的理念。中国古代亦有“恶法不如无法”之说。现代社会法治实践中立法的品格性问题，无疑也是造成我国当下执法混乱、社会行为失范、公众法信用下降、法律意识淡薄之关键因素。不解决这一问题，就无法真正落实“良法之治”。[1]

关于中国宪政社会条件方面的问题，主要包括宪政赖以实现的政治条件和各种经济条件、社会秩序条件、思想文化条件、国际环境因素等。严格说来，该类问题属于广义上的“宪政问题”，此不专述。而就我国现阶段宪政的“实践标准”方面的问题，如合宪行为、违宪行为，等等，实际上体现的是宪政制度与社会现实之间的一种张力，如前文提及的“良性违宪问题”就属其例，而且常常通过宪政的法律实践和政治实践表现出来，此不赘述。

可见，我国现阶段由于受多种因素的制约，宪政建设还面临着诸多困

[1] 参见张义清:《人大制度功能性障碍及建设》,《行政与法》2002 年第 1 期。

境。正如张千帆教授看到的："中国没有宪政，却有许多宪政问题。"[1] 历史地看，我国立宪和行宪的时间并不长，受传统封建文化的影响十分深远。宪政生成的社会根基还十分薄弱，法律机制尚不够成熟。作为一种舶来品，宪政的种子在中国的植根和生长尚需一个长期的准备过程；辩证地看，宪法也好，宪政也罢，都不是万能的。一如斯蒂文·弗里德曼在论及宪政过渡期问题时明确指出的那样："一般来说，宪政具有非常好的政治建构和促进社会发展的功能，但是，也不能将宪政看得无所不能。至少来说，在宪法价值中有以下问题是应当引起注意的：宪法中有许多根本无法明确的界限；宪法中的基本权利相对于解决社会问题和保障公民的福利来说是远远不够的，宪法只提供了一个最低限度的保障，而不是全部；经济、社会和文化权利在司法审判中还无法获得有效的保障等。"[2] 因此，社会的"非秩序化"倾向和"宪政问题"的存在绝不是中国现象，它是一个世界现象。[3] 从长远来看，随着我国政治体制改革的进一步推进，也随着市场经济的发展和社会的进步，宪政赖以生长的各项基础将更加牢固，中国特色社会主义宪政的目标将最终得以实现。

---

[1] 张千帆：《宪法学导论》，法律出版社 2003 年版，第 24 页。

[2] 莫纪宏：《过渡期后的宪政——2006 国际宪法学协会圆桌会议综述》，张庆福主编：《宪政论丛》（第 5 卷），法律出版社 2006 年版，第 755—760 页。

[3] 那些发达国家亦然，如美国，从该国 1803 年马伯里诉麦迪逊案到今天的 200 多年的宪政史中，美国联邦最高法院受理的案件约 200 件，平均每年 1 件；而各州受理的案件 4000 余件，平均每年 200 余件。也即，美国联邦如果每年发生 1 起违宪审查案，则下属各州则发生 200 起违宪审查案。并非联邦的行为更加合宪，实际上，美联邦的违宪行为远远不止这个数目（参见李步云：《宪法比较研究》，法律出版社 1998 年版，第 411 页）。笔者认为，原因在于美联邦各国家机关级别高、违宪审查判断相对困难，非秩序化现象可见一斑。

第十一章　中国特色社会主义宪政秩序的愿景

中国特色社会主义宪政秩序具有其特定的内涵，是宪政这一人类文明的结晶与马克思主义理论以及中国国情相结合的产物。按照中共十七大报告的基本精神，[1] 中国特色社会主义道路关键在于既坚持了科学社会主义的基本原则，又必须根据我国实际和时代特征赋予其鲜明的中国特色。

一、中国特色社会主义宪政秩序的生态条件

（一）民主集中制的权力结构模式

中国特色社会主义国家的权力结构是按照民主集中制的原则建构起来的。一方面，我国现行宪法明确规定了，国家一切权力属于人民。人民行使最高国家权力的机关是全国人民代表大会。全国人民代表大会和地方各级人民代表大会的代表都是由人民通过选举产生的，集中地体现了人民的意愿，反映了人民的利益，体现了人民当家作主的权利。全国人民代表大会作为我国最高的国家权力机关，显然代表最广大人民的意志而把国家权力高度集中起来了，具有人民主权的制度特征。另一方面，社会主义国家的权力既有横向的分工，也有纵向的层次。从横向上看，我国中央国家权力分为立法权、行政权、司法权、军事领导权、元首权等。这些权力格局各具特点，平行而

---

[1]　中共十七大报告明确指出："中国特色社会主义道路，就是在中国共产党领导下，立足基本国情，以经济建设为中心，坚持四项基本原则，坚持改革开放，解放和发展社会生产力，巩固和完善社会主义制度，建设社会主义市场经济、社会主义民主政治、社会主义先进文化、社会主义和谐社会，建设富强民主文明和谐的社会主义现代化国家。"

独立，显然符合“分权制”的特征；从纵向上看，我国中央国家权力也存在不同的层级结构，从而构成了我国中央一级地位分层明显的国家机关体系。比如，全国人民代表大会是我国最高的国家权力机关；全国人民代表大会常务委员会则是从属于全国人民代表大会的，属于中央国家权力结构中的第二层次，最高国家权力机关的常设机关要对最高国家权力机关负责；国家行政机关、司法机关、军事机关等则要对最高国家权力机关和其常设机关负责，从而形成了既有民主又有集中的权力结构模式。这一特点无疑克服了西方“分权制”结构中国家权力分立没有确定的“最高权”所存在的弊端。质言之，我国现行的民主集中形式的权力结构模式，是符合马克思主义权力统一性原理的。相对于传统集权制模式和分权制模式而言，正如我国学者所认为的，“它就是一种立体式权力结构或体式权力结构，即在中央国家权力之间，既有面式的横向分工，又以最高国家权力为基础，有纵向的层次结构，中央国家权力不是面式的三权分立，而是体式的分工统一”。[1]

从宪政秩序的角度来看，我国现行的“民主集中”的权力结构模式至少有如下几个方面的特点：首先，人大代表的选举制度为人民代表大会制度提供了民主的基础，体现了主权在民的原则，使得该权力结构的存在获得了“合法性”；其次，在最高权的统率之下，各项具体的国家权力实现了专业化分工，相互之间构成了一种“均势”和“制衡”的状态，构筑了较为和谐的权力结构秩序；此外，“中心权”和“最高权”的存在，事实上可以防止各项具体权力之间的扯皮和被滥用，保证各项权力处于一种“共和”的政治生态，使得权威与监督共生。即便如此，在这种情况下，作为一个民选的机关，最高权力机关的权力运行也是有限度的。按照人民代表大会的议事规则和运行机制，对于不称职的人大代表，可以依法由原选民或选举单位依法进行罢免。因此，从理论逻辑和价值形态上看，选举制和人民代表大会制度无疑是中国特色社会主义宪政秩序的根本性制度保障。

---

[1]　如我国学者陆德山先生很早就对人类进入阶级社会以来在认识和运用国家权力治理国家的模式进行了类型化的探讨。以中央国家机关的权力机构模式为例，他将其划分为“点式结构”、“面式结构”和“体式结构”三类。在他看来，如果传统集权制模式可以视为一种“点式结构”、近代分权制模式可以视为“面式结构”的话，那么，社会主义国家民主集中制的权力结构无疑就是一种“体式”的权力结构模式（参见陆德山:《中央国家权力结构研究》，陈晓枫主编:《宪法学研究文集》，武汉大学出版社 1996 年版，第 157 页）。

（二）执政党的领导与中心权的运行

如前所述，现代政治大都是政党政治。在现代国家，政党的存在是维系一个国家政治稳定的重要保障。一如西方学者看到的："那些在实际上已经达到或者可以认为被认为达到政治高度稳定的处于现代化之中的国家，至少拥有一个强大的政党"。[1] 在现代国家的政治活动中，政治权力大都是围绕政党活动而展开和设计的，从而构成了一个国家的政治秩序。关于政治权力合法性的渊源，无外乎历史传统、习惯、民意等。其中，"历史传统诉诸历史事件，诸如进步阶级对于腐朽没落的阶级进行的'革命'无疑构成一种基于'历史的自然规律'而产生的合法性。这无疑赋予了中国现阶段政党制度形成的政治基础"。[2] 因此，共产党作为执政党，既符合中国的革命历史传统、也符合中国现阶段社会主义现代化建设的现实需要。在中国当下这样的一个人口众多、疆域辽阔、社会阶层构成异常复杂的国家，"中心权"的存在无疑是十分必要的。那么，对于执政党所掌握的"中心权"应该如何行使？应否接受监督？以及作为政治权力的"中心权"与作为法律权力的"最高权"是一种什么样的关系？这些无疑是我们对于我国现阶段政党制度问题必须密切关注和认真回答的问题。从宪政秩序的角度来看，笔者认为"中心权"与"中心权的监督"从来都是一个问题的两个方面，绝非哪一个国家政党制度所特有的问题。西方那些两党制和多党制国家同样也存在多数党与少数党、强势党与弱势党的差异性。正如"三权分立"并不能有效地防止那些强势党权力膨胀和过剩的结果一样，两党轮流或多党轮流执政同样面临着不能有效地消除基于"永恒的利益"所带来的"党争"和"分裂"，其后果非但于事无补，甚至还可能造成更为严重的后果。在我国，共产党是执政党，而共产党特别

---

[1] 【美】塞缪尔 · P. 亨廷顿：《变化社会中的政治秩序》，王冠华译，生活 · 读书 · 新知三联书店 1989 年版，第 377 页。

[2] 正如学者所评述的，作为一个"革命党"，"共产党是无产阶级革命的先锋队，经历了革命从小到大、从弱到强的全部过程。而且，社会主义是以公有制代替私有制的革命，不可能在旧社会内部产生，而必须使用武力全面打碎资产阶级国家机器，建立全新的社会主义国家，这是历史上难度最大的一次革命，共产党领导人民取得了革命的胜利，在人们的心灵中具有崇高的威望。同时，经过革命实践的锻炼，无论从思想觉悟还是知识水平，都使共产党员成了工人阶级中最先进的分子，人们坚信，只有在共产党的领导下，才能取得社会主义革命的胜利，同样，也只有在共产党的领导下，才能取得社会主义建设的胜利"（参见陆德山：《中央国家权力结构研究》，陈晓枫主编：《宪法学研究文集》，武汉大学出版社 1996 年版，第 159 页）。

重视通过加强与民主党和无党派人士的合作，通过政治协商途径来体现其执政地位的。坚持共产党的领导也决定了我国的代议机关——人民代表大会不同于西方两党制或多党制条件下的议会，我国的人民代表大会中不存在反对党。所以，在全国人大及其常委会以及地方各级人民代表大会的立法和作出重大决定的过程中，就不存在截然对立的利益冲突。人民的利益在本质上是一致的，它集中体现在共产党制定的各项施政纲领和执政的具体路线、方针和政策上。

当然，在我国政治实践中，党政关系不顺、以党代政现象也是不容忽视的。就此而言，我们除了要作法律制度安排上的检讨之外，政党制度的功能性建设无疑也是值得特别关注的。正如我们不能将社会不平等的原因仅仅归结为法律制度的不完善一样，我们也不能将政党制度运行中凸现的这些问题全部归结为执政党之“罪过”。从现实的角度来说，唯有加强政党制度相关的法律制度建设，尤其是只有通过切实地加强宪政制度的刚性和执行力[1]，问题方能得到有效地解决。提高党的执政能力，就要求我们党必须制定和运用正确的理论、路线、方针和政策，切实地制定和实施国家的宪法和法律，必须采取科学的领导制度和领导方式，必须认真动员和组织人民依法管理国家和社会事务、经济和文化事业，以提高建设社会主义现代化国家的本领。因此，中国特色社会主义宪政目标的实现，必须提高党的依法执政的能力，同时必须坚持党的领导、人民当家作主和依法治国有机统一。对此，下文将有具体分析，此不赘述。

（三）“一体多元”的地方自治

中国自秦汉以来就成为一个统一的多民族国家。单一制的国家结构形式是由我国的历史传统和现实状况所决定的。在中国这样的一个幅员辽阔的多民族国家，单一制更加有助于防止社会分裂，也更能促进民族关系的融合，实现各民族团结和共同繁荣的目标。与此同时，作为一个疆域大国和人口大国，在我国单一制国家内部，也存在着许多处于相对自治状态的区域单位或

[1]　正如中共十七大报告强调的：“党的执政能力关系党的建设和中国特色社会主义事业的全局，必须把提高领导水平和执政能力作为各级领导班子建设的核心内容抓紧抓好。”

组织，主要包括民族区域自治地方、特别行政区和基层群众性自治组织等。这一格局构成了我国现有的“一体的主权”和“多元的治权”相结合的国家结构形式。区域自治在中国的制度化表现形式主要包括民族区域自治、基层群众性自治以及特别行政区制度等。

民族区域自治，就是指在统一的国家领域内，在国家的统一领导下，在少数民族聚居区建立相应的自治地方，设立自治机关和保证其行使自治权，使得实行区域自治的民族的人民当家作主管理本民族内部地方性事务的治理模式。特别行政区，就是指我国为了和平解决历史遗留的香港、澳门、台湾问题而提出的一种制度方案，就是指按照“一国两制”[1]的原则在香港、澳门、台湾设立一级特殊的地方行政区域。与其他一般行政区域不同，特别行政区依法享有立法权、独立的司法权和终审权等高度的自治权。显然，特别行政区的建立构成了单一制国家结构形式的一大特色，它是马克思主义国家学说与中国的具体国情相结合而形成的一种创造性的政治实践成果。

按照我国宪法和相关法律的规定，基层群众性自治组织则主要是指在我国城市社区设立的居民委员会和在农村社区设立的村民委员会。它们在相应的社区承担着自我教育、自我管理和自我服务的职能。可以预见，“草根组织”[2]与“社区自治”作为一种特别重要的社会力量，对未来中国民众的主体意识、参与意识、权利意识、民主观念，以及我国宪政发展的方向和宪政进程必将产生深远的影响。

主权是治权存在的基础和前提，治权则是主权的具体体现。从宪政机理上看，社会自治是一种典型的“自下而上”的民主政治模式。政治国家的存在与发展取决于其内部共同体的存在与发展。宪政的产生需要社会自治精神的培育，市民社会无疑是社会自治精神的集中体现。从组织形态来看，非政府组织、民族、协会、社区组织、利益团体和公民自发组织起来的运动组织等无疑都属于治权作用于社会的结果。就此而言，地方自治作为社会自治精

[1] 所谓“一国两制”，即在统一的中华人民共和国境内，坚持实行社会主义制度，坚持四项基本原则。同时，香港、澳门、台湾可根据宪法规定建立特别行政区，在一个相当长的时期仍然保持原有的资本主义的经济制度和生活方式，不实行社会主义制度和政策。

[2] 因为村民委员会、居民委员会等这些社会组织直接面对基层，故又被人们形象地称之为“草根组织”。

神的体现，其自主的品质以及由之而导入的市民社会良性运行的状态本身就构成了宪政秩序的一部分。

二、中国特色社会主义宪政秩序的维护

（一）党的领导、人民当家作主与依法治国的有机统一

从宪政秩序维护的角度来看，共产党作为执政党的施政纲领和方针政策在我国宪法和法律中得到了全面的体现。党的领导是人民当家作主和依法治国的根本保证。人民当家作主是社会主义民主政治的本质要求。依法治国是党领导人民治理国家的基本方略。与多党制或两党制国家不同，我国的法律在本质上是与共产党的执政纲领相一致的，一般不可能出现执政党的政策与国家的法律相冲突的情形。因此，在我国，党的领导、人民当家作主与依法治国三者之间是相辅相成、相互统一的。

那么，如何落实“依法治国，建设社会主义法治国家”的基本治国方略？笔者认为，中国法治目标的实现，其中最关键的问题就是要实现党政职能分开，进一步理顺党政关系，把政党活动纳入到国家的法律规范之下，树立宪法的权威和加强宪法监督。对此，有学者提出可以考虑在必要时制定一部单行的“政党法”来调整“执政党与国家机关之间这种特殊关系”，并坚持认为当今世界无此先例，是因为那些国家的宪法没有规定唯一的执政党。[1]其积极意义在于通过带有“公力性”的法律来规范执政党“中心权”的运行，为政党的行为提供了法上的指引和评价，更赋予了强制性。从根本上说，这是符合现代法治基本内涵的。但问题在于，现时中国宪政受主观与客观制约的状态下，“政党法”的定位存在着很大的模糊性，对这一特殊的法律之立法权、责任形式、法的监督实施等等很多方面都很难通过独立的国家机关来确定。实践中，政党章程与国家宪章之间的“不契合”之处，并不能单凭法的规则去弥补。因此，笔者认为，当前中国党政职能分开的首要任务，就是要加强执政党自身的建设，通过党章设定党自身在政权运作中的职

[1]　林怀艺：《制定“政党法”的必要性和可能性分析》，《西南交通大学学报》（社会科学版）2004 年第 4 期。

能，注意应按“法治”的精神理顺“中心权”与“最高权”的关系、党章与宪法的关系以及政策与法律的关系。在诸条件未成熟之前，任何立法的动向都应是十分慎重的。

（二）决策权、执行权与监督权相互制约和协调运行

建立和健全决策权、执行权、监督权相互制约和相互协调的权力结构和运行机制，这是改革开放以来我们党在探索权力制约和监督机制方面的重要经验和实践成果的总结，也是我国当前着力推进权力制约监督机制建设的一项重要指针。目前，在我国政府系统实行的是高度集权的行政首长负责制，这种行政权的运行体制，为行政首长随意行使行政权力、滥用行政权力留下了很大的空间，也给我国依法行政、科学行政、规范行政造成了很大的困难。为此，我国应构建一个基于政府决策权、执行权、监督权“三权”相互制约和协调运行的机制。首先，它有利于防止政府的“专断”，以此制约“一把手”的权力，使其运作权力时，不至于主观臆断，以有效地抵御腐败现象的滋生。其次，它有利于促进政府的“效率”。通过严密设计，科学分解政府职能，并通过相应的程序保证各项具体权能“有序地”运行，可以防止各个机关互相扯皮和消解各种冲突，从而可以有效地降低政府运行过程中所支付的额外成本。

首先，政府决策应在监督检查机构的监督下进行，应建立专家咨询制度、社会听证制度。当涉及“社会公众重大利益”的重大事项决策时，必须通过“听证会”的形式集体决策，以防止决策失误。为了保证政府执行权行使的专业化，必须调动政府的各专业部门认真落实政府的决策，切实保证政府监督权运行的独立化。[1] 对此，笔者认为，理应改革我国现有的政府内部的监察、审计机构以及政府各部门的内部监督体制。在条件成熟的情况下，可以考虑将这些机构相对独立化，使之与我国《监督法》所规定的人大常委会对政府的监督以及我国《宪法》所规定的宪法监督衔接起来，使得各种监

[1]　中共十七大报告指出：“完善各类公开办事制度，提高政府工作透明度和公信力。”“重点加强对领导干部特别是主要领导干部、人财物管理使用、关键岗位的监督，健全质询、问责、经济责任审计、引咎辞职、罢免等制度。落实党内监督条例，加强民主监督，发挥好舆论监督作用，增强监督合力和实效。”

督相洽互适，从而形成一个严密的行政监督权的整体。其次，必须完善我国行政权运行的程序，严格规范行政权力行使的程序要件。在这方面的立法实践，我国某些地方却是先行的，2008 年 4 月 18 日，湖南省公布了《湖南省行政程序规定》，同年 10 月 1 日起正式实施，此即我国首部地方性行政程序规定。湖南省率开先河对行政程序立法，就是试图从单行地方性规章的层面上解决地方政府在行政管理实践中暴露出来的“暗箱操作”、“公开度和透明度不高”等问题，[1] 可资借鉴。质言之，必须保证政府的权力“在阳光下运行”。[2] 对于一个法治政府而言，广大人民群众广泛地参与对政府行政行为的监督工作，从而使得人民群众获得对于政府行为决策的参与权与知情权，这无疑是人民主权的体现。具体而言，让人民群众通过公开测评、民主评议、信访等形式对权力运行情况发表意见和看法，尤其是通过新闻舆论工具监督国家公权力的运行。为此，我国应加强相关立法，从而切实地保障新闻媒体的舆论监督功能并打造一个透明的政府。

（三）司法在解决社会矛盾和纠纷中的核心作用

所谓司法，即司法机关 [3] 适用法律裁决和处理矛盾和纠纷的一种活动。在现代社会，司法在解决社会矛盾和纠纷方面具有合法性、中立性、专业

---

[1] 湖南省率开先河对行政程序立法，该《规定》意在通过扩大公众参与对行政行为“设套”、布“雷区”，着力解决行政决策中的随意性，防止行政权力被滥用，从而推进“规范政府”的程序性构建。从内容来看，该《规定》重视行政管理方式上的创新，重视行政指导、行政合同、行政裁决、行政调解、行政应急……要求加强政府电子政务建设，推进政府上网工程，扩大政府网上办公范围……要求适当下移行政执法重心，减少执法层次；要求建立高效、便捷、成本低廉的社会矛盾化解机制，进一步完善行政机关调处民事纠纷制度……尤为引人注目的是，该《规定》强化了对行政行为的层级监督，创新了政府层级监督机制和方式。主要设计了行政问责制度、政府绩效评估制度，规定了确认无效、撤销、补正等行政行为的效力形态和责令履行、确认违法、更正等制度，建立了责任追究制度、程序违法登记公布制度，等等（参见《湖南省行政程序规定》全文，http：//www.chinaorg.cn, 中国机构网，2008 年 4 月 19 日）。

[2] 党的十七大报告明确指出：“完善制约和监督机制，保证人民赋予的权力始终用来为人民谋利益。确保权力正确行使，必须让权力在阳光下运行。”

[3] 在现代国家，司法机关的界定因不同国家的司法制度而有所不同。一般而言，审判机关都被视为司法机关的核心。审判活动也就是典型的司法活动。至于其他承担司法职能的机关，如检察机关、侦查机关等通常被视为配合法院行使审判权的辅助机关。对此，我国《宪法》文本虽无明确的条款言明之，但该法在第三章“国家机构”之下专列了第七节“人民法院和人民检察院”。这种立法体例事实上已经确认了我国司法机关包括人民法院和人民检察院。

性、终局性等特征，因而是现代社会最普遍、最有效和最可行的一种争议解决手段。然而，我国的宪法诉讼尚没有体现在我国的司法制度设计框架之中，实践中虽有宪法事例的发生，却由于审判机关尚缺少裁判宪法案件的制度基础，以至于类似“齐玉苓案件”也被人们当做“司法的抢滩”。以至于今天，关于中国宪法应否司法化问题的讨论一直都没有平息，观点也莫衷一是。总的来看，传统的观点更倾向于“否定说”，如我国著名宪法学家王叔文老先生就认为“宪法虽然是国家根本大法，具有最高的法律效力，但是它不能成为司法机关进行检察和审判的依据，因为宪法规定原则性的东西，不具有司法适用性”。[1] 也有学者折中地认为：“法院在审理刑事案件时，由于宪法未明确规定如何定罪量刑的问题，因此，在刑事判决书中单独引用宪法条款作为论罪科刑的依据，自属不宜。但对于民事案件的审理，在民事法规未作具体规定的情况下，可以考虑引用宪法条文，是值得研究解决的。”[2] 与之相对应，近年来有一大批学者从“肯定说”立场上阐述了自己的学术见解。如王磊主张的：“宪法首先是法，而且是部门法，其次才是根本法……当法律、法规、规章之间发生冲突或它们与宪法之间发生冲突时，法官责无旁贷地应当适用宪法。”[3]

权且撇开类似的争议暂不作具体分析。笔者认为，一切侵权行为都应受到法律上的否定评价，而且应该承担相应的法律责任。因此，就特定受害者而言，当其权利受到侵害并穷尽了其他一切法律救济手段尚不能实现其权益的时候，还有什么比司法救济手段更为必要？显然，司法应当成为公民权利救济的最后屏障。然而，宪法上的纠纷和矛盾到底应当如何通过司法手段去解决呢？宪法司法审查得按什么程序进行？是否需要一部《宪法诉讼法》吗？其审查对象和范围应如何确定？等等。这些无疑涉及我国宪政机制及其相关的问题。笔者将在下文中对其作具体阐述。

---

[1] 参见王叔文:《论宪法的最高法律效力》,《法学研究》1981 年第 1 期；费善诚:《论宪法的适用性》,《法学家》1996 年第 3 期。

[2] 徐秀义:《法律咨询大全》，河北人民出版社 1987 年版，第 1—2 页。

[3] 王磊:《宪法的司法化》，中国政法大学出版社 2000 年版，第 2 页。

三、中国特色社会主义宪政机制的完善

从实践上来看，中国特色社会主义的宪政机制的完善，立宪是基础，行宪是重点，护宪是保障，守宪是关键。

（一）立宪机制的完善

宪政目标的实现首先得有一部“良宪”。能够称得上“良宪”的必然是合乎社会发展规律和具有民主、法治精神，以人权保障为基本原则，足以规制现实的政治运作并具有健全的“免疫系统”的宪法。就中国而言，“良宪”之确立，必须从制宪、释宪及修宪等方面入手。

毋庸置疑，不能草率地制宪和修宪。如果动辄启动制宪权创制新宪法，则一国绝无建立稳定安全的宪政秩序之可能。因此，必须提高立宪技术，使宪法在整个法律体系中具有更大的稳定性。其中，关键需在宪法中保留适当的“弹性条款”；完善的宪法解释机制。是维系宪政秩序的重要保障。一方面，宪法解释机关应明确宪法解释的界限，将宪法解释置于宪政的基本精神和宪法文字的可能含义内进行，不能采取无限制的扩张解释或限缩解释，避免以“释宪”之名行“修宪”之实。另一方面，全国人大常委会应切实地履行宪法解释权，而不能形同虚设。这有待于在今后为宪法解释创造条件，保证宪法规定能在较长时间较大范围内适应社会发展变化的具体情况，以保证我国宪法的稳定性和权威性；改进修宪方式是现阶段确保我国宪政秩序的必要手段。宪法的修改是国家最高权力机关依照一定的法定程序对原宪法某些不符合现实需要的规定加以变更、删除、调整、补充的活动。宪法一经制定就应当尽可能保持其稳定性，与此同时，保持宪法的稳定性绝非机械地保持宪法亘古不变，尤其是在一些重要的社会转型期，适时对宪法进行修改也是维护宪法权威所必需的。当然，宪法的修改决不能随意为之，而必须特别注意修宪提议程序设计的科学和完善。从程序上说，执政党的修宪建议应向全国人大常委会提出。这样，既符合党的组织原则，又符合法定程序。另外，不妨借鉴国外宪法的一些做法，给予宪法条文适当的伸缩余地，使其具有自然适应能力的同时，通过宪法解释的方法，阐释政策性的内容。这样便能够

在保证宪法稳定性的同时，及时体现政策性的要求和内容。[1]

笔者认为，“良宪”的出台，还必须分清在什么场合、什么条件下制宪、释宪、修宪。总的原则就是，用释宪可以解决问题的就不要修宪，用修宪可以解决问题的则不必重新制宪。在具体操作中，应视宪法规范与社会现实冲突的程度而定。在一般冲突下，动用释宪即可。当冲突激烈至现实的合理要求完全无法为宪法规范所容纳时，则可以考虑适用修宪。只有当宪法全部内容与现实根本冲突或者社会形态发生彻底转变等极端情况下才可以考虑重新制定新的宪法。[2]

（二）行宪机制的完善

如何将纸上的静态的宪法转化成现实中的动态的宪法？笔者认为，如果一种权利只表现为书面规定或口头承诺，而不能得到司法保护，那它就没有任何实际意义。如果立法机关所制定和通过的规范性文件不能被司法机关所适用，那么就只能说它仅仅是一纸空文，而不能称为法。正如学者看到的：“如果宪法不能进入诉讼，那就意味着在这些对我们国家至关重要的根本问题的解决方面，我们仍然有法不依，处于无序状态”。[3] 有鉴于此，我国的司法改革应当跳出狭义改革的怪圈，尤其应当引进法律违宪审查的概念，保证司法审判制度自身逻辑的完整性，以切实地保障公民的权利。

笔者认为，确立具有中国特色的宪法审判和诉讼制度势有必要。宪法审判制度理应成为组合宪政要素的重要技术措施。同时，必须在宪法上确定公民的诉权。一切违宪行为都应受到宪法上的否定评价，而且应该承担违宪责任。问题在于：宪法条款非“帝王条款”，实践中不能动辄启用宪法条款作为“请求权基础”，加之一国现实宪法的高原则性、弱制裁性及根本法非司法适用性等固有的缺陷，宪法的适用极易引发基本权利的泛化。但是，当一种权利受到侵犯而穷尽了一切救济途径都不能获得保障的时候，宪法诉讼便

[1] 参见张义清：《政治文明建设与中国宪政之路》，《吉首大学学报》（社会科学版）2007 年第 1 期。

[2] 参见张义清：《政治文明建设与中国宪政之路》，《吉首大学学报》（社会科学版）2007 年第 1 期。

[3] 王振民：《我国宪法可否进入诉讼》，《法商研究》1999 年第 5 期。

是司法公正与否的最后裁判者。保证宪法能被司法机关有效地适用，还必须完善我国宪法自身的实施体制，即使得宪法自身具有司法适用性。其一，必须用法律形式对违法的含义加以明确地界定，应把违宪主体界定为国家机关、政党、团体及其上述组织的特定工作人员；其二，应把违宪行为界定为上述违宪主体违反宪法规范，而民事制裁、行政制裁、刑事制裁和现行其他制裁方式无力惩处的行为。宪法是根本法，其他法律都是宪法的具体化。因此，上述违宪主体既违反宪法规范，又同时违反具体法律规范的行为，按照具体法律规范所规定的法律制裁方式去处理，不适用宪法监督程序解决。但当上述特定组织及其领导人违反宪法规范，而行政制裁、民事制裁、刑事制裁方式均不能涉及时，则属宪法监督的范围；其三，应以国家立法形式确认违宪审查的内容。[1]

（三）护宪机制的完善

宪法作为国家的根本法，是一个国家一切法律、法规赖以产生、存在和变更的根本性依据，任何法律形式都必须具有宪法上的依据，不管这种依据是直接通过"合宪性"直接确立的，还是通过"合法性"间接确立的。一方面，应突出宪法作为根本法对于立法机关制定法律活动的指导作用，另一方面，立法机关必须正确分析法律所要调整的社会关系的基本特性，在此基础上制定比较稳定可靠的立法规划，有计划和分步骤地推进科学立法活动，依照宪法有效地行使各项立法职权。另外，建立以宪法原则为指导，以不同法律形式中的法律规范为核心的部门法法律规范的法律形式体系，进一步理顺各种部门法法律规范之间的法律效力关系和法律规范的逻辑联系，从而维护宪法的最高权威，以维系宪政秩序。维护宪法的权威和尊严是宪政建设的重要保障。

我国现行"立法主导型"的宪法监督模式无疑是民主集中制原则下的"中国特色"，具有"合法性"基础但存在着"可行性"的障碍。据此，笔者认为，借鉴当今世界各国既存的不同类型的宪法监督模式，我国宜采用

---

[1] 参见张义清：《政治文明建设与中国宪政之路》，《吉首大学学报》（社会科学版）2007 年第 1 期。

“复合型宪法监督模式”。[1] 为此，笔者建议在我国全国人大之下，应设立一个专门的宪法监督委员会，由其具体受理各类主体的违宪控诉。至于对控诉的事由是否成立进行审查，则应以法律的形式加以界定。若允许任何组织和个人都可提起违宪控诉，宪法监督机构则无法应付，当然会影响宪法监督的质量。综合考虑，笔者认为，违宪控诉的提起者，目前应界定为提出议案主体比较合适。采取由相应议案提出主体提出违宪控诉，任何组织和个人的违宪控诉，则应取得提出议案主体之赞同和支持之后，以提出议案主体的名义方可提出。同时，笔者还建议我国应在条件成熟的时候制定一部系统的宪法程序法，建立宪法诉讼制度，在相关法院设立宪法法庭，专门负责处理各类违宪纠纷案件。其优点在于：第一，由专门的宪法法庭实施违宪审查，使宪法的实施置于法院的经常性监督之下；第二，由专门的宪法法庭遵循严格的程序规则进行违宪审查，能使争议的解决更加具有可行性和有效性；第三，作为以发生诉讼为前提的附带性审查，它可以使普通公民成为宪法诉讼的主体，有利于公民宪法权利的保障；第四，它具有“司法审查”的特性，使宪法的适用和普通法律的适用结合起来，有利于强化宪法至上、宪法也是法律的观念。另外，建立和完善相应的违宪制裁措施也是强化我国宪法监督的核心内容。[2]

依法治国首先必须依照宪法治国，依法办事首先必须依照宪法办事。民众只有认真地学习宪法内容，理解宪法精神，把握宪法实质，宪法至上的观念才能深入人心。因此，要进一步从思想上重视、时间上保证、措施上保证全民普法活动的到位。全社会都要大力地宣传宪法的法律地位和作用，让人们真正地理解宪法不仅关系到一国的政治安定和前途命运，而且与每个人的切身利益息息相关。比如，我国现行宪法是 1982 年 12 月 4 日通过并颁布实施的。中共中央、国务院在转发的“四五”普法规划中就把现行宪法实施日——12 月 4 日确定为每年的全国法制宣传日，充分体现了宪法在我国政治、经济、社会生活中的最高法律地位，表明了党中央对以普及宪法常识为核心的法制宣传教育工作和民主法制建设的高度重视，也表达了全国人民的

[1] 即兼采司法审查模式和专门审查模式之两种模式。

[2] 参见张义清：《政治文明建设与中国宪政之路》，《吉首大学学报》（社会科学版）2007 年第 1 期。

共同心愿。这对强化全国一切组织和个人的宪法观念并促进依法治国，无疑能够起到一定的推动作用。此外，正如有些学者提出的，我们可借鉴其他国家的做法，建立中国特色政治宣誓制度。[1] 总之，我们可以通过各种有效的手段，着力培养公民“遵宪”、“护宪”的意识，以切实推进我国的宪政建设向前发展。[2]

[1] 莫纪宏:《加强宪法保障制度建设》,《宪法与国家机构改革》，电子出版社 1998 年版，第 255 页。

[2] 参见张义清:《政治文明建设与中国宪政之路》,《吉首大学学报》(社会科学版）2007 年第 1 期。

第十二章　中国特色社会主义宪政秩序的实践

中国特色社会主义宪政秩序的生长，亟须立足于我国特定的史情、民情和国情，不断地总结经验，在实践中探索，在稳定中渐进。针对我国现阶段存在的突出问题，应该通过中国特色社会主义的“宪政秩序”来确定海峡两岸关系未来的发展前景；应该科学地对待地方的“民主试验”；应该合理地应对“非制度性”宪法诉求；应该疏通公民的政治利益表达渠道，等等。这些都是当下中国特色社会主义宪政建设的基本命题和实践策略。

一、未来海峡两岸关系的宪政秩序

海峡两岸关系问题是国共内战时期遗留下来的历史问题，也是现阶段受我国亿万同胞瞩目的现实问题。在海峡两岸关系不断深化，双方对话和交流日益增多的今天，关于未来海峡两岸发展的走势判断和前景预测，无疑是我国现阶段宪政领域既存的一个绕不开的重大理论和实践课题。

（一）台湾政治体制的缘起及其演化

台湾现行政治体制的初始依据是国民党逃离大陆之前于1946年制定的《中华民国宪法》。[1] 该法设计的政治架构主要体现为国民党“一党独大”

[1] 《中华民国宪法》是在国共和谈破裂和国共两党全面发动内战的背景下制定并于1946年12月25日经由国民党单方面召开的国民大会通过的。从本质上看，该宪法确认了国民党的一党专政，并为蒋介石的专制独裁统治披上了“合法”的外衣，是一部地道的“伪宪法”。然而，它的历史意义却在于：该宪法也是那个特定的历史条件下国内既存的各种政治力量的角逐和较量的历史见证。尤其是该宪法在制定时所坚守的国家统一、中央与地方相一致等原则对于正视目前海峡两岸始终隶属于统一主权实体的客观事实无疑也提供了强有力的历史证据。

的总统制模式。其中明确规定:“总统”为“国家元首”，“对外代表中华民国”。“总统依法公布法律发布命令，须经行政院长及有关部会首长之副署”。“总统依法任免文武官员”，提名并经“立法院”同意任命“行政院长”，经由“行政院长”提名“任命行政院副院长、各部会首长及有关部会之政务委员”，提名并经“监察院”同意“任命司法院正副院长和考试委员”。从形式上看，该宪法奉行孙中山的“三民主义”原则，实行“分权”。该法第25条就规定:“国民大会依本宪法之规定，代表全国国民行使政权”，“国大”有权选举、罢免“总统”;“行政院为国家最高行政机关”，其施政对“立法院”负责;“立法院”为“国家最高立法机关，由人民选举之立法委员组织之，代表人民行使立法权”;“司法院”和“考试院”分别为“最高司法机关”和“最高考试机关”;“监察院”为“最高监察机关”，“监察委员”由各省市议会及华侨团体选举，“监察院长、副院长由监委互选之”等。[1]这样就形成了相互制约彼此平衡的政治体制。尽管如此，该宪法所规定的各项国家权力均要受总统的限制，使各个权力都控制在总统一人手中。因此，国民党传统的宪政架构是“以（总统）权力为至高点，其他任何事都必须为其服务”[2]。国共两党谈判破裂后，国民党政府又于1947年7月4日“第六次国务会议”上通过了“厉行全国总动员”，以“戡平”中共“叛乱”，如期实施“宪政”的方针，包括废止和修订构成“动员戡乱法系”的150种左右的法律、法规和命令。

国民党统治台湾时期，起初奉行的就是其离开大陆之前所实行的“行宪与戡乱并行不悖”的统治政策，实行军事戒严和专制统治。其间，台湾执政大权集中于国民党，国民党的领导权则高度集中于身兼党政最高职务的蒋氏父子身上。其政治运作方式自上而下表现为以党代政、以军领政，蒋氏父子大权独揽。这种状况到了蒋经国执政后期就发生了危机。那时候，受岛内政治民主化运动的冲击以及海峡两岸关系的演变的影响，蒋经国决定实行“政治革新”，以此缓和内部矛盾，赢得民心，进而维系国民党的政治统治地位。

[1] 重庆市政协文史资料研究委员会，中共重庆市委党校编:《政治协商会议纪实》（上卷），重庆出版社1989年版，第483页。

[2] 时微、丁向辉:《美国宪法对1946年〈中华民国宪法〉的影响》，《湖南商学院学报》2005年第6期。

但是，因蒋经国的改革措施并没有触动包括“临时条款”在内的“中华民国宪政体制”，[1] 故国民党统治的政治危机并没有就此而消除。在海峡两岸关系问题处理上，蒋经国在其执政早期所践行的就是“不接触、不妥协、不谈判”的“三不”政治原则。蒋经国在其执政的后一个阶段，为了应对当时国民党的统治危机，也曾有过国共第三次合作的意图，并拟启动海峡两岸协商与交往计划，但最终却因为蒋经国的突然离世而被无限期地搁置。[2]

蒋经国去世以后，李登辉当选为台湾的“总统”。李登辉执政期间，台湾经历了一系列的“宪政改革”。[3]“宪改”之后，“五权分治”的组织架构虽仍然保留，但内部相互关系已作若干调整。其引人注目之处就是对攸关“五权体制”的“总统权限”和“总统选举方式”所进行的调整。[4]2000 年 3 月，民进党的陈水扁当选为台湾“总统”，国民党一度失去执政权。同年 4 月，处于执政地位的台湾民进党为了防止宋楚瑜等新的政治势力利用国民大会改选的机会扩大其权力基础，联手国民党进行了台湾的第六次“修宪”。该次“宪法增修条文”将国民大会改为了一个“任务型”的政权机关，使得国民大会的权力逐步地开始虚化。与此同时，“立法院”的职权得以扩张，“司法院”大法官的权力也大幅度地被缩减。2004 年 3 月，陈水扁还试图以“公投绑大选”的方式推行其“台独思维”主导下的“宪政改造工程”。[5] 其

---

[1] 参见“蒋经国 1987 年 12 月 25 日讲话”，《中央日报》1990 年 12 月 26 日。

[2] 参见杨建英、曹丽华：《马英九“活路外交”政策的提出及影响》，《国际关系学院学报》2010 年第 5 期。

[3] 其内容主要包括：全面终止“戡乱”，彻底废除了“临时条款”；全面改组“国会”的构成，即由以往主要由大陆地区产生、以大陆籍人士为主、仅有极少数在野政治反对势力代表参与的构成，转变为主要由台湾地区选举产生、以台籍人士为主、反对党成分大大增加的构成；对“五权分治”的宪政架构进行了实质性的改造。确定“总统、副总统由中华民国自由地区全体人民直接选举”，自 1996 年起实行；“总统发布依宪法经国民大会或立法院同意任命人员之任免命令，无须行政院院长副署”；“总统、副总统之罢免案，须经国民大会代表总额 1/4 之提议，2/3 之同意后提出，并经中华民国自由地区选举人总额过半数之投票，有效票过半数同意罢免时，即为通过。”“国民大会”自第三届起每四年改选一次，并设置正、副议长各一名，对外代表“国大”；“监委及监察院长”由“总统”提名经“国大”同意任命，“监察院”由“民意机构”改为“准司法机构”；“司法院”正副院长、大法官和“考试院”正副院长、考试委员等，均改为由“总统”提名经“国大”同意任命之。并通过取消“立法院”阁揆同意权及精减地方政府层级条款，等等（参见《新修正宪法增修条文》，《联合报》1994 年 7 月 29 日）。

[4] 《新修正宪法增修条文》，《联合报》1994 年 7 月 29 日。

[5] 陈水扁之流企图通过“公投入宪”、“立委席次减半”等方式，使在野党失去否决权，将“特殊的国与国”、巩固台湾“独立政治实体”等政治理念，直接作用于台湾的“宪政改造工程”。

极端化的台独政治野心更是暴露无遗。迫于祖国大陆和国际社会的双重压力，陈水扁之流否定“祖国统一”和推翻“中华民国”名号的目标最终没有得逞。随着2008年“总统”选举中民进党的落选，陈水扁之流的政治图谋不得不宣告流产。李登辉、陈水扁等“台独”势力执政台湾近20年的结局就是:“两岸不和平、经济大衰落、国际不买账，台湾政治、外交、经济利益全面陷入危机与边缘化……那些始终被视为优于大陆、可抗衡大陆的政治、经济筹码快速流失，而与此同时大陆的国力迅速崛起，两岸优劣态势逆转。”[1]

2008年5月20日，马英九宣誓就任台湾“总统”，宣告国民党在台湾重拾政权。马英九在他执政以后便提出维持在《中华民国宪法》架构下“不统、不独、不武”状态的主张，倡导在“九二共识”基础上推动两岸交流与合作的政策。[2] 此后，台湾与大陆先后实现了“大三通”，开放游客观光，扩大并深化各方面的交流，签订ECFA等经贸协议，在两岸“外交休兵”下进行“正常外交”，稳固“邦交”，恢复台美互信，并扩大国际活动空间，等等。[3] 正因为如此，一些学者乐观地认为，马英九主政的时期是两岸良性发展的历史机遇期，也是两岸系的关键期，值得倍加呵护。[4] 当然，更多的人则认为，民进党因掌握“台湾主体意识”发言权，并拥有相当的绿色支持者。因此，海峡两岸关系目前仍有隐患……台湾混乱的认同，以及政治人物的品格、媒体的立场，都会带来不确定因素。[5] 还有人尖锐地指出，马英九就是“蒋经国第二”，注定不会“出卖台湾”，也注定不会“成就统一”。[6]2011年，马英九继任台湾“总统”，国民党在台湾地区连续执政。然而，就目前台湾的政治情势和民意导向来看，要在短时间内为两岸实现完全统一寻找一套合理而可行的技术方案，同样面临着重重困难。

---

[1] 徐青:《看马英九执政两周年》,《世界知识》2010年第11期。

[2] 参见徐青:《看马英九执政两周年》,《世界知识》2010年第11期。

[3] 参见徐青:《看马英九执政两周年》,《世界知识》2010年第11期。

[4] 章念驰:《马英九不会卖台也不会成就统一》,《爱情婚姻家庭（新情男女)》2010年第1期。

[5] 章念驰:《马英九不会卖台也不会成就统一》,《爱情婚姻家庭（新情男女)》2010年第1期。

[6] 参见王鸿志:《从马英九三次元旦讲话看台当局两岸政策》, Relations Across Taiwan Straits, 2011年第1期。

（二）台湾现行政治体制运行中凸显的弊症分析

通过前文分析可见，台湾现行政治体制缘起于台湾国统时期“党国一体”的“总统制”模式，其后又移植和掺糅了许多西方“自由民主”的制度元素于其中的一种政治模式，其在台湾当局主导的现行政治体制的运行实践中弊症频显，问题不断。

1. 此消彼长的民粹主义和精英主义，理性缺失、政治无序

台湾政治体制及其运作方式呈现明显的“西化”倾向始自李登辉时代。其后，西方的自由民主观念被越来越多的台湾人所接受，以至于演变成为现阶段台湾民众的主流价值观。以此为导向，李登辉之流的“宪改”使得其政治体制运行过程中行政机关与立法机关的力量博弈趋显，议会特别是“立法院”成为其政治运行的重心所在。其中，“民意代表”尤其是“立法委员”的权力空前增大。“民调”已成为当前影响台湾当局政治决策的重要因素。事实上，当“民意”或“民调”仅仅作为一种手段而被政客们任意操控的时候，民主本身的目标和意义于是也就发生了实质性的变异。正如有人将“统独”倾向泛化为西方式的自由民主话题，无疑彰显其追求极端化民主形式过程中的畸形心态。毋庸置疑，民主是有限度的，民主的适用也是有条件的。民主价值目标的实现必须依赖与之相关的一系列政治生态、法律机制和社会条件。然而，台湾社会长期以来的威权统治所沿袭下来的专制传统并没有在短时间内被根除，其民主政治生活及其运行实践突出表现为民粹主义与精英主义和两个极端化的倾向，而民粹主义又催生了精英主义的空前滋长，二者相互映照而消长。缘于现阶段的台湾政治社会领域自由民主思潮的觞滥，尤其是民粹主义和精英主义对台湾政治社会生活的交替作用，直接导致其政局的起伏不定，由此而引发的政治危机亦频频出现。例如，2004 年 3 月 19 日台湾“大选”前的枪击案和“大选”后泛蓝阵营的抗议活动，也使得现在越来越多的台湾人开始质疑台湾的“民主进程”，并承认台湾现行的民主制是单一的和极端化的，具有明显的非理性化特征。

2. 多中心的政治格局与“党争”，矛盾交织、民意分裂

台湾自 1987 年党禁解除之后便新建了很多政党。在台湾地区迄今为止“内政部”报备登记的 70 多个政党中，国民党是台湾地区目前掌权执

政的第一大政党，民进党则是在野的最大反对党。台湾政坛目前林立的各个政党内部还存在很多派别，党派竞争异常激烈。比如，国民党内部的权力争夺和政治分歧近些年来就在不断升级，目前该党已形成了其组织系统内部“主流”与“非主流”两大派别的对立局面。这种“内耗性”的政治斗争，无疑已经大大地削弱了该党自身的实力，也为民进党等其他政党势力的抬头创造了机会。民进党的陈水扁就借助国民党分裂之机在2000年“大选”中以极其微弱的优势胜出，由此而导致台湾地区首次出现政党轮替执政。这之后，“党争”问题在台湾更是有增无减，并愈演愈烈。目前，台湾的政治版图明显地被划分为蓝绿两大阵营。双方政治主张对立、互信全无，以至于造成目前台湾在很多重大问题决策上一旦陷入政治僵局，就始终无法打破。比如，民进党执政以后一意孤行地走“台独”路线，操弄两岸矛盾，推动所谓的“公投”、“正名”、“新宪”运动……导致朝野政党尖锐对立，族群关系紧张，也导致岛内政局动荡不已。陈水扁执政七年弊案频传，令多数选民非常失望，其个人的政治声望一路下跌，公众不满情绪不断高涨。可以预见，未来台湾政局的发展态势及内外政策的走向，在很大程度上取决于主流政党之间的角逐与较量。事实表明，台湾政治结构所呈现多中心的格局，岛内民意分裂、蓝绿对峙、矛盾交织、社会分裂。诸矛盾和问题必将进一步成为台湾地区将来经济社会发展和政治进步的制约因素。

3. 畸形的“宪改”措施，“宪法”的外衣、“独台”的实质

纵观台湾的“宪政改革”的历程，其“泛政治化”的工具主义倾向可见一斑。从台湾6次“宪法增修”的特点与结果看，并非真正建立了“宪政主义”观念，“修宪”只不过是台湾当局用来推行其特定政治目标的斗争工具而已。我们从台湾经历过的6次“修宪”情况看，前4次“宪法增修”虽然内容比较繁多、背景十分复杂，其总体上的趋向就是其在整合“中央政权”的基础上一步一步地实现台湾政治体制“本土化”的目标。第5次和第6次的“宪法增修”实际上就是台湾何以将“两国论”之反社会潮流的政治取向“入宪”问题。与这一过程相伴并随的现象就是，“修宪”的门槛进一步提升，“修宪权”由“国民大会”向“立法院”而移交，党派政治的色彩在其中进一步得以彰显。台湾“宪政改革”中手段与目标的背离也给海峡两岸关

系发展设置了极大的障碍。实际上，无论是陈水扁执政期间一意孤行地推进其“宪政改造工程”也好，还是其他台独势力一直以来极力维持台湾的现行“宪法”，并打着“中华民国”的旗号推行“两国论”的主张也罢，无非都是为了逐步实现其持续地推动从“独台”到“台独”的政治路线。质言之，台独势力推行种种“去中国化”的政策，无非就是为了达到将“事实台独”逐步地转化为“国际法理台独”，最终实现其“独立建国”的政治目标，其他与宪政相关的政治措施无非都仅仅是围绕这一目标而展开的各种手段和工具而已。宪政发展之进步意义实质上在于还政于民、实现民主、法治和人权保障目标的协调统一。台湾当局却将“宪政”异化为实现其政治目标的工具和手段，其真正的目的和用意却是为了实现其“台独”的政治野心。可见，他们是不合理地利用了“宪政”这一手段来实现其非法的政治目的。由于手段与目的的背离，政治与“宪法”的“目标冲突”，由此形成“体”和“用”的二律背反，从而导致台湾目前畸形的政治和畸形的“宪法”。这正是台湾现行“宪政体制”本身的致命缺陷所在。

（三）未来海峡两岸关系秩序的政治生态

从未来海峡两岸关系秩序的政治设计来看，目前大陆所提出的基本政治架构就是“一国两制”。以香港和澳门目前实行的政治体制来为例，1990 年 4 月 4 日第七届全国人大第三次会议通过的《香港特别行政区基本法》第二条明确规定：“全国人民代表大会授权香港特别行政区依照本法的规定实行高度自治，享有行政管理权、立法权、独立的司法权和终审权。”该法第五条还规定：“香港特别行政区不实行社会主义制度和政策，保持原有的资本主义制度和生活方式，五十年不变。”1993 年 3 月 31 日第八届全国人大第一次全体会议通过的《澳门特别行政区基本法》也作了类似的规定。

可见，“一国两制”中的“一国”，显然就是指大陆和台湾同属一个主权国家。它意味着，在一个统一主权实体中，中国大陆与台湾都属于统一的主权国家的领土，台湾属于中国版图内不可分割的组成部分。这是不证自明的历史传统和客观事实，它是不需要通过投票等民主决策的方式来解决。退一万步说，对于某些涉及主权国家集体决策的事项，首先也必须适用全民公决的规则。而台湾的民意相当于全中国的民意而言，显然只是绝对少数。[1]因此，几年前民进党执政时某些“台独”分子也试图推动“公投制宪”寻求“法理台独”依据的做法，从根本上来说就是错误的，毫无合法性可言；“一国两制”中的“两制”，原本指“两种不同的政治制度”，即大陆地区实行社会主义制度，而香港、澳门和台湾地区则保留其原来的资本主义制度。

就未来海峡两岸关系的发展前景而言，“两制”的内涵似乎还可以进一步拓展。意即，未来中国大陆和台湾的“一国两制”与目前中国大陆和香港、澳门地区实行的“一国两制”并不完全相同。比如，未来中国大陆和台湾实行的“两制”，既可以指两种不同的“法律制度”（大陆法制度与判例法制度），也可以指两种不同的“政治制度”（人大制度与行政长官负责制）。就此而言，未来“两岸四地”实行的制度形态可能不仅仅局限于“两制”，还可能是“三制”甚至“四制”。因此，我们不一定套用目前香港和澳门的政治模式去设计未来海峡两岸关系的政治架构。我们的政治思维实际上还可以进一步定位为：在保持台湾现行政治、经济、法律制度的基础上去构建未来海峡两岸关系的宪政架构，它甚至还可以是一种既不同于内地，也不同于香港、澳门的现行政治模式。海峡两岸关系宪政架构的模式涉及未来两岸政治、经济、法律关系的具体制度应当如何设计，以及采取什么样的形式去设计，无疑需要两岸同胞尤其是高层领导的大智慧和政治勇气，要双方在互信和共利的基础上达成共识，从最积极的意义上讲，双方也仅还在探索可以接受的实现统一的途径、方式、条件和可能性，探寻一套可供选择的具有一定可行性的方案，以此促进海峡两岸关系的良性互动。

（四）海峡两岸宪政秩序生长的社会基础

区域自治的中国经验表明，“一国两制”在香港和澳门正式实行以来，

---

[1]　事实上，台湾无论在土地面积、人口、综合实力等方面均无法与大陆能够实现“对等”。现今台湾地区的面积 3.6 万平方公里，仅相当于中国大陆面积的 1/266；台湾目前的人口数量为 2000 万，相当于大陆人口的 1/55（参见《从“对等政治实体”到“重新解释一个中国”——评析台湾当局的大陆政策》，1992 年 7 月全国台湾研究会、台湾 21 世纪基金会和香港中文大学合办之“九十年代之两岸关系展望研讨会”）。

香港、澳门已经成为我国享有高度自治权的一级地方行政区域。我国香港、澳门作为特别行政区之所以“特别”，是指它们具有高度的自治权。也就是说，这种自治权不仅大于民族自治地方的自治权（例如，香港特别行政区享有除外交、国防以外的行政管理权、立法权、独立的司法权和终审权，此外还具有自行处理在经济、贸易、金融、航运、通讯、旅游、文化、体育等方面的部分对外事务的权力），而且在某些方面甚至超过了联邦制国家中成员邦的权力和权利（例如香港保持财政独立，全部财政收入不上交中央，中央也不在香港征税，香港自己发行货币；香港为独立关税地区；香港有自己独特的政治体制；香港保持原有的法律；全国性法律除《香港特别行政区基本法》及其列于附件三者外，不在香港实施）。这种特别行政区所享有的高度自治权，就是主权与治权相对分离的表现，是实现“一国两制”条件下地方分权的一种特殊形式。况且这种“分离”是“相对”的，而不是绝对的；这种治权，终究是由中国人所享有（即如所谓“港人治港”之意谓），而决不交给任何外国人。维护国家统一和领土完整无疑也是未来中国大陆与台湾发展两岸关系必须遵循的首要原则。

从地域特征来看，海峡两岸相互“毗邻”，是海峡两岸关系发展的自然条件。从经济发展的角度来看，大陆具有劳动力、原材料、市场的相对优势，台湾则在资金、技术、对外贸易等掌握着比较优势，两岸在经济上实际存在着高度互补的依赖关系。比如，两岸在经济发展水平与人才结构目前就存在较大的差异，大陆第一产业普通劳动力出现较大剩余，农业科技人才严重短缺，同时在企业管理等方面人才也出现较大缺口，形成大陆地区人力资源短缺与积压并存的现象。而在台湾目前存在较高的失业率，失业人口中不少是企业管理人员及科技人才，两岸人才在文化、语言等方面相同，若能加强两岸人才融合对大陆经济发展无疑具有重要的意义，对解决台湾部分劳动力不足，从而对台湾经济社会发展也具有实际意义。中国大陆经济是台湾经济持续发展的源泉，是台湾商品的巨大市场，是台商的投资地。“当今社会经济全球化与区域经济一体化趋势不断加强……台湾地区经济要实现第二次飞跃，必须以中国大陆庞大的市场及丰厚的资源为依托。21 世纪以来亚洲经济呈现出区域整合的态势，台湾经济应该融入这一过程中，防止因本地市场空间萎缩而导致的‘边缘化’危机。两岸经贸合作，两岸经济一体化是其必然的战略选择。”[1]近年来，大陆地区国民经济持续较快增长成为全球一个亮点。未来数十年，中国大陆经济仍有望持续发展，其影响力也会不断上升，这无疑也是台湾经济发展的机遇期。

此外，两岸在民间旅游、经济文化乃至政治法律方面有着天然的合作空间；从社会文化传统的角度来看，两岸“同根”、“同源”、“同脉”，也是两岸发展共同意识的坚实基础。二战以来，由于世界和亚太地区的发展形势，以及中国社会内部的历史演化，不仅切断了海峡两岸的历史联系，还由于台湾与大陆在社会发展、意识形态、文化变迁等方面的不同路向，造成两岸社会和人民的差异与隔阂。近年来，台湾同大陆尤其是福建沿岸宗支宗亲关系的重建经历了台商认祖归宗、重修宗祠、组织台湾宗亲回乡祭祖，以及参与社会公益事业投资等过程。这一切都表明，海峡两岸宗亲纽带已经跨越了时空的区隔重建了联系，这为促进社会认同提供了重要的文化纽带。以宗亲关系作为维系企业与当地社会良性互动的纽带，有效地集合了当地的社会网络与人文资源，同时使文化与社会网络制度化，这样的一种文化纽带，有效解决了海峡两岸关系建立与发展中所面临的问题，同时也促进了当地社会的进步。海峡两岸原本一脉相承，语言相通，民情风俗相近。尤其闽台两省更具有深厚与密切的人缘、亲缘关系。因此，尽管海峡两岸分离半个多世纪之久，尽管台湾近年来不断地在文化教育方面推行“去中国化”的政策，但台湾依然传承着中华文化的特质，其语言文字、民俗民德、价值观等均与祖国大陆有着高度的同质性。以上条件均决定着两岸具有实现统一的社会基础。

（五）海峡两岸宪政秩序的法治理路

1949 年 9 月 29 日中国人民政治协商会议第一届全体会议通过的《中国人民政治协商会议共同纲领》序言明确地宣告：“中华人民共和国为新民主主义即人民民主主义的国家，实行工人阶级领导的，以工农联盟为基础的、团结各民主阶级和国内各民族的人民民主专政，反对帝国主义、封建主义和官僚资本主义，为中国的独立、民主、和平、统一和富强而奋斗。”在如何维系主权统一和保障领土完整方面，纲领第二条还专门规定：“中华人民共

[1] 刘吉：《对两岸经济一体化与台湾经济出路的思考》，《财经界》2006 年 8 月。

和国中央人民政府必须负责将人民解放战争进行到底，解放中国全部领土，完成统一中国的事业。”1954 年 9 月 20 日第一届全国人大第一次会议通过的《中华人民共和国宪法》也在明确规定“中华人民共和国是工人阶级领导的、以工农联盟为基础的人民民主国家”（第 1 条）的基础上明确宣告“中华人民共和国是统一的多民族的国家”（第 3 条）。对此，刘少奇于 1954 年 9 月 15 日在第一届全国人大第一次会议上所作的报告中专门加以说明：“人们提议增加有关疆域的条文，有一种用意，是为了要在宪法中肯定台湾是我国领土中不可分的一个部分，这个用意是好的。但是宪法可以不为此而增加新的条文，因为台湾是中国的神圣领土，是从来不发生疑问的。把台湾从美国帝国主义和蒋介石卖国集团的统治下解放出来，达到我们全国的完全统一，这是中国人民一定要实现的任务。”1975 年 1 月 17 日，第四届全国人民代表大会第一次会议通过的《中华人民共和国宪法》第四条重申了 1954 年宪法的规定，提出中华人民共和国是统一的多民族的国家。1978 年 3 月 5 日，第五届全国人民代表大会第一次会议通过的《中华人民共和国宪法》序言部分则明确提出：“台湾是中国的神圣领土。我们一定要解放台湾，完成统一祖国的大业。”

1982 年 12 月 4 日，第五届全国人大第五次会议通过的《中华人民共和国宪法》序言明确规定：“台湾是中华人民共和国的神圣领土的一部分。完成统一祖国的大业是包括台湾同胞在内的全中国人民的神圣职责。”该法第 31 条则明确规定：“国家在必要时得设立特别行政区。在特别行政区内实行的制度按照具体情况由全国人民代表大会以法律规定。”时任宪法修改委员会副主任委员的彭真 1982 年 11 月 26 日在第五届全国人民代表大会第五次会议上的报告《关于中华人民共和国宪法修改草案的报告》中进一步指出：“现在，我们伟大的祖国还有未完成的统一事业，需要我们去努力完成……近三十多年台湾同祖国的分离，完全是违反我们民族利益和人民要求的。早日结束这种分裂局面，无论对于台湾地方和整个祖国的繁荣富强，对于维护远东和世界和平，都是极为有利的。这是大势所趋，人心所向，任何党派、势力和个人都无法抗拒。这是中国的内政，任何外国都无权干预……全国人民代表大会常务委员会委员长叶剑英发表谈话指出，实现和平统一后，台湾可作为特别行政区，享有高度的自治权。这种自治权，包括台湾现行社会、经济制度不变，生活方式不变，同外国的经济、文化关系不变……在维护国家的主权、统一和领土完整的原则方面，我们是决不含糊的。同时，在具体政策、措施方面，我们又有很大的灵活性，充分照顾台湾地方的现实情况和台湾人民以及各方面人士的意愿。这无疑是我们处理此类问题的基本立场。”

“台独”势力的猖狂活动是造成目前台湾海峡紧张局势的根源，所以，反对分裂国家，扼制、制裁“台独”，团结包括台湾同胞在内的所有爱国力量，共同维护国家领土主权完整，是当前的迫切任务。通过前述分析可知，“台独”的思维方式和行为模式具有多样性特征。但是，无论是从“以武拒统”到“决战境外”，从“台湾主权独立”到海峡两岸“一边一国”，从“政治台独”到“去中国化”的“文化台独”，从制造岛内族群分裂到公然割裂海峡两岸中国统一的领土主权而构建所谓的“国家议题”，从“渐进式台独”到“统、独由台湾全民公决”，从“隐性台独”到“修宪、制宪”的“法理台独”，等等。无论其表现方式如何，它最终的目的是明确的，即把台湾从统一主权国家中分裂出去。台湾“法理台独”完成之日，即两岸和平统一基础被完全破坏之时，到了那个时候，两岸还会有和平可言吗？其严重后果自然是不言自明的。[1]

2005 年 3 月 14 日，第十届全国人民代表大会第三次会议通过的《反分裂国家法》就是以《中华人民共和国宪法》为依据，以维护国家领土完整和主权统一为目标的全国性法律。该法既以“和平统一，一国两制”为指针，也明确规定了分裂国家的犯罪表现及惩治办法，有利于封堵一切反动势力妄图通向“台独”方向之路。它是扼制“台独”、惩治“台独”的锐利武器。按照该法的规定，如果“台独”势力胆敢枉行，单方改变台海现状，中国惩治“台独”也就师出有名，而且它纯属于中国内政方面的事项。美国倘若以《与台湾关系法》为借口而介入台海问题，无疑就把他自己置于侵略者的角色。我们也就可以理所当然地对其进行反击。

现阶段，为了防止“台独”势力的抬头并从根本上铲除“台独”的法理依据，笔者还建议，应该加快《紧急状态法》的立法进程。而且，要在该法

[1] 李家泉：《痴人说梦“台独”妄想——评所谓“国号”之争与“法理台独”》，《统一论坛》2004 年第 6 期。

中明确规定：一旦“台独”等反动势力抬头以至于开展大规模分裂国家活动的时候，我国中央人民政府即可以立即作出有效反应，甚至可以当即宣布进入一级紧急状态，人大及其常委会也可以随即宣布进入战争状态。此外，在条件成熟的情况下，也可以考虑起草一部《台海危机应对法》等单行立法。从而实现应急法律规范体系的协调统一，并使之具有可操作性。以此为未来海峡两岸关系的发展和统一进程的推进提供合理而充分的法律根据。

如前所述，海峡两岸关系问题是我国一国主权范围内的区际关系问题，不牵涉任何其他外国，不容许任何其他国家插手，该问题故不属于国际关系问题。从法域的角度来看，一方面，台湾法域与大陆法域无疑是地方法域与中央法域的关系；另一方面，台湾法域也形成了自己的鲜明特点。其法治建设实践中的许多经验也是中国大陆可资借鉴的。比如，台湾现行的司法制度、违宪审查制度就具有特殊的功效。台湾在言论开放，新闻媒体的自主性加强，空前发达的资讯传播促进了整个社会的公开性与透明度方面，尤其是在特殊领域的监督方面发挥了很大的作用。再比如，台湾的选举辩论对黑金政治的披露、官员的功能角色定位等在制度治腐方面也发挥了很大的作用。而且，法治的理念和状态正在成为台湾地区的普通民众尤其是中青年所广泛接受的共识并逐渐演变为一种普遍化的社会生活方式。可以说，台湾地区目前奉行的法治原则与我国大陆提出的“依法治国，建设社会主义法治国家”的基本方略是相契合的。

不同法域的存在，使我国的法律体系出现多个相对独立的子系统，即目前内地的法律体系、香港、澳门特别行政区的法律体系以及未来台湾的法律体系。各个法律体系的法律适用于各自特定的区域，其中存在的问题就是区际法律冲突[1]应当如何解决和区际关系应当如何协调。长期以来，海峡两岸在民商事法律领域的法律冲突解决方面进行了积极的探索。比如，中国大陆最高人民法院自2011年1月1日颁布的法释〔2010〕19号《关于审理涉台民商事案件法律适用问题的规定》，其第1条第2款规定：“根据法律和司法

[1] 所谓法律冲突，从广义上讲是指不同的法域之间，因人员来往、经济合作、社会文化交流等活动的日益密切而产生的一切法律问题。这些法律问题，在国际即称之为国际法律冲突，在一国内部则称之为区际法律冲突。我国内地法域、香港法域、澳门法域、台湾法域之间的法律冲突属于区际法律冲突。我国实行“一国两制”而形成的区际法律冲突有着自己鲜明的特征及性质。

解释中选择适用法律的规则，确定适用台湾地区民事法律的，人民法院予以适用。”此外，近些年来，我国台湾和祖国大陆有关方面都曾各自先后提出了多起“两岸关系法”的草案或建议，以为解决海峡两岸人民交往关系中的法律问题作尝试并寻求一个可能的方案。诸草案在一定程度上体现了务实性、灵活性、兼容性特点，但也明显地具有一定的防御性、歧视性以及单向性和片面性等特征。因此，“两岸关系法”不仅存在着“现有”和“应有”的矛盾，而且存在着可能性和现实性的矛盾。不仅很难达到符合各方面要求，为各方所接受和认可的程度，而且能否发生应有的法律效力且有效地实施，亦颇成问题，亟待研究解决。

笔者主张，在目前我国“两岸分离”、“一国两制四法域”的现实条件下，亟需制定一部实质意义上的“中国区际关系法”，授权并认可台湾法律法规的法律地位。在此基础上，以法律规范的形式明确地规定“台湾是中国的一级地方政权，是中央政府暂未行使治权的地方”。围绕这一目标，进一步确定未来两岸实现统一的指针和程序方案。其立法的基本思路为：在坚持一个中国的原则立场和政治前提下，借鉴其他国家关涉处理“区际关系”的国际经验和立法模式，酝酿“中国区际关系法”的立法思路和相关的技术方案。从理想的模式上看，为了保证单行的“中国区际关系法”与我国宪法相衔接，亦应在我国宪法文本中增设“中国区际关系法”一章，使我国宪法成为真正意义上处理中国区际关系的全国统一的根本性法律。问题在于，海峡两岸统一前后涉及台湾的政治体制和法律制度的变化是必然的，而宪法的规定并不是铁板一块。为了维护宪法条款前后的一致性，并避免随意修改宪法所造成的文本与内容不确定性所带来的宪法不稳定的问题。比较稳妥的做法就是，依据我国宪法中关于“台湾是我国主权领土不可分割的组成部分”的基本精神，先确定制定“海峡两岸关系法”的单行法律文本的立法规划，通过专家起草“海峡两岸关系法”，将统一的精神和具体的程序内容体现在其中。在此基础上，将该方案提交两岸学界进行充分讨论，主要从宪法理论与宪政制度入手由专家论证其可行性，使得条款的内容和形式趋向成熟。最后，将该方案提交全国人大审议并正式通过。与此同时，亦需对我国现行法律法规进行相应的完善，以此构建海峡两岸关系协调发展的宪政秩序。

二、地方民主试验与政策性修宪的秩序机理

（一）地方的民主试验与政策性修宪

我国改革开放三十多年来的情况表明，社会改革常常都是从“搞试点”开始的。民主化的进程尤其如此。以村民自治为例，近30年来，被誉为“草根民主”的村民民主，无论它作为农民自己的创造也好，还是作为目前党和国家确立的一项重要的制度也罢，其成长的历程与政策、法律制度的建构和保障密切相关的。其中，从中央到地方的一系列的政策、法律法规极大地推动了这项中国特色的民主由实践到制度纵深发展的历程。如果说，1982年之前，广西宜山、罗城两县农民的创造具有“民主试验”意味的话，国家政策的“肯定”却为其提供了存在的基础。在这个意义上看，无疑是由于“政策的理性”推动了其后宪法的确认。这其中，宪法修改无疑就是在农民的利益诉求和政策的目标之间确定了制度化的方向，从而实现了事实宪法向文本宪法的转化，以此构筑了一种新的制度秩序。但是，从组织秩序的角度来看，我国1982年宪法当时对村民委员会角色的定位主要还是从国家组织形式的角度来认识的，宪法将村民委员会内容是放在“地方各级人民代表大会和地方各级人民政府”这一节中规定的，这种定位无疑是有其特殊历史原因的，其局限性也是显而易见的。由此也导致了其后《村民委员会组织法》的酝酿和出台。实际上，《村民委员会组织法》作为我国的宪法性法律，其最初也是作为一个“试行”的文本被推行，历经十余年方“转正”。其间，该法的合理性和可行性也是首先为政策所肯定，其后才获得立法的认可的。可见，政策的法律秩序形成功能是毋庸置疑的。此外，还可以预见的是，随着党的十七大、十七届三中全会的召开，中央的这些重要会议所确定的基层民主建设的目标必将对我国下一阶段的立法以至修宪产生进一步的导向作用。从逻辑链来看，以上事例实际上可以表达为：地方“民主试验”——“政策肯定”——“宪法确认”这样的一种事实关系。其中，由于“政策因素”是处于核心地位的，它在形成宪法秩序的过程中的作用是毋庸置疑的。权且撇开政策因素的这种积极功能不作具体分析。可见，“地方性知识”和“政策理性”往往是宪法制度变迁的重要推手和秩序生成的不竭动力。然而，

"地方性知识"的获得仅仅凭借经验式的探求实际上并不可靠,"政策性修宪"亦使得"实然的宪法"时常处于被"亚修改"的状态。就"地方立法试验"而言,倘若它与"政策性修宪"存在着某种客观必然性的话,那么,宪法制度性保障就彰显其重要的现实应用价值。如何妥善地处置"政策性修宪"的"后修改"则属于其中关键的技术性手段。

(二)反思政策性修宪的"良"与"恶"

"良"与"恶"的区分显然是道德评价的结果,彰显伦理的精神和准则。"良性违宪"的提出无非是给人们设定了这样的一种宪政场景:当有一部作为"伦理准则"而存在的"观念的宪法"与一部作为"法律准则"而存在的"文本的宪法"都成为某种社会现象[1]的评价尺度的时候,在逻辑上就生成了道德与法律之关系的四种状态:"合伦理非法律"、"合伦理合法律"、"非伦理合法律",以及"非伦理非法律"这四种"可能性"。所谓的"良性违宪"无疑属于"合伦理非法律"之情形,而其背后的"恶性违宪",无非就是"非伦理非法律"之情形罢了。

从某个角度来说,如果将宪法视为一种法律的话,道德与法律之间的确存在着十分复杂的渊源关系。关于道德与法律的关系这一命题,实际上,从人类法律思想的启蒙开始,就一直坚持不懈地进行着法律的道德批判。比如,几年之前,当人们热议着类似"依法治国"和"以德治国"之关系话题的时候,伦理学界很多人就形成了诸如"主辅论"、"主次论"、"平行论"等不同的理论主张。但是,法学界对此却一直处于相对沉默的状态。笔者认为,法学界之所以选择较为冷静的态度,除了某些政治因素的考虑之外,还有一种因素的考虑决定着人们的看法:关于"法律"本身的"合法性"界定,在那种较为"泛化"的讨论中,似乎并没有得到充分的阐释,故表现为争议者的种种"自说自话"的倾向。这种情况也就意味着问题的争论必然会没有结论。

---

[1] 宪法现象作为一种社会现象体现在现实生活中,实际上还不仅仅体现为"民主化"这一个价值向度的现象。如学者根据我国30年来的改革实践来看,还对"市场经济体制改革"、"广东集体土地产权流转"等现象进行了上述意义上"合宪"与"违宪"的判断(参见张千帆:《宪法变通与地方试验》,《法学研究》2007年第1期)。

道德与法律既是相区分，也是相统一的两个概念。换句话说，法律既是道德的，也是非道德的。这里就存在着我们如何界定法律的内涵和外延的问题。以宪法为例，如前所述，它就存在于“应然”、“实然”与“事实”的三种相互联系的状态之中。一方面，法律的道德性集中地体现为“应然”的法律之受道德“支配”的特性，在这个意义上，“合道德性”是构成一切“应然的法律”的正当性基础。另一方面，我们也必须承认，法律既是应然的，也是实然的。据此，“正当性”显然不能构成法律“合法性”的全部特征。法律的“合法性”除了要受“正当性”支配之外，还要受“合理性”、“有效性”、“可行性”等其他相关价值特征的规制，于是也就有了“实然的法律”作为法律现象的第二个存在样态，以及“事实的法律”之法律现象的第三个存在样态。可见，法律既是一种价值现象，也是一种事实现象。法律除了受“道德性”支配之外，显然还要受“科学性”、“社会性”、“政治性”，以及相关的文化特征等“合法性”因素的制约。比如，“合道德”与“民主诉求”之间就存在着较大的张力。因此，用“合道德性”来笼统地概括法律的“合法性”，无疑是一种片面的认识。

如前所述，“良性违宪论”当中的“宪”这一概念，显然没有区分“应然的宪法”、“实然的宪法”以及“事实的宪法”等概念，也没有反映它们之间所存在的内在的张力，其简单化的倾向是可见一斑的。此外，“良性违宪论”当中的“良”这一概念所对应的概念自然就是“恶”。可见，“良性违宪论”是建立在“违宪”亦有“良”“恶”之分这一理论预设的前提之下。对此，学界批判的声音不绝于耳。从各种批判的声音中很容易听出，大多是从“违宪”本身所具有的“恶性”为出发点的，认为一切违背宪法的行为都将造成宪法本身的权威受损，认为其所具有的这种“恶性”将是最大的“恶”。认真研读童之伟教授等人的“良性违宪批判论”[1]很容易判断出其所持的这种立场。对此，也有学者基于现阶段我国地方的“民主试验”对宪法变通的这一事实客观地分析道：“宪法的根本目的不是通过制度性规定剥夺地方尝试的自由，更不是限制人民的基本自由，而是为所有人保障一个权利

[1] 参见童之伟：《“良性违宪”不宜肯定》，《法学研究》1996 年第 6 期；童之伟：《宪法实施灵活性的底线》，《法学》1997 年第 5 期。

底线……要从根本上解决‘良性违宪’所带来的困惑，就必须转变有关中央与地方关系的思维，从制度上保障地方试验的顺利进行。”[1]

在笔者看来，“良性违宪论”固然不宜提倡，而“良性违宪批判论”实质上也是值得进一步商榷的。正如基督教将人性进行“善恶二分”是一种极端化的倾向一样，宪法的“善”与“恶”既是对立的，也是统一的。因此，本书始终坚持的观点就是，宪政秩序是宪法的“合法性”的一种最全面也最具理性的表达方式和理想形态。如果可以将宪政秩序是否达成视为宪法良与恶的分水岭的话，宪政秩序的“有”无疑就是一种“至善”的状态，而宪政秩序的“无”则自然就是一种“至恶”的状态。如此看来，由宪法秩序到宪政秩序的发展无疑就是宪法不断地抛弃“至恶”而实现“至善”的一个过程。这也印证了马克思之“人的社会实践性”与“人性的发展性”的经典判断。如前所述，宪政秩序之形成，在于应然的宪法、实然的宪法和事实的宪法三者之间实现一种良性互动的状态。也正如前面论及的我国现行宪法所规定的村民自治制度的形成过程一样，政策性修宪无疑就是事实宪法向实然宪法转化的一种重要的手段。可见，“政策性修宪”就是“良性修宪”的合理性的一种事实表达。

因此，就宪法制度发展的基本导向而言，无论对“地方民主试验”和“政策性修宪”给出什么样的道德评判似乎都不重要，重要的是如何对“地方民主试验”所植入的“地方性知识”和“政策理性”进行科学的评估，进而确定“政策性修宪”之“后修改”相应的技术处理措施，方能维系动态稳定的宪法秩序。

（三）政策因素影响下的宪政秩序

1. 政策因素对宪法制度的影响

政策，就是指“政府、政党、统治者和政治家等采取的或追求的一系列行动；所采取的任何有价值的行动系列”。[2] 政策对于一个国家宪法的影响体现在各个层面和多个领域。归纳起来，笔者认为其至少存在于以下四个方

[1] 张千帆:《宪法变通与地方试验》,《法学研究》2007年第1期。

[2] 陈镇明:《政策科学导论》，中国人民大学出版社1998年版，第7页。

面：第一，“默示的”宪法规范。在我国不断发展的政治社会生活中，执政党作出事关国家的某些基本政策常常具有默示的基本国策的作用[1]，比如我国大量存在的宪法惯例就与政策相关。第二，“明示的”宪法规范条款。这在我国现行《宪法》文本中表现在多个方面，其内容涉及国家政权、经济发展、社会生活、文化等多个方面，表现为不同性质的宪法条款，各自具有不同的宪法效力。第三，政策因素往往成为修改宪法的动因。如我国改革开放以来的历次修宪，大都是在每一次党代会召开之后，宪法修改的内容和程序均体现了很强的政策性特征；第四，政策对文本宪法的“无形修改”，也即我们通常所说的“政策性修宪”。[2]

关于政策因素对一个国家宪法影响的合理性问题，历来就存在着重大的理论分歧。一种观点认为，政策作用于宪法弊大于利，“造成政治上的事先决定，严重影响国会的预算权限；增加宪法解释上的困难，会制造宪法上的不安定；因为目标过多无法实现。而且只能满足短期的需要，长期而言容易变成定时炸弹；此外，基本国策与基本国策之间相互矛盾冲突……立法权受钳制，危及权力制衡的宪法机制”，[3] 等等。比如，我国学界对于近年来我国依据政策频繁地修改宪法所造成的宪法的不稳定性就产生了很多疑问。还比如，作为我国现行《宪法》文本的重要组成部分，基本国策条款事实上形成了各自不同的宪法表现形式和效力特征，但是，由于国策条款自身的抽象性和非规范性特征，其数量多，而且主要集中在“总纲”部分。[4] 而且，“总纲”部分规定得比较多的又是“经济方面的基本政策”。那么，该类宪法条款是否有“泛化”之嫌？是否会导致了宪法条款自身的“规范性”在一定意义上的弱化？等等。与之对立的观点则给予了肯定的评价：“基本国策规定不仅具有确定规范的作用，而且更进一步具有控制国家行为的

[1] 参见张义清：《基本国策的宪法效力研究》，《社会主义研究》2008 年第 6 期。

[2] 严格说来，“政策性修改就是指在宪法未加以正式的规定或既有的规定未作修改之前，实际中已经采取了缺少宪法依据或实行了与既定宪法规定不相一致的政策，并且这种政策具有不成文宪法的效力。前一种情况实际上具有创制宪法惯例的效果，此处不作专门讨论。后者则常常被称为宪法的“无形修改”，属于广义上宪法变迁的范畴。

[3] See Detelf Merten, Uber Staatsziele, DOV 1993, S. 375.

[4] 据统计，我国现行《宪法》文本中“总纲”部分共有 32 个条文，占整个宪法条文总量的 23%。

功能”，[1] 等等。

笔者认为，政策因素对宪法的影响是现代国家所面临的一种不可回避的政治现象。从宪法上理解这一问题，还必须关涉到与政策相关的另一个范畴——国策。国策作为一国的基本政策，它具备政策的特征但又不等同于一般的政策。相比较而言，政策解决特定问题具有时空性和权宜性，而国策解决特定问题具有稳定性和长期性。而基本国策，无非就是指那些为了实现一个国家根本的、长远的、共同的利益而制定的，以便解决涉及国家长治久安的具有重大战略意义的问题并通过宪法文本表现出来的基本政策。质言之，基本国策条款作为宪法条款的一种表现形式，它既不同于宪法中一般的权利义务条款，也不同于一般意义上的国策或政策条款。[2] 正如学者看到的，“只有在立法者无法或无意愿去落实某一国家目标的时候，制宪者方能将基本国策规定在宪法之中。”[3] 因此，就我国而言，缘于我国现行宪法中的基本国策条款的重要性和复杂性，如何落实我国的基本国策，使数量上占宪法内容四分之一的基本国策条款发挥应有的作用，无疑是我国现阶段一个绕不开的问题。

我国现阶段正处于一个重要的社会转型期，国家生活和社会生活中面临的情况瞬息万变，诸多异常复杂的问题常常难以用确定的规则来规导，而只能用一种目标形式来表达，既保证基本政策对一国发展战略起到明确的指引作用，也给未来《宪法》自身的发展预留了空间。因此，宪法中的基本国策条款无疑彰显了宪法文本自身所具有的谦抑性和自我修复能力。在这个意义上，基本国策入宪是中国特色社会主义宪政建设的应然之义。我国现行《宪法》文本中的基本国策条款实际上客观地反映了我国在一个较长的历史时期内的任务和要求，也具有鲜明的历史性、阶段性和发展性的特点。可以预见，随着我国改革开放和法治建设进程的推进，基本国策在引导我国立宪、修宪，以及解释宪法方面必将会发挥更加重要的作用。[4]

对于政策所具有的易变动性特征，政策入宪是否会动摇宪法稳定性的基

[1] See Dieter Sterzel, Staatsziele und soziale Grundrechte, ZRP 1993, S. 14.

[2] 参见张义清:《基本国策的宪法效力研究》,《社会主义研究》2008 年第 6 期。

[3] See Detelf Merten, Uber Staatsziele, DOV 1993, S. 376.

[4] 参见张义清:《基本国策的宪法效力研究》,《社会主义研究》2008 年第 6 期。

础？笔者的看法是：宪法的稳定应该是一种动态的稳定。一部宪法制定出来后，如果能够积极作用于现实宪法，有效地实现观念宪法、现实宪法和成文宪法三者之间的循环，建立一种良好的宪政秩序，这样的宪法才是稳定的。否则，即使一部宪法修改不多，但是它本身形同虚设，与观念宪法、现实宪法矛盾重重，严重滞后于社会结构和社会生活的发展变化。因此，体现政策导向的“默示的”宪法惯例对于我国宪法的平稳发展，完善我国的宪政制度，起着重要的作用。如它可以适时弥补宪法典原则性规范之不足、促进宪政秩序合理有序地向前发展、为宪法的修改奠定了现实的经验、使一国的立宪宗旨和宪法精神积极延伸。也有人认为，宪法的至上性权威很大程度地取决于它的稳定性，从一定意义上讲，频繁地制宪、修宪，不利于在全社会确立宪法的权威性。宪法惯例的独特价值就在于它是宪政运行中对宪法制度的创造性补充，从而弥补了频繁修宪之弊，又达到了使宪法原则精神“活化”和丰富宪政建设生活的目的。此外，由于我国改革开放的不断推进和市场经济的持续发展，新的问题将不断凸显，动辄修改宪法，势必影响到宪法的稳定性，在这种情况下，政策所具有的宪法效力对我国现阶段经济社会生活无疑也具有一定的现实必要性。

当然，我们应当使政策宪法化成为促进我国宪政建设的趋势和动力的同时，也必须把握政策入宪的实质要件和形式要件，必须通过合理的技术性手段构建合理的宪法规范系统；同时，也必须防止因不适度和不适时的“政策性修宪”以及因随意地通过政策启动修宪程序而破坏宪政秩序的行为倾向。因此，政策宪法化必须具备一定的条件，“政策性修宪”必须把握一定的限度，方能维系宪政秩序。

2. 基本国策条款入宪的价值及其限度

关于基本政策条款入宪的实践技术，笔者曾撰文指出过：宪法文本中基本国策条款在规范效力方面存在的局限性是显而易见的，而其作为一个国家的整体发展导向的作用也是毋庸置疑的。就我国现阶段的情况来看，尽管一个国家的政治与政策决定具有弹性，但无论如何也不能偏离宪法中基本国策条款所规定的方向。基本国策对于人民来说就是监督和评价政府活动的重要标尺，有了这一尺度之后，人民就不再是单凭感觉来判断政府的前进方向是否正确，而可以根据预定的目标在必要时要求政府纠正偏差。而且，正因为我国处于当下这样的一个重要的社会转型期，国家生活和社会生活中面临的情况瞬息万变，诸多异常复杂的问题常常难以用确定的规则来规导，从而只能用一种目标形式来表达，从而既保证基本政策对一国发展战略起到明确的指引作用，也给未来《宪法》自身的发展预留了空间。在这个意义上，基本国策入宪是中国特色社会主义宪政建设的应然之义；其次，关于基本国策应如何入宪的问题，笔者在本书第一部分已述及基本国策条款立宪技术上“四性”（“根本性”、“可持续性”、“中立性”、“规范性”），理所当然应适用于我国基本国策条款的完善，此不赘述。笔者强调的是：我国现行《宪法》文本中的基本国策条款实际上客观地反映了我国在一个较长的历史时期内的任务和要求，也具有鲜明的历史性、阶段性和发展性的特点。可以预见，随着我国改革开放和法治建设进程的推进，基本国策在引导我国立宪、修宪，以及解释宪法方面必将会发挥更加重要的作用。一方面，我们应当使基本国策宪法化成为促进我国宪政建设的趋势和动力，另一方面，我们也必须防止因“政策性修宪”而导致宪法的“泛政策化”倾向。就我国现阶段而言，强化基本国策条款的“规范性”，应当是完善我国现行《宪法》文本的首要任务；再次，基本国策究竟应该如何落实？宪法的效力究竟应当如何强化？笔者认为这是一个问题的两个层面，二者实际上是互为条件的。实际上，从某种程度上说，依宪治国是落实我国基本国策的根本手段，而且是最有效的手段。据此，笔者认为，一方面，应通过完善我国现行《宪法》文本中与基本国策条款相契合的宪法规范系统，使得其中的各个构成部分趋于合理，使得不同宪法条款之间相洽互适，从而在宪法规范系统内保障我国基本国策的落实。另一方面，应通过强化我国立法、执法和司法的职能，包括通过制定完善的法律法规、严格地执行宪法中的基本国策条款和在司法活动中切实地贯彻宪法上基本国策的精神，从而在法律规范系统中切实地保障我国宪法上基本国策的落实。如此，宪法的效力也就得以彰显；此外，关于基本国策条款中过多的“确认性”条款的存在是否会导致宪法自身“规范性”的弱化？我国现行《宪法》文本的总纲部分存在过多的基本国策条款是否在客观上降低了宪法的效力？等等。笔者认为，这些问题的产生当然源自很多深刻的历史原因。但是，显然不能将其全部归结为基本国策条款之“罪过”。站在现实主义的角度看，我国现行宪法条款自身所存在的弱制裁性、非司法适用性，以及泛政治化的现象等问题的存在并非基本国策条款所仅有的，而属于我国宪法规范系统自身所存在的普遍性问题。随着我国宪法制度及其运行机制的建立和健全，当我们建立起一整套稳定和可靠的宪法解释、监督和实施制度，特别是当我们将宪法规范适用于具体的案件作为评判人们行为对错的标准，并全面实现宪法作为根本法对国家生活和社会生活进行规范的时候，这些问题也就自然地迎刃而解了。[1]

此外，前面已经论及“政策性修宪在特定的情况下对于维系一个国家动态的政治稳定具有特殊的功效”，然而，政策作用于宪法所产生的“不确定性”及由之所带来的风险也是客观存在的。因为，随意的政策性修宪极易导致宪法的权威受损，从而使得一个国家的宪政秩序遭到破坏。故而，对“政策性修宪”进行合理和有效的限制是一个十分重要的问题。本书将其限制性条件概括为：首先，政策性修宪仅适用于一个国家特殊的历史阶段。在常态条件下，一般不宜用政策代替法律，更不能以政策来代替宪法。正如学者看到的：“违法或违宪显然是应该尽量避免的事情，是在宪法或法律一时难以修改的情况下万不得已的权宜之计。”[2]它一般发生在一个国家政治、经济形势急剧变化的时期，往往是宪法修改难以适应客观形势的要求，因此，不得不在实践中通过政策的手段来缓解一个国家发展相对超前的社会政治经济形势与相对滞后的宪法规范之间的矛盾。从宪政秩序的角度观察，在这种情况下，政策的贯彻执行是超越宪法规范的。但这并不意味着它可以背离既定的宪法原则以及宪法所确定的总的指导思想和根本的价值目标。这意味着：事实的宪法对于实然的宪法的突破必须以应然的宪法为基本的目标导向。如政策性修宪在任何条件下都必须符合发展民主、保障人权的基本价值导向，同时也必须符合“最低限度的法治秩序”原则。与该原则以及指导思想相背离的一切政策行为显然就是“违宪”的，而不能冠以“政策性修宪”的名义使得其以合法的形式而存在。其次，政策性修宪的运行也必须符合政策运行自身的规律，政策的推行和落实必须采取利益损害最小的原则。政策的实施也必须符合政策实施的基本程序，比如以党代会的形式、以中央正式决议的形

---

[1] 参见张义清：《基本国策的宪法效力研究》，《社会主义研究》2008 年第 6 期。

[2] 参见童之伟：《“良性违宪”不宜肯定》，《法学研究》1996 年第 6 期；童之伟：《宪法实施灵活性的底线》，《法学》1997 年第 5 期。

式予以确认和实行，必须最大限度地防止“随意决策”所带来弊端。再次，由于政策性修宪使得实然的宪法已经处于一种被“亚修改”的状态。在这种情况下，事实宪法的效力是默示的，因此它也必然要被控制在一个国家完善的宪法监督系统的保障范围之内，国家对相应的宪法决策和宪法主体的行为必须提供相应的宪法救济手段，包括在将来我国宪法制度不断健全的条件下的司法审查手段。以使得政策性修宪中的决策权、执行权与监督权相互制约和协调运行。此外，当政策性修宪的上述条件解除，宪法修改即应回到常态的宪政秩序的轨道上来。“政策性修宪”的“后修改”问题也事关宪政秩序的形成。对此，应运用“诉求”与“目标”相统一（下文将作具体分析）的宪政原理，合理地采取“政策性修宪后修改”的技术方案，应将“政策性修宪”作为一项“试验”来对待并对其正当性、合理性、可行性、有效性等相关的“合法性”要素进行一个综合的测评，相应地采取文本意义上的“修宪”、“保留”或“废止”等不同的对策，以实现宪政秩序。

3．宪法诉求、政策导向和宪政目标的统一

基于上述分析，作为一个法治谦抑主义的坚持者，笔者基本上同意在我国现阶段“有限度”开展地方“民主试验”和保留“政策性修宪”的原则立场。从宪政秩序的角度来看，“民主试验”和“政策性修宪”有没有一个基本的价值判断标准？应当如何看待我国现阶段乱花渐欲迷人眼的各种地方“民主试验”和“政策性修宪”？几年之前备受人们争议的“良性违宪”和“恶性违宪”问题是否为假问题呢？

对此，学界也形成了一些有价值的见解。郝铁川教授早年在提出“良性违宪论”的同时也提出了“良”与“恶”的界标，即“有关措施是否有利于社会生产力的发展，以及是否有利于国家和民族的根本利益。”[1] 其中的“有关措施”，显然包含本书所论及的“民主试验”或“政策性修宪”等表现形式，无疑具有一定的现实指导意义。张千帆教授则指出：“国家利益”乃至“公共利益”基本上属于只能在民主过程中决定的政治问题，而不是司法可以确定的法律问题。此外，“生产力”标准在宪法上也不具有可

[1] 郝铁川：《论良性违宪》，《法学研究》1996 年第 4 期。

测量性。[1] 在此基础上，张教授指出，与其用上述概念作为衡量标准，不如用基本权利这个具体而简单的个体概念作为衡量良恶的标准。因此，上述两条实体性标准似乎归结为基本人权更为合适。为此，他还提出关于如何判断这些措施是否属于"良性"以及如何对其作出处理的三个具体标准："第一，在实体上，有关措施是否有助于落实宪法保障的基本权利？第二，在程序上，有关措施是否有助于完善宪法所要求的民主与法治？第三，在符合前两个条件的前提下，也就是在基本确定有关措施属于'良性'的前提下，和宪法或法律的抵触是否必要？或者说有关措施是不是为了实现良好的实体或程序目标而不得不采取的'最后一招'？"[2] 可见，张教授是从"违宪审查"的角度来判断我国现阶段的地方"民主试验"和"政策性修宪"现象存在的合理性和必要性标准的。这对于维系一个国家的既定的宪法（法律）秩序无疑具有十分重要的借鉴价值和现实意义。笔者认为，上述观点至少代表了目前关涉该问题的两种倾向：即"政治秩序论"和"法律秩序论"。如果说，郝教授是从政治秩序建构的角度肯定了"良性违宪"的价值的话，张教授则从法律秩序建构的角度对其进行了否定的判断。但是，正如郝教授生产力标准和公益目标不能在法律上进行实证化一样，张教授的权利标准、民主标准、法治标准无疑也不能有效地反映公民的诉求与国家目标的动态关系。至于他提及的"必要性"，与其说是属于一项"标准"，还不如说是一种条件，其模糊性也是显而易见的。由于二者讨论的问题域的不同，故对于"良性违宪"问题的讨论至少到目前为止还没有获得其确定性的证明。

笔者认为，针对我国转型社会中所凸显的"民主试验"和"政策性修宪"现象，只有从宪政秩序的角度来解证，方能获得其是否具有"合法性"的标准。具体而言，笔者将其概括为三项具体的目标要素：第一，公民的宪法诉求，主要包括公民的民主诉求、权利诉求、法治诉求，等等；第二，国家的政策导向，只要指国家政策的肯定或确认的利益指向；第三，宪政的目

---

[1] 参见张千帆：《"公共利益"的困境与出路——美国公用征收条款的宪法解释及其对中国的启示》，《中国法学》2005 年第 5 期。其后，张教授还撰文指出，马克思主义经济学的"生产力"标准具有根本性，但它显然不能等同于现阶段的 GDP 或 GNP 等可见参数，具有不可测量性，而且也不是现代经济学的常用概念（参见张千帆：《宪法变通与地方试验》，《法学研究》2007 年第 1 期）。

[2] 张千帆：《宪法变通与地方试验》，《法学研究》2007 年第 1 期。

标是否实现，意指“应然的宪法”所内含的民主、自由、法治、人权等价值目标；而且，笔者特别强调的是，“民主试验”也好，“政策性修宪”也罢，只有在上述三项具体目标兼具并实现了有机的统一的情况下方能达致宪政秩序的总体目标。比如，以几年之前我国某些地方发生的乡镇长直选案为例，撇开“直接民主”之于“间接民主”这样的关涉宪政价值的理论问题不作进一步的深究，姑且认为它是符合宪政的应然价值的。同时，也不考察其在当时是否符合国家的政策导向，姑且认为它是符合当时的政策导向。然而，在人们对其“合宪性”倍加质疑的讨论中，这一现象是否真正代表了当时和当地老百姓的宪法诉求呢？根据本书前面有关章节的分析结论，民主构成现代宪法的基本元素，民主诉求无疑可以被视为一种公民的宪法诉求。但是，无论如何，“直接投票”都不能表征民主的全部内涵，如“贿选”无疑就是民主的“变种”，显然不能构成宪法意义上的民主诉求。[1]与此同时，民主的实现场景必然要受诸多的条件限制，单纯的民主诉求与宪法诉求还是有差距的。在中国这样的一个有着巨量人口的泱泱大国，情况尤其如此。当然，随着我国民主、法治建设和公众的权利意识不断发育成熟的未来，公民的宪法诉求将在更深入的层面上和更高度水平上得以实现。因此，只有当公民的宪法诉求、国家的政策导向与宪政的价值目标高度统一和协调一致的时候，一个和谐的宪政秩序方能得以形成。

三、社会群体性事件的形成原因与法治对策[2]

（一）社会群体性事件的形成：基于利益诉求的机理分析

1．由个体到群体：利益诉求的扩张机理

个体利益诉求在自然条件下通常是通过个体自主的行动来自由地获得满足。但是，由于个体的利益诉求的对象、形式和种类是多种多样的，而个体

---

[1]　笔者通过很多侧面了解到，前几年某些地方开展的“乡镇长直选”试验，就是在地方官员“政绩观”的驱动之下展开的，属于其所推行的“政绩工程”。在举行“直选”之前，上级领导到基层做了大量的选前动员工作，在选举过程中也是严格把关，积极引导，掌控着选举的每一个环节和结果。相对于官员的“直选”热情，老百姓却显得较为冷漠。这样的“直选”显然没有真正地体现公众的“民主诉求”。

[2]　参见张义清：《社会群体性事件的形成机理与法治对策》，《法治研究》2011年第2期。

的能力却是有限的。于是，个体的能力决定了个体诉求可能获得满足的程度必然是有限的。当个体不能通过自己的行动来满足自身所诉求的利益时，于是就可能要借助他人的力量，也就产生了个体对群体的依赖。社会作为人的共同体，包括相对独立的由个体和由个体的人所组成各种不同的群体组织。由于社会资源本身也是有限的，在一个既定的社会结构系统内部，也存在着资源配置的问题。于是，不同的个体、群体及其相互之间也就产生了不同的利益诉求，由此体现为相应的权利资格和权利能力。其中，当事人一般可以通过“达成协议”的方式来表达和实现各自的利益诉求，这显然就是一种“个体理性”的利益诉求表达模式。但是，各当事人依靠这种“个体理性”来实现其各自利益诉求的能力同样也是有限的。因此，当人们的各种利益诉求发生冲突不能通过这种理性化的模式解决的时候，一种代表社会“公共理性”的原则和制度也就成为维系社会秩序的需要。

社会“公共理性”原则需要建构一整套基于权利资格以及相应的权利资格保障机制方能得以实现。实际上，权利资格保障机制的形成和发展也经历了一个由初始的道德层面最终发展到法律层面，即权利诉求的法律保障机制的过程。从这个意义上说，“一方面，正是由于主体意识的觉悟，才推动了人类社会制度的进步。另一方面，制度的发达和完善又是以人的意志自由的表象形式出现的。”[1]只有在发达和完善的社会制度保障之下，人们的利益才可能自由地进行表达。就我国现阶段各地频发的社会群体性事件的诱因来看，一方面，随着我国现阶段与经济发展相伴并随的市民社会的发育，人们的权利意识越来越强，以利益为基础的维权意识不断高涨。与此同时，我国现阶段由于民间组织的崛起、公民社会的发育，由此导致了社会利益格局发生了实质性的变化。此外，通讯工具的发达，交通更加便捷，等等，诸因素都导致了一个强大的民间交往团体的兴起，以至于形成了一股强大得足以抗衡和制约政府的社会力量。另一方面，从中国社会制度变迁的“公共理性”来看，在我国 30 多年的经济改革过程中，资源分布趋于多元，从人治转变为法治，等等。但是，存在的反差就是，我国政府体制改革并没有与经济市场化的步伐相协调，由此也使得中国社会的阶层结构趋于分化。从我国现阶

[1] 莫纪宏:《现代宪法的逻辑基础》，法律出版社 2001 年版，第 133 页。

段大量出现的社会群体性事件来看，无不表现为弱势群体与强势集团尤其是政府之间的非理性化对抗，导致社会的无序。

2. 群体利益表达的制度性缺陷

如上所述，在一个法制健全的现代国家，公民的利益表达机制实际上关涉公民的各种利益诉求能否通过一种合法的渠道得以体现。作为一种社会"公共理性"的体现，公民的利益表达机制无疑具有"沟通"、"对话"等功能，显然能够起到缓释社会矛盾、维系社会稳定的作用。从内容上看，社会利益表达机制的核心就是公民的表达自由。对此，我国现行《宪法》以及《集会游行示威法》等法律法规对于公民利益表达相关的自由和权利以及如何通过法定程序行使这些自由和权利作了具体的规定。[1] 诸法律的立法旨趣在于：赋予了公民应有的表达自由并设定了必要的法律限度，主要体现在程序上的规制，如要履行严格的审批程序等。这一立法精神也是基本上符合当今世界各国的立法通例的。

问题在于，我国上述关于表达自由的相关法律在各地具体实施的过程中的效果却并不尽如人意。以《中华人民共和国集会游行示威法》为例，对于其中所规定的审批程序来看，各地审批机关掌握的尺度就不统一。在大多数情况下，作为具有审批权限的公安机关，事关表达自由的事项，都要事先请示地方党政主要领导尤其是要征求地方党委负责人的意见，其程序之复杂、要求之苛刻远远超出了法律自身的设定。对此，各地党政机关也对此十分敏感，但是被请示的事项已摆到面前，无可奈何之余就只能慎之又慎，以至于本来应该依法批准的事项，经过如此请示之后却反被打回去了。显然，法律规定的表达自由在这种情况下已经被大打折扣了。其后果就是，公民的很多合理的利益诉求得不到表达的机会（即使是被严格地限定了条件之后被批准，也已经失去了其本来的法律意义），使得公民可以通过合法的形式来行使表达自由的渠道受到了阻碍。但是，在多数情况下，公民利益诉求的表达却并没有因为法律程序的受阻而被放弃。相反，人们不得不寻求非理性化的渠道表达利益诉求，由此而造成了社会矛盾的积聚以致升级，以至于酿成重

---

[1] 比如，我国现行《宪法》第35条就明确规定："中华人民共和国公民有言论、出版、集会、结社、游行、示威的自由。"该法第51条还规定了："中华人民共和国公民在行使自由和权利的时候，不得损害国家的、社会的、集体的利益和其他公民的合法的自由和权利。"

大的社会骚乱。

实际上，我国各地发生的很多社会群体性事件都是基于民众利益诉求表达的合法途径受阻、投诉无门的情况下社会群体铤而走险所致。如某地发生的一起社会群体性事件：一个在该市开出租的农民工，因为路经该市某一公司的施工路段，因为没有注意到该公司在路边私自放置的机动车禁行动标示牌而被该公司多名保安当场殴打至颅内大出血造成终身残疾。事发后，受害者家属及时向当地派出所报了案。但是，由于该公司与地方公安机关所存在的特殊关系，公安机关在事发后既没有羁押肇事者，也没有介入案件调查，甚至在事隔两个月后都还没有立案。其间，受害者家属多次到派出所询问案情进展情况均被该所负责人以各种理由搪塞，以至于后来还告诫受害者家属不要再到该所纠缠。受害者家属因此找到了当地公安机关的主要领导，同样无果而终。身陷投诉无门的境地，受害者家属于是到乡下召集了 200 多名亲属到市政府门口静坐。此举直接惊动了当地党政部门的主要领导。此时，市委书记亲自主持会议，并亲自责令当地公安机关立案侦查，此案才得以顺利地进入司法程序。诸如此类的情况说明，我国地方某些执法和司法人员的法律意识淡薄是造成现阶段我国公民利益诉求表达渠道受阻的直接原因。也正是基于这种社会效应，使得我国现阶段的社会群体性事件还在不断增多，形成了恶性循环。可见，完善我国利益诉求表达机制对于维系社会稳定何其重要。

3. 动机决定结果：维权抗争与社会骚乱之区分

从我现阶段发生的社会群体性事件来看，具有数量多、范围广、频率高、类型复杂、诉求与动机多元等特征。就社会群体性事件中参与者的参与行为（行为者的动机与目的）来看，我国著名学者于建嵘教授将社会群体性事件区分为维权抗争和社会骚乱之两种类型。在他看来，维权抗争行为主要体现为参与者之间“直接的利益冲突”，而社会骚乱则体现为参与者之间“并无直接的利益诉求”（更多地表现为种种“泄愤行为”）。[1] 我们看到，这两种基于参与者不同的心理因素所致的迥异的行为特征常常构成区分社会

---

[1] 参见于建嵘：《中国的社会冲突——对当代工农维权抗争活动的观察和分析》，《领导者》2008 年第 2 期。

群体性事件之性质的分水岭。事实上，就任何一起社会群体性事件而言，只有在准确“定性”的基础上，政府才能据以采取有效的应对措施。比如，与维权抗争所不同的是，社会骚乱事件则表明的是国家在社会管治方面存在的危机，也就是说，国家在管理社会秩序的有效性方面存在问题。正如于建嵘教授分析的：“管治危机主要有两大因素，一个是社会不满群体的存在；一个是管治能力的低下。”[1]

笔者在调查中发现，在各类社会群体性事件中，社会群体在参与社会活动时其心理特征通常是十分微妙和复杂的，也常常呈现出易变和不稳定的情绪滋长。其中，有两种社会公众的心理特征是值得注意的。一类就是“群体的无意识”，即表现为人们自发的群聚意识，是个体从众心理的行为外显。社会群体中的这种心理特征如果没有得到恰当地疏导和有效地控制，极易演化为社会群体成员的种种极端化行为，以至于造成社会骚乱；二是“群体的焦虑心理”。这是一种在现阶段社会成员中普遍存在的一种紧张心理状态。之所以会出现这种情形，一般是基于大量社会成员社会发展目标的过高期望与现实条件的制约难以达到平衡而表现出来的一种急躁不安的心理状态。这种心理特征在那些长期处于社会边缘的社会成员当中体现得较为普遍。而且，这种心理的“感染力”也极强，如果在一个特定社会系统中尚没有建立起完善的心理疏导机制和制度化的利益表达和实现机制的情况下，社会成员极易寻找非理性化的渠道发泄其不满情绪，从而造成社会失序。可见，相对于维权抗争而言，社会骚乱则是一个更为复杂的问题，亟须合理和有效地应对之。总之，政府对于两类不同性质的社会群体性事件，理应分别采取切实有效的措施以预防和应对，以此达到既治标也治本的目的。

（二）应对社会群体性事件的法治理性

1．治理社会群体性事件的公共理性

治理群体性事件需要“公共理性”的主导，具体表现为政府的“政治理性”和公民及社会群体的“社会理性”。前者表现为，政府必须正视社会冲

[1]　于建嵘：《中国的社会冲突——对当代工农维权抗争活动的观察和分析》，《领导者》2008年第2期。

突，致力于建立完善的社会沟通机制，构建良性的权利博弈和官民互动的平台。与此同时，政府应通过宪法和法律手段规范国家公权力的运行的正当程序和相应的条件，处理社会群体性事件要适当、适度和适时；后者表现为，社会民众则应学会依宪和依法维权，学会恰当、有智慧和理性化地表达自己的利益和权利诉求，努力和政府形成良性互动。

首先，我们应该看到，我国现阶段发生的群体性事件在大多数情况下，都表现为常态中社会群体的维权事件。从公共规范的角度来看，公民的集会、游行、示威自由是我国宪法规定的基本权利，在群体性事件中的公民无非是在行使这一法定的权利。所以，不能动辄把群体性事件简单地定性为非秩序化的行为。

其次，我们必须意识到，在治理社会群体性事件的过程中，政府的任何承诺必将对公众的社会心理造成影响。因此，政府及职能部门在处理各种群体事件的态度和行为抉择必然会产生一系列的社会连锁反应。比如，政府在处理一般性的上访事件和重大的社会群体性事件的方式、承诺程度及兑现结果的差异必然会在社会公众当中产生强烈的心理暗示作用。因此，如果不是建立在客观公正的立场上，政府的任何偏激的承诺或“开空头支票”，不但对于社会群体性事件的合理处理于事无益，反之会让公众产生“过度的政府依赖感”或“错觉”，公众所持的这种心理必然就会产生一种无形的示范效应和相应的社会连锁反应，如此构成恶性循环。此外，社会公众保证一种客观公允的心态也是至关重要的。比如，部分群众故意扩大事态，聚众闹访。这显然就是一种不健康的社会心理，需要通过各种渠道进行引导。

再次，对于社会群体性事件，我们应该避免人们惯常的那种以处理政治斗争的方式来对待一切的思维方式和行为方式。应该看到，当前我国发生的大多数社会群体性事件都是基于一般的利益冲突而引发的，都反映了冲突双方一定的利益诉求，事件的发生一般都有其自身生成、演变和发展的规律。因此，我们理应妥善地应对各类群体性事件，必须了解事件发生发展的一般规律，从而做到合理和有效地应对。因此，我们在处理社会群体性事件过程中应注重从专业技术层面和管理细节的层面来掌握其特点，突破惯性思维和惯性模式的束缚，寻找群体性事件专业化处理的有效机制，以尽可能减轻其社会政治成本，这无疑是中国迈向现代政治文明的一个基本的路径。

此外，我们在应对突发性尤其是一些恶性社会群体性事件——社会骚乱时，应该始终坚持“区别对待、有效控制、持之有度”的处理原则。一方面，应区别不同的事件、不同的群体、不同的行为来确定治理不同性质的社会群体性事件的对策和方案。比如，对于“维权抗争”和“社会骚乱”就应采取不同的做法来应对之。另一方面，对于社会群体性事件中存在的骚乱分子和一切骚乱行为要做到有效地控制和遏制，对其头目要依法追究其法律责任。对于那些打、砸、抢、烧等刑事犯罪行为，要坚决予以刑罚制裁，依法追究其刑事责任。此外，对于一般性的社会维权抗争事件，恰当的处置方法就是要从处理转变为治理、从专政转变为宪政，也就是用宪法思维去分析和解决群体性事件问题，同时也要防止处理方面的矫枉过正。为此，我国不妨借鉴瑞典，结合中国现阶段的具体国情，尝试性地设立“调查官”制度。[1]具体而言，就是使得各级人大切实地履行好社会群体性事件的调查职能，对于那些重大的群体性事件应进行全面的、客观的调查和处理，以及时有效地起到预防和消解社会矛盾的作用。

2. 法治理性与政府责任

所谓法治理性，就是人们基于对法治的认识所产生的一种“公共理性”。如前文所述，治理群体性事件需要“公共理性”，而“公共理性”乂是以道德和法律为基础的。法治作为一种正义的社会目标，无疑就是公共权力和公共规范等“公共理性”赖以存在的根本依据和制度形态。因此，所谓法治思维，就是一种为民作主、广开言路和集思广益的思维，就是一种政府担当、以保障人权和控制权力为己任的思维；所谓法治思维，就是一种政府权力依法运行，民众依法参与到社会公共领域中去的思维。从法治秩序的角度来观察，只有当法治思维内化为政府和社会民众的思维方式之后，它才有可能外显为政府的执政方式和人民的行为方式。其中，社会公众有对政府执政决策的知情权。因此，就社会群体性事件中凸显的公民的各种权利诉求，我们理

[1] 参见刘树枝：《瑞典等欧美国家公民利益诉求的解决机制及启示》，《今日浙江》2006 年总第 20 期。

应充分地予以尊重和切实有效地予以保障其得以实现。当然，维权的根本原则是法治。所以，群体性事件要强调依法进行。大部分的维权事件可通过法律得以解释并获得解决。

就我国现阶段来看，作为社会与政府相博弈的结果，社会群体性事件无疑给政府的行为和责任[1]提出了严峻的考验。就政府而言，对于那些“非秩序化”的社会群体性事件，如同没有尽到必要的注意义务并采取切实有效的应对措施构成“不作为”的结果一样，政府的“作为”政治风险同样也是存在的。政府的“行为不当”与“不作为”同样都是非理性化的倾向，势必造成公众对于政府权威的“信任危机”。此外，宪法思维还内蕴着一种宽容的品质和谦抑精神，无疑有助于建构一种富有弹性的社会利益表达体制，以增强其风险承受能力，有其特殊的功效。如吉首市在“非法融资”引发的社会群体性事件的解决方案的制定中，民众就得到了当地政府的善意对待，政府的善意是有回报的，目前该事态发展基本平稳，再没有发生过任何冲突，与“瓮安事件”无疑形成鲜明的对比。就此而言，处理群体性事件的宪法思维在实践中已崭露头角，这对于有效治理我国现阶段的社会群体性事件无疑具有重要的作用。

（三）社会群体利益表达渠道的疏通和机制的建立

利益表达机制的完善是现阶段合理处置各类社会群体事件的治本之策。从本质上看，只有真正地建立起一整套体现公平、开放、多向度的利益表达机制，为社会群体提供公平表达利益的制度性平台，引导各个社会群体或个体以理性合法的形式表达其利益诉求。

首先，我们必须不断拓展社会个体和群体的利益诉求表达渠道[2]，建立和健全中国特色的公民申诉制度。根据我国宪法的相关规定，可以通过普通立法对我国公民申诉方式加以规定，对申诉的各种程序要件通过立法加以明

[1] 根据政府职权和职责的类型和原理。政府的行为包括作为与不作为两种。相应地，政府责任也区分“作为”与“不作为”两种。如在吉首市“因非法融资”引发的社会群体性事件的处理过程中，吉首市原市委书记就被定性为“不作为”而被责令辞去现职。

[2] 就我国现阶段来看，社会利益诉求表达渠道主要包括人民代表大会的渠道、民主党派及社会团体的渠道、群众自治组织的渠道、大众传播媒介的渠道、信访与对话的渠道，等等。

确规定。就申诉机构的设立而言，可以借鉴德国联邦议会和州议会设立申诉委员会的模式，在我国的全国和地方各级人大中设立申诉委员会。此外，我国还应就此通过立法明确各级申诉委员会受理各类申诉的范围、处理时限、程序等具体事项，并明确规定社会公众申诉的各项具体权利，使得任何人都可以就本人或其他人共同关心的事务向申诉委员会依法提出申诉。

其次，必须构建理性化的社会—政府信息沟通系统。在我国现阶段，应促进政府和社会群体之间的互动，推动政府行政调控职能同社会协调功能相配合的社会管理系统的完善。其内容主要包括：政府信息披露和公开制度、重大事项公示制度、重大社会公益性事件决策的听证制度、社情民意反映制度以及信访制度、请愿制度、公民立法参与制度，等等。其目的是让大多数民众能够通过正当的渠道表达自己的意志，也使政府在决策时听到不同利益群体的声音。

再次，应建立、健全社会个体和群体利益表达的保障机制。应以宪法和法律制度为基础，各类社会组织应自我培育其健全的自治功能，使其形成自身较强的利益平衡机制，政府应致力于培育、扶持和依法管理各类社会组织，坚持管理监督和培育发展并重的政策。尤其要进一步加强、引导、规范社会中介组织的建设，以此构建社会与国家、精英与平民大众、穷人和富人之间的利益协调和平衡机制，并通过制度化的利益分配机制，使之发挥社会安全保障作用。

此外，我们还应建立、健全一整套功能健全、运行可靠的社会群体性事件的预防、救济和监督机制，等等。必须建立健全弱势群体的利益诉求通道和司法保障机制。例如，近年来我国各地各级工会和妇联在社会弱势群体维权过程中的经验就值得推广。这对于维系社会政治稳定无疑起到了很大的作用。以此最大限度地预防社会群体性事件的发生和恶化，也以此最大限度地避免由其所带来的负面效应。

（四）政府的应急措施及相关法律制度的完善

“非常态”的社会群体性事件，就是指一些突发性的具有明显的社会恶性和非制度化特征的社会骚乱、政治动乱等。对于突发社会群体性事件的处置，2007 年 8 月 30 日第十届全国人民代表大会常务委员会第二十九次会议通过了《中华人民共和国突发事件应对法》，[1] 并于2007年11月1日实施。该法与我国《宪法》规定的“紧急状态”条款和有关突发事件应急管理的其他法律作了衔接。[2] 此外，我国近年来还制定了一系列涉及应急管理的单行法律法规。[3] 全国各地各级部门的应急预案体系目前也已经初步形成。[4] 这些法律措施无疑为我国现阶段应对突发事件带来的社会危机，依法实施有效的危机管理提供了相应的法律保障。因此，从总体上来看，我国应急法律体系已初步形成。但是，反观我国现行的应对法律体系以及由此决定的政府应急法律机制运行的实际效果，我国目前政府应急的法律措施显然还存在着诸多亟待完善之处。

首先，从我国应急法律体系来看，由于我国单行的《紧急状态法》尚没有出台，故我国现行《突发事件应对法》所规定的“突发事件”的范围与我国现行《宪法》所规定的“紧急状态”在内容上进行了事实上的分割，导致作为下位法《突发事件应对法》与作为上位法的《宪法》条款内容上一定程度的断裂。一方面，表现为我国《宪法》文本中有关“紧急状态”的规定缺少单行的《紧急状态法》与之相契合而使得该条款具有一定的空洞性；另一方面，我国《宪法》文本中又因为没有诸如“政府突发事件应急管理”之类的条款规定而使得《突发事件应对法》缺少明确的宪法依据，以至于该法的

---

[1] 该法针对现阶段我国社会变迁中存在的一些突发的社会群体性事件的应对和处置方法作了具体的规定，是目前我国处理突发事件的唯一的全国性法律。该法共7章70条，主要规定了突发事件应急管理体制，突发事件的预防与应急准备、监测与预警、应急处置与救援、事后恢复与重建等方面的基本制度。

[2] 我国2004年通过的《宪法修正案》中以“紧急状态”概念取代了“戒严”概念。而我国《突发事件应对法》所称的“突发事件”则是指大量发生、影响和危害不是特别巨大、不足以宣布进入“紧急状态”的社会管理类突发事件。

[3] 以中央人民政府门户网站所载“应急管理”的“法律法规”进行统计，我国目前已经制定了涉及自然灾害类应急法律法规20部，其中法律7部，行政法规13部；事故灾难类应急法律法规43部，其中法律14部，行政法规29部；公共卫生事件类应急法律法规11部，其中法律5部，行政法规6部；社会安全事件类应急法律法规42部，其中法律22部，行政法规20部。

[4] 突发事件应急预案，是指承担突发事件应对职能的国家机关针对突发事件的预防与准备、监测与预警、处置与救援、恢复与重建，以及应急管理的组织、指挥、保障等内容而制订的工作计划。至2006年底全国已制定各类预案约135万多件，各省（区、市）、97.9 %的市（地）和92.8 %的县（市）均制定了总体预案。中央企业预案制定率达100 %，高危行业绝大部分规模以上企业都已制定应急预案。参见《2006年我国突发公共事件应对情况（摘要）》，中国网 http：// www. china. com. cn/ policy/ txt/ 2007—07/ 19/ content_ 85471422.htm.

合宪性不可避免地被受到质疑。[1] 此外，该法在文本内容的规定上也过于原则和抽象，造成了该法在可操作性方面的缺陷，亟需完善。[2] 为此，应在未来拟出台的《紧急状态法》中开章名义明确规定："为了有效地消除紧急状态给人民生命和财产安全造成的威胁，保护公民、法人和其他社会组织的合法权益不受非法侵犯，规范国家机关行使紧急权力的法律秩序，依据宪法，制定本法。"此外，我国现阶段有关应急的单行立法也存在着数量级较多而相对分散、部门立法和地方立法甚多而位阶偏低等缺陷，这直接导致"有的地方、部门及公务人员有法不依、执法不严、各行其是"。[3] 我国现行应急法律制度及其执行和适用的困境可见一斑。为了解决这些问题，笔者认为，我国现阶段的当务之急就是应该加快《紧急状态法》的立法进程，通过该法统一规定：宣布紧急状态权力的行使主体、程序、对公民权利的限制以及权利救济等内容，使之成为一部真正意义上的适用于政府应急管理的"基本法"。在该法出台之前，应在宪法中增加与应急管理内容相关的条款，为政府依法实施应急管理提供宪法渊源。根据我国现阶段社会发展的阶段性特征，进一步完善《突发事件应对法》，制定与该法有关的实施细则。根据当前社会发展中凸显的一些新情况和新问题，国家应在一些重要领域通过借鉴其他国家的立法经验，制定一些关于应急单行法，比如《国防动员法》、《恐怖事件应急法》、《灾害救助法》、《突发事件保险法》等。从而填补立法空白、消除立法矛盾和冲突，克服应急法律规范之间缺乏协调统一的弊端，破除部门利益和地方利益的局限性，实现应急法律规范体系的协调统一，并使之具

[1] 我国《突发事件应对法》第一条规定："为了预防和减少突发事件的发生，控制、减轻和消除突发事件引起的严重社会危害，规范突发事件应对活动，保护人民生命财产安全，维护国家安全、公共安全、环境安全和社会秩序，制定本法。"可见，该条放弃了我国普通法律规范"依据宪法，制定本法"的立法惯例。这无疑会使人产生对该法的合宪性和合法性产生质疑。

[2] 我国《突发事件应对法》第十一条第一款规定："有关人民政府及其部门采取的应对突发事件的措施，应当与突发事件可能造成的社会危害的性质、程度和范围相适应；有多种措施可供选择的，应当选择有利于最大程度地保护公民、法人和其他组织权益的措施。"要求各级政府及其部门在采取应急措施时应当遵循"比例原则"，尽可能地保护公民、法人和其他组织的权益。但是，政府在这种情况下究竟应该如何在实际工作中贯彻比例原则？政府在何种情况下以及在何种程度上可能违反比例原则？以及，违反了比例原则应该承担什么样的法律责任？该法并都没有给出明确规定。我们到底如何操作该条款，也没有更为细致、具体的规定和解释。这导致该法在具体实施过程中的操作性困难可见一斑。

[3] 莫于川：《公共危机管理与应急法制建设》，《临沂师范学院学报》2005 年第 2 期。

有可操作性。

其次，应急预案的制定和完善是我国现阶段政府应急管理中面临的重要问题。那么，各地各级政府制定的类型迥异的应急预案[1]到底有没有法律效力？它们是不是应急法律体系中的一部分？对此，人们在实践中存在着不同的认识和看法。一般认为："它不是法律规范，因为制定的形式与法律规范不同，而且其中有一部分内容不能公布，必须长期保密（因为突发事件尤其是社会安全事件的应对方案有些比较敏感且很具体，所以不便公布）。"[2]权且撇开这一问题不作讨论，从我国各地各级政府制定的各类的应急预案来看，目前存在的问题至少有以下几个方面：首先，在预案制定的技术标准和内容上均不够规范和统一，"制定的依据"也不甚明确，[3]从而影响了预案在政府实施应急管理中的实际效力，因此要笼统地认定其是否具有法律效力就十分困难；其次，虽然我国从中央到地方已经初步建立起了覆盖各个方面的突发事件应急预案体系，但其制定主体主要限于县级以上政府和部门以及较大企业及组织，而广大乡村、基层社区、企事业单位的应急预案制定工作还比较滞后，这与"应急管理重在基层"的目标要求尚存在较大的差距。那么，到底应该如何建立和完善我国现行的应急预案体系呢？笔者认为，第一，必须根据预案制定主体确定相应的预案适用效力。比如，省级以上政府和部门制定的预案无疑就具有行政法规、部门规章或地方政府规章的法律效力，如此也便于使预案在实践中得到较好的执行并发挥其应有的功能和作用。第二，必须完善应急预案的制定、修订和管理程序。其中，当务之急就是必须尽快完善我国现行的行政紧急程序的法律规范。因为，行政紧急程序对于满足公共危机管理的紧急需求、通过控制紧急行政权的行使过程来保护行政相对人的合法权益无疑具有特殊意义。为此，可以考虑在

---

[1] 就现阶段来看，我国业已形成了包括国家总体应急预案、国务院专项应急预案、政府部门应急预案、地方应急预案、企事业单位应急预案、重大活动应急预案等六大类别的应急预案框架体系。

[2] 莫于川：《中华人民共和国突发事件应对法释义》，中国法制出版社2007年版，第11页。

[3] 例如，湖南省应急预案的制定依据分为"法律、法规、规章依据"（共39项）和"其他依据"（共2项）；天津应急预案没有指出制定依据。而从法治的角度看，制定依据并不是一个可有可无或者随意列举的问题（参见刘小冰：《非常法治的渊源及其完善》，《法治论丛》2006年第5期）。

我国将来要出台的行政程序法律法规中设专门章节规定行政紧急程序，就行政应急措施的适用范围、程序及原则、约束机制、补救机制等加以具体的规定。

再次，应着力完善我国现行的有关政府应急管理的法律运行机制。一般认为，政府应急管理的法制的核心内容就是“一案三制”。[1] 具体而言，笔者认为至少包括以下几个方面的内容：第一，应建立健全我国统一的应急管理指挥系统。各级政府应尽快建立起反应快速、功能健全的应对突发公共事件综合协调机构和专门的机构，使得这些机构在预警和应对突发事件时发挥指挥中心的作用。第二，为了能够准确、高效、快速地应对各种突发事件，各级政府还应建立健全领导、专家和群众相结合的民主决策机制，完善重大突发公共事件应急决策的程序，保证中央的政令畅通和对突发公共事件的统一领导，实行严格的应急决策和指挥责任制。第三，应建立和健全突发事件预警体系，政府必须就特定阶段内可能会发生的各种形式的突发公共事件作出准确的预测，争取做到在突发公共事件发生之前能够识别各种征兆性事件，对危机爆发的概率及后果进行科学判断，并做好应急的一切准备，做到防患于未然。为此，政府必须充分利用一切现代化的信息、交通、通讯等技术手段，整合一切应急救援的力量和资源，建立一支随时能够投入处置各类突发公共事件的应急专业队伍，做到有备无患。第四，当突发公共事件发生，政府能在最短的时间内果断决策，迅速控制局面。此时，政府相关应急部门应切实地承担起突发公共事件的紧急应对和处置职责。政府应根据突发公共事件的“警戒级别”认真落实突发公共事件的报告制度。政府还应根据突发公共事件发生发展的特点分阶段、有重点地、有针对性地实施各种预案，做到合理决策和有效处置。第五，政府在处理和应对突发事件过程中，应密切把握媒体导向，切实发挥其政府“危机信息代言人”和“政府危机管理形象的塑造者”的作用。在社会突发性危机事件的处理全过程中，政府应与各类媒体形成良性互动关系，使媒体成为传播政府决策的途径和公众获取正确信息的主渠道，发挥消解危机的作用。应对突发事件的公共管理部门要切实做到信息公开和畅通，保证公共危机信息及时发布和传递，严禁瞒报和

[1] 所谓“一案”即应急预案；所谓“三制”，即应急法制、应急机制和应急体制。

封锁信息的地方保护主义和部门保护主义行为，消除流言的滋生和散布。第六，合理和有效地整合社会力量应对危机事件。政府应充分调动各界力量使其承担起必要的突发事件应对职能，从而形成危机应对的强大合力，以此保证应急资源的有效供给，增强全社会应对危机的信心和能力，提高危机管理的效率和质量。

四、结语：徘徊在理想与现实之间的中国宪政进路

现阶段，中国正由依法执政向依宪执政的目标迈进。如果说，宪政文明无疑是人类文明进展中一种让人向往的美好愿景的话，变革的中国社会目前则正处于这样的一个重要的“宪政过渡期”。作为一个“宪政后发”的国家，中国宪政建设的路径选择无疑关系到其宪政秩序的生长。未来中国宪政秩序的形成，当然离不开借鉴人类文明发展史上所形成的那些优秀的宪政成果，当然也必须考虑我们自己的国情、民情、史情等客观的生态条件因素。中国宪政之路，唯有在尊重现实条件的基础上稳步推进，方能达致宪政秩序的理想目标。

（一）普适性与特殊性相统一的宪政价值观念是当下中国宪政建设的基本导向

通过本书前面相关部分的分析可知，宪政秩序的形成存在“内生”与“外发”之两种可能的类型。“内生型”的宪政秩序固然十分美好，但却只是一种可欲不可求的理想模式。我国目前尚缺乏支撑它的社会基础。那么，如何使得宪政秩序的“外发”成为可能呢？简单的制度移植显然也无助于宪政秩序的生长。从宪政秩序形成的政治生态原理来看，并不能证明西方国家的多党制或两党制就比一党制条件下的宪政秩序更优越。可见，对西方国家的宪政秩序相关的言说，也只有在区别特定语境和国情之下才能获得其合法性的证明。相反，在一些后发的国家，按照宪政秩序原理进行的某些制度创新也是可圈可点的。比如，我国为了解决历史遗留的问题所采取的“一国两制”就彰显了“共和主义”的宪政秩序精神。当然，在一定条件下，当某一制度需求成为其宪政秩序的内在诉求的时候，制度建构就成了宪政秩序形成

的要件。因此，制度的“外发”也好，“内生”也罢，宪政秩序形成之关键在于一个“内需”的问题，也即特定的社会秩序必须满足特定社会中政治经济文化诸因素对法律的内在需求，同时也需要诸多外在条件的成就。在这个意义上说，普适性与特殊性的统一无疑是宪政秩序内在的应然之义。

按照笔者所坚持的“实践的”法治主义精神，我国现阶段的当务之急就是应当从优化政治环境、完善法律机制、塑造社会条件等方面入手打造宪政秩序的生态条件，否则，空谈宪政理想而没有采取相应的实际行动，宪政秩序只不过是一种可望而不可即的空中楼阁。其中，法律机制的完善应作为我国现阶段一项突出的重要任务来落实。尤其是违宪审查机制的构建在当下中国具有特别重要的意义。因为，它不仅是宪政秩序形成的法律保障机制，也是我国未来在解决“一国两制四法域”的方略之一。总之，制度秩序的建构必须充分考虑该制度实现的各种机制因素和与之相洽互适的生态条件，在条件成熟的情况下，借鉴其他国家的先进经验完善制度也是必需的。笔者特别强调的是，中国宪政建设的一个决定性因素还在于不断地促进市场经济的发展，建构发达的现代工业体系，促进公民社会的发育等。这些无疑都是中国宪政目标得以实现的社会基础。

总之，我国现阶段的改革需要一种开放的心态和批判的精神，同时也需要结合我国的国情、民情、史情作具体分析并合理地应对。在这个意义上说，普遍性与特殊性相统一既符合辩证法，也彰显宪政秩序中“谦抑的”法治主义精神的内在品质。

（二）稳定性与适应性相契合的宪政制度是当下中国宪政建设的坚实保障

如前所述，宪政秩序的形成是必然性和偶然性综合作用的结果，宪政秩序所维系的是一种适应性的稳定。实际上，任何一项改革都必然性地表现为打破旧体系和建立新体系，而一种持续和谐的秩序状态才是宪政秩序的终极价值目标与追求。人类的经验也表明，渐进的改革方式比激进式的革命的方式在造成的秩序转变所带来的不稳定的程度与幅度上要小得多。中国现阶段的改革是史无前例的社会变革，它涉及的面宽、点多、影响度深，其难度之大、风险性之高、非均衡性之强都达到人类史上空前的程度。在这一背景之下，如何推行宪政无疑是一个尤为复杂的技术性问题。我们需要从“问题”

入手并以一种理性、稳健、慎思心态和发展的思路推进各项改革，这不仅需要我们有智慧，更需要我们有耐心。因此，对于中国这样的“后发式”的政治大国而言，“渐进式”的宪政改革模式可能要更符合我们的现实国情，也有助于维系我国现阶段的宪政秩序。

具体而言，中国现阶段的宪政改革必须通过社会整合和国家建构之两条实践路径而达成。所谓社会整合，主要包括对社会的民主诉求、权利诉求和法律诉求进行深入的考察和分析，尤其是将当下基层民众的一些非制度性利益诉求进行整合，继续完善基层民主选举，充分发挥基层民主的示范效应；与此同时，必须重视基层群众性自治组织的建设，充分发挥我国地方基层党组织的作用，可以引入适当的竞争机制来选择当地各党政机关及各部门负责人，应不断地扩大党内民主，应建立健全多渠道的公民的利益和权利表达机制。此外，在我国当下这样一个重要的社会转型期，理应打破惯常的思维定势，保证宪法文本在动态的社会变迁中适时地得以完善。因此，审时度势地对我国现行《宪法》文本进行修改在现阶段也是十分必要的，不仅可以最大限度地吸纳民意，而且有助于公民宪法意识的培植，同时还能够有效地防范“政策性修宪”的恶性循环，从而有助于维系国家的政治稳定。从国家建构的层面来看，必须继续完善人民代表大会制度、中国共产党领导的多党合作和政治协商制度、民族区域自治制度以及基层群众性自治制度等。就现阶段我国的具体情况而言，可以考虑将政治协商进入决策程序的思想、权力监约的思想、司法职权的概念、司法机关的法律地位等写进现行宪法文本当中。当然，要从根本上来完善我国宪法制度，还需要建立比较稳定和可靠的宪法实施制度，特别是将通过将宪法规范适用于具体的案件作为评判人们行为是否对错的标准，从而全面实现宪法作为根本法对国家生活和社会生活的规范功能。从维系宪政运行的基本规律来看，保障政府权力运行的可控性与树立宪法法律的权威都是必需的，二者不可偏废，如此方能维系动态稳定的宪政秩序。

（三）阶段性与长期性相衔接的宪政实施方案是当下中国宪政发展的不竭动力

宪政秩序的理性也体现为人们对宪政功能自身的有限性和不足的正确认

识。就此而言，宪政秩序无疑体现了一种“接近式”的正义理性。因而，宪政改革应该是审慎和渐进的。不过，改革又不能脱离宪政秩序的理性目标，因而要确定改革的目标，包括长期性的目标和阶段性的目标。否则，“渐进”就会成为迷失方向的“冒进”，难以“接近”其正义的价值目标。

改革开放以来，我国宪政改革目标的长期性和阶段性也在我国宪法文本上有一定的体现。如果说，现行宪法的颁布为我国宪政改革确定了一个总体的制度框架的话，其后，该宪法所经历的多次修改无疑将我国宪政改革的目标逐渐地具体化了。比如 1988 年通过的宪法修正案就明确了私营经济的法律地位和国家对私营经济的政策；1993 年通过的宪法修正案就确定了建设社会主义市场经济的目标，增加了“坚持改革开放”，还将“建设高度文明、高度民主的社会主义国家”的规定修改为“建设富强、民主、文明的社会主义国家”，彰显民主建设的重要性；1999 年通过的宪法修正案就确立了“依法治国”的基本方略；2004 年通过的宪法修正案则增加了“国家尊重和保障人权”的内容。可见，我国宪政制度建设的目标无疑经历了一个从经济体制改革到政治体制改革，从民主到法治再到人权保障的渐进发展过程。党的十七大报告则进一步明确地指出：“人民民主是社会主义的生命”。这无疑表明了党对民主的重视和推进民主政治的决心，而且昭示了党对社会主义民主政治的新认识。关于基层政权建设，根据现阶段我国政治、经济形势发展的需要，可以适当考虑将乡镇一级国家政权的领导人选改为由直接民主方式产生，并在条件成熟的情况下，通过合理修改宪法使之制度化和法律化。

随着中国改革开放的不断推进，中国积极地加强与世界接轨，与国际社会形成了更多的宪政共识。比如，我国于 1997 年 10 月 27 日和 1998 年 10 月 5 日分别签署了《经济、社会和文化权利国际公约》和《公民权利和政治权利国际公约》两个世界人权国际公约。2001 年 2 月 28 日，九届全国人大常委会作出决定，批准我国政府签署的《经济、社会和文化权利国际公约》。该公约已经在我国正式生效和实施。2004 年，我国“人权入宪”又由可能变成事实。从宪政秩序形成的角度来看，我国现行宪法文本中“国家尊重和保障人权”条款涉及的“人权”应与国际公约中的“人权”的内涵和外延保持一致性。为此，我国应尽快建立起一整套为国际社会所普遍接受的人权的宪法保障实施机制，优化和完善我国现行宪法的权利规范体系无疑是中国切实地履行对国际人权公约承诺的必要步骤。具体而言，我国现行宪法权利规范有必要以“国际人权两公约”为标准，对“基本人权”进行适度地扩张。比如，出于应对经济、社会、生态协调发展的需要，应将生存权、发展权、环境权、迁徙自由等在宪法文本中明确地规定下来。再如，宪法中明确规定了公民的言论和出版自由，然而却没有在普通法律上进一步规定如何实现以及怎样保护公民的这些表达自由，在中国现行的“基本人权”的保障尚依赖于普通法律保障的制度下，这种做法事实上造成这些权利和自由形同虚设，而需要立法机关进一步制定《新闻出版法》、《舆论监督法》等相关下位法并使之具有可操作性，以此保障我国公民享有的基本权利能够落到实处。

总之，宪政建设是一项综合性的社会系统工程，以秩序为导向的中国宪政之路尚需经历一个长期的准备阶段，要防止两种极端倾向：悲观主义和冒进主义。“批判的武器当然不能代替武器的批判”。[1] 最后，笔者还想用借用一句略带政治意味的话来强调笔者的观点，那就是：我们既要防“右”，又要防“左”。因为，任何“悲观”或“冒进”的东西都是“非秩序化”和“反秩序化”的。漫漫中国宪政路，唯有理性、批判和循序渐进方有穷期。[2]

---

[1] 《马克思恩格斯文集》第 1 卷，人民出版社 2009 年版，第 11 页。

[2] 参见张义清：《宪法泛政治化的逻辑归谬与历史反思》，《当代法学》2006 年第 6 期。

主要参考文献

一、中文文献

（一）译著

1.《马克思恩格斯选集》(第 1、2、3、4 卷)，人民出版社 1995 年版。

2.《马克思恩格斯文集》(第 1、3、9 卷)，人民出版社 2009 年版。

3.《马克思恩格斯全集》(第 3 卷)，人民出版社 2002 年版。

4.《马克思恩格斯全集》(第 33 卷)，人民出版社 1973 年版。

5.《马克思恩格斯全集》第 46 卷上册，人民出版社 1979 年版。

6.《列宁全集》第 17 卷，人民出版社 1988 年版。

7.《列宁全集》第 55 卷，人民出版社 1990 年版。

8.《列宁全集》第 12 卷，人民出版社 1987 年版。

9.《列宁选集》第 3 卷，人民出版社 1995 年版，第 201 页。

10.【古希腊】柏拉图:《法律篇》，张智仁等译，上海人民出版社 2001 年版。

11.【古希腊】柏拉图:《理想国》，郭斌和等译，商务印书馆 1986 年版。

12.【古希腊】亚里士多德:《政治学》，吴寿彭译，商务印书馆 1965 年版。

13.【英】戴雪:《英宪精义》，宙宾南译，中国法制出版社 2001 年版。

14.【德】康德:《法的形而上学原理》，沈叔平译，商务印书馆 1991 年版。

15.【英】洛克:《政府论》(下篇),叶启芳等译,商务印书馆 1964 年版。

16.【法】孟德斯鸠:《论法的精神》(上册),张雁深译,商务印书馆 1961 年版。

17.【法】卢梭:《社会契约论》,何兆武译,商务印书馆 1980 年版。

18.【英】哈耶克:《自由秩序原理》(上、下),邓正来译,生活·读书·新知三联书店 1997 年版。

19.【英】哈耶克:《法律、立法与自由》(第一卷),邓正来等译,中国大百科全书出版社 2000 年版。

20.【法】托克维尔:《论美国的民主》(上、下卷),董果良译,商务印书馆 1988 年版。

21.【美】汉密尔顿等:《联邦党人文集》,程逢如等译,商务印书馆 1980 年版。

22.【美】塞缪尔·P. 亨廷顿:《变化社会中的政治秩序》,王冠华等译,生活·读书·新知三联书店 1989 年版。

23.【美】塞缪尔·P. 亨廷顿等:《难以抉择——发展中国家的政治参与》,汪晓寿等译,华夏出版社 1989 年版。

24.【美】弗朗西斯·福山:《历史的终结及最后之人》,黄胜强等译,中国社会科学出版社 2003 年版。

25.【美】弗朗西斯·福山:《国家构建——21 世纪的国家治理与世界秩序》,黄胜强等译,中国社会科学出版社 2007 年版。

26.【美】布鲁斯·阿克曼:《我们人民:宪法的变革》(修订版),孙文恺译,法律出版社 2009 年版。

27.【日】平野龙一:《刑法总论》,有斐阁 1972 年版。

28.【德】马克斯·韦伯:《学术与政治》,冯克利译,生活·读书·新知三联书店 1998 年版,第 193 页。

29.【德】尤尔根·哈贝马斯:《交往行为理论》,曹卫东译,上海人民出版社 2004 年版。

30.【德】哈贝马斯:《在事实与规范之间:关于法律和民主法治国的商谈理论》,童世骏译,生活·读书·新知三联书店 2003 年版。

31.【美】E. 博登海默:《法理学—法哲学及其方法》，邓正来译，华夏出版社 1987 年版。

32.【美】约翰 · 罗尔斯:《正义论》，何怀宏等译，中国社会科学出版社 1988 年版。

（二）国内著作

1.《邓小平文选》第 2 卷，人民出版社 1994 年版。

2. 陈业宏、唐鸣:《中外司法制度比较》，商务印书馆 2000 年版。

3. 唐鸣:《农村法律和社会问题探究》（主编），法律出版社 2008 年版。

4. 徐勇:《乡村治理与中国政治》，中国社会科学出版社 2003 年版。

5. 莫纪宏:《过渡期后的宪政——2006 国际宪法学协会圆桌会议综述》，载张庆福主编:《宪政论丛》（第 5 卷），法律出版社 2006 年版。

6. 韩大元:《中国宪法事例研究》，法律出版社 2010 年版。

7. 陈端洪:《制宪权与根本法》，中国法制出版社 2010 年版。

8. 林来梵:《从宪法规范到规范宪法》，法律出版社 2001 年版。

9. 张千帆:《西方宪政体系》（上册、下册），中国政法大学出版社 2004 年版。

10. 张千帆:《宪法学导论》，法律出版社 2003 年版。

11. 陈新民:《德国公法学基础理论》（下），山东人民出版社 2002 年版。

12. 季卫东:《宪政新论——全球化时代的法与社会变迁》，北京大学出版社 2002 年版。

13. 李伯超:《宪政危机研究》，法律出版社 2006 年版。

14. 胡肖华:《宪法诉讼原论》，法律出版社 2002 年版。

15. 夏新华:《近代中国宪法与宪政研究》，中国法制出版社 2007 年版。

16. 欧爱民:《宪法实践的技术路径研究——以违宪审查为中心》，法律出版社 2007 年版。

17. 胡鞍钢、胡联合等:《转型与稳定——中国如何长治久安》，人民出版社 2005 年版。

18. 陈尧:《新权威主义政权的民主转型》，上海人民出版社 2006 年版。

19. 王希:《原则与妥协——美国宪法的精神与实践》，北京大学出版社

2004 年版。

20. 肖北庚:《宪政法律秩序论》,中国人民公安大学出版社 2002 年版。

21.《尚书・毕命》。

22.《礼记・中庸》。

23.《韩非子・心度》。

24.《辞海》,上海辞书出版社 1980 年版。

(三)国内期刊

1. 王书成:《合宪性推定的正当性》,《法学研究》2010 年第 2 期。

2. 李琦:《法律上的防卫权——人权角度的观察》,《中国社会科学》2002 年第 1 期。

3. 张康之、张乾友:《对"市民社会"和"公民国家"的历史考察》,《中国社会科学》2008 年第 3 期。

4. 唐鸣:《关于完善村民自治法律体系的两个基本问题》,《法商研究》2006 年第 2 期。

5. 徐勇:《村民自治:中国宪政制度的创新》,《中共党史研究》2003 年第 1 期。

6. 徐勇:《农民理性的扩张:"中国奇迹"的创造主体分析——对既有理论的挑战及新的分析进路的提出》,《中国社会科学》2010 年第 1 期。

7. 于建嵘:《中国的社会冲突——对当代工农维权抗争活动的观察和分析》,《领导者》2008 年第 2 期。

8. 高全喜:《"宪法政治"理论的时代课题——关于中国现代法治主义理论的另一个视角》,《政法论坛》2005 年第 2 期。

9. 蒋立山:《法治理想主义与法治现实主义——读〈法治进程中的"民间治理"〉有感》,《法制与社会发展》2007 年第 6 期。

10. 蔡定剑:《重论民主或为民主辩护——对当前反民主理论的回答》,《中外法学》2007 年第 3 期。

11. 邓正来:《作为一种"国家法与非国家法多元互动"的全球化进程》,《河北法学》2008 年第 3 期。

12. 张翔:《祛魅与自足:政治理论对宪法解释的影响及其限度》,《政法论坛》(中国政法大学学报)2007年第4期。

13. 陈云生:《论司法谦抑及其在美国司法审查制度中的实践》,《上海交通大学学报》(哲学社会科学版)2005年第5期。

14. 汤苍松:《弗朗西斯·福山:〈国家构建——21世纪的国家治理与世界秩序〉》,《公共管理评论》2007年第1期。

15. 侯铁建:《试析俄罗斯的宪政转轨:一个比较制度分析视角》,《东北亚论坛》2007年第6期。

16. 陈德顺:《西方宪政民主的内在价值冲突》,《政治学研究》2008年第3期。

17. 张千帆:《宪法变通与地方试验》,《法学研究》2007年第1期。

二、外文文献

1. Acemoglu D. S. Johnson, and J. Robinson, The Rise of Europe: Atlantic Trade, Institutional Change and Economic Growth, Working Paper, MIT, 2002.

2. Bruce Ackerman, We the People: Transfoundations, The Belknap Press of Harvard Univer sity Press, 1998.

3. Brian. Competing Technologies, Increasing Returns, And Lock-inby Historical Events. Economic Journal,1999(3).

4. Carl Schmitt, Political Theology, trans George Schwab, MIT Press,1985.

5. Constitutional and administrative law, Ninth edition by A. W. Bradley, Consuiting Editor: E. C. S. Wade, 1977.

6. Diane Michelfelder Wilcox: Applied Ethics in American society. Harcourt-Brace& Company, 1997.

7. Danny Unger: A path truth in Thailand, Asia Times Online, Southeast Asia, June, 2010.

8. Dieter Sterzel, Staatsziele und soziale Grundrechte, ZRP, 1993.

9. Detelf Merten, Uber Staatsziele, DOV, 1993.

10. Elisabeth Zoller. Droit constitutionnel. PUF, 1999.

11. Errnst-ulrich Petersmann. Constitutional Functionand Constitutional

Problem of International Economic Law. University Press Fribourg Suitzerland, 1991.

12. Gerald Gunther Law, Tenth Edition, Foundational Press, 1980.

13. Hannaharendt, between pastand future: eight exercises inpolitical thought, newyork: the viking press,1968.

14. Hannaharendt, the human condition, chicago and london: the university of Chicago press, 1998.

15. Howard J. Wiarda. New Diretionsins in Comparative Politics, Westview Press, 1991.

16. H. Kalkbrenner, Verfassungsauftrag und Verpflichtung des Gesetsgebers, DoV,1963.

17. Hans Kchler. The United Nations Organization and Global Power Politics: The Antagonism between Power and Law and the Future of World Order. Oxford Journals: Chinese Journal of International Law, 2006（2）.

18. I. Maus: Entwicklung und Funktionswandel der Theorie des buergerlichen Rechtsstaats, Bockenforde: Rechtstheorie und Politische Theorie im Industriekapitalismus, Muenchen 1986.

19. Jack N. Rakove Alex Keyssar, Henry Brady, The Unfinished Election of 2000, Basic Books, 2001.

20. James Buchanan, The Limitsof Liberty—between Anarchy and Levia than. Chicago: University of Chicago Press, 1975.

21. Kurt Weyland, Clarifying a Contested Concept: Pop-ulism in the Study of Latin American Politics. Comparative Politics, 2001.

22. Lok Raj Baral, Nepal Political Parties and Parliament,2004, Chapter 3: Parties in Parliament.

23. Louis Fisher, Constitution Structures: Separated Powers and Federalism, Durham, Carolina Academic Press, 2005.

24. Mark Kesselman, Review: Order or Movement ? The literature of political development as ideology. World Politics, 1973.

25. Marbury v. Madison, I Cranch 137,2L Ed 60（1803）; Gerald Gunther

Law, Tenth Edition, Foundational Press, 1980.

26. Maunz、Zippelius, Deutsches Staatsrecht, 24 Aufl, 1982.

27. Mancur Olson. Comment. Richan B. McKenzie. Constitutional Economic-Containing the Economic Powers of government. Lexington Books, 1984.

28. Michael halberstam, totalitarianism and them odern conceptof politics, new have nandlondon: yale university press,1999.

29. North, D. C. Institutions. Journal of Perspectives, Winter,1991.

30. Oran R. Young, The Politicsof Force, Bargaining during Superpower Crisis, Princeton: University Press, 1968.

31. Robert. A. Dahl: Participationand Opposition, New Haven;Yale University, 1971.

32. Oran R. Young, The Politics of Force, Bargaining during Superpower Crisis, Princeton: University Press, 1968.

33. Samue lP. Huntington, “The Lonely Superpower” , Foreign Affairs, March/April, 1999.

34. Soeren Kern. United Nations Reform and the US National Interest. Area: USA/Transatlantic Dialogue/Inter-nationalOrganizations-ARIN. 200, Date 12, 23, 2004.

35. Thomas Hobbes, De Cive, the English version, Oxford: Oxford University Press, 1983.

36. Thomas G, Weiss. The Illusion ofUN Security Council Reform. in The Washington Quarterly, Autumn, 2003.

37. The International Law of Human Rights, John Humphrey, the United Nations Educational, Scientific and Cultural Organization, Paris, 1989.

38. United States Declaration of Independence, In CONGRESS, July 4, 1776.

39. W. Bockenforde:“Entstehung und Wandel des Rechtsstaatsbegriff” , Bockenforde: Recht, Staat, Freitheit, Frankfurt/Main, 1991.

索　引

(按汉语拼音顺序排列)

C

D

E

P

Q

R

S

T

W

Y

Z

后 记

本书是我在自己同名博士论文的基础上整理形成的。确切地说，“变革社会中的宪政秩序”是本人多年以来反复酝酿的问题。我早些年就有成此书之意，但由于受种种条件所限，迟迟不敢下笔。有幸的是，2006 年 6 月，我被录取为华中师范大学宪政与法治专业博士研究生。几年下来，我通过对该专业相关知识的系统学习和广泛涉猎，对很多问题都有了新的认识。在自己博士论文的前期探索、构思、定题和写作的整个过程中，我得到了导师唐鸣教授的积极支持和悉心指导。2008 年 4 月，在我的博士论文开题报告会上，徐勇教授、项继权教授等老师们也对我这一论文选题给予了充分的肯定，并就如何深入展开研究提了许多好的意见和建议。其后，我经过认真地梳理和反思，尤其是通过自己近三年多来的艰苦努力，数易其稿，成就博士论文，然后又经过系统整理而成就此书。为了珍藏自己论文写作阶段独立思考的历史记忆，我在整理书稿的过程中除更新了少量的案例资料外，尽可能地保留了博士论文的原貌。

在桂子山上从师求学的三年时间，我获得了唐老师对自己在工作、生活方面的全方位指导。恩师渊博的学识、睿智的洞察力、求真务实的为学之风、精益求精的治学态度都潜移默化地影响着我，为我开启了一扇迈入宪政与法治研究学术殿堂的大门。恩师言传身教、严以律己、宽厚待人、乐观豁达的处事之道，也使我获得了许多新的人生感悟，成为自己一生都受用不尽的精神财富。曾记得，师门读书会上恩师关于“村民选举”、“地方立法试验”、“政策性修宪”等问题所发表的真知灼见！曾记得，寒冬腊月天恩师单独对我的博士论文纲要悉心把脉……其爱犊、护犊之情是深沉的！师恩之浩瀚，无以言表。但愿吾辈学生这颗真诚、执著的感恩之心永远伴着自己的不懈奋斗，期待自己将来能在工作和学习中创造出应有的业绩来回报恩师对我的谆谆教诲之情！

在华师学习的三年时间，想起来很长，过起来却很短。难忘那丹桂飘香、绿树成荫的美丽校园！难忘那立德树人、求实创新的大学精神！更难忘桂子山上那醇馨得让人心醉的文化氛围！每每回味起华师众多名师的学术讲座，其深邃的思想、厚重的底蕴、思辨的逻辑，以及老师们挥洒自如和幽默生动的授课风格，总是令自己心向神往、启迪深远。那里丰富的学术资源、前沿的研究视角、独特的研究方法，以及厚实的研究基础，都给我留下了深刻的印象，极大地拓展了自己的研究视野，深化了自己对宪政问题的理论认识，为自己的学术之路奠定了坚实的基础。读博期间，我也得到了中国社会科学院法学研究所莫纪宏教授、华中科技大学法学院曹海晶教授、华中师大政法学院高宏贵教授、孙大雄教授等老师给予自己在学业上的许多帮助。他们的提携和关爱，我已铭记于心！此外，在我的博士论文答辩会上，答辩委员会专家吉林大学周光辉教授、中国社科院于建嵘教授等老师也在对我的论文给予充分肯定的基础上提了很多宝贵的建议性意见。在此向他们致以崇高的敬意和深深的谢意！

荣卓、王勤、丽琴、俊军、鲲鹏、正喜等几位是自己在华师读博期间经常在一起聚聊的师门同学。回首大家在一起度过的快乐时光，回顾一路走来尤其是各自撰写博士论文彼此分享的酸甜苦辣……已定格为自己这一辈子都难以忘怀的美好记忆！在华师求学期间，我还有幸结识了众多学友，他们是刘志昌博士、郝亚光博士、杜彬伟博士、徐秀军博士、汤玉权博士、陈振国博士、李强博士、肖应连博士、何德廷博士等。在平时与他们交往和交流的过程中，我获得了源自各个不同学科、不同研究领域的新知识、新思路和新观点。大家在一起海阔天空畅聊之际也减轻我的许多压力，给自己的论文写作不断地注入灵气和灵感。学友情谊，没齿难忘！几年来在外求学的特殊历程也让自己更加明白：人生之路，本来就是一段一段的，个中的苦难和艰辛，只有当自己走过之后才能够真正地体验到。

我感谢自己现在的工作单位——湘潭大学法学院的领导和老师们。湘潭大学法学院是湖湘文化滋养下南中国法学教育和研究的重镇，也是我本科阶段学习的母院。其浓厚的法学氛围、宽松自由的工作环境、融洽的人际关系和优越的工作条件，使得自己每一天的工作和学习都充满着动力与活力！我回母校工作以来，尤其在本书整理和出版的过程中，得到了众多师友的无私帮助。湘潭大学和湖南省法学研究基地的专项资助也使本书得以付梓。本书能够在人民出版社出版是我的荣幸。为此，我也要感谢人民出版社的编辑们，尤其是张立编辑等为本书出版几年来付出的辛劳和汗水！没有她（他）们的努力，本书也没有这么顺利地得以出版。

最后，我要感谢家人。多年来，家人的鼎力支持才使我得以顺利地完成学业和安心地到异地工作。多年来，家人的鼎力支持才使我在自己的人生道路上迈过了一道又一道难关！读博期间，我的母亲、岳父母均已年过花甲，尤其是岳父身体欠佳，但他还无时无刻不在挂念我的学业，对我的学习和生活十分关切。这么多年，妻子雪萍女士全力操持家务，悉心照顾女儿，她为家庭也为我的学业付出了艰辛的努力。她们的理解与支持是我工作和学习进步的不竭动力！自己这几年在外求学和工作期间，爱女云蔚也长大了，她如今十岁，已是一名小学五年级学生。小姑娘聪明伶俐、阳光健康。看着她快乐地成长，也让我对人生充满了无限的希望和憧憬！

一路走来，看时光飞逝，我祈祷明天。我知道，前方的路还很漫长！我会一如既往，努力前行……

张义清

2011 年盛夏于湘潭大学北斗村

责任编辑：张　立
责任校对：吕　飞
封面设计：肖　辉
版式设计：王　舒

图书在版编目（CIP）数据

变革社会中的宪政秩序 / 张义清 著. – 北京：人民出版社，2011.12
ISBN 978 – 7 – 01 – 010544 – 4

I. ①变…　II. ①张…　III. ①宪法 – 研究　IV. D911.04

中国版本图书馆 CIP 数据核字（2011）第 276368 号

变革社会中的宪政秩序

BIANGE SHEHUI ZHONG DE XIANZHENG ZHIXU

张义清 著

人民出版社 出版发行
（100706　北京朝阳门内大街 166 号）

北京新魏印刷厂印刷　　新华书店经销

2011 年 12 月第 1 版　2011 年 12 月北京第 1 次印刷
开本：710 毫米 × 1000 毫米 1/16　印张：21.5
字数：350 千字　印数：0,001 – 3,000 册

ISBN 978 – 7 – 01 – 010544 – 4　定价：49.00 元

邮购地址 100706　北京朝阳门内大街 166 号
人民东方图书销售中心　电话（010）65250042　65289539